Kleine Bibliothek 451

Kirche und Gesellschaft

Hans Prolingheuer

Wir sind in die Irre gegangen

Die Schuld der Kirche unterm Hakenkreuz, nach dem Bekenntnis des »Darmstädter Wortes« von 1947

Pahl-Rugenstein

Umschlag: Willi Hölzel / Andreas Tsordanidis
unter Verwendung eines Fotos vom
Triumphbogen in der Martin-Luther-Gedächtniskirche 1935
Gesamtherstellung: Druckerei Locher GmbH, Köln
ISBN 3-7609-1144-7

Meinen Kindern

Antje und Uwe

Inhalt

Hundert Fotos und Faksimiles

Flugblätter der Bekennenden Kirche

Wort des Bruderrats der Bekennenden Kirche (Darmstadt, 8. August 1947)

1. Uns ist das Wort von der Versöhnung der Welt mit Gott in Christus gesagt. Dies Wort sollen wir hören, annehmen, tun und ausrichten. Dies Wort wird nicht gehört, nicht angenommen, nicht getan und nicht ausgerichtet, wenn wir uns nicht freisprechen lassen von unserer gesamten Schuld, von der Schuld der Väter wie von unserer eigenen und wenn wir uns nicht durch Jesus Christus, den guten Hirten, heimrufen lassen auch von allen falschen und bösen Wegen, auf welchen wir als Deutsche in unserem politischen Wollen und Handeln in die Irre gegangen sind.

2. Wir sind in die Irre gegangen, als wir begannen, den Traum einer besonderen deutschen Sendung zu träumen, als ob am deutschen Wesen die Welt genesen könne. Dadurch haben wir dem schrankenlosen Gebrauch der politischen Macht den Weg bereitet und unsere Nation auf den Thron Gottes gesetzt. Es war verhängnisvoll, daß wir begannen, unseren Staat nach innen allein auf eine starke Regierung, nach außen allein auf militärische Machtentfaltung zu begründen. Damit haben wir unsere Berufung verleugnet, mit den uns Deutschen verliehenen Gaben mitzuarbeiten im Dienst an den gemeinsamen Aufgaben der Völker.

3. Wir sind in die Irre gegangen, als wir begannen, eine «christliche Front» aufzurichten gegenüber notwendig gewordenen Neuordnungen im gesellschaftlichen Leben der Menschen. Das Bündnis der Kirche mit den das Alte und Herkömmliche konservierenden Mächten hat sich schwer an uns gerächt. Wir haben die christliche Freiheit verraten, die uns erlaubt und gebietet, Lebensformen abzuändern, wo das Zusammenleben der Menschen solche Wandlung erfordert. Wir haben das Recht zur Revolution verneint, aber die Entwicklung zur absoluten Diktatur geduldet und gutgeheißen.

4. Wir sind in die Irre gegangen, als wir meinten, eine Front der Guten gegen die Bösen, des Lichtes gegen die Finsternis, der Gerechten gegen die Ungerechten im politischen Leben und mit politischen Mitteln bilden zu müssen. Damit haben wir das freie Angebot der Gnade Gottes an alle durch eine politische, soziale und weltanschauliche Frontenbildung verfälscht und die Welt ihrer Selbstrechtfertigung überlassen.

5. Wir sind in die Irre gegangen, als wir übersahen, daß der ökonomische Materialismus der marxistischen Lehre die Kirche an den Auftrag und die Verheißung der Gemeinde für das Leben und Zusammenleben der Menschen im Diesseits hätte gemahnen müssen. Wir haben es unterlassen, die Sache der Armen und Entrechteten gemäß dem Evangelium von Gottes kommendem Reich zur Sache der Christenheit zu machen.

6. Indem wir das erkennen und bekennen, wissen wir uns als Gemeinde Jesu Christi freigesprochen zu einem neuen, besseren Dienst zur Ehre Gottes und zum ewigen und zeitlichen Heil der Menschen. Nicht die Parole: Christentum und abendländische Kultur, sondern Umkehr zu Gott und Hinkehr zum Nächsten in der Kraft des Todes und der Auferstehung Jesu Christi ist das, was unserem Volk und inmitten unseres Volkes vor allem uns Christen selbst nottut..

7. Wir haben es bezeugt und bezeugen es heute aufs neue: Durch Jesus Christus widerfährt uns frohe Befreiung aus den gottlosen Bindungen dieser Welt zu freiem, dankbarem Dienst an seinen Geschöpfen. Darum bitten wir inständig: Laßt die Verzweiflung nicht über euch Herr werden, denn Christus ist der Herr! Gebt aller glaubenslosen Gleichgültigkeit den Abschied, laßt euch nicht verführen durch Träume von einer besseren Vergangenheit oder durch Spekulationen um einen kommenden Krieg, sondern werdet euch in dieser Freiheit und in großer Nüchternheit der Verantwortung bewußt, die alle und jeder einzelne von uns für den Aufbau eines besseren deutschen Staatswesens tragen, das dem Recht, der Wohlfahrt und dem inneren Frieden und der Versöhnung der Völker dient!

Vorwort

Nichts hat die Pfarrer und leitenden »Kirchenmänner« im besetzten Nachkriegsdeutschland so sehr aufgeregt, wie dieses achte »Flugblatt der Bekennenden Kirche« mit seinen konkreten Schuldbekenntnissen, die nicht mehr nur von der privaten, sondern auch von der politischen Schuld der Kirchen und Christen sprachen. Als diese sieben Thesen im Sommer 1947 die Pfarrer und Kirchenbehörden in den vier Besatzungszonen erreichten, hatten evangelische Kirchenführer und Theologen gerade mit viel Mühe und Geschick die Welt glauben gemacht, ihr Kampf im Nazi-Deutschland habe dem Hitler-Faschismus gegolten – und dann solche *Provokationen* des Bruderrates der EKD aus dem Darmstädter Hinterhalt!

Die Evangelisch-lutherische Kirchenzeitung widmete 1947 ihre ersten beiden Ausgaben nach dem Kriege der Abwehr dieses »Darmstädter Wortes«:

- »Schärfsten Widerspruch aber fordert das Urteil heraus: ›Wir haben das Recht zur Revolution verneint, aber die Entwicklung zur absoluten Diktatur geduldet und gutgeheißen.‹ Es ist unwahr, daß die Kirche die absolute Diktatur anerkannt hat. Damit wäre ja der Sinn der Bekennenden Kirche und des Kirchenkampfes nachträglich ins Gegenteil umgefälscht.«
- »Die allerschwersten Bedenken habe ich gegen die unkritische Art, wie der ›ökonomische Materialismus der marxistischen Lehre‹ zitiert wird . . . Ich vermag diese Lehre nicht für einen Deut erträglicher anzusehen als die Lehre Rosenbergs. Rosenberg war dümmer als Karl Marx, aber eine Steigerung bewußter Gottlosigkeit gibt es nicht. Und diese ist das Signalement beider.«

Da warfen also ausgerechnet Walter Künneth und Hans Asmussen jenem Dutzend der mehr als dreißig Bruderratsmitglieder, das am 8. August 1947 die sieben Thesen beschlossen und in die Öffentlichkeit gebracht hatte, Fälschung der jüngsten evangelischen Kirchengeschichte vor: Asmussen, dessen

Vortrag zur Barmer Theologischen Erklärung es am 31. Mai 1934 auch den NS-Faschisten und Militaristen unter den Barmer Bekenntnissynodalen ermöglicht hatte, dem Barmer Bekenntnis zuzustimmen; und Walter Künneth, der nur deshalb nicht als Rosenbergs *Entlastungs*zeuge im Nürnberger Kriegsverbrecherprozeß auszusagen brauchte, »daß die weltanschaulichen Gegner Rosenbergs die Gestapo nicht fürchteten und von der Gestapo nichts zu befürchten hatten«, weil der britische Vorsitzende des Gerichts »die eigentliche Bedeutung dieser Art von Beweismaterial« zur Verteidigung Rosenbergs durchschaute.

Die Minderheit des Bruderrates der EKD hatte mit ihrem Beschluß – der ja auch so von der Mehrheit keineswegs gefaßt worden wäre – deshalb soviel Feindschaft auf sich gezogen, weil das »Darmstädter Wort« eine Fülle feingewobener kirchlicher und politischer Legenden der jüngsten deutschen Geschichte und Kirchengeschichte zerstört. Fälschungen wie diese:

- die Erfindung des Begriffs »Totalitarismus« als gemeinsamen Nenner von Faschismus und Kommunismus, um so das historische Bündnis von Kirche, Faschismus und Kapitalismus gegen Marxismus und Kommunismus, dem z. B. mehr als 20 Millionen Sowjetmenschen zum Opfer fielen, wegzulügen;
- die Unterstellung, die »Religiösen Sozialisten« seien die Wegbereiter und Träger des Faschismus in der evangelischen Kirche gewesen, wo doch gerade sie es waren, die national und international lange vor 1933 die Unvereinbarkeit von Christentum und Faschismus feststellten und vor dem Bündnis der Deutschnationalen mit dem Hitler-Faschismus warnten;
- die Behauptung schließlich, die mehrheitlich von Deutschnationalen, Rassisten und Faschisten angeführte »Bekennende Kirche« sei die evangelische antifaschistische »Widerstandsbewegung« gewesen, um so die Mitschuld der Kirche an Hitlerei und Holocaust aus der Welt zu schaffen.

Wie in meiner »Kleinen politischen Kirchengeschichte« habe ich auch in diesem Buch wieder den in der gängigen Kirchengeschichtsschreibung verpönten Begriff »Faschismus« benutzt, um damit die antifaschistische Tradition eben jener von den deutschnationalen Traditionalisten verketzerten »Religiösen Sozialisten« aufzugreifen, die, wie Georg Fritze es 1930 auf den politischen Punkt brachte, das »*faschistische Ideal*« deshalb verwarfen: »*weil es das kapitalistische Wirtschaftssystem nicht bekämpft, weil es in unerträglicher Weise Denk- und Meinungsfreiheit knebelt, weil es die brutale Gewalt und den Rassenhaß sanktioniert*«! Keine nachträglich gebastelte »Faschismustheorie« also. Vielmehr eine kirchenhistorische Wirklichkeit, derer wir uns heute *nicht* zu schämen brauchen.

Und wie mit meiner »Kleinen politischen Kirchengeschichte« werden ganz sicher auch wieder etliche meiner Freunde aus der Friedensbewegung mit diesem Buch ihre großen und kleinen Schwierigkeiten haben, weil sie es immer noch nicht lassen können, sich in unserem gemeinsamen Friedenskampf auf den angeblichen politischen Widerstand der »Bekennenden Kirche« zu berufen (siehe dazu Anmerkung 339!). Vielleicht macht ihnen die Analyse des Woher und Wohin des »Darmstädter Wortes« sichtbar, aus welchen kirchenhistorischen Quellen wir für die Friedensarbeit unserer Tage schöpfen, aus wieviel kirchlichen Irrwegen der jüngsten evangelischen Zeitgeschichte wir leider nur *im Erschrecken lernen* können.

Es ist nicht von ungefähr, daß das »Darmstädter Wort« in den Kirchen der Ökumene schon seit Jahrzehnten Wirkung zeigt. Angefangen bei Joseph L. Hromadka, dem die sieben Thesen samt deren »Auslegung« 1948 für seinen Vortrag vor der ersten Weltkirchenkonferenz in Amsterdam als Grundlage dienten, über Bischof Albrecht Schönherr, der 1970 das »Darmstädter Wort« nach der Neugründung des Evangelischen Kirchenbundes der DDR als Wegweisung in den Mittelpunkt des ersten Synodalberichts stellte, bis hin zum Programm zur Bekämpfung des Rassismus, in dem der Ökumenische Rat der Kirchen 1977 den Schwarzen unter dem rassistischen Apartheid-System Südafrikas »das Recht zur Revolution« nicht aberkennt.

In den Kirchen der EKD indes wartet das »Darmstädter

Wort« auch am Ende der achtziger Jahre noch auf seinen Platz neben den anderen grundlegenden Bekenntnissen und Erklärungen.

Unterdessen haben Rassismus, Nazismus, Linken- und Ausländerhaß zunehmend ihre Scheu vor der Öffentlichkeit verloren, so daß das »Sendungswort zum Abschluß der Darmstädter Versammlung« 1977 weit über den Tag der Erinnerung hinaus bis heute gegenwartsnah geblieben ist:

»Wir glauben, daß das prophetische Wort die Menschen aus ihren gesellschaftlichen Abhängigkeiten befreit, und daß so Kirche entsteht. Dies haben wir neu gelernt, als wir das Darmstädter Wort von 1947 hörten, das von den Kirchen in der Bundesrepublik und Westeuropas verdrängt wurde. Dieses Wort – obwohl unter anderen historischen Bedingungen geschrieben – ist höchst aktuell.

Wir haben erkannt, daß christlicher Glaube, der sich der Kritik der politischen Praxis und ihrer Reflexion nicht entzieht, eine positive historische Kraft ist.

Das heißt aufzustehen und aufrecht zu gehen; denn Jesus Christus hat die Mächte der Gewalt, der Unterdrückung und des Todes gebrochen.«

Köln, Ostern 1987 Hans Prolingheuer

Die Parteien!

Die Flugblatt-Flut macht wirr und wild — hier die Parteien in Wort und Bild.

Spartakus-Sozi!

Liebknecht Rosa

Unabhängige Sozi!

Haase Hoffmann

Mehrheits-Sozi!

Landsberg Hirsch

Deutsch-demokratische Partei

Th. Wolff Dernburg Naumann Präsident Rathenau

Kohn-Sorten

Christliche Volkspartei

Für Kirche, Familie, Schule

Deutsche Volkspartei

Bennigsen

Wachst du noch nicht auf?!

Deutschnationale Volkspartei

Der Geist von 1914 ist noch nicht verloren gegangen!

Im Geiste Luthers! Bismarcks! Hindenburgs!

Wähle Deutscher! Deine Schicksalsstunde schlägt am

19. Januar 19.

Eure jetzigen Führer!
Hirsch, Min.-Präsident
Dr. Schiffer, stellv. Finanzminister
Katzenstein (U. S. P.) M. d. N.
Dernburg, stellv. Präs. d. Reichsm.
Landsberg, Reichsjustizminister
Ernst, Polizei-Präsident
Preuß, Staatssekretär
Kautsky, Unterstaatssekr.
Meyer, Unterstaatssekr.
Eduard Bernstein
Radek, Bolschewistenführer
Clara Zetkin (U. S. P.) M. d. N.
Walter Rathenau, Kriegswirtschaft
Anita Augspurg
Davidsohn (S. M. P.) M. d. N.
Cohn, Führer der U. S. P.
Rosenfeld, Führer der U. S. P.
Geyer (U. S. P.) M. d. N.
Cohen (Cohn), Friedensabgeordneter Deutschlands in Versailles
Simon, Preußens Bankier
Wollt Ihr Andere?
Dann wählt deutschnational!

Evangelist der Prügel

(Hakenkreuzterror in Fehmarn: Der Nazipastor Riffel beobachtete die Gewalttätigkeiten von seinem Haus aus, in der einen Hand eine Hakenkreuzfahne, die andere zum Hitlergruß erhoben.)

„Kindlein, prügelt euch untereinander!"

Wir halten fest am Wort Gottes!
Wählt deutschnational

Maul halten und weiter dienen

Das Grunderlebnis des Christen vor dem Angesicht Jesu beruht, wie die Religionspsychologie neuerdings wieder herausgestellt hat, auf dem Distanzgefühl der Ehrfurcht, der Beugung – man denke nur an das Wort des Petrus: "Herr, gehe von mir hinaus, denn ich bin ein sündiger Mensch"– und dem Gefühl tiefsten Angezogenwerdens von der göttlichen Liebe , wie es in der religiösen Dichtung in dem Satz gefasst wird: " Liebe, die mich überwunden und mein Herze hat dahin."

Die Darstellung spricht jedem dieser beiden Urgefühle Hohn. Die Roheit ihrer Form – ein Kunstkritiker hat sie vor kurzem in der Frankfurter Zeitung "stachelnder Kitsch "genannt – greift nach dem Heiligsten, von dem der Christ lebt und reisst es herab. Verstärkt wird diese Wirkung noch durch die ebenfalls im ersten Augenblick unverständliche Unterschrift: Maul halten und weiter dienen .

Sonntagsblatt
des arbeitenden Volkes

Herausgegeben vom Bund der religiösen Sozialisten Deutschlands

Durch christlichen Glauben zu sozialistischem Kampf! Durch sozialistischen Kampf zu christlichem Glauben!

Verlag der religiösen Sozialisten, Mannheim, Jungbuschstraße 9, e.G.m.b.H.; Postscheckkonto Karlsruhe i. B. 275 66; Fernsprecher Nr. 238 67

Schriftleitung und Geschäftsstelle des Bundes: Pfarrer Eckert, Mannheim, Jungbuschstraße 9 Fernsprech-Nummer 238 67

Durch alle Postanstalten zu beziehen Bezugspreis vierteljährlich RM. 1.30 - Druck: Mannheimer Aktiendruckerei A.-G. Mannheim

Nr. 48 | 30. November 1930 | 12. Jahrgang

Christentum und Faschismus sind unvereinbar!

Ein Wort der religiös-sozialistischen Internationale über Nationalismus und Faschismus an die europäische Christenheit.

Als Vertreter einer Bewegung, zu deren Zielen die Neuordnung der Gesellschaft im Geiste Christi und aus den Kräften des Reiches Gottes gehört, fühlen wir uns durch die steigende Welle des Nationalismus und Faschismus in ihren verschiedenen Formen und die dadurch vermehrte Gefahr des Bürgerkrieges und Völkerkrieges tief beunruhigt und in unserem Gewissen verpflichtet, darüber ein Wort der Mahnung und Bitte besonders an die christlichen Kreise zu richten.

Wir bemühen uns gewissenhaft, das Recht und den tieferen Sinn der nationalistischen und faschistischen Bewegung nicht zu verkennen. Sie ist sowohl durch die geistige wie durch die wirtschaftliche Not der heutigen Weltlage erzeugt und ein neues Symptom der Unhaltbarkeit unserer Zustände. In ihren tieferen Formen ist sie gewiß auch eine heilsame Reaktion auf Verirrungen und Einseitigkeiten der Zeit. Die Betonung des Organischen in der Gesellschaft, des Volkstums, der Familie, des Berufes, der solidarischen Volksgemeinschaft ist berechtigt gegenüber aller Mechanisierung und Uniformierung des Lebens, und soweit in der Bewegung ein ernsthafter Kampf gegen die mammonistische und andere Versumpfung unserer Zivilisation erwacht ist, können wir das nur als gutes Zeichen begrüßen. Ihre Kritik an der heutigen Demokratie, besonders an unserem Parlamentarismus und Parteiwesen, hat sicher nur zu viel Grund. Ebenso ist die Auflehnung gegen die aus dem Weltkrieg entstandene Schuldversklavung der europäischen Völker und andere Ungerechtigkeit mehr als begreiflich. Wenn die sozialistische Arbeiterbewegung und das Judentum von der Bewegung leidenschaftlich und ungerecht bekämpft werden, so mögen sie trotzdem prüfen, durch welche Mängel sie dazu vielleicht Anlaß bieten. Und endlich darf man nicht verkennen, wie viel lautere jugendliche Begeisterung und echter Idealismus in dieser nationalistischen und faschistischen Bewegung einen Ausdruck für wahrere und edlerere Lebensziele, als die heute herrschenden sind, zu finden meint. Unter solchen Gesichtspunkten dürfen wir auch in ihr eine Mahnung zu tieferer Besinnung auf die heiligen und ewigen Fundamente der Gesellschaft, wie alles Lebens überhaupt, erblicken.

Aber im bewußten oder unbewußten Streben nach einer Erneuerung des Lebens von diesen Fundamenten her verirren sich Nationalismus und Faschismus auf einen Weg, der weit von ihnen weg in Irrtum und Fluch gerade d e r Welt führt, die es zu verlassen gilt. Sie wissen keine ernsthafte Hilfe für die materielle Not. Ihre wirtschaftlichen Vorschläge sind größtenteils unreif und rein demagogisch, dazu von äußerster Dürftigkeit, und ihr Sozialismus vollends ist bei den wichtigsten Führern bloß ein Köder zur Einfangung der Massen für andere Zwecke. Darum fehlen ihr für einen organischen Aufbau der durch das kapitalistische Lebenssystem mechanisierten, atomisierten und mammonisierten Gesellschaft ebenso die wirtschaftlichen Voraussetzungen, wie ihr die geistigen fehlen und ist der Berufsstaat wie die Volksgemeinschaft und die Ueberwindung des Klassenkampfes auf diesem Boden bloße Fiktion. Eine gewaltsame Erzwingung dessen, was nur organisch wachsen könnte, raubt dem fachsistischen Versuch vollends alle Wahrheit. Die Demokratie wird durch eine Demagogie, die in ihrer Verbindung von Roheit und Raffiniertheit alles bisher Dagewesene überbietet, schwerlich eines Besseren belehrt. Auch die Diktatur wird damit bloß zur Krönung der Demagogie. Kein ernsthafter Mensch kann darin die Lösung des Problems der Autorität und des Führertums erblicken, deren Bedeutung gerade für die Demokratie auch wir anerkennen. Sie schafft auch nicht echte Ordnung, sondern bloß Scheinordnung, auf die erst recht das Chaos folgt. Und ebensowenig vermögen der Nationalismus und Faschismus die Versumpfung der heutigen Zivilisation zu überwinden. Abgesehen davon, daß die Diktatur selbst erfahrungsgemäß eine Quelle der schlimmsten Korruption wird, fehlt es gerade dieser Bewegung, die den Naturtrieb vergöttert, wieder an den geistigen Voraussetzungen für eine solche Reinigung der Welt, wie es ihr an den wirtschaftlichen fehlt, da sie die Hauptquelle dieser Versumpfung, die kapitalistische Ordnung, nicht ernsthaft abgraben will und kann. Und schließlich versagt sie gerade auch da, wo sie ihr Zentrum hat: der Nationalismus, der das Volkstum erhalten und befreien will, zerstört es vielmehr, nach dem Worte, daß sein Leben verliert, wer es — egoistisch — erhalten will. Vollends würde die nationalistische Außenpolitik die europäischen Völker nicht zur Befreiung, sondern in Chaos und Untergang führen. Sie ist im Angesicht der Wirklichkeit, mit der wir zu rechnen haben, aus Unwissenheit entstandene, romantische Utopie, ja gefährliche Kinderei, wenn nicht gewissenlose Demagogie.

Was uns aber besonders beunruhigt, ist der unerträgliche Widerspruch, worin die Bewegung mit all jenen geistigen Mächten gerät, die wir meinen, wenn wir Christus sagen. Dies tritt besonders an ihrem Nationalismus zutage. Dieser wird bei ihr zuletzt zu einer fanatischen Religion völkischer und rassenhafter Selbstvergottung, die nicht nur aller geschichtlichen Wahrheit und ernsthafteren Wissenschaft widerspricht, sondern auch in ihrem Wesen mit Christus wahrhaftig nichts mehr zu tun hat, viel-

mehr ganz offenkundig von dem einen Gott und Vater aller Menschen zu den vielen Volksgöttern des Heidentums in seiner schlimmsten Form zurückführt und am Ende zu einem dämonischen Kultus des Moloch entartet. Sollte unser Christentum, sollten unsere Kirchen so weit von der Empfindung der christlichen Grundwahrheit abgekommen sein, daß sie das nicht mehr sähen? Dann wäre die Stunde ihres Unterganges gekommen. Wie kann sich ein Jünger Christi zu einem Rassenhochmut bekennen, der die Mitmenschen anderer Völker oder Rassen von aller höheren Kultur ausschließt, im besonderen zu der geistverlassenen Roheit des üblichen Antisemitismus, wenn noch das Apostelwort gilt: „Da ist nicht Jude noch Grieche, nicht Knecht noch Freier, nicht Mann noch Weib, sondern sie sind alle Eins in Christus Jesus"? Gewiß hat auch für einen Jünger Christi alle Natur, als Gottes Schöpfung, ihr Recht, also auch das Blut, das Volkstum, die Rasse, aber die Natur muß durch Kräfte, die über sie hinausgehen und die im Kreuze ihren höchsten Ausdruck finden, von den Dämonen des blinden Triebs erlöst werden und über Volk und Vaterland steht das Reich Gottes mit seinen heiligen Ordnungen. Diesen gehorchend, dem Reiche Gottes dienend, werden sie selbst gesund und groß, sich selbst dienend werden sie eine Beute der Dämonen, verbreiten Fluch und gehen selbst an diesem Fluch zugrunde.

Man darf sich nicht durch den christlichen Schein der Bewegung über ihren wahren Charakter täuschen lassen. Abgesehen davon, daß das christliche Bekenntnis in ihrem Munde zugestandenermaßen oft bloß wieder Demagogie ist, also schlimmster Mißbrauch des Heiligen zu fremden Zwecken, so liegt doch offen zutage, daß sie das Kreuz Christi unter der Hand in das Hakenkreuz verwandelt, also das Sinnbild der vergebenden und rettenden Liebe Gottes für Alle in das Zeichen selbstgerechter und hochmütiger Ausschließlichkeit, ja sogar des Hasses und der Gewalt. Ist das nicht die schlimmste Lästerung des Kreuzes, die man sich denken kann? Ihr Vertreter der Sache Christi, solltet Ihr das nicht sehen? Solltet Ihr nicht die ungeheure Gefahr für die Sache Christi sehen, die in dieser Verwechslung liegt? Wenn der Gewaltgedanke, der mit diesem Götzendienst des Nationalismus aufs engste verbunden ist, mit einer noch nie dagewesenen Frechheit sein Credo in die Welt schreit, wer wäre so abgestumpft, um ihn nicht als freche Gottlosigkeit zu empfinden? Und der cäsaristische Despotismus, der den Staat zum Gotte macht, der nichts neben sich gelt läßt, der keine Regung des selbständigen Gewissens duldet und seine Gegner mit Gewalt und Mord unterdrückt, wie kann er neben Anspruch auf die Freiheit des Christenmenschen bestehen, die das Palladium des Protestantismus und neben dem Anspruch auf die Herrschaft Christi über alles Leben, die der Sinn des Katholizismus ist?

Erwachet, die Ihr Euch durch den nationalistischen und faschistischen Trug und Rausch habt verblenden lassen, werdet des Abgrunds gewahr, vor dem Ihr steht; erwachet zur Wahrheit Christi; kehret von Cäsar und Wotan zu Christus, vom Lektorenbündel zur Dornenkrone des Menschensohnes und vom Hakenkreuz zum wirklichen Kreuze zurück, dem allein der Sieg über die Welt verheißen ist. Der Bund des Christentums mit dem Nationalismus und Faschismus ist Abfall von der Wahrheit Christi und ist eine größere Gefahr, als jede offene Feindschaft gegen seine Sache.

Wenn diese Bewegung also auf der einen Seite viel Recht und Wahrheit enthält, auf der andern aber diese in Torheit, Demagogie und dämonischer Verirrung verloren geht, so ist offenbar die Aufgabe gestellt, sie auf bessere Weise zu verwirklichen. Diesen besseren Weg erblicken wir in einer Umkehr von den Götzen einer in Blut, Chaos und Fluch versinkenden Welt zu jenem lebendigen Gott, dessen Herz und Wille uns in Christus kund wird. Er ist die Autorität, auf welcher eine Gesellschaft ruhen muß, die Bestand haben soll, er aber auch die Freiheit. Die wirtschaftliche wie die geistige Not, der Mangel am Nötigsten neben dem Ueberfluß an allen Gütern, die Arbeitslosigkeit neben der Fülle der Aufgaben, die rücksichtslose und entseelende Rationalisierung der Arbeit, die Mechanisierung, Atomisierung und Mammonisierung des Lebens mit aller daraus folgenden Verderbnis, Verflachung, Versumpfung des ganzen Menschenwesens kann nur überwunden werden durch eine Umkehr vom Mammon zu Gott, von der Ware zur Seele, vom Profit zum Menschen, von der Konkurrenz zum gegenseitigen Dienst, von der Entartung alles Lebens in Götzendienst zu den erlösten ursprünglichen Ordnungen der Schöpfung. Auf diesem Wege leuchten wieder, verjüngt, die wahren und ewigen Ziele auf, für die es sich lohnt, das Leben einzusetzen. Auf diesem Wege allein kann es wieder zu wirklicher Volksgemeinschaft, sinnvoller Arbeit, neubeseelter Kultur kommen. Auf der Grundlage einer solchen sozialen und religiösen Erneuerung, eines neuen Glaubens und einer neuen Liebe, die zu Gerechtigkeit werden, kann eine neue Demokratie und ein neues Führertum entstehen. Hier verbindet sich die wahre Freiheit mit wahrer Ordnung. **Die Formen der Demokratie mögen sich wandeln müssen, das Prinzip bleibt eine notwendige Erfüllung der Botschaft von der Gotteskindschaft und Bruderschaft des Menschen.** Der Weg zu einer neuen Freiheit der Völker aber führt gerade über eine Abwendung von Gewaltglauben und nationalistischem Egoismus zum Glauben an eine Völkergemeinschaft, über welcher Gottes heiliges Recht für Alle waltet, aus dem eine Friedensordnung der Völkerwelt fließt, in deren Schutz alles Volkstum erst recht aufblühen kann. Diese Wendung bildet die Voraussetzung für eine wirkliche Liquidierung des Weltkrieges wie für die Ueberwindung alles Krieges, Bürgerkrieges wie des Völkerkrieges. Nicht die Niederstampfung der sozialistischen Arbeiterbewegung und die Wiederaufrichtung gestürzter Götterbilder ist der Sinn der Stunde und unsere Hilfe, sondern eine tiefe Verbindung der Kräfte der sozialen mit denen der religiösen Erneuerung zu *einer* Kraft und zu *einem* Strom.

Die Lage Europas, die durch den sich zuspitzenden Kampf besonders zwischen dem Faschismus und dem Sozialismus gekennzeichnet ist, bedeutet also eine gewaltige Mahnung an die Christenheit zur Besinnung auf sich selbst, zur Umkehr von falschen Wegen und zu helfender Tat. Besonders die furchtbaren Tatsachen der Arbeitslosigkeit und des drohenden Mangels am Nötigsten bei einem großen Teil der Volksgenossen mahnen zu großen und raschen Entschlüssen. Sonst wird Weihnachten zur Lüge. Nicht mit den Göttern der bloßen Natur zu altem Fluch zurück, sondern mit Christus zu Gott und dem Menschen vorwärts geht der Weg der Rettung.

Der Internationale Ausschuß der religiösen Sozialisten.

Der Präsident: Dr. L. *Ragaz*, Zürich.

Für **Deutschland:** Erwin Eckert, Pfarrer, Mannheim. Für **England:** Fred. Hughes, Parlamentsmitglied, London. Für **Frankreich:** Professor Paul Passy, Paris, Bourg-la-Reine, Seine. Für **Holland:** Dr. W. Banning, Barchem. Für **Oesterreich:** Otto Bauer, Redakteur, Wien. Für **Schweden:** J. M. Ljungner, Oerebro. Für die **Schweiz:** Dr. L. Ragaz; Hélène Monastier (Sekretärin).

Oberes Bild: Wie Gott das Dorf elektrifizierte
Unteres Bild: So hat das Dorf sich selbst elektrifiziert

496 Weise: Himmel, Erde, Luft und Meer

Georg Christoph Strattner 1691

2. Wetter leuchten allerwärts, / schenke uns das feste Herz. / Deine Fahnen ziehn voran, / führ auch uns nach deinem Plan.
3. Welten stehn um dich im Krieg, / gib uns teil an deinem Sieg. / Mitten in der Höllen Nacht / hast du ihn am Kreuz vollbracht.
4. In die Wirrnis dieser Zeit / fahre, Strahl der Ewigkeit; / zeig den Kämpfern Platz und Pfad / und das Ziel der Gottesstadt.
5. Mach in unsrer kleinen Schar / Herzen rein und Augen klar, / Wort zur Tat und Waffen blank, / Tag und Weg voll Trost und Dank.
6. Herr, wir gehen Hand in Hand, / Wandrer nach dem Vaterland; / laß dein Antlitz mit uns gehn, / bis wir ganz im Lichte stehn.

Otto Riethmüller 1932

Otto Riethmüller 1933 **495**

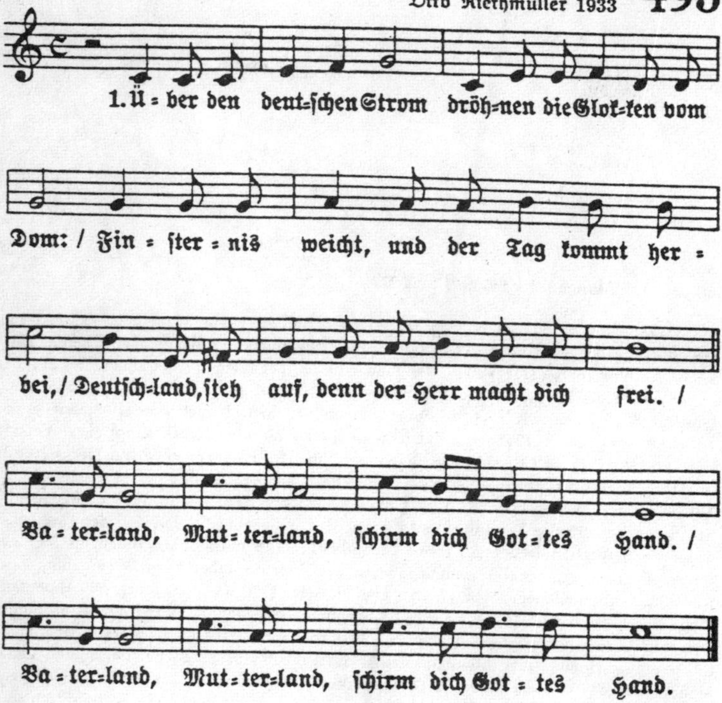

2. Sturmwind im Eichengrund, Mahnruf der Väter tut kund: / Deutscher, vergiß nicht, daß Recht nur und Treu / bauen das heilige Reich wieder neu. / Siegfriedland, Bismarckland, schirm dich Gottes Hand.

3. Stand einst ein graues Heer, rang von den Alpen zum Meer. / Kämpfe du mit für das künftige Land, / Arbeit und Freiheit für jeglichen Stand. / Kämpferland, Hitlerland, schirm dich Gottes Hand.

4. Sonne durch Wetter bricht, Deutschland, verzage nur nicht. / Äcker ergrünen in hoffender Saat, / Räder umschwingen zu helfender Tat. / Heimatland, Zukunftsland, schirm dich Gottes Hand.

Otto Riethmüller 1933

Zu den Abbildungen der Seiten 17 bis 27

17: Plakat einer christlich-antisemitischen Wählerinitiative zur Wahl der Nationalversammlung am 19. Januar 1919. **18:** Rassistisch-nationalistisches Wahlplakat der Deutschnationalen Volkspartei (DNVP) zu den Januarwahlen 1919, eine rechtsradikale Partei, die in den zwanziger Jahren vor allem evangelischen Christen und Kirchenführern, wie Otto Dibelius, Karl Koch und Theophil Wurm, zur politischen Heimat wurde. **19:** Karikatur des »Vorwärts« (28. 5. 1931) zur »Faschistischen Bartholomäusnacht« (Lippisches »Volksblatt«, 1. 6. 1931) im Ostseebad Heiligenhafen, die der Ev. Presseverband Deutschland (EPD) in einem vertraulichen Vermerk dahingehend korrigierte, daß der ev. Pfarrer nicht Nissel, sondern Nissen hieß. **20:** Otto Dibelius, seit 1918 aktiver Kämpfer und Volksredner gegen die verhaßte Republik, koordinierte den politischen Widerstand der Evangelischen im Berufsständischen Ausschuß der DNVP. Unten: Für die »Stillen im Lande« werden die obrigkeitsfeindlichen und rassistischen Ziele der DNVP (zur Vermeidung von Konflikten über Römer 13 bzw. über die jüdische Herkunft Jesu) mit frömmelnden Flugblättern kaschiert. **21:** Die Kirchen bekämpften Sozialisten, Pazifisten und Kommunisten mit Anzeigen wg. »Gotteslästerung«, die im Jahresdurchschnitt zu 400 Anklagen führten; Gutachter (unten: Manuskriptausschnitt) im Prozeß gegen den Maler und Graphiker George Grosz war der ev. Theologieprofessor H. Schreiner. **22–23:** Die Religiösen Sozialisten warnten immer wieder vor dem Faschismus und dessen Stärkung durch die Deutschnationalen und Militaristen. **24:** Der politische Widerstand der Kirchen gegen Sozialisten und Kommunisten wurde nach dem Scheitern der Geheimverhandlungen zwischen Vatikan und Sowjetregierung seit 1929 zum »Kreuzzug« gegen die »Gottlosen« umfunktioniert, Zitate aus sowjetischen Publikationen (hier: Besbóshnik u stanká vom 25. 8. 1929) schürten die Ängste der Christen ebenso wie antikommunistische Film- und Vortragsabende in den Kirchengemeinden. **25:** Die militanten Gegner der Kirchen auf der politischen Rechten (unten: Alfred Rosenberg und das Tutzinger Ehepaar Ludendorff) beunruhigten *vor* 1933 nur wenige; Trost fanden die bedrängten und kämpfenden Evangelischen im 14. Jahr der verhaßten Republik in diesem Lied des Pfarrers Otto Rietmüller. **26:** Als sich 1931 in Bad Harzburg (im Vordergrund, mit der schwarzen Mütze unter der anzel, Heinrich Himmler) DNVP und NSDAP erstmalig als rechtsradikale »Front« einigten, hielt der Berliner Dom- und Hofprediger Doehring einen Feldgottesdienst – NSDAP war schließlich eine »christliche« Partei. Am 21. März 1933 (Tag von lam) wurde das Bündnis DNVP und NSDAP von Hindenburg und Hitler durch schlag besiegelt. **27:** Und wieder traf der Kirchenliederdichter Riethmüller den Ton, als er 1933 jubelte: »Hitlerland, schirm dich Gottes Hand!«

I. Der »Evangelische Kirchenkampf« – ein Kampf an falschen Fronten

3. Wir sind in die Irre gegangen, als wir begannen, eine »christliche Front« aufzurichten gegenüber notwendig gewordenen Neuordnungen im gesellschaftlichen Leben der Menschen. Das Bündnis der Kirche mit den das Alte und Herkömmliche konservierenden Mächten hat sich schwer an uns gerächt. Wir haben die christliche Freiheit verraten, die uns erlaubt und gebietet, Lebensformen abzuändern, wo das Zusammenleben der Menschen solche Wandlungen erfordert. Wir haben das Recht zur Revolution verneint, aber die Entwicklung zur absoluten Diktatur geduldet und gutgeheißen.
4. Wir sind in die Irre gegangen, als wir meinten, eine Front der Guten gegen die Bösen, des Lichtes gegen die Finsternis, der Gerechten gegen die Ungerechten im politischen Leben und mit politischen Mitteln bilden zu müssen. Damit haben wir das freie Angebot der Gnade Gottes an alle durch eine politische, soziale und weltanschauliche Frontenbildung verfälscht und die Welt ihrer Selbstrechtfertigung überlassen.

Das »Darmstädter Wort« erklärt den sogenannten »Evangelischen Kirchenkampf« als einen zu den Bekenntnissen der Synoden von Barmen und Berlin-Dahlem 1934 im Widerspruch stehenden Kampf an falschen Fronten. Eine Provokation, denn zwei Jahre nach Hitlerei und Holocaust hatten deutschnationale und nationalsozialistische »Kirchenkämpfer« bereits ihr »Einigungswerk« als »Bekennende Kirche«, ihren Kampf für das »positive Christentum« der NSDAP als antifaschistischen Widerstand verfälscht und so bei den alliierten Besatzungsmächten als »Widerstandsbewegung« volles Vertrauen und weitreichenden Einfluß gewonnen.

1. Kampf gegen Linke und Republik

Als Reichspräsident von Hindenburg am 30. Januar 1933 den Nazi-Führer Hitler zum Reichskanzler ernannte, hatte neben der Nazi-Partei vor allem auch die evangelische Kirche Grund zum Feiern. 14 Jahre hatte sie durch aktiven und passiven politischen Widerstand die »gottlosen« Obrigkeiten des Weimarer »Systems« genervt und geschwächt. Nun hatten Hindenburg und Hitler den »Novemberverbrechern« endlich den Todesstoß versetzt. Da jubelten die evangelischen Kirchenführer zwischen Konstanz und Königsberg »Sieg!« und feierten Hitler überschwenglich als den »Retter aus schwerer Gefahr«. Der rheinische Generalsuperintendent Ernst Stoltenhoff schrieb den Pfarrern der Rheinprovinz am 1. Mai 1933:

»Wir haben viel Grund, zu dem nationalen Umbruch, in dem wir stehen, mit Dank gegen Gott ein freudiges Ja, nicht ein Ja sich berechnend umstellender Unmännlichkeit, sondern ein von Herzen kommendes Ja zu sagen. Ich glaube, die Wenigsten ahnen, wie groß die bolschewistische Gefahr war, in der wir schwebten. Nicht als wenn Gottlosigkeit und Christusfeindschaft jetzt verschwunden wären. Wir sind nicht so harmlos, das zu wähnen, aber der schamlosen öffentlichen Propaganda ist ein Ende gemacht worden. Schon das ist ein Großes. Es ist uns fast wie ein Traum, daß wir uns 14 Jahre lang das Regiment von Männern gefallen lassen mußten, die zum Teil als Dissidenten bekundeten, daß sie mit Christentum und Kirche persönlich nichts zu tun haben wollten . . . Wir können Gott nicht genug dafür danken, daß wir heute wieder Führer über uns wissen, denen die Furcht Gottes der Weisheit Anfang ist . . . «[1]

Kein Geringerer als Otto Dibelius war es, der die evangelischen Landeskirchen und Verbände seit 1918 zu einer politischen Widerstandsbewegung formierte. Mit Ausrufung der ersten demokratischen Republik Deutschlands durch die »gottlosen« Sozialdemokraten hatten ja z. B. die Protestanten in Preußen nicht nur ihren geliebten Kaiser und König, sondern mit ihm auch ihren obersten Bischof der preußischen Landeskirche verloren. Seit 1918 trachteten die evangelischen Kirchenführer danach, die politische Schande des November 1918 zu tilgen, sannen die kirchlichen Widerstandskämpfer auf Revanche.[2]

Zahllose große und kleine Niederlagen und Demütigungen der demokratischen Verfassungsorgane gingen auf das Konto des kirchlichen Widerstandes. Den ersten Sieg feierte die evangelische Kirche schon im Januar 1919. Ihr die evangelischen Massen mobilisierender Widerstand gegen die geplante Abschaffung des Religionsunterrichtes als ordentliches Lehrfach hatte nicht nur die Aussetzung der preußischen Schulgesetze bewirkt, sondern sogar den Sturz des preußischen Kultusministers Adolph Hoffmann zur Folge. Die verschwindende Minderheit der »Religiösen Sozialisten« in den Landeskirchen erntete Hohn und Verachtung, die Zaghaften und »Stillen im Lande« Häme und Tadel. Der Koordinator des kirchlichen Widerstandes, Pastor Otto Dibelius, kostete diesen Sieg der kirchlichen politischen Widerstandsbewegung genüßlich aus, als er schrieb:

»Das ist der erste Sieg der kirchlichen Bewegung unserer Tage über die kirchenfeindliche Politik der neuen Regierung! Die Bedeutung dieses Sieges kann nicht hoch genug veranschlagt werden. Ist auch die endgültige Entscheidung nur vertagt – es hat sich gezeigt, daß die Kirche noch eine Macht im Leben des Volkes ist, daß die Bedrohung der Heiligtümer unseres Volkes einen Widerstand auf den Plan ruft, dem die neuen Machthaber sich nicht gewachsen fühlen.«[3]

Die politische Partei der evangelischen Widerstandsbewegung gegen Demokratie, Sozialdemokratie und Bolschewismus war die Deutschnationale Volkspartei (DNVP). Und weil 80 Prozent der evangelischen Pfarrerschaft nationalkonservativ eingestellt waren, verfügte diese rechtsradikale Partei in der evangelischen Kirche über ein unerschöpfliches Reservoir an einflußreichen Multiplikatoren. Ihr politischer Kampf war immer auch der Kampf der evangelischen Widerstandsbewegung: gegen die Verfassung, die die evangelische Staatskirche abgeschafft hatte; gegen die sogenannte »Kriegsschuldlüge«, die den obersten Bischof Wilhelm II. als verantwortlichen Kriegstreiber markierte; gegen jedweden Pazifismus und alles was sonst noch links der äußersten Rechten exisiterte.

Dabei geriet auch der Antisemitismus zu neuer Blüte. In einem überparteilichen Wahlplakat der Rechtsradikalen wurden den christlichen Wählern die demokratischen und Linksparteien als »Kohn-Sorten« vorgestellt, allesamt Juden, von Rosa Luxemburg bis Walter Rathenau. Und das amtliche Kirchliche Jahrbuch nannte die neuen Politiker der ersten deutschen Republik verächtlich: »kleine Afterpolitiker«.[4]

Das Pauluswort aus Römer 13, »Jedermann sei untertan der Obrigkeit, die Gewalt über ihn hat«, galt selbstverständlich nicht für *diese*, die durch Mehrheitsentscheidungen in freien Wahlen in die höchsten Staatsämter gelangt waren. Der Putschisten-Regierung Kapp-Lüttwitz stellte sich der bekannte evangelische Pfarrer Gottfried Traub als Kultusminister zur Verfügung, der langjährige Herausgeber des »Evangelischen Gemeindeblattes für Rheinland und Westfalen – Die Christliche Freiheit«. Der inzwischen zum Generalsuperintendenten beförderte Otto Dibelius wetterte noch 1931 gegen den Irrglauben im Obrigkeitsverständnis der Demokraten, »als sei das rote Bezirksamt von Neukölln dasselbe, wie die Ratsherren der deutschen Städte, an die Luther schrieb«.[5]

In ihrem Widerstandskampf nahmen sich die Kirchenkämpfer Verbündete, wo immer sie diese fanden, sei es »Der Stahlhelm« oder die NSDAP. Beim Volksentscheid gegen den Young-Plan 1929 stritten sie erstmalig mit Hitler gegen die Reichsregierung der »Verzichtpolitiker«: Kirchenpräsident Theophil Wurm und seine anderen deutschnationalen Amtsbrüder auf der Seite Hitlers und Hugenbergs – eine Front, die zahllosen Christen am 14. September 1930 die Wahl der NSDAP guten Gewissens möglich machte. Ein Erdrutsch verheerenden Ausmaßes für die junge deutsche Demokratie: 107 Sitze hatte Hitlers Nazi-Partei erringen können – 95 Sitze mehr als bisher. Für die evangelische Widerstandsbewegung indes ein Sieg, worüber sich selbst die Evangelikalen nicht genug freuen konnten. In ihrem Blatt »Licht und Leben« schwärmte der

Herausgeber, Pfarrer Joseph Gauger, über diesen denkwürdigen Tag:

»Es war eine Art Verzweiflungsstimmung ... Da kam der 14. September. Es war, wie wenn ein neuer Geist sich offenbarte. Die Nationalsozialisten haben der Freiheit eine Gasse gehauen ... (Der Nationalsozialismus hat) eine neue zündende Idee in die schlappwerdenden Massen hineingeworfen ..., und zwar die nationale Idee. Dadurch hat er wirklich ein Gegengift und Gegengewicht geschaffen gegen die internationale Idee der Sozialdemokratie, die uns entnervt hat, und gegen die furchtbare Idee des Bolschewismus, die ganz einfach das Ende aller Kultur, vor allem auch der christlichen Kultur ist.«[6]

2. Kämpfende Gemeinde – singende Gemeinde

Doch nicht nur im Linkenhaß und Antikommunismus der NSDAP sahen die evangelischen Widerstandskämpfer Übereinstimmung, auch der unverhohlene Antisemitismus sprach vielen Kirchenmännern aus der Seele.[7] Noch nach dem Brand der Synagogen 1938 gestand Landesbischof Theophil Wurm dem Reichsjustizminister ohne Not:

»Ich bestreite mit keinem Wort dem Staat das Recht, das Judentum als ein gefährliches Element zu bekämpfen. Ich habe von Jugend auf das Urteil von Männern wie Heinrich von Treitschke und Adolf Stoecker über die zersetzende Wirkung des Judentums auf religiösem, sittlichem, literarischem, wirtschaftlichem und politischem Gebiet für zutreffend gehalten.«[8]

Aber neben diesen grundlegenden Elementen der Übereinstimmung im Antikommunismus und Antisemitismus unterschied sich die Nazi-Partei von den zerstrittenen Deutschnationalen durch den Punkt 24 des Parteiprogramms der NSDAP, in dem sich die Hitler-Faschisten ausdrücklich zum Christentum bekannten. Der Halbsatz, »die Partei als solche vertritt den Standpunkt eines positiven Christentums«, geriet für viele evangelische Christenmenschen zum politischen Wetterleuchten in der vielbesungenen finsteren, stürmischen und von feindlichen Mächten beherrschten politischen Nacht jener 14 Jahre.

Nichts spiegelt die politische Geistesverfassung der evangelischen Christenheit zwischen 1918 und 1933 – eine Zeit zwischen Widerstand und Widerspruch, zwischen Siegeshoffnung und Bereitschaft zum Martyrium – eindrucksvoller wider, als die damals liebgewonnenen oder neu entstandenen Kirchenlieder. Neben das Lutherlied »Ein feste Burg ist unser Gott«, das 60.000 demonstrierende Berliner Christen am Neujahrstag 1919 vor dem Kultusministerium »Unter den Linden« anstimmten (mit der Drohung: »Das Reich muß *uns* doch bleiben«!), trat das bisher unbekannte Kampflied des Basler Pfarrers Friedrich Oser aus dem 19. Jahrhundert:

Zeuch an die Macht, du Arm des Herrn,
wohlauf und hilf uns streiten!
Noch hilfst du deinem Volke gern,
wie du getan vor Zeiten.
Wir stehn im Kampfe Tag und Nacht;
o Herr, nimm gnädig uns in acht
und steh uns an der Seiten!

Drängt uns der Feind auch um und um,
wir lassen uns nicht grauen;
du wirst aus deinem Heiligtum
schon unsre Not erschauen.
Fort streiten wir in deiner Hut
und widerstehen bis aufs Blut
und wollen dir nur trauen.

Dieser unbekannte Choral aus der Schweiz wurde in Windeseile zum Kirchenschlager des antirepublikanischen evangelischen Widerstandes in Deutschland. Die rheinische und westfälische Provinzialsynode nahmen das Kirchenkampflied 1929 unter der Nummer 399 in das neue Evangelische Gesangbuch für Rheinland und Westfalen auf.[9]

Die Iserlohner Pastorenfrau Elisabeth van Randenborgh dichtete 1922 für die »jungen Kämpfer« das Lied: »Sonne glänzt auf deinen Fluren«. Darin die Strophe:

Aus der Weltennot Getümmel
raget hoch dein Kreuz zum Himmel,
unser Zeichen und Panier.
Kämpfer sind wir, dir zu dienen,
wie im heilgen Land die kühnen
Ritter, kämpfen, siegen wir.[10]

Als sich 1932 die Aussichten auf einen baldigen Sieg der evangelischen Widerstandsbewegung jäh verschlechterten, tröstete Pfarrer Otto Riethmüller die evangelische Jugend Deutschlands mit einem Lied, von dem nicht nur die evangelische Jugend binnen weniger Wochen dankbar Besitz ergriff:

Herr, wir stehen Hand in Hand,
die dein Hand und Ruf verband,
stehn in deinem großen Heer
aller Himmel Erd und Meer.

Wetter leuchten allerwärts,
schenke uns das feste Herz.
Deine Fahnen ziehn voran,
führ uns auch nach deinem Plan.

Welten stehn um uns im Krieg,
gib uns teil an deinem Sieg.
Mitten in der Höllen Nacht
hast du ihn am Kreuz vollbracht.

In der Wirrnis dieser Zeit
fahre, Strahl der Ewigkeit;
zeig den Kämpfern Platz und Pfad
und das Ziel der Gottesstadt.

Mach in unserer kleinen Schar
Herzen rein und Augen klar,
Wort zur Tat und Waffen blank,
Tag und Weg voll Trost und Dank.[11]

Doch kaum war der politische Retter Adolf Hitler in Amt und Würden, da jubelte und dichtete derselbe Pfarrer Otto Riethmüller – der Leiter des Reichsverbandes der evangelischen weiblichen Jugend und Vorsteher des Burkhardthauses Berlin-Dahlem – sein »Hitlerland«-Lied. Die vier Strophen künden nicht nur von dem evangelischen Siegestaumel des Jahres 1933, schwärmen nicht nur von der Kontinuität des »heiligen Reiches« im »Hitlerland« des »*dritten* Reiches«. Das Riethmüller-Lied rief auch die letzten Deutschnationalen unter das Hakenkreuz des neuen christlich-nationalsozialistischen »Heimat«- und »Zukunftslandes«:

Über den deutschen Strom, dröhnen die Glocken vom Dom:
Finsternis weicht, und der Tag kommt herbei,
Deutschland, steh auf, denn der Herr macht dich frei.
Vaterland, Mutterland, schirm dich Gottes Hand.

Sturmwind im Eichengrund, Mahnruf der Väter tut kund:
Deutscher, vergiß nicht, daß Recht nur und Treu
bauen das heilige Reich wieder neu.
Siegfriedland, Bismarckland, schirm dich Gottes Hand.

Stand einst ein graues Heer, rang von den Alpen zum Meer.
Kämpfe du mit für das künftige Land,
Arbeit und Freiheit für jeglichen Stand.
Kämpferland, Hitlerland, schirm dich Gottes Hand.

Sonne durch Wetter bricht, Deutschland, verzage nur nicht.
Äcker ergrünen in hoffender Saat,
Räder umschwingen zu helfender Tat.
Heimatland, Zukunftsland, schirm dich Gottes Hand.[12]

Der Landesjugendpfarrer von Kurhessen-Waldeck, der Kasseler Lizentiat Walter Schäfer, feierte den Untergang der ersten deutschen Republik 1933 mit diesem Lob- und Danklied:

Die Kirche Gottes steht im Streit,
daß ihr'r das Volk begehre.
Herein bricht Gottes Heiligkeit,
wer ist, der ihm noch wehre?
Er hat sich wunderbar bezeugt
und Satans böse Nacht verscheucht.
Dem Führer hat er geholfen . . .[13]

Aber schon am 1. Mai 1933 warnte Pfarrer Paul Humburg die Sieger des politischen Widerstandskampfes, nur ja im »dritten Reich« die Hände nicht in den Schoß zu legen. Die altbösen Feinde Bolschewismus, Sozialismus und Gottlosentum hatten wohl eine Niederlage erlitten. Doch nun gelte es, die Kirchenfeinde mit Adolf Hitler endgültig zu besiegen:

Das Alte sinkt! Aus Blut und Kriegesgrauen
strahlt neuer Lenz. Durch Schanden und Verrat
bricht durch ein Mann,
Millionen folgen voll Vertrauen.
Sein Wort und Wille reißt zu Sturm und Tat.

Die Sonne steigt! Wir rüsten uns zum Streite.
Zum Opfer trotz der Feinde Haß und Hohn.
Auf, Brüder, Tritt gefaßt,
wir schreiten Seit an Seite.
Mit Adolf Hitler, Deutschlands treuestem Sohn . . .[14]

3. Kampf dem Neuheidentum

Dabei hatte es in der evangelischen Kirche auch an warnenden Stimmen nicht gefehlt. Der Kölner Pfarrer Georg Fritze prägte schon 1930 die eingängige theologisch-politische Formel: »Die Aufgabe der Kirche ist nicht das ›dritte Reich‹, sondern das letzte Reich, das Reich Gottes!« Doch Georg Fritze war Sozialdemokrat, Sprecher der Religiösen Sozialisten Westdeutschlands. Er galt in seiner Kirche als das Trojanische Pferd der »Gottlosen«.[15]

Aber auch auf der äußersten politischen Rechten hatte es theologische Vorbehalte gegenüber der NSDAP gegeben. Da war schließlich seit 1930 das kirchenfeindliche Buch Alfred Rosenbergs auf dem Markt: »Der Mythus des 20. Jahrhunderts«, in dem der Herausgeber des »Völkischen Beobachters« eine Rückkehr zum vorchristlichen Glauben der germanisch-heidnischen Vorfahren propagierte, in dem der christliche Glaube als artfremd, als eine aus dem Judentum entstandene, germanischem Empfinden widerstreitende Religion angeprangert wurde. Die jüngste und bisher schärfste theologische Kritik der NSDAP von rechts stand im soeben erschienenen Kirchlichen Jahrbuch 1932.

Der Herausgeber Hermann Sasse hatte die Grundaussagen der zahlreichen deutschgläubigen religiösen Sekten – ähnliche Ideen wie Rosenberg vertraten auch der einstige Putschgefährte Hitlers, der General Erich Ludendorff und seine Frau Mathilde – mit dem Parteiprogramm der NSDAP verglichen. Und der Kirchengeschichtsschreiber beließ es nicht bei dem bisher in der Kirche kolportierten *Halb*satz aus dem Punkt 24 des NS-Parteiprogramms: ». . . die Partei als solche vertritt den Standpunkt eines positiven Christentums«.

Was den Berliner Theologen so mißtrauisch machte, war das Bekenntnis der NSDAP zu einer religiösen Toleranz, von der nur noch die Juden und z. B. die »wehrkraftzersetzenden« Sekten ausgeschlossen sein sollten. Die Sorge des Theologen Sasse galt diesem *Voll*satz im Parteiprogrammpunkt 24: »Wir fordern die *Freiheit aller religiösen Bekenntnisse* im Staat, soweit sie nicht dessen Bestand gefährden oder das Sittlichkeits- und Moralgefühl der germanischen Rasse verletzen.« Er sah darin eine Begünstigung der »Neuheiden« und bezweifelte, »ob wir also unsere Beleidigungen des germanischen Moralgefühls ungehindert fortsetzen dürfen, wie wir es mit Gottes Hilfe zu tun beabsichtigen«![16]

Aber der kirchliche Jubel über den Anbruch des »dritten Reiches« übertönte auch den Zweifel von rechts. Die NSDAP galt nun eben als »christliche Partei«. Schließlich hatte Hitler schon in seinem Buch »Mein Kampf« vor den »sogenannten religiösen Reformatoren auf altgermanischer Grundlage« gewarnt: »Führt doch ihre ganze Tätigkeit das Volk vom gemeinsamen Feind, den Juden, weg, um es statt dessen seine Kräfte in ebenso unsinnigen wie unseligen inneren Religionsstreitigkeiten verzehren zu lassen.«[17] Und im Vorwort des »Mythus«-Buches versicherte Rosenberg ja ausdrücklich den Privatcharakter seiner religiösen Auffassungen: »Sie sind durchaus *persönliche* Bekenntnisse, nicht Programmpunkte der politischen Bewegung, welcher ich angehöre.«[18]

Was sollten die Rosenbergs und Ludendorffs, die Hauers und Reventlows denn wohl ausrichten gegen die Regierungserklärung vom 23. März 1933, wo Hitler eben »in den beiden christlichen Konfessionen die wichtigsten Faktoren zur Erhaltung unseres Volkstums« sah und nicht in den zahlreichen neuheidnisch-germanischen Gruppen und Grüppchen, wenn diese auch noch so sehr ihre jahrelange, bewährte Kampfgemeinschaft mit dem Führer und Reichskanzler Adolf Hitler hervorkehrten.

Auch die evangelische Kirche hatte zahllose »Alte Kämpfer« der NSDAP aufzuweisen, hatte maßgebenden Anteil an der Beseitigung des verhaßten Weimarer »Systems«. Und die Buchhalter der kirchlichen Widerstandsbewegung zogen auch immer wieder stolze Bilanz, erinnerten wiederholt an ihre politischen Aktionen.[19] Allein 400 Anklagen wegen »Gotteslästerung« beschäftigten – im Jahresdurchschnitt! – die deutschen Gerichte zwischen 1920 und 1933.[20] Und die Angeklagten waren durch die Bank Linke: vom Freidenker, der sich weigerte, vor einer Prozession seinen Hut zu ziehen, bis hin zu Georges Grosz, der aus Protest gegen die ungebrochene Kriegstheologie in den Kirchen den leidenden Christus am Kreuz mit Gasmaske und Kommißstiefeln dargestellt hatte. Gutachter der Anklage im Grosz-Prozeß war jener evangelische Theologieprofessor Helmuth Schreiner, der zusammen mit dem Privatdozenten Walter Künneth 1933 den Bestseller herausgab: »Die Nation vor Gott – Zur Botschaft der Kirche im Dritten Reich«. Ein theologischer Mut- und Schrittmacher zur politischen »Schicksalswende« 1933, zur »nationalen Wiedergeburt«.[21]

Seit dem Sieg Hitlers konnten sich die Kirchen aus diesem aufreibenden Kampf gegen Demokratie und politische Linke getrost zurückziehen. Waren alle Kräfte der evangelischen Kirche 14 Jahre lang auf den marxistischen und pazifistischen Feind konzentriert, fanden sie seit 1933 – wie vor dem Krieg – wieder Zeit und Gelegenheit, sich ausgiebig mit sich selbst zu beschäftigen. Und da ließen dann die internen kirchenpolitischen und theologischen Auseinandersetzungen nicht lange auf sich warten.

Gemeinsam hatte man zwar noch die »Deutsche Evangelische Kirche« (DEK) gegründet, *einstimmig* auch in Anlehnung an das »Führerprinzip« des Hitler-Faschismus noch den Reichsbischof Ludwig Müller gewählt, doch im Neubau der Kirche gerieten die Geschwister – vor allem die Brüder – hart aneinander: Deutsche Christen, Jungreformatorische Bewegung, Pfarrernotbund, Lutheraner, Reformierte, Unierte, Orthodoxe, Barthianer, Pietisten . . . *Um Theologie und Leitung der DEK Kampf allerorten – Fronten über Fronten.* Nur in einem war man sich auf allen widerstreitenden Flügeln einig: Linke oder gar Antifaschisten haben in diesem kirchlichen Neubau keinen Platz. Was den Totalen Staat, den Befreier der Kirchen aus der Gefahr des »gottfeindlichen« Marxismus betraf, galt von den »Deutschen Christen« bis hin zum Pfarrernotbund die Parole: »Wir sagen Ja zum Hakenkreuz!«[22]

Was aber bedeutete für die Jungreformatorische Bewegung um Walter Künneth, Martin Niemöller und Hanns Lilje im

Sommer 1933 schon ihre Niederlage gegen die »Deutschen Christen«, angesichts der erstarkenden Kirchenfeinde in Ludendorffs Tannenbergbund und Hauers und Reventlows »Arbeitsgemeinschaft der Deutschen Glaubensbewegung«. Ausgerechnet auf der Wartburg in Eisenach hatten sich Ende Juli 1933 die größten der neuheidnischen Gemeinschaften zusammengeschlossen. Bereits am 10. August erkannte die »Junge Kirche«, das Organ der jungen »Bekenntnisfront« um den Pfarrernotbund, den *wahren* »Ernst der Bekenntnisfrage«: *»Die Bekenntnisfrage ist keine Frage der einzelnen innerkirchlichen Gruppen gegeneinander. Sie ist die Frage der Gesamtkirche gegen einen Gegner, der von außen kommt und der bitterernst zu nehmen ist, weil er die Kirche in ihrem Wesen und ihrer Kraft zerstört.«*[23]

Und in seinen »Gedanken zu Karl Barths Schrift ›Theologische Existenz heute!‹« mahnte Hanns Lilje: »daß wir alle die vorletzte Frontbildung aufgeben und auf die eigentliche uns rüsten lassen. Die Frontbildung für oder wider die Deutschen Christen ist nur eine sehr vorläufige . . . Hinter ihnen taucht die ernstere Front auf, die mit den Namen Tannenberg (-Bund) und Reventlow gekennzeichnet ist und die sich schon zum Kampf um die Seele unseres Volkes angeschickt hat.«[24]

4. Politische Verleumdungen

Und spätestens am 13. November 1933 begriffen der Pfarrernotbund ebenso wie die Führer der Deutschen Christen, daß der neuheidnische Feind bereits *in der Kirche* sein Unwesen trieb. Während der Großkundgebung der Berliner Deutschen Christen im Sportpalast hatte deren Gauleiter Reinhard Krause unter tosendem Beifall der 20.000 Besucher gefordert:

- »Befreiung von allem Undeutschen im Gottesdienst und im Bekenntnismäßigen,

- Befreiung vom Alten Testament mit seiner jüdischen Lehrmoral, von diesen Viehhändler- und Zuhältergeschichten ...
- daß alle offenbar entstellten und abergläubischen Berichte des Neuen Testamentes entfernt werden ...
- daß ein grundsätzlicher Verzicht auf die ganze Sündenbock- und Minderwertigkeitstheologie des Rabbiners Paulus ausgesprochen wird ...«[25]

Das war der Einbruch neuheidnischer Lehren in den durch Verfassung geschützten Kirchenneubau! Und das Gesetz zur Einführung der Verfassung der DEK trug die Unterschriften des Reichskanzlers und Reichsinnenministers! Was Krause da forderte, stand in Rosenbergs »Mythus«-Buch auf Seite 614, wo die Zukunft der »germanischen Glaubensgenossenschaften« unter anderem auch mit diesem Satz beschrieben wurde: »Denn an die Stelle der alttestamentlichen Zuhälter- und Viehhändlergeschichten werden die nordischen Sagen und Märchen treten, anfangs schlicht erzählt, später als Symbole begriffen ...«

Das hieß auch für die Deutschen Christen »Antichristentum«. Der deutschchristliche Reichsbischof entließ anderntags den Redner Dr. Krause aus all seinen kirchlichen Ämtern. Der Bestrafte trat aus der Kirche aus und gründete eine eigene Glaubensgemeinschaft mit dem verlockenden Namen »Deutsche Volkskirche«. Eine Glaubensbewegung mehr auf dem Weg ins Neuheidentum.[26]

Eine wissenschaftliche Untersuchung der Universität Florenz hatte in jenen Tagen gerade das germanische Glaubensleben im »dritten Reich« der Deutschen erforscht und »32 verschiedene deutsche Glaubensbewegungen« namhaft gemacht. Ein sichtbares Zeichen dafür, daß auch die Jünger Ludendorffs und Rosenbergs mit der erkämpften Freiheit im Hitler-Deutschland mehr Schwierigkeiten als Erfolge zu verzeichnen hatten; denn auch im Hause der Deutschgläubigen beherrschten Streit und Flügelkämpfe die Szene der neuheidnischen Religion. Aber auch hier war man sich in *einem* Punkt bei allen Differenzen einig: Feinde von Staat und Partei genießen auch in der neuen Religion kein Heimatrecht.

Dennoch wurde von nun an die politische Verleumdung zur

Waffe religiöser Auseinandersetzung. Während zahllose Evangelische den Deutschen Christen den Rücken kehrten, etliche Pfarrer mitsamt ihren Gemeinden direkt zur »Bekenntnisfront« wechselten, verdächtigte zum Beispiel der Berliner Bischof Hossenfelder die Flüchtigen – vor allem aber den Pfarrernotbund und die sich nun aus ihm entwickelnde Bekennende Kirche – »Gegner des Nationalsozialismus«, ein Hort antifaschistischen Widerstandes zu sein: »Da sie auf politischem Wege nichts mehr erreichen, verschanzen sie sich hinter religiösen Prinzipien. Wehe, wenn unser Volk, politisch geeint, kirchlich zerfiele!«[27] Die Sorge des Theologen Sasse war also nicht unbegründet. Und war nicht gerade erst der Stellvertreter des Führers, Rudolf Heß, den von den Kirchen attackierten Neuheiden am 13. Oktober 1933 mit einem »Toleranzerlaß« beigesprungen?[28]

Die Bekenner des Pfarrernotbundes wehrten sich unverzüglich mit einem vierseitigen Flugblatt gegen Hossenfelders »politische Verleumdungen«. Daß da bis 1933 zahllose Mitglieder des Pfarrernotbundes und die Führer der Bekennenden Kirche entweder Mitglieder oder Mitläufer der Deutschnationalen Volkspartei oder anderer rechtsradikaler Organisationen waren, galt ja nicht als ehrenrührig. Ohne ihren unermüdlichen Kampf gegen Marxismus und Pazifismus wäre der Sieg der NSDAP ja gar nicht möglich gewesen. Und hatten die Deutschnationalen nicht mit ihren 8 Prozent der Stimmen nach den Reichstagswahlen im März 1933 Hitler zur Mehrheit ebenso wie zu den Ermächtigungsgesetzen geholfen? Die Verfasser des Flugblattes argumentierten indes vom Ergebnis der jüngsten Reichstagswahlen aus, die am 12. November 1933, am Tage vor jener Sportpalastkundgebung der Deutschen Christen, stattgefunden hatten, und schlußfolgerten:

»Das deutsche Volk hat sich in wunderbarer Einheit geschlossen hinter den Führer gestellt. Was hier nach außen sichtbar wurde, ist nur das Ergebnis der tatsächlichen Zuwendung *Aller* zum Führer und zum Nationalsozialismus. Wir (Bekenner, H.P.) verbitten uns, daran zu zweifeln, soweit das uns betrifft. – Mit der Lüge, daß jeder Nationalsozialist auch

›Deutscher Christ‹ sei, und daß jeder, der nicht ›Deutscher Christ‹ sei, ein Feind des Nationalsozialismus und seines Führers sei, haben die ›Deutschen Christen‹ die Massen ihrer Wähler gewonnen. Diese Lüge ist längst zusammengebrochen. Ungezählte treue Nationalsozialisten stehen ebenso treu wie zu ihrem Führer zu ihrer evangelischen Kirche, ohne dabei die Führung Hossenfelders anzunehmen. Der Führer hat deutlich (am 2. Dezember 1933, H.P.) erklärt, daß die innerkirchlichen Kämpfe ohne Einmischung der Staatsgewalt ausgetragen werden müssen. Was in der evangelischen Kirche vor sich geht, hat mit der Staatstreue jedes ihrer Glieder nichts zu tun. Die steht nach wie vor unerschüttert . . . Wir werden uns durch keine Beschimpfung, die des 3. Reiches unwürdig ist, in unserer Treue wankend machen lassen.«[29]

Die Evangelikalen priesen Hitler gar als »sittlichen Erneuerer«. In ihrem Wochenblatt »Licht und Leben« stand jetzt zu lesen: »Schon allein durch sein Beispiel eines reinen Wandels und einer ganz ans Vaterland hingegebenen Lebensführung ruft er zur Nachfolge. Man weiß, daß Hitler sich aller geistigen Getränke enthält, daß er auch nicht raucht und daß er trotz dieses Verzichtes auf Anregungsmittel . . . das Äußerste leistet an Arbeit: das ist etwas Großes und Beispielhaftes.«[30]

Und als dann am 31. Mai 1934 die Barmer Bekenntnissynode den politischen Spreng-Satz ihrer Theologischen Erklärung – *»Wir verwerfen die falsche Lehre, als gebe es Bereiche unseres Lebens, in denen wir nicht Jesus Christus, sondern anderen Herren zu eigen wären«* – durch ausdrücklichen Beschluß nur »im Zusammenhang mit dem Vortrag von Pastor Asmussen« verstanden und ausgelegt wissen wollte[31], waren damit auch offiziell alle politischen Verdächtigungen, die Bekenner seien Antifaschisten, zurückgewiesen. Dort hatte Asmussen das Verhältnis der Bekennenden Kirche zum NS-Staat so definiert: »Damit wir aber den Lügnern auch das Maul stopfen, lassen wir noch einmal die Stimme der Heiligen Schrift laut werden, welche spricht: ›Fürchtet Gott, ehret den König!‹ Dazu ist zu bemerken: . . .

- daß man nur im Unrecht gegen Zeit und Ewigkeit uns als Rebellen verdächtigt . . .

• daß wir Glieder der Bekenntnisfront im Gehorsam und in der Treue gegen Volk und Staat durch ein göttliches Gebot gehalten sind.
• Nur deshalb, weil man nicht mit uns die Heilige Schrift ernst nimmt, kann die ewig neue Verdächtigung gegen uns ausgesprochen werden . . .
• Die ewig neuen Verdächtigungen machen sichtbar, daß die Heilige Schrift bei unseren Gegnern nicht das Ansehen hat wie bei uns . . .«[32]

5. Klare Fronten

Diese politische Klarheit der Bekennenden Kirche hatte selbstverständlich auch eine verschärfte Binnenwirkung: Da wurde etwa den ehemaligen Religiösen Sozialisten in der Bekennenden Kirche Schweigen und Buße auferlegt[33], und Karl Barth, der theologische »Vater der Bekennenden Kirche« und Verfasser der Barmer Theologischen Erklärung, hatte nicht nur Asmussens profaschistische Deutbarkeit der Barmer Erklärung hinnehmen müssen, sondern auch den alsbald folgenden Ausschluß aus Leitung und Synode der Bekennenden Kirche – am Ende gar noch aus ihrer Gemeinschaft überhaupt. Als Schweizer Sozialist (seit 1915) und deutscher Sozialdemokrat (seit 1931) war er *dieser* Bekennenden Kirche seit 1934 politisch untragbar geworden.[34]

Was die Deutschen Christen betraf, so war deren Zerfall nicht mehr aufzuhalten. Aus der größten Kirchenpartei der Reichskirche fristeten Restgruppen ein kümmerliches Dasein. Allein die Ideen, die Reinhard Krause einst vorgetragen hatte, banden vor allem in der Thüringischen Landeskirche noch stärkere Kräfte, die das Christentum mit den deutschgermanischen Glaubensgemeinschaften unter dem gemeinsamen Dach einer konfessionslosen und »entjudeten« deutschen »Nationalkirche« in Einklang bringen wollten.

Der Träger des Goldenen Parteiabzeichens, Eduard Putz, der gerade erst als Mitglied des theologischen Ausschusses zusammen mit Asmussen, Barth, Beckmann und Obendiek der Barmer Bekenntnissynode die Barmer Theologische Erklärung zur Annahme empfohlen hatte, teilte das »religiöse Kampffeld« nach der politischen Manier eines alten Nazi-Kämpfers in »Rechte« und »Linke«[35]:

Auf der Rechten selbstverständlich die Bekennende Kirche, von den Bischöfen Bayerns, Württembergs und Hannovers, über die Bruderräte bis hin zur überwiegenden Mehrheit des »theologischen Nachwuchses, darunter«, wie Putz ausdrücklich vermerkt, »Unzählige, die wie ich selbst den SA-Dienst durchlaufen haben«.

Auf der Linken natürlich die neuheidnischen Deutschgläubigen mit ihren Freireligiösen und einstigen Freidenkern von Wilhelm Hauer über Graf Ernst zu Reventlow bis Alfred Rosenberg sowie der besonders kirchenfeindlicheTannenberg-Bund des Generals a. D. Erich Ludendorff und seiner Frau Mathilde.

Zwischen diesen Fronten der Rechten und der Linken sah Putz schließlich *eine »Mitte«*, in der er alle seit der Sportpalastkundgebung nach rechts zurückkehrenden oder nach links abdriftenden »Deutschen Christen« aufreihte: vom »rechten Flügel« (Fezer, Schumann, Gogarten), über die »gemäßigten« (Kinder, Langmann, Christiansen), bis hin zu den Hossenfelder-DC, den »Natonalkirchlern« in Thüringen, Bremen, Lübeck und Mecklenburg und den Linksaußen des Sportpalastredners Dr. Krause. *1934 klare Fronten also!*

Als Hitler bereits im Februar 1934 Alfred Rosenberg als nicht ministrabel auf das für ihn geschaffene neue Amt eines Schulungsleiters der NSDAP abgeschoben hatte, und der Papst daraufhin dessen »Mythus«-Buch auf den Index setzte, wollten »Deutsche Christen« dem Parteigenossen Rosenberg auch noch diesen Posten streitig machen. Der sächsische Landesbischof Friedrich Coch ließ seinen Oberkirchenrat Adolf Müller anregen, »daß *zunächst* in einem Gespräch mit dem Führer bzw. mit Pg. Rosenberg die das Bekenntnis zum positiven Christentum betreffende Frage geklärt wird und *erst dann* die Möglichkeit der Schulung in der Parteiorganisation.«[36]

Nein, Widerstand gegen Rosenberg und seine neuheidnische Weltanschauung hatte mit Antifaschismus aber auch nicht das geringste zu tun. Nicht um staatlichen, sondern um kirchlichen »Totalitarismus« ging es: In Glaubensfragen gab es für die Kirchen keine Toleranz. Keine Handbreit wollten sie abtreten an jene »Gottlosen«, die obendrein auch noch in ihrer Propaganda auf Kirchenaustritte spekulierten!

Die neuheidnischen Deutschgläubigen hatten inzwischen in der Tübinger Nägelestraße 19 ein Predigerseminar eingerichtet. Und just aus Tübingen stammte ein auf acht Seiten gedrucktes »ABC des Deutschen Heiden«, das seit 1934 überall im Reich bei den Christen aller Konfessionen pures Entsetzen auslöste und auch die evangelische Kirche auf die Barrikaden rief:

Frage 1: »Warum nennt ihr euch Deutsche Heiden?« Antwort: »Der Begriff ›Heide‹ ist für uns kein Schimpfwort . . . Wir sind stolz auf unseren deutschen Glauben, unser nordisches Heidentum.«

Frage 2: »Könnt ihr als Heiden an Gott glauben?« Anwort: »Ja, gerade weil wir deutsche Heiden sind . . . Jeder kann Gott in der natürlichen Wirklichkeit erfahren, wenn er ein rechter deutscher Heide ist.«

Frage 3: »Warum lehnt ihr den überlieferten Glauben ab?« Antwort: »Wir glauben an Deutschland . . . Unser heiliges Land ist nicht mehr Rom und Palestina, unser heiliges Land heißt einzig und allein: Deutschland.«

Frage 9: »Raubt ihr der Jugend nicht den sittlichen Halt?« Antwort: »Die deutsche Jugend findet heute ihren sittlichen Halt nicht in der Bibel, sondern in ihrem Wissen um Vererbung und Rasse und in ihrem Glauben an Deutschland.«

Frage 10: »Glaubt ihr deutschen Heiden an ewiges Leben?« Antwort: »Was unseren Vorfahren Wallhall bedeutete, das ist für uns: die große Armee, der Sturm Horst Wessels – als Ahnung, nicht als Dogma. Es gibt ein deutsches Ewigkeitsgefühl.«

Frage 19: »Seid ihr vielleicht doch völkisch getarnte Marxisten?« Antwort: »Diese Behauptung . . . stammt aus dem bösen Gewissen der christlichen Kirche . . . Die Kirche hat durch ihr Bündnis . . . von ›Thron und Altar‹ den deutschen Arbeiter dem internationalen Marxismus und Bolschewismus geradezu in die Arme getrieben. Der deutsche Arbeiter wird niemals freiwillig zur Kirche . . . zurückkehren.«[37]

Obwohl der Bund der Freidenker schon vor 1933, der Bund der freireligiösen Gemeinden und Ernst Niekischs »Deutsche Widerstandsbewegung« seit 1933 aufgelöst und verboten waren, die neuheidnische Szene 1934 also ganz überwiegend aus politisch rechten bis rechtsradikalen und rassistischen Organisationen bestand, griff nun auch die Bekennende Kirche zur Waffe der politischen Verleumdung, indem sie – wider besseres Wissen – die »Deutschen Heiden« als »verkappte Kommunisten« anprangerte. Heinrich Held, Mitglied des Rheinischen Rates und des altpreußischen Bruderrates gab die Kampfparole aus: *»Dieser Religionsbolschewismus ist eine Gefahr für das Dritte Reich!«* Und die von der rheinischen Bekenntnissynode herausgegebenen »Briefe zur Lage« erinnerten die Bekenntnisgemeinden an ihren Widerstand *vor* 1933: »Wer jetzt noch nicht sieht, daß dies völlig unangebracht als deutsch und national bezeichnete Heidentum wesensgemein mit dem Gottlosentum des Bolschewismus ist, dem ist nicht zu helfen . . . Die segensreichen Bestrebungen des Nationalsozialismus, eine große deutsche Volksgemeinschaft herzustellen, werden empfindlich gestört durch das deutsche Neuheidentum: es zerstört die deutsche Einheit.«[38]

6. Die »tödliche Gefahr«

Und unter dem Feindbild »Religionsbolschewismus!« erwachte auch in der Bekennenden Kirche Deutschlands die alte kirchliche Widerstandsbewegung zu neuem Leben, um das »dritte

Reich« vor den staatsgefährdenden Machenschaften der »verkappten Marxisten und Kommunisten« zu bewahren:

»Zeuch an die Macht du Arm des Herrn,
wohlauf und hilf uns streiten . . . «![39]

Die Kirchenzeitungen wandelten sich wieder zu Kampfblättern. Der Kasseler Landesjugendpfarrer Walter Schäfer, dessen faschistisches Kirchenlied inzwischen reichsweit bekannt war, schrieb einen Gegenkatechismus: »Ein Kapitel Mythus«. Und Rudolf Alexander Schröder reimte:

Spricht der Tor mit Hohn und Spott:
Sage mir wo ist dein Gott? –
Sei du beschwichtet!
Halt fröhlich stand, bald zeigt die Wand
den Finger, der ihn richtet.[40]

Binnen weniger Monate produzierten die kirchlichen Apologeten der christlichen Kirchen in riesigen Auflagen ganze Bibliotheken mit den unterschiedlichsten Antworten auf den »Mythus«-Glauben. »Kirchenkampf« mit Büchern und Traktaten. Philipp Spittas Pfingstlied gewann neue Aktualität:

Unglaub und Torheit brüsten
sich frecher jetzt als je;
darum mußt du uns rüsten
mit Waffen aus der Höh.
Du mußt uns Kraft verleihen,
Geduld und Glaubenstreu
und mußt uns ganz befreien
von aller Menschenscheu.

Es gilt ein frei Geständnis
in dieser unsrer Zeit,
ein offenes Bekenntnis
bei allem Widerstreit,

trotz aller Feinde Toben,
trotz allem Heidentum
zu preisen und zu loben
das Evangelium.[41]

Auch Otto Riethmüller dichtete wieder Kampflieder. Mit diesem Lied wollte er die untereinander immer noch zerstrittenen Protestanten *zu gemeinsamem Widerstand gegen die gemeinsamen religiösen Feinde* rufen:

Wie sollen wir die Schlachten schlagen,
die unausweichlich vor uns stehn,
wenn wir, die deinen Namen tragen,
noch so getrennte Wege gehn!

Wir streiten über die Befehle
und stehen mitten in der Schlacht,
derweil der Feind mit stolzer Seele
des leichten Sieges uns verlacht.

Die Kämpfer auf dem Vormarsch bleiben
weit hinter dem befohlenen Ziel,
weil in dem Heer Dämonen treiben
ihr fromm versteckes Ränkespiel . . .[42]

Otto Riethmüller wußte, wovon er 1935 sang. Nicht nur die nach »links« tendierenden »Nationalkirchler« versagten sich diesem Widerstand. Da hatten gerade auch die Bischöfe der sogenannten »Bekenntnisfront«, Marahrens, Meiser und Wurm, die Widerstandskämpfer der preußischen Landeskirche in entscheidender Schlacht im Stich gelassen. Die altpreußische Bekenntnissynode hatte das Neuheidentum am 5. März 1935 auf ihrer Tagung in Berlin-Dahlem zum Thema gemacht und ein unmißverständliches Wort *»An die Gemeinden«* beschlossen. Darin diese Urteile:

- »Wir sehen *unser Volk* von einer *tödlichen Gefahr* bedroht. Die Gefahr besteht in einer neuen Religion . . .

• Die neue Religion ist *Auflehnung gegen das erste Gebot.* In ihr wird die rassisch-völkische Weltanschauung zum *Mythus* . . .
• Dieser *Wahnglaube* macht sich seinen Gott nach des Menschen Bild und Wesen . . .
• Solche *Abgötterei* hat mit positivem Christentum nichts zu tun. Sie ist *Antichristentum* . . .
• Wer Blut, Rasse und Volkstum an Stelle Gottes zum Schöpfer und Herrn der staatlichen Autorität macht, untergräbt den Staat . . . «[43]

Als die derart attackierten Deutschgläubigen auf Rache sannen, distanzierten sich die drei Landesbischöfe von diesem Preußenschlag, so daß dann auch die von deutschgläubigen Parteigenossen mobilisierten preußischen Polizei- und Gestapobehörden »Gefahr im Verzuge« sahen. An die 500 Pfarrer der Bekennenden Kirche zwischen Trier und Königsberg, die von der Verlesung des Wortes in den Gottesdiensten des 17. März nicht lassen wollten, wurden am 16. März verhaftet.

Doch die Freude der religiösen Konkurrenz währte nur Stunden. Die preußischen Bekenner konnten nämlich dem Reichsinnenminister Frick überzeugend glaubhaft machen, *»daß das Wort sich lediglich gegen die neuheidnische Religion wendet und vor der hier für Volk und Staat drohenden Gefahr warnen will«*. Daraufhin wurden die Pfarrer nicht nur wieder unverzüglich freigelassen, sie durften das Wort jetzt sogar an den zwei folgenden Sonntagen ohne Abstriche von den Kanzeln verlesen. Selbst Propagandaminister Goebbels griff in diese Affäre zugunsten der Kirchen ein: auf seinen Antrag hin beschlagnahmte die Gestapo den neuheidnischen Katechismus, jenes »ABC des Deutschen Heiden«.[44]

Aber die Neuheiden beriefen sich auf das religiöse Toleranz-Gebot des Punktes 24 im Parteiprogramm, das Rudolf Heß durch seinen Erlaß vom 13. Oktober 1933 bestätigt hatte, und trugen immer kühnere Angriffe gegen die Kirchen vor. Als das Argument der Staatsfeindschaft bei den Regierungsstellen nicht mehr zog, beschuldigten sie die Kirchen, durch und durch »verjudet« zu sein. Die evangelische Kirche reagierte mit Beweisen des

Gegenteils. Oberkonsistorialrat Oskar Söhngen konterte: »*Die evangelische Kirche glaubt bewiesen zu haben, daß sie sich den Notwendigkeiten der rassischen Erneuerung unseres Volkes nicht nur beugt, sondern zu freudiger Mitarbeit bereit ist.*«[45]

Einen ganzen Lasterkatalog neuheidnischer Provokationen unterbreitete die Leitung der Bekennenden Kirche Hitler im Juni 1936. In dieser vertraulichen Denkschrift prangerte sie schonungslos alle Versuche der Jünger Rosenbergs an, *den neuheidnischen Glauben an die Stelle des nationalsozialistischen »positiven Christentums« zu setzen und als NS-Weltanschauung zur neuen Staatsreligion zu erheben.* Als die Angeschwärzten davon erst aus der Auslandspresse erfuhren, verbargen deren Propagandisten ihren Zorn über das Schweigen der Reichsregierung zu den bekenntniskirchlichen Angriffen nur mühsam hinter einer wüsten Pressekampagne unter der Überschrift: »Landesverrat!« Da ging es dann auch nicht mehr um die *religiöse,* sondern nur noch um die *polizeiliche* Frage: Wie kam der vertrauliche Brief an den Führer in die Auslandspresse?[46]

So konnte denn auch Hitler nicht mehr umhin, seine Abneigung gegen »die sogenannten religiösen Reformatoren auf altgermanischer Grundlage« zu modifizieren. Mit Erlaß vom 26. November 1936 erkannte der Reichsinnenminister die neuheidnischen Gruppen amtlich an unter der offiziellen Religionsbezeichnung: *»Gottgläubig«.*

Für die Kirchen ein höchst mißverständlicher Titel. Da warnte Papst Pius XI. am 14. März 1937 in seiner Enzyklika »Mit brennender Sorge« nicht nur in 11 ausführlichen Punkten vor den religiösen Verlockungen eben dieses Neuheidentums. Gleich zu Beginn stellte er klar: *»Gottgläubig ist nicht, wer das Wort Gott rednerisch gebraucht,* sondern nur, wer mit diesem hehren Wort den wahren und würdigen Gottesbegriff verbindet.«[47] Und die evangelische Kirche klärte ihre Mitglieder auf, »daß *die ›Gottgläubigen‹ nicht in eins zu setzen sind mit den Christen.* Sie stehen vielmehr oft in schärfster Kampfstellung gegen den christlichen Glauben . . . *Die Mitglieder der evangelischen Kirche bezeichnen sich bei Aufnahme in öffentlichen Listen also nicht als ›Gottgläubig‹, sondern als ›evangelisch‹.*«[48]

Mit ihrem Kampf um eine konfessionsfreie Gemeinschaftsschule entfesselten die »Gottgläubigen« geradezu einen Aufstand der Kirchen gegen die sogenannte »Entkonfessionalisierung«. Diese und zahllose andere »Kirchenkämpfe« erwiesen sich indes als beste Werbung für die Neue Religion. Bei der Volkszählung von 1939 erklärten sich bereits 2,7 Millionen Deutsche als »gottgläubig«.[49]

7. Eine andere »Bekennende Kirche«

Als auch Alfred Rosenberg 1937 wieder neue religiöse Bosheiten an den Tag legte, als er

- im August mit seiner neuen kirchenfeindlichen Schrift *»Protestantische Rompilger – der Verrat an Luther und der Mythus des 20. Jahrhunderts«* auf die apologetische Schriftenflut seiner evangelischen Widersacher hämisch und politisch verleumderisch reagierte, als er
- am 11. Oktober im »Völkischen Beobachter« seinen vierspaltigen Bericht über die Einweihung der dem nordischen Germanentum gewidmeten »Nordmark-Feierstätte«, dem Thingplatz für 20.000 Menschen am Fuße des Kalkberges von Bad Segeberg, mit der reißerischen Überschrift versah: *»Die politische Kirche des Nationalsozialismus«*,

da war für die evangelischen Kirchen Deutschlands endlich die Stunde *gemeinsamen* Bekennens angebrochen.

96 bekennende, neutrale und deutsch-christliche Kirchenführer, Anstalts- und Behördenleiter – neben den drei zaudernden Bischöfen Marahrens, Meiser und Wurm sogar der langjährige DC-Führer und Hamburger Nazibischof Tügel – fanden sich »Am Reformationsfest 1937« zu zornigem Protest: *»Das Christentum wird abgetan. An seine Stelle sollen die Weltanschauung des Rosenbergschen Mythus und die ›politische Kirche des Nationalsozialismus‹ treten! Wer das will, kann von einem Bekenntnis zum ›positiven Christentum‹ nicht mehr spre-*

chen . . .«![50] Und in der Nürnberger St. Lorenzkirche schloß Walter Künneth seinen Vortrag wider das jüngste Rosenberg-Pamphlet mit dem Riethmüller-Lied »Herr, wir stehen Hand in Hand«, das die alte, kurz vor dem Sieg stehende kirchliche Kampfgemeinschaft gegen Republik und Gottlosigkeit im »Notjahr 1932« zum ersten Mal angestimmt hatte:

». . . Wetter leuchten allerwärts,
schenke uns das feste Herz.
Deine Fahnen ziehn voran,
führ uns auch nach deinem Plan.

Welten stehn um uns im Krieg,
gib uns teil an deinem Sieg.
Mitten in der Höllen Nacht
hast du ihn am Kreuz vollbracht.

In der Wirrnis dieser Zeit
fahre, Strahl der Ewigkeit;
zeig den Kämpfern Platz und Pfad
und das Ziel der Gottesstadt.

Mach in unserer kleinen Schar
Herzen rein und Augen klar,
Wort zur Tat und Waffen blank,
Tag und Weg voll Trost und Dank.‹ Amen.«[51]

Und Hitler dachte auch nicht im Traum daran, die Rosenbergsche Weltanschauung des kirchenfeindlichen »Mythus«-Glaubens als *die NS-Weltanschauung* – womöglich als nationalsozialistische Staatskirche – anzuerkennen. Seinen Kirchenminister Kerrl ließ er diesbezügliche Ansprüche der Neuheiden in der Presse zurückweisen: »Partei und Staat denken gar nicht daran, eine ›Staatsreligion‹ oder eine ›Staatskirche‹ zu gründen. Die Partei und der Staat stehen auf religiöser, aber nicht auf konfessioneller Grundlage christlicher, deutschgläubiger oder irgendeiner anderen Art. Allein gültig für uns ist der Punkt 24 des

Parteiprogramms mit dem klaren Bekenntnis zu einem positiven Christentum.« Sätze, die die Presse im katholischen Rheinland – von der »Kölnischen Zeitung« (11. 12.) bis zur »Koblenzer Zeitung« (13. 12. 1937) – in Fettdruck verbreitete unter Überschriften wie: *»Keine ›Trennung‹ von Staat und Kirche«* oder *»Weder Trennung noch Staatskirche«!*

Und die Kirchen wußten es Hitler zu danken. Nur drei Beispiele aus dem entscheidenden Jahr 1939:

- »Zum 50. Geburtstag des Führers« huldigte das Organ der Bekennenden Kirche – die »Junge Kirche« – dem Diktator mit einem Schmuckblatt auf der Titelseite, darin das Versprechen: »in Alltag und Sonntag *treuer zu glauben, inniger zu lieben, stärker zu hoffen, fester zu bekennen:* so allein kann sich zeigen, was an dem christlichen Glauben echt ist. Wir bitten Gott, den Führer zu segnen.«[52]
- Am 31. Mai, auf den Tag 5 Jahre nach der Barmer Bekenntnissynode, ein halbes Jahr nach dem Brand der Synagogen in Deutschland, verkündeten die bekennenden Kirchenführer, unter ihnen die Bischöfe Marahrens, Meiser und Wurm, den Christen in Deutschland diese faschistischen Grundsätze als Wegweisung durchs »dritte Reich«: »Die Evangelische Kirche ehrt im Staate eine von Gott gesetzte Ordnung. Sie fordert von ihren Gliedern treuen Dienst in dieser Ordnung *und weist sie an,* sich in das völkisch-politische Aufbauwerk des Führers mit voller Hingabe einzufügen . . . Im Bereich des Glaubens besteht der scharfe Gegensatz zwischen der Botschaft Jesu Christi und seiner Apostel und der jüdischen Religion der Gesetzlichkeit und der politischen Messiashoffnung, die auch schon im Alten Testament mit allem Nachdruck bekämpft ist. Im Bereich des völkischen Lebens ist eine ernste und verantwortungsbewußte Rassenpolitik zur Reinhaltung unseres Volkes erforderlich . . .«[53]
- Und als der oberste Kriegsherr 1939 die religiösen Kämpfer aufforderte, wenigstens für die Dauer des Krieges gegen die gemeinsamen äußeren Feinde die religiöse Streitaxt zu begraben und religiösen »Burgfrieden« zu schließen, lag evangelischerseits bereits eine mehrseitige »Denkschrift evangelischer Heer-

respfarrer über die Auswirkungen des Kirchenkampfes« vor, die nicht nur eine politische, sondern auch »die moralische Wehrbereitschaft« konstatierte.[54]

Was dem religiösen Eiferer Rosenberg fehlte, war die politische Einsicht, daß eine faschistische »Revolution«, wie Italien und Spanien bewiesen, *niemals gegen die Kirchen*, sondern *nur mit ihnen* gelingen konnte. Deshalb waren nicht Kultur*kämpfer*, sondern Kultur*träger* gefragt. Will Vesper zum Beispiel: Der evangelische Psalmist des »dritten Reiches«, seit 1933 Mitglied der NS-Dichterakademie, hatte mit seinem »Deutschen Psalter« in der Tat den rechten Ton für Partei *und* Kirchen angeschlagen.[55] In seinem »Bekenntnis« zum »Heiligen Krist« nahm er auch Partei im »Kirchenkampf«:

». . . So brunntief sank er in uns ein
in tausend Jahren: wie ein Stein
liegt er auf unserm Grunde,
in Wesen und Sein
und Sprache.
Wo er nicht wirkt,
ist Brache . . . «[56]

Nachdem Hitler dann 1941 Rosenbergs langgehegten Wunsch erfüllt und den neuheidnischen Religionsstifter zum »Minister für die besetzten Ostgebiete» ernannt hatte (wo er dann weder vom Papst noch von der »Bekenntnisfront« daran gehindert wurde, seinen Glauben an Blut und Rasse zu praktizieren), nutzte Bischof Wurm die Kampfpause, um 1943, unmittelbar nach der deutschen Niederlage in Stalingrad[57], die seit der Sportpalastkundgebung vom 13. November 1933 breiter und breiter gewordene Front evangelischer Christen gegen das »gottlose« Neuheidentum in seinem »Kirchlichen Einigungswerk« zu einer neuen »Bekennenden Kirche« zusammenzuschließen[58], zu einer »Bekennenden Kirche«, die mit jener der Bekenntnissynoden des Jahres 1934 in Barmen und Berlin-Dahlem nur noch den Namen gemein hat. *Eine »Bekennende Kirche«, die jene bekenntniskirchliche Minderheit, die auf die*

Bekenntnisse von Barmen und Dahlem nicht verzichten mochte, mit den »linken« Thüringer DC der »Nationalkirchler« als »Radikale« ausgrenzte. Eine »Bekennende Kirche«, unter deren Geburtsurkunde von Ostern 1943 jetzt sogar der Name des fanatischen DC-Bischofs von Hessen-Nassau, Ernst Ludwig Dietrich, stand, die wenig später aber auch der rheinische BK-Führer Joachim Beckmann unterschrieb.[59] Eine »Bekennende Kirche«, die auch nicht in einem einzigen ihrer 13 Grundsätze die Beschlüsse von Barmen oder Dahlem aufgriff – nicht einmal andeutungsweise.

Was die durch Krieg, politische Verfolgungsmaßnahmen oder Kriegsgefangenschaft dezimierten »Radikalen«, die »Dahlemiten«, dachten, fand in der Versammlung der Kirchlich-Theologischen Sozietät in Württemberg angesichts dieser Wurm-Sätze beredten Ausdruck:

- »daß mit dem Herrsein Christi in seiner Kirche nicht ernstgemacht wird . . .«,
- »daß die Verfasser auf dem Boden ihrer Auffassung von der Kirche keine Vollmacht haben zu den innerhalb der DEK kontroversen Fragen in einer Weise zu reden, welche eine Entscheidung fordern würde . . .«,
- »daß sie bewußt oder unbewußt mit stumpfen Waffen fechten.«[60]

Den erfahrenen deutschnationalen Politiker und kirchenpolitischen Taktiker Wurm focht die Schelte der Ausgegrenzten nicht an. Als die Deutschen zusehends das Kriegsglück verließ, ließ er 1944 über den Ökumenischen Rat in Genf und die Kirchen der Feindmächte (erfolgreich) sondieren, »ob . . . die nötigen Maßnahmen getroffen worden sind, damit zu gegebener Zeit eine möglichst rasche und wirksame kirchliche Anerkennung der dann hervortretenden obersten Leitung der Evangelischen Kirche erfolgen könnte.«[61]

8. Die »wirkliche Bekenntnisfront«

Immer wieder hatte Hitler von den religiösen Widersachern wenigstens im Kriege einen »Burgfrieden« gefordert. Jetzt, seit Theophil Wurm die ganz überwiegende Mehrheit der Evangelischen mit ihren Kirchenbehörden in das Gehege seines »Kirchlichen Einigungswerkes« gelockt hatte, seit die Fanatiker unter den »Gottgläubigen« Alfred Rosenberg mit Kind und Kegel als deutschblütige und -gläubige »Siedler« in den »Warthegau« gefolgt waren, jetzt hatte der »Kirchenkampf« gegen die neuheidnischen Abweichler vom positiv-christlichen Parteiprogramm der NSDAP endlich die erwünschte Pause – im Mai 1945 dann sein Ende gefunden. Durch den kirchlichen Einigungseifer blieb sogar der aufregende wissenschaftliche Versuch Rudolf Bultmanns, dem neuheidnischen »Mythus«-Glauben nicht mit apologetischen Büchern und Traktaten, sondern mit einer historisch-kritischen Theologie zu begegnen, einer größeren kirchlich-theologischen Öffentlichkeit einstweilen verborgen. Bultmanns »Entmyhtologisierung des Neuen Testamentes« elektrisierte nur wenige.[62]

Die letzten zehn Jahre »Kirchenkampf« hatten auch die eifrigsten Streiter ermüdet, für den Einsatz an einer neuen Front unfähig gemacht. *Ein »Evangelischer Kirchenkampf« wie vor den Erklärungen der Bekenntnissynoden von Barmen und Berlin-Dahlem: unter falschen theologischen Prämissen, an falschen Fronten, mit falschen Verbündeten für falsche Ziele.*

Aber anders als im Widerstandskampf *vor* 1933, hatte die evangelische Kirche im Kampf gegen die »Gottgläubigen« auch schmerzliche Opfer zu beklagen. Die als »Religionsbolschewisten« und als »verkappte Marxisten und Kommunisten« bekämpften »Neuheiden« drehten den politischen Spieß einfach um. Die Fanatiker unter ihnen zeigten unliebsame Mitarbeiter der Kirchen bei ihren zahlreichen Glaubensbrüdern in den Polizei- oder Gestapostellen wegen »kommunistischer Umtriebe« an (gegen katholische Priester und Ordensleute kämpften sie vor allem mit »Sittlichkeitsdelikten«). Rechtsgrundlage war ausgerechnet jene Verordnung, die der politische Schirmherr der Evangelischen im kirchlichen Widerstandskampf vor 1933, nämlich Paul von Hindenburg, am 28. Februar 1933 »zum Schutz von Volk und Staat« vor »kommunistischen Gewaltakten« erlassen hatte.

Vergeblich baten dann die im Kampf gegen Kommunisten erprobten Widerstandskämpfer in den Gefängnissen der Gestapo »um Aufklärung, *inwiefern unser kirchlicher Kampf gegen eine neue Religion mit kommunistischen Umtrieben in Verbindung gebracht wird?* Ich habe« – so der Protest des Führers der schlesischen »Bekenntnisfront«, des Breslauer Pfarrers Ernst Hornig, – »Ich habe 1919 als Angehöriger des Freikorps Halle den mitteldeutschen Kommunistenaufstand mit niederkämpfen helfen.«[63] Bald machte der Einspruch eines Verteidigers an der »Bekenntnisfront« die Runde: Die Notstandsverordnung vom 28. Februar 1933 »trüge die Unterschrift eines gläubigen Christen, des Generalfeldmarschalls von Hindenburg, der sich im Grabe herumdrehen würde, wenn er wüßte, was mit diesem Gesetz gemacht werden solle«.[64]

Trotzdem fanden zahlreiche »politische Verleumdungen« bei Polizei und Justiz auch offene Ohren. Redeverbote, Ausweisungen, Verhöre, Verhaftungen, Körperverletzungen, KZ, Mord und Totschlag waren die bittere Folge. Das Martyrium des Pfarrers Paul Schneider aus der rheinischen Provinzialkirche zum Beispiel, der noch vor dem Sportpalasttumult den Deutschen Christen angehört hatte, begann schon 1934. Am 11. Juni protestierte er öffentlich auf dem Friedhof zu Gemünden im Hunsrück gegen den neuheidnischen Kreisleiter, der während der kirchlichen Beerdigung eines Hitlerjungen – wie Schneider es in seinem Bericht an das Konsistorium ironisch-spöttisch formulierte – »den Verstorbenen frisch-fröhlich in den himmlischen Sturm Horst Wessel versetzte«. Eine Formel aus dem »ABC des Deutschen Heiden«. Paul Schneider, »der Prediger von Buchenwald«, geriet daraufhin zum ersten Mal in »Schutzhaft«.[65]

Als Pastor Martin Niemöller, dessen Autobiographie »Vom U-Boot zur Kanzel« zu einem Bestseller im Nazi-Deutschland geworden war, am 19. Juni 1937 wieder einmal vor seiner Bekenntnisgemeinde Berlin-Dahlem auf der Kanzel stand und die Bergpredigt Jesu auslegte, schrieb der stets anwesende Gestapobeamte auch diese Fragen mit:

- »Hat die christliche Kirche in ihren Gliedern und Amtsträgern heute noch das Recht, das der Führer ihr mit seinem Wort bestätigt hat – mit seinem *Ehrenwort* –, daß wir uns gegen die Angriffe auf die Kirche wehren dürfen, oder haben die Leute recht, die die Abwehr gegen den Unglauben uns – der christlichen Gemeinde – verbieten und unmöglich machen und die Leute, die sich wehren, dafür ins Gefängnis bringen?«
- »Hat die Kirche noch das Recht, der Gemeinde Mitteilung zu machen, daß Glieder der Gemeinde vom Glauben abgefallen sind, oder haben die Leute recht, die uns diesen Auftrag auszuführen verbieten und unmöglich machen?«[66]

Vierzehn Tage später war auch Martin Niemöller verhaftet, der Vorsitzende des »Pfarrernotbundes«, dessen Mitglieder sich durch Unterschrift verantwortlich erklärt hatten »für die, die um solchen Bekenntnisstandes willen verfolgt werden«.[67]

Die Opfer *dieses* Widerstandskampfes gegen den neuheidnischen Unglauben setzte die »Bekenntnisfront« seit 1935 auf die sonntäglichen Fürbittelisten. *Ein öffentlicher Solidaritätsbeweis, der den verschwindend wenigen politisch-antifaschistischen und -antimilitarischen Widerstandskämpfern der evangelischen Kirche – vom »Verschwörer« Dietrich Bonhoeffer*[68] *bis hin zum »Wehrkraftzersetzer« Hermann Stöhr*[69] *– niemals zuteil geworden ist!* Mit Antifaschisten[70], gar mit Antimilitaristen, jenen »politisch unzufriedenen Elementen«[71] im »dritten Reich«, hatte die »Bekenntnisfront« ja auch absolut nichts zu schaffen. Deren Leitung beteuerte noch nach dem »Zusammenbruch« Nazi-Deutschlands in ihrem »Märtyrerbuch«:

»Alle, von denen in diesem Buch die Rede ist, und mit ihnen alle Männer und Frauen, die in gleicher Bedrängnis und Anfechtung standen, haben ihre Leiden nicht darum auf sich genommen, weil sie mit der Politik des Dritten Reiches nicht einverstanden waren und in ihr ein Verhängnis für unser Volk erkannten, sondern nur und ganz ausschließlich aus dem

Grunde, weil sie das Bekenntnis der Kirche angegriffen sahen und es, gelte es auch den Einsatz des Lebens, um der Treue zu Christus willen zu wahren hatten.«[72]

Kein Erinnern an die verfolgten Antifaschisten und Antimilitaristen der *»wirklichen Bekenntnisfront«*, die der Sozialdemokrat und Antinazi Karl Barth im Blick hatte, als ihn die Hitler zugetane »Bekenntnisfront« 1935 wegen seiner politischen Makel aus ihren Reihen vertrieb.[73] Damals schrieb er dieser »Bekenntnisfront« ins Stammbuch: ». . . ich wundere mich nur darüber, daß man es immer noch wagt, dieses prahlerische Wort ›Front‹ als Selbstbezeichnung in den Mund zu nehmen. Und diese ›Front‹ (›Wir sind nicht von denen, die da weichen‹!!) will mich nun mit dem großen Bann belegen? Ich lache darüber. Ich verachte das. Ich tröste mich dessen, daß es in ganz Deutschland eine verborgene, aber wirkliche Bekenntnisfront gibt . . .«[74]

Evangelische Volksmissionswoche

von Montag, den 27. November 1933
bis Samstag, den 2. Dezember 1933, abends 8.15 Uhr

in der Paulskirche

Gesamtthema: „Das Wagnis des evangelischen Glaubens"

1. Abend: „Unser Herr" (Redner: Pfarrer Karl Veidt)
2. Abend: „Unser Auftrag" (Redner: Pfarrer Wintermann)
3. Abend: „Unsere Waffe" (Redner: Pfarrer Martin Schmidt)
4. Abend: „Unsere Freiheit" (Redner: Pfarrer Rau)
5. Abend: „Unsere Not" (Redner: Pfarrer Goebels)
6. Abend: „Luther und wir" (Redner: Pf. Lic. Wallau u. Pf. Lic. Fricke)

Evangel. Glaubens- und Volksgenossen! Kommt selbst und bringt andere mit!

Eintritt frei!

Der Deutsche Christ liest das „Evangelium im Dritten Reich"

Wir bekennen uns angesichts der die Kirche verwüstenden und damit auch die Einheit der Deutschen Evangelischen Kirche sprengenden Irrtümer der „Deutschen Christen" und der gegenwärtigen Reichskirchenregierung zu folgenden evangelischen Wahrheiten:

1. **„Ich bin der Weg und die Wahrheit und das Leben; niemand kommt zum Vater denn durch mich."** (Joh. 14, 6).

   „Wahrlich, wahrlich ich sage euch: Wer nicht zur Tür hineingeht in den Schafstall, sondern steigt anderswo hinein, der ist ein Dieb und ein Mörder. Ich bin die Tür; so jemand durch mich eingeht, der wird selig werden." (Joh. 10, 1. 9).

   Jesus Christus, wie er uns in der Heiligen Schrift bezeugt wird, ist das eine Wort Gottes, das wir zu hören, dem wir im Leben und im Sterben zu vertrauen und zu gehorchen haben.

   Wir verwerfen die falsche Lehre, als könne und müsse die Kirche als Quelle ihrer Verkündigung außer und neben diesem einen Worte Gottes auch noch andere Ereignisse und Mächte, Gestalten und Wahrheiten als Gottes Offenbarung anerkennen.

2. **„Jesus Christus ist uns gemacht von Gott zur Weisheit und zur Gerechtigkeit und zur Heiligung und zur Erlösung."** (1. Kor. 1, 30).

   Wie Jesus Christus Gottes Zuspruch der Vergebung aller unserer Sünden ist, so und mit gleichem Ernst ist er auch Gottes kräftiger Anspruch auf unser ganzes Leben; durch ihn widerfährt uns frohe Befreiung aus den gottlosen Bindungen dieser Welt zu freiem, dankbarem Dienst an seinen Geschöpfen.

   Wir verwerfen die falsche Lehre, als gebe es Bereiche unseres Lebens, in denen wir nicht Jesus Christus, sondern anderen Herren zu eigen wären, Bereiche, in denen wir nicht der Rechtfertigung und Heilung durch ihn bedürfen.

Wir sagen

„Ja" **zum Hakenkreuz,** dem Siegeszeichen Adolf Hitlers, dem Siegeszeichen des Nationalsozialismus, dem Zeichen der Hoffnung unsres geeinten Deutschen Reiches. Gern und freudig flaggen wir unsre Häuser und Kirchen mit der Hakenkreuzfahne und bezeugen damit vor aller Welt: Wir folgen dem Führer! Wir gehorchen dem Führer als unsrer gottgegebenen Obrigkeit! Römer 13 zeigt jedem evangelischen Christen klar den Weg. „Arbeit und Freiheit für jeglichen Stand. / Kämpferland, Hitlerland, / Schirm dich Gottes Hand."

Wir sagen

„Ja" **zum Kreuz unsers Herrn und Heilandes Jesus Christus,** dem Zeichen der Schuld einer gottentfremdeten Welt, dem Siegeszeichen des ewigen Gottes auf dieser Erde. Hier am Kreuz auf Golgatha ist einmal in dieser Welt das Gottesgebot erfüllt: „Du sollst Gott deinen Herrn lieben von ganzem Herzen und deinen Nächsten wie dich selbst." Deshalb predigen wir den gekreuzigten Christus, den Juden ein Aergernis und den Griechen eine Torheit, denen aber, die berufen sind, göttliche Kraft und göttliche Weisheit. O du hochheil'ges Kreuze, / daran der Welt Verlangen, / unser Herr gehangen. Du bist des Himmels Schlüssel, / du schließest auf das Leben, / so uns durch dich gegeben.

Wir sagen

„Nein" **zum Abzeichen der „Deutschen Christen",** das Hakenkreuz und Christuskreuz vermengt. Diese Vermischung ist unklar und unbiblisch. Leider ist aber so die ganze Tätigkeit der „Deutschen Christen". Ihr Ziel: Ein Volk, ein Staat, eine Kirche! (so Reichsbischof Müller), Ueberwindung der Konfessionen! (so Rechtswalter Jaeger), Artgemäßes Christentum, deutsche Nationalkirche! (so verschiedentlich in Broschüren der D.C.). Das ist Religionsmengerei, die wir verwerfen, und wenn man tausend Mal beteuert: Aber es soll doch vom Evangelium nichts genommen werden. Richtig, es wird nichts genommen, aber es wird zu dem klaren frischen Trunk des Gotteswortes Menschenweisheit hinzugefügt, und das ist eine ebenso schlimme Verpanschung. Ebenso lehnen wir es ab, politische Mittel in der kirchlichen Arbeit zu gebrauchen. Wir wollen mit allen Volksgenossen treu zusammenstehen, aber wir bleiben bei unsrer Losung:

Reinigung und Einigung unsrer Kirche in Jesus Christus allein, unserm Heiland und unserm Herrn, unserm Erlöser und Versöhner, unserm ewigen König!

Erneuerung unsrer Kirche durchs Evangelium, und auf dem Boden von Schrift und Bekenntnis allein!

Dein Wort ist unsers Herzens Trutz, / und Deiner Kirche wahrer Schutz;
dabei erhalt uns lieber Herr, / daß wir nichts andres suchen mehr.

Botschaft der Bekenntnissynode der Deutschen Evangelischen Kirche

3. Damit tritt das kirchliche Notrecht ein, zu dessen Verkündung wir heute gezwungen sind.

III.

1. Wir stellen fest: Die Verfassung der Deutschen Evangelischen Kirche ist zerschlagen. Ihre rechtmäßigen Organe bestehen nicht mehr. Die Männer, die sich der Kirchenleitung im Reich und in den Ländern bemächtigten, haben sich durch ihr Handeln von der christlichen Kirche geschieden.

2. Auf Grund des kirchlichen Notrechtes der an Schrift und Bekenntnis gebundenen Kirchen, Gemeinden und Träger des geistlichen Amtes schafft die Bekenntnissynode der Deutschen Evangelischen Kirche neue Organe der Leitung. Sie beruft zur Leitung und Vertretung der Deutschen Evangelischen Kirche als eines Bundes bekenntnisbestimmter Kirchen den Bruderrat der Deutschen Evangelischen Kirche und aus seiner Mitte den Rat der Deutschen Evangelischen Kirche zur Führung der Geschäfte. Beide Organe sind den Bekenntnissen entsprechend zusammengesetzt und gegliedert.

3. Wir fordern die christlichen Gemeinden, ihre Pfarrer und Aeltesten auf, von der bisherigen Reichskirchenregierung und ihren Behörden keine Weisungen entgegenzunehmen und sich von der Zusammenarbeit mit denen zurückzuziehen, die diesem Kirchenregiment weiterhin gehorsam sein wollen. Wir fordern sie auf, sich an die Anordnungen der Bekenntnissynode der Deutschen Evangelischen Kirche und der von ihr anerkannten Organe zu halten.

IV.

Wir übergeben diese unsere Erklärung der Reichsregierung, bitten sie, von der damit vollzogenen Entscheidung Kenntnis zu nehmen, und fordern von ihr die Anerkennung, daß in Sachen der Kirche, ihrer Lehre und Ordnung die Kirche, unbeschadet des staatlichen Aufsichtsrechtes, allein zu urteilen und zu entscheiden berufen ist.

Berlin-Dahlem, den 20. Oktober 1934.

Die Bekenntnissynode der Deutschen Evangelischen Kirche:

D. Koch, Präses.

Preis des Flugblatts: 1000 Stück 5 RM., 500 Stück 3 RM., 100 Stück 1 RM.
Druck und Verlag der Essener Druckerei Gemeinwohl, GmbH., Essen. Postscheck Essen 7975.

Entweder — Oder!

Ein Wort an die evangelischen Christen.

Entweder!

Die Thüringer Deutschen Christen (Nationalkirchliche Bewegung) haben sich ein neues Abzeichen gegeben, das ihre Absichten und Pläne sehr offen kundgemacht. Bisher war es das übliche Christenkreuz mit einem Dornenkranz aus kleinen Hakenkreuzen.

Jetzt sieht ihr Zeichen so aus:

Wohlgemerkt, es ist nicht das Hoheitszeichen des dritten Reiches, das rechtwinklige Hakenkreuz. Es ist vielmehr das Sonnenrad! Dieses Sonnenrad, gold auf blauem Grund, ist das Zeichen der christusfeindlichen und kirchenfeindlichen „Deutschen Glaubensbewegung".

Wie können die Thüringer Deutschen Christen dieses Zeichen der ausgesprochenen Christusgegner zu ihrem Zeichen erheben?

Sehr einfach! Sie wollen doch in ihrer kommenden Nationalkirche alle Deutschen vereinen, Evangelische, Katholische, Freikirchler und dabei auch die Christusgegner nicht weglassen! Diesen kommt man am meisten entgegen und übernimmt gleich ihr Zeichen! Sie werden in dieser merkwürdigen „Kirche" das entscheidende Wort zu sagen haben. Da aber Christus nicht ganz abgetan werden soll, ist in den starken Balken des Sonnenrades ein schmales Christuskreuz eingefügt. Also Christusgegner und Christusbekenner in einem Zeichen und in einer Kirche. Welche Unmöglichkeit! Als ob es in den Dingen unseres evangelischen Glaubens solches Paktieren gäbe! Kann man Ja und Nein, Feuer und Wasser, Christi Jünger und Christi Feinde in einer Kirche vereinigen?

Die Thüringer Deutschen Christen haben die Kirchenleitung und damit alle Macht in den Landeskirchen Thüringen, Mecklenburg, Bremen, Lübeck, sie gründen im ganzen Reich ihre eigenen Gemeinden und streben danach, die ganze Deutsche Evangelische Kirche in ihre Gewalt zu bringen. So ist das Zeichen der Christusgegner mitten in der Kirche aufgerichtet!

Oder!

Wir aber bekennen uns wie unsere Väter zu dem Kreuze unseres Herrn und Heilandes Jesu Christi, das der Welt zum Heile auf Golgatha errichtet wurde! Dies Kreuz krönt die Gipfel unserer Berge, es hütet den Schlummer unserer teuren Gefallenen, es mahnt vom Grabe Schlageters weit in die deutschen Lande, auf unseren Friedhöfen verheißt es den Toten die Auferstehung und das ewige Leben. Dies Kreuz ist das Herz der Reformation. Dies Kreuz erhebt sich vor der Gemeinde im Gottesdienst, mit ihm sind wir gesegnet für Leben und Sterben!

Das Kreuz der Kirche war, ist und wird sein allein das

unseres Herrn Jesu Christi!

Jesus Christus, gestern und heute und derselbe auch in Ewigkeit!

Einweihung der Nordmark-Feierstätte durch Reichsminister Dr. Goebbels

Politische Kirche des Nationalsozialismus

Eigener Bericht des „VB."

ze Bad Segeberg, 10. Oktober.

Zu Füßen des Kalkberges in der 800jährigen Stadt Bad Segeberg liegt die Nordmark-Feierstätte, die am Sonntag durch Reichsminister Dr. Goebbels ihrer Bestimmung übergeben wurde. Es ist eine jener politischen Kirchen, wie Dr. Goebbels in seiner Rede sagte, eine jener monumentalen Versammlungsstätten, in denen die Volksgenossen eines Gaues Freude und Erholung finden, die der Erbauung und Belehrung dienen.

Der sagenumwobene Kalkberg, vor vielen Jahrhunderten Stützpunkt des Deutschtums gegen Slawen und Dänen, bildet eine einzigartige Kulisse für die Nordmark-Feierstätte. In einem Halbkreis sind die 20 000 Zuschauerplätze angeordnet. Von jedem Platz aus besteht die gleiche Sicht und Hörmöglichkeit. Hinter der Spielfläche erhebt sich der trutzige, 90 Meter hohe Kalkfelsen. Der ganze gewaltige Raum bildet eine harmonische Einheit und ist völlig in sich als Amphitheater abgeschlossen.

Das Werk wurde vor allem vom Reichsarbeitsdienst geschaffen, der deshalb bei der Eröffnungskundgebung mit Recht im Vordergrund stand. Die Pläne stammen von dem Berliner Architekten Regierungsbaumeister a. D. Schaller.

Fast 20 000 Menschen, das Mehrfache der Bevölkerungszahl Segebergs, waren am Sonntagvormittag hier zusammengeströmt. Die grauweißen Felsen, die grüne Natur und das Rot der riesigen Fahnentücher bildeten mit den vielfarbigen Uniformen ein Bild von einzigartiger Schönheit.

Auf der Spielfläche waren Formationen des Reichsarbeitsdienstes und aller Parteigliederungen aufmarschiert. Schon auf dem Wege von Hamburg durch die flaggengeschmückten holsteinischen Dörfer war Reichsminister Dr. Goebbels überall von der Bevölkerung freudig begrüßt worden. Als er in Begleitung des Gauleiters, Oberpräsident Lohse, des Kommandierenden Generals des X. Armeekorps, General der Kavallerie Knochenhauer, des Generals der Flieger Zander, des SA.-Obergruppenführer Litzmann, des Gauarbeitsführers Triebel, des Senators Richter und der Gruppenführer der SA., des marschieren mußte und dann wieder Stunde um Stunde freudig ausharrte, wird die Erinnerung an diesen Tag unvergeßlich sein, weil sie mit Strapazen, Mühe und Sorge verknüpft war."

Dr. Goebbels rechnete dann mit überzeugenden Argumenten mit denen ab, die da meinen, die nationalsozialistische Bewegung und nationalsozialistischen Kundgebungen seien heute nach der Erringung des Sieges völlig überflüssig, es wisse ja doch jeder im Volk, was der Nationalsozialismus wolle, und auf den Kundgebungen würden im wesentlichen doch immer dieselben Gedankengänge gepredigt.

„Die Kirchen", so betonte Dr. Goebbels diesem Einwand gegenüber, „predigen auch heute noch dasselbe, was ihr Lehrmeister vor 2000 Jahren gesagt hat. Wir handeln nach denselben Grundsätzen, nach denen sich große weltanschauliche Gebilde in der Geschichte durchgesetzt haben."

„Darum versammeln wir immer wieder das Volk um uns, predigen wir immer wieder die Ideale, durch die wir groß geworden sind, damit nicht nur unsere Generation nationalsozialistisch bleibt, sondern alle Generationen nach uns auf Jahrhunderte hinaus nationalsozialistisch werden.

Es kommt nicht nur darauf an" — so stellte er fest —, „ob jemand nationalsozialistisch denkt, sondern auch darauf, daß er demgemäß handelt! Dieses Handeln muß gelernt und geübt werden, und das besorgen wir in den dazu geschaffenen Organisationen." (Stürmische Zustimmung.)

Dr. Goebbels streifte in diesem Zusammenhang, immer wieder von Beifall unterbrochen, auch

das Verhältnis des neuen Staates zur Kirche:

„Wir tun den Kirchen nichts zu Leide, im Gegenteil: Wir nehmen ihnen noch Arbeit ab, die sie eigentlich selbst besorgen müßten. Wenn die Kirchen sich darüber beklagen, daß sie kein richtiges Verhältnis mehr zum Volke finden und uns vielleicht zum Sündenbock hierfür stempeln möchten, so ist hierauf zu entgegnen:

Sie finden kein richtiges Verhältnis mehr zum Volke, weil sie nicht mehr in der richtigen Weise das Volk anzusprechen verstehen. Ein Volk, das vier Jahre Krieg und 15 Jahre Marxismus durchgemacht hat, bringt kein Verständnis mehr für theologische Haarspaltereien auf. Es will ein Christentum der Tat sehen und sieht es lebendiger verkörpert etwa im Winterhilfswerk als in einer theologischen Auseinandersetzung der sogenannten Angelegenheiten kümmerten und es dem deutschen Volke überließen, seine inneren Dinge selbst zu ordnen.

In diesem Zusammenhang behandelte Dr. Goebbels auch die ausländische Kritik am Vierjahresplan, der in Wirklichkeit das Ziel verfolge, ein Volk, dem man seine Kolonien genommen habe, in seiner Ernährung und Wirtschaft möglichst unabhängig zu machen. Denn ein Volk von 68 Millionen könnne man mit Brot, aber nicht mit Genfer Völkerbundsphrasen satt machen.

Dr. Goebbels stellte dann unter lebhafter Zustimmung der Zehntausende fest, daß die nationalsozialistische Volksführung sich vor dem Angesicht des Volkes nicht zu schämen brauche: „Wir brauchen nichts zu verheimlichen" — so darüber Ausdruck: daß er als erster an ihrem Rednerpult stehen könne:

> **„Auch in 50 oder 100 Jahren werden hier wieder Männer stehen, die dieselben Ideen und die gleichen Ideale in die Herzen der dann hier versammelten Menschen hineinpflanzen werden.**

Wieder wird hier der Gedanke der Gemeinschaft und der nationalen Solidarität gepredigt werden. Wieder werden sich hier um unsere Redner die Feldzeichen — vielleicht dann verwittert und zerfetzt — versammeln, und wieder werden hinter diesen Feldzeichen junge trotzige Männer stehen, die auf ihren Gesichtern die gleiche Entschlossenheit zum Ausdruck bringen, die Volksgemeinschaft und die Volkseinheit zu bewahren. Wir werden dann vergangen sein. Aber das deutsche Volk wird leben und wird an diesen steinernen Zeugen die Größe unserer Zeit ablesen. Unsere Stimmen werden verklungen sein. Nur unsere Namen wehen vielleicht noch in die fernen Zeiten hinüber. Aber die Steine werden dann [illegible], werden die große, monumentale und heroische Sprache sprechen, die wir gesprochen haben. Sie werden dann vom Werk des Führers künden!

Spätere Geschlechter werden sagen, daß ein Mann in Deutschland aufstand in der Zeit seiner tiefsten Demütigung und das Volk emporriß, um aus Dutzenden von Parteien und Gruppen eine Gemeinschaft zu formen und ihr die Kraft zu geben, ihr Leben auch der Welt gegenüber zu verteidigen."

Dr. Goebbels sprach von dem großen und erhebenden Glück, das die jetzige Generation, das besonders die Männer um den Führer empfinden können, mit ihm zusammenarbeiten, um seine große Verantwortung wissen und an seinen Sorgen teilnehmen zu können.

„Es ist deshalb unsere Pflicht" — so rief Dr. Goebbels den Massen zu —, „daß jeder an seinem Platze mithilft, daß jeder einen Teil der Verantwortung mitträgt, und daß sich jeder einzelne zu seinem Teil an Paladin des Führers fühlt. Wir müssen unter dem Führer eine einige kämpfende Nation sein!"

Unter immer wieder aufbrausenden Jubel-

Erklärung.

I.

Alfred Rosenberg, der Reichsleiter der NSDAP für weltanschauliche Schulung, fordert in der Schrift „Protestantische Rompilger" die Loslösung des deutschen Volkes vom Christentum. Im Schlußkapitel heißt es: „Für eine staatliche Formung unseres Lebens ist die geschichtliche christliche Überlieferung keine Förderung, sondern ein Heuchelei forderndes Hindernis gewesen" (Seite 79). Auf das geschichtliche Christentum wird der Satz angewendet: „Eine Religion, früher Zeichen einer echten Gläubigkeit, erweckt in ihren Formen heute entweder ästhetische Verehrung oder, bei den Zusammengebrochenen, anarchistische Empörung" (Seite 78). — Am schärfsten wird der Angriff gegen das Christentum da, wo er die christliche Lehre von Sünde und Gnade als „Lehre von der Minderwertigkeit" bezeichnet und sie damit völlig entstellt. Aus dieser vermeintlich christlichen Lehre von der Minderwertigkeit entwickelt er einen Gegensatz zwischen dem Grundgedanken des christlichen Glaubens und der nationalsozialistischen Weltanschauung. „Die nationalsozialistische Weltanschauung beruht kompromißlos auf der Selbstachtung des deutschen Menschen, auf den natürlichen, als edel empfundenen Werten; wir sind der festen Überzeugung, daß das deutsche Volk nicht erbsündig, sondern erbadelig ist" (Seite 31). Damit trennt Rosenberg das deutsche Volk von dem christlichen Glauben, der es unbestreitbar auf dem Weg durch die Geschichte begleitet hat, und wirft es in die tiefen Erschütterungen eines Glaubenswechsels; er belastet die Volksgemeinschaft mit schweren Glaubenskämpfen und gefährdet sie dadurch unmittelbar, daß er große Teile des deutschen Volkes sowohl in ihrer Glaubensüberzeugung wie in ihrer völkischen Ehre verletzt.

II.

1. Was Rosenberg über die Bedeutung des Christentums in der geschichtlichen Vergangenheit unseres Volkes behauptet, richtet sich selbst für jeden, der diese Vergangenheit wirklich kennt. Es ist von der Geschichtswissenschaft hundertfältig erwiesen worden, daß die staatliche Formung unseres Volkes im Mittelalter durch die Christianisierung und in der Neuzeit durch die Reformation entscheidend gefördert worden ist. Die großen christlichen Staatsmänner und Volksführer der deutschen Vergangenheit haben weder Heuchelei gefordert noch Heuchelei geübt. Es widerspricht ebenso der geschichtlichen Wahrheit, zu behaupten, „die wirklich Volk und Staat erhaltenden Mächte seien von den herrschenden Trägern des Christentums stets bekämpft worden" (Seite 79).

2. Die christliche Lehre von der Sünde ist keine „grundsätzliche Verächtlichmachung des Volkes und seiner Werte" und „der Größten seiner Geschichte". Sie bedeutet nicht, daß völkische Selbstachtung und nationaler Lebensmut gebrochen werden. Sie ist überhaupt keine Aussage über den moralischen Wert des Menschen. Sie bedeutet vielmehr das schlichte und aufrichtige Bekenntnis: Alle Menschen sind daran schuldig, daß Gottes Schöpfung in menschlicher Selbstverblendung verkannt und in menschlicher Selbstsucht verdorben wird. Niemand ist vor der Sünde durch seine natürlichen Anlagen geschützt. Niemand wird durch persönliche Leistungen von ihr frei. Niemand erringt Gottes Wohlgefallen aus eigener Kraft. Es sind wahrlich nicht die Minderwertigen im deutschen Volk gewesen, die von dieser Wahrheit je und je am stärksten gezeugt haben. Unter den deutschen Menschen hat sich niemand öfter, ernster und dringender zu ihr bekannt als Martin Luther. „Darin steht eigentlich ein christliches Wesen, daß wir uns als Sünder erkennen und um Gnade bitten." Diesem einen Worte Luthers können tausend gleiche zur Seite und nicht ein einziges entgegengesetzt werden! Es ist „Verrat an Luther", ihn gegen die Lehre von der Erbsünde in Anspruch zu nehmen.

Die christliche Lehre von der Sünde ist nicht erfunden worden, damit Priester Gnade spenden und so Menschen beherrschen können, wie Rosenberg, alte Irrtümer freidenkerischer Überlieferungen wiederholend, behauptet. Vielmehr ist der frohe Glaube an Gottes vergebende und helfende Gnade der starke Trost, welcher der Menschheit durch Gottes Wort verkündigt und in Christus geschenkt wird. Dieser Trost hat sich für ungezählte deutsche Menschen als die Kraft erwiesen, die sie große Taten vollbringen und schwere Leiden überwinden ließ.

Wir bekennen willig für uns, die wir Christen sind, wie für die, die es vor uns gewesen sind, daß auch unser Christenleben unter der Sünde steht. Aber die Unzulänglichkeit von Menschen ist — wie in der politischen Bewegung so auch in der Kirche — noch kein Beweis gegen die Sache, die sie vertreten. Wir weisen unsere Volksgenossen von uns und unserer Schwachheit weg auf unseren Herrn und seine Kraft. Wir selbst wissen um die Irrungen auch der christlichen Kirche besser als die, die sie von außen her so hart richten. Deshalb verweilen wir nicht bei den gehässigen Angriffen auf Lebende und Tote und bei den groben Entstellungen der Wahrheit, denen wir auch bei Alfred Rosenberg wieder begegnen. So schwer ungerechte Beschuldigungen zu tragen sind, so wissen wir doch, daß sie keine würdigen Mittel im Kampf gegen die Wahrheit des christlichen Glaubens sind. Sie können uns unsere Ehre nicht nehmen. Christen empfangen ihre Ehre von Gott.

III.

Die angeführten Worte Rosenbergs zeigen, daß der Angriff gegen den christlichen Glauben selbst vorgetragen wird. Niemand kann angesichts solcher Äußerungen behaupten, daß der Kampf geführt werde gegen politische Übergriffe der Kirche oder ihrer Geistlichen. Nein, das Christentum wird abgetan. An seine Stelle sollen die Weltanschauung des Rosenbergschen Mythus und „die politische Kirche des Nationalsozialismus" treten! Wer das will, kann von einem Bekenntnis zum positiven Christentum nicht mehr sprechen.

Nach dieser Klärung der Lage stellen wir an alle Volksgenossen, die mit uns noch Christen sein wollen, die ernste und dringende Frage: Wollt ihr mit uns bezeugen, daß die Verkündigung Rosenbergs nicht christlich, sondern widerchristlich ist, und daß der Glaube an den Mythus sich gegen das Evangelium von Jesus Christus erhebt? Wollt ihr mit uns bezeugen, daß die Weltanschauung, so wie sie Alfred Rosenberg als nationalsozialistisch vertritt, mit dem christlichen Glauben unvereinbar ist? Wollt ihr mit der christlichen Kirche fordern, daß nicht im Namen der Volksgemeinschaft diese Weltanschauung unserem Volke und unserer Jugend aufgenötigt werde? Seid ihr gewillt, mit uns der von Gott verordneten Obrigkeit allen schuldigen Gehorsam gewissenhaft zu leisten, aber ebenso unbeirrt dem Evangelium von Jesus Christus in Glauben und Bekennen die Treue zu halten?

Darüber hinaus fragen wir die nationalsozialistische Bewegung, der ungezählte treue Kirchenglieder die Bahn zu bereiten geholfen haben, und die von ihr getragene Führung unseres Reiches: Soll es noch gestattet sein oder nicht, daß wir uns öffentlich zum christlichen Glauben bekennen als der Kraft Gottes, die auch unser Volk in seiner Vergangenheit reich gesegnet hat und in aller Zukunft segnen will? Soll es als „anarchistische Empörung" gelten, daß wir Christen gewesen sind und mit Gottes Hilfe bleiben werden? Sollen christliche Kirchen in deutschen Städten und Dörfern „künstlerische Erinnerung" sein „wie die Tempel des Zeus und die Gesänge von Thor", oder dürfen sie Stätten bleiben, an denen das Evangelium von Christus den Menschen unseres Volkes verkündigt wird, ohne daß Prediger und Hörer als Staatsfeinde und Volksverräter gelten?

Die Last dieser Fragen wird dadurch verstärkt, daß wohl Freiheit zur Schmähung der christlichen Kirche und ihres Glaubens besteht, daß aber die öffentliche Verteidigung der christlichen Wahrheit und der kirchlichen Ehre behindert und verwehrt wird. Dieser Zustand drückt schwer auf Leben und Gewissen des christlichen Teiles unseres Volkes. Es muß das Vertrauen des Volkes zu den Zusagen, welche die Freiheit des christlichen Glaubens und die Rechte der christlichen Kirchen verbürgen, zerbrechen, wenn nicht ein klares Wort solchem Treiben ein Halt gebietet.

Wir werden im Gehorsam gegen Gottes Gebot und im Glauben an seine Verheißung nicht davon lassen, unserem Volk das Evangelium von Jesus Christus, die Botschaft der Bibel und der Reformation von der Sünde des Menschen und der Gnade Gottes, zu bezeugen.

Wir wissen, daß Gott die Seele unseres Volkes von uns fordern wird.

Am Reformationsfest 1937.

Für die Konferenz der im leitenden Amt stehenden Führer deutscher evangelischer Landeskirchen
Landesbischof D. Marahrens.

Für die Vorläufige Leitung der Deutschen Evangelischen Kirche
Pfarrer Müller, Dahlem.

Für den Rat der evangelisch-lutherischen Kirche Deutschlands
Oberkirchenrat Breit.

Vorstehende Erklärung unterschreiben:

D. Marahrens, Landesbischof, Dienstältester Landesbischof der Deutschen Evangelischen Kirche, Hannover, Osterstr. 64.

Breit, Oberkirchenrat, Vorsitzender des Rates der evang.-luth. Kirche Deutschlands, Berlin, Großadmiral-Prinz-Heinrich-Str. 14.

Müller, Pfarrer, Vorsitzender der Vorläufigen Leitung der Deutschen Evangelischen Kirche, Berlin-Dahlem, Drygalskistr. 5.

Lic. Albertz, Superintendent, Mitglied der Vorläufigen Leitung der Deutschen Evangelischen Kirche, Berlin-Spandau.

Arlt, Pastor, Mitglied der Arbeitsgemeinschaft bremischer Bruderräte.

v. Arnim-Kröchlendorff, Mitglied des Rates der Deutschen Evangelischen Kirche.

v. Arnim-Lützlow, Mitglied des Bruderrates der evangelischen Kirche der altpreußischen Union.

Asmussen, Pastor, Mitglied des Rates der Deutschen Evangelischen Kirche und des Bruderrates der evangelischen Kirche der altpreußischen Union.

Bauer, Pfarrer, stellv. Vorsitzender des Landesbruderrates der Thüringer evangelischen Kirche.

Beckers, Mitglied des Bruderrates der Kirchenprovinz Westfalen.

Beninde, Mitglied der Schlesischen Bekenntnissynode.

Berger, Pfarrer, Mitglied der Schlesischen Bekenntnissynode.

Dr. Beste, Pastor, Vorsitzender des Bruderrates der Bekennenden ev.-luth. Kirche in Mecklenburg.

Bockemühl, Pastor, Mitglied des Bruderrates der evangelischen Kirche der altpreußischen Union.

Dr. Böhm, Pfarrer, Mitglied der Vorläufigen Leitung der Deutschen Evangelischen Kirche und des Bruderrats der Bekennenden Kirche von Berlin.

de Boor, Mitglied des Provinzialbruderrats Pommern.

Brandes, Mitglied des Bruderrates der Kirchenprovinz Westfalen.

Buhre, Pfarrer, Mitglied des Bruderrates der Bekennenden Kirche von Berlin.

Clevinghaus, Mitglied des Bruderrates der Kirchenprovinz Westfalen.

Dahlkötter, Pfarrer, Mitglied des Bruderrates der Kirchenprovinz Westfalen.

Diestel, Superintendent, Mitglied des Bruderrates der Bekennenden Kirche von Berlin.

Lic. Ehrenforth, Pfarrer, Präses der Schlesischen Synode der Bekennenden Kirche, Waldenburg.

Eickhoff, Mitglied des Bruderrates der Kirchenprovinz Westfalen.

Ficker, Superintendent, Dresden.

Fischer, Pfarrer, für den Bruderrat der Bekennenden Kirche Anhalt.

Forck, Pastor, Mitglied der Vorläufigen Leitung der Deutschen Evangelischen Kirche, Hamburg.

Lic. Fricke, Pfarrer, Mitglied der Vorläufigen Leitung der Deutschen Evangelischen Kirche, Frankfurt am Main.

Gollnick, Pfarrer, Mitglied des Rates der ostpreußischen Bekenntnissynode.

Frau v. Gottberg, Mitglied des Bruderrates der Bekennenden Kirche Berlin-Brandenburg.

Guddas, Pfarrer, Mitglied des Rates der ostpreußischen Bekenntnissynode und des Bruderrates der evang. Kirche der altpreußischen Union.

Hahn, Superintendent, Vorsitzender des Landesbruderrates der Bekennenden evang.-luth. Kirche Sachsens, Dresden.

D. Happich, Pfarrer, Vorsitzender des Landeskirchenausschusses von Kurhessen-Waldeck, Kassel.

Henke, Landessuperintendent der evang.-luth. Landeskirche von Schaumburg-Lippe, Bückeburg.

D. Hesse, Pastor, Moderator des Reformierten Bundes für Deutschland, Wuppertal-Barmen.

Heuner, Superintendent, Mitglied des Bruderrates der Kirchenprovinz Westfalen.

Hetz, Mitglied des Rates der ostpreußischen Bekenntnissynode.

Hildebrandt, Mitglied des Rates der ostpreußischen Bekenntnissynode.

Hintz, Mitglied des Provinzialbruderrates Pommern.

Hitzigrath, Pfarrer, Mitglied des Bruderrates der Bekennenden Kirche von Berlin.

D. Dr. Hollweg, Landessuperintendent der evang.-ref. Landeskirche der Provinz Hannover, Aurich.

Horn, Pastor, Präsident, Vorsitzender des Landeskirchenausschusses der evangelisch-reformierten Landeskirche der Provinz Hannover und des Arbeitsausschusses der Reformierten Kirchen Deutschlands, Nordhorn.

Hornig, Pfarrer, Mitglied des Bruderrates der evangelischen Kirche der altpreußischen Union und des Bruderrates der Schlesischen Bekenntnissynode.

Hueck, Mitglied des Bruderrates der Kirchenprovinz Westfalen.

D. Humburg, Präses, im Auftrage des Bruderrates der evang. Bekenntnissynode im Rheinland.

D. D. Jakobi, Mitglied des Bruderrates der evang. Kirche der altpreußischen Union und des Bruderrates der Bekennenden Kirche von Berlin.

Dr. Johnsen, Landesbischof der Braunschweigischen evangelisch-lutherischen Kirche.

Klingler, Kirchenrat, Reichsbundesführer der deutschen evangelischen Pfarrervereine.

Kloppenburg, Pastor, Mitglied des Präsidiums der Bekenntnissynode in Oldenburg und des Rates der Deutschen Evangelischen Kirche.

Dr. med. Knorr, Mitglied des Provinzialbruderrates Pommern.

D. Koch, Präses der Bekenntnissynode der Deutschen Evangelischen Kirche und Präses der Westfälischen Provinzialsynode.

König, Pfarrer, Mitglied der Schlesischen Bekenntnissynode.

Kramer, Vizepräsident des Landeskirchenrates der evangelisch-reformierten Landeskirche der Provinz Hannover, Aurich.

Dr. ing. Krüger, Mitglied der Schlesischen Synode der Bekennenden Kirche, Gottesberg.

Kühl, Pastor, für die Bekennende Kirche Lübeck.

D. Kühlewein, Landesbischof der vereinigten evangelisch-protestantischen Landeskirche Badens.

Kurtz, Pfarrer, Mitglied des Rates der Deutschen Evangelischen Kirche.

Lücking, Pfarrer, Mitglied des Bruderrates der evangelischen Kirche der altpreußischen Union und des Rates der Deutschen Evangelischen Kirche.

D. Meiser, Landesbischof der evang.-luth. Landeskirche in Bayern rechts des Rheins.

D. Merz, Mitglied des Bruderrates der Kirchenprovinz Westfalen.

Middendorf, Pastor, Mitglied des Rates der Deutschen Evangelischen Kirche.

Lic. Müller, Pfarrer, für den Bruderrat Anhalt, Dessau.

Müller, Superintendent, für den Provinzialbruderrat Sachsen, Heiligenstadt.

D. Dr. Nagel, Oberkirchenrat, Präsident des Oberkirchenkollegiums, Breslau.

Lic. Neuser, Landessuperintendent der Lippischen Landeskirche, Detmold.

Peters, Superintendent der Lutherischen Klasse der Lippischen Landeskirche, Salzuflen.

Praetorius, Pfarrer, Mitglied des Bruderrates der Bekennenden Kirche von Berlin.

v. Rabenau, Pfarrer, Mitglied des Bruderrates der Bekennenden Kirche von Berlin.

van Randenborgh, Mitglied des Bruderrates der Kirchenprovinz Westfalen.

D. Rendtorff, Professor, Landesbischof a. D., Mitglied des Provinzialbruderrates Pommern.

Dr. Rohde, Physiker, Mitglied des Bruderrates der Bekennenden Kirche Berlin-Brandenburg.

Rühe, Pastor, Mitglied des Präsidiums der Bekenntnissynode Oldenburg.

Rumpf, Pfarrer, Mitglied des Landesbruderrates Nassau-Hessen, Wiesbaden.

Scharf, Pfarrer, Mitglied des Bruderrates der Bekennenden Kirche Berlin-Brandenburg.

Scheffer, im Auftrage der Konferenz der Kreispfarrer von Nassau-Hessen.

Dr. med. Schlaaf, Mitglied des Bruderrates der Kirchenprovinz Westfalen.

Lic. Schlier, Pfarrer, Mitglied des Bruderrates der evangelischen Kirche der altpreußischen Union.

Schlingensiepen, Pastor, Mitglied des Bruderrates der evangelischen Kirche der altpreußischen Union und des Bruderrates der Rheinischen Kirche.

Schmidtmann, im Auftrage der Konferenz der Kreispfarrer von Nassau-Hessen.

Seyler, Pfarrer, Mitglied des Bruderrates der Bekennenden Kirche Berlin-Brandenburg.

Staemmler, Superintendent, Mitglied des Bruderrates der evangelischen Kirche der altpreußischen Union und des Provinzialbruderrates Sachsen.

Steil, Pfarrer, Mitglied des Bruderrates der Kirchenprovinz Westfalen.

D. Steinweg, im Auftrage der Konferenz der Kreispfarrer von Nassau-Hessen.

D. Stempel, Pfarrer, für den pfälzischen Bruderrat.

Stößinger, für den Bruderrat der Bekennenden Kirche Berlin-Brandenburg.

Dr. med. Stoevesandt, Mitglied der Arbeitsgemeinschaft Bremischer Bruderräte.

D. Stoltenhoff, Generalsuperintendent der Rheinprovinz, Düsseldorf.

Dr. von Thadden, Mitglied des Bruderrates der evangelischen Kirche der altpreußischen Union, Mitglied des Rates der Deutschen Evangelischen Kirche und des Provinzialbruderrates Pommern.

Tramsen, Pastor, Leiter des Bruderrates der Bekennenden Kirche in Schleswig-Holstein, Innien.

Tügel, Landesbischof der evang.-luth. Kirche im Hamburgischen Staat. !

D. Dr. Ulmer, Bundesleiter des Martin Luther-Bundes, Erlangen.

Vogel, Pastor, Mitglied des Bruderrates der Bekennenden Kirche Berlin-Brandenburg, Dobbrikow.

Waschke, Pfarrer, Mitglied des Bruderrates der Bekennenden Kirche Berlin-Brandenburg.

Dr. Wiese, Pfarrer, Mitglied des Bruderrates der Bekennenden Kirche von Berlin.

Wöbcken, Pastor der oldenburgischen Landeskirche.

D. Wurm, Landesbischof der evangelischen Landeskirche in Württemberg, Stuttgart.

D. Zänker, Bischof von Breslau.

Der Bruderrat der Bekennenden Kirche Grenzmark.

Gedruckt bei F. W. Köhler in Elberfeld.

Martin Niemöller

Vom U-Boot zur Kanzel

76. bis 78. Tausend
Das Titelbild verdanken wir Phot. Anna Bender, Wuppertal-Elberfeld

Druck der Spamer A.-G. in Leipzig. Printed in Germany.

Martin Warneck Verlag · Berlin

Ostern 1943.

An die Pfarrer und Gemeinden in der Deutschen Evangelischen Kirche!

Wir sind es dem Herrn Jesus Christus und seiner Gemeinde schuldig, daß wir uns, ein jeder in Treue gegen das Bekenntnis seiner Landeskirche, auf den Auftrag und Dienst unserer evang. Kirche neu besinnen und uns zur Gemeinsamkeit des Handelns zusammenschließen. Diesem Ziel wollen die nachfolgenden Sätze dienen. Sie sollen dem praktischen kirchlichen Handeln der Kirchenleitungen, der Pfarrer und Gemeinden zugrunde liegen. Sie sollen dazu helfen, alle zusammenzufassen, die dem Herrn Jesus Christus dienen wollen, aber auch klare Grenzen zu ziehen gegenüber aller Verdrehung oder Verkürzung der uns durch Schrift und Reformation aufgetragenen Botschaft. Wir hoffen, daß nun allenthalben die Brüder, die bisher durch mancherlei Unterschiede in der Beurteilung kirchlicher Fragen getrennt waren, sich aufgrund dieser Sätze zusammenfinden, um eine einheitliche geistliche Ausrichtung und Führung des Amtes und der Kirche zu gewinnen. Wir bitten, diese Sätze auch den für die kirchlichen Fragen aufgeschlossenen Gemeindegliedern mitzuteilen und zur Grundlage von Besprechungen in kirchlichen Arbeitskreisen zu machen.

Gott, der Herr, lasse solches Vorhaben gelingen und lege auf unseren Dienst in dieser für unser Volk so schweren und entscheidungsvollen Zeit seinen Segen!

Landesbischof D. Wurm, Stuttgart.

Rittergutsbes. von Arnim-Krechlendorff, Beenz, Reichsger. Rat a.D. Arnold, Beipzig. Pastor Asmussen, D.D., Berlin. Pfarrer Dr. Beste, Neubukow. Frau von Bismarck, Welle b. Stendal. Gen. Sup. D. Blau, Posen. Pastor D. von Bodelschwingh, Bethel. Pfarrer Dr. Böhm, Berlin. Sup. Propst Lic. Borrmann, Angermünde. Pastor D. Brandt, Potsdam. Pastor Braune, Lobethal. Viz. Präs. a.D. D. Burghart, Berlin. Kreispfarrer Chemnitz, Westerstede. Gen. Sup. D. Dibelius, Berlin. Landesbischof Lic. Dr. Dietrich, Wiesbaden. ! Sup. Eberlein, Glogau. Pfarrer Engel, Frankfurt. Sup. Ewerbeck, Lemgo. Lic. Meta Eyl, Hannover. Magister Frey, Lissa. Pastor Fischer, Dessau. Landwirt Häntzschel, Lehngericht-Leubsdorf. Sup. Lic. Hanne, Königsberg. Präses D. Happich, Treysa-Kassel. Fabrik. Halstenbach, Wuppertal. Prälat Dr. Hartenstein, Stuttgart. Ob. Stud. Dir. a.D. Dr. Hartlich, Dresden. Pfarrer Held, Essen. Landessup. Henke, Bückeburg. Pfarrer Heppe, Cölbe. Pastor Lic. Herntrich, Berlin. Landessup. D. Dr. Hollweg, Aurich. Kirchenpräsident Horn, Nordhorn. Präses D. Humburg, W.-Barmen. Pfarrer D. Jacobi, Berlin. Pastor Dr. Junge, Hamburg. Pfarrer Kellner, Tiefenfurt. Pfarrer Kloppenburg, Oldenburg. Dr. med. Knorr, Köslin. Präses D. Koch, Bad Oeynhausen. Geh. Rat Kotte, Dresden. Miss. Dir. D. Knak, Berlin. Dr. Kreyssig, Hohenferchesar. Landesbischof D. Kühlewein, Karlsruhe. Fabrik. Paul Lechler, Stuttgart. Pastor Dr. Lilje, Berlin. Pastor Graf von Lüttichau, Düsseldf.-Kaiserswerth. Landesbischof D. Marahrens, Hannover. Präsident Maurer, Straßburg. Sup. Prof. D. Meichsner, Wittenberg. Landesbischof D. Meiser, München. Pfarrer Lic. Menn, Andernach. Dekan D. Merz, Würzburg. Pastor D. Michaelis, Göttingen. Ob. Kirchenrat Dr. Müller, Darmstadt. Landesjugendpf. Dr. Müller, Stuttgart. Pastor Lic. Müller, Dessau. Sup. Müller, Heiligenstadt. Landessup. Lic. Neuser, Detmold. Dr. Antonie Nopitsch, Nürnberg. Pastor Pautke, Lübeck. Sup. Lic Riehl, Crossen/Oder. Pfarrer Säuberlich, Etzdorf. Prof. Dr. Schilling, Dresden. Günther Fürst von Schönburg-Waldenburg, Waldenburg. Sup. i.R. Schultze, Breslau. Pfarrer van Senden, Detmold. Pfarrer Udo Smidt, Wesermünde-Lehe. Prof. Dr. ing. Sörensen, Augsburg. Pastor Spieker, Hamburg. Pfarrer D. Stange-Kassel. Pfarrer Dr. Stempel, Landau. Dr. med. Stövesandt, Bremen. Dr. von Tadden-Trieglaff, Trieglaff. Pastor Tramsen, Innien. Landesbischof Tügel, Hamburg. Pfarrer Veidt, Frankfurt/M. Kons. Rat i.R. Walter, Dresden. Pfarrer Wauer, Dresden. Kirchenpräsident D. Wehrenfennig, Gablonz. Pfarrer Wepler, Eschwege. Pfarrer Wessel, Elbrinxen. Pastor Woebcken, Oldenburg. Bischof i.R. D. Zänker, Breslau. Sup. D. Zöckler, Lissa.

Zu den Abbildungen der Seiten 61 bis 73

61: »Volksmission« hieß das kirchliche Gebot der »Deutschen Stunde«, gemäß den »Richtlinien für die Volksmission der DEK« vom 10. 11. 1933: »Die Volksmission sucht besonders den Weg zu den Kämpfern des Dritten Reiches, zu den Wehrverbänden und zu der nationalsozialistischen Jugend . . . Die volksmissionarische Arbeit muß im wesentlichen folgende *gegnerische Fronten* vor Augen haben: 1. Freidenkertum, marxistischer und völkischer Prägung. 2. Das liberal-individualistisch und intellektualistisch eingestellte Bürgertum. 3. Sektentum, Irr- und Aberglaube.« **62:** Als sich der theologische Laie Dr. Reinhold Krause (oben rechts) in seiner Berliner Sportpalastrede am 13. 11. 1933 (unten) zu den neuheidnisch-germanischen Lehren des religiösen Sektierers Alfred Rosenberg bekennt, rufen Theologen wie Hans Asmussen (oben links) zur Fortsetzung des kirchlichen Widerstandes gegen die »neue Gottlosenbewegung« der Jünger Rosenbergs und Ludendorffs. **63:** Mit der von Karl Barth (oben Mitte) verfaßten »Barmer Theologischen Erklärung« (unten: die zentralen Thesen 1 und 2) entstand eine »Bekennende Kirche«, die von Antifaschisten, deutschen Emigranten, aber auch von Ökumenikern wie Pierre Maury (oben links) oder Willem A. Visser't Hooft (oben rechts), irrtümlich als antifaschistische Widerstandsbewegung angesehen wurde. **64:** Die politische Gesinnung der »Bekenner« zeigt dieses ostpreußische Flugblatt aus dem Jahr 1934, das Otto Riethmüllers Lob- und Danklied aufnimmt: »Hitlerland, schirm dich Gottes Hand!« **65:** Die zweite Bekenntnissynode der DEK beschloß zwar am 20. Oktober 1934 ein neues bekenntniskirchliches Leitungsorgan, doch der »Rat der DEK« existierte nur drei Wochen, dann war mit dem Bischof Marahrens ein Duzfreund des Reichsinnenministers Frick an die »Spitze« der Bekennenden Kirche gewählt. **66:** Der nun folgende »Kirchenkampf« galt nicht dem politischen Totalitarismus des NS-Staates, sondern den innerkirchlichen Gruppen und Grüppchen, die den kirchlich-dogmatischen Totalitätsanspruch mißachteten. **67:** Der seit der Sportpalastkundgebung vom 13. 11. 1933 geführte Widerstand gegen die vom »positiv-christlichen« Parteiprogramm der NSDAP abweichenden Lehren Rosenbergs erlebte seinen Höhepunkt, als der »Völkische Beobachter« am 11. 10. 1937 den Bericht über die Einweihung des neugermanischen Thingplatzes von Bad Segeberg veröffentlichte unter der Schlagzeile: »Politische Kirche des Nationalsozialismus«. **68–71:** In diesem Flugblatt verbündeten sich Bekenner, Deutsche Christen und Neutrale zu energischem Protest gegen Rosenbergs Neuheidentum: »Wer das will, kann von einem Bekenntnis zum positiven Christentum nicht mehr sprechen!« **72:** Niemöller war schon im KZ, da erlebte seine Autobiographie weitere Auflagen. **73:** Ostern 1943 schließen Bekenner, Deutsche Christen und Neutrale, einig im Kampf gegen die Jünger Rosenbergs, endlich Burgfrieden.

II. Die verpaßte »Stunde Null« – der Streit um die Schuld der Kirche

1. Uns ist das Wort von der Versöhnung der Welt mit Gott in Christus gesagt. Dies Wort sollen wir hören, annehmen, tun und ausrichten. Dies Wort wird nicht gehört, nicht angenommen, nicht getan und nicht ausgerichtet, wenn wir uns nicht freisprechen lassen von unserer gesamten Schuld, von der Schuld der Väter wie von unserer eigenen, und wenn wir uns nicht durch Jesus Christus, den guten Hirten, heimrufen lassen auch von allen falschen und bösen Wegen, auf welchen wir als Deutsche in unserem politischen Wollen und Handeln in die Irre gegangen sind.

2. Wir sind in die Irre gegangen, als wir begannen, den Traum einer besonderen deutschen Sendung zu träumen, als ob am deutschen Wesen die Welt genesen könne. Dadurch haben wir dem schrankenlosen Gebrauch der politischen Macht den Weg bereitet und unsere Nation auf den Thron Gottes gesetzt. – Es war verhängnisvoll, daß wir begannen, unseren Staat nach innen allein auf eine starke Regierung, nach außen allein auf militärische Machtentfaltung zu begründen.

Damit haben wir unsere Berufung verleugnet, mit den uns Deutschen verliehenen Gaben mitzuarbeiten im Dienst an den gemeinsamen Aufgaben der Völker.

Das »Darmstädter Wort« gibt sich nicht mit den Halbwahrheiten und Unwahrheiten des Stuttgarter »Schuldbekenntnisses« zufrieden, als habe die Kirche »lange Jahre hindurch im Namen Christi gegen den Geist gekämpft, der im nationalsozialistischen Gewaltregiment seinen furchtbaren Ausdruck gefunden hat«. Eine Provokation, denn zwei Jahre nach Hitlerei und Holocaust hatten deutschnationale und faschistische »Kirchenkämpfer« dank derartiger Desinformationen schon wieder eine Reihe wichtiger Positionen im kirchlichen und theologischen Nachkriegsdeutschland inne, in der Ökumene Sitz und Stimme.

9. Die Schuld der anderen

1945 gibt es auch in der evangelischen Kirche nur wenige Christen, die den Einmarsch der Alliierten ins zerbombte Nazi-Deutschland als Befreiung empfinden. Will Vesper, der evangelische Psalmist des »dritten Reichei«, spricht vielen aus der Seele, wenn er auf seinem Gutshof Triangel bei Gifhorn mit irren Tischreden dem Sohn Bernward den »Zusammenbruch« des »dritten Reiches« zu erklären sucht:

»Der Sieg ist durch großangelegten, allgemeinen Verrat verspielt worden. Herr Otto Hahn rühmt sich, ›Hitler nichts gesagt‹ zu haben. Schneeketten trafen bei den deutschen Truppen in Griechenland ein, Tropenhelme an der Eismeerfront. Der Führer wußte von nichts, Bormann war sein böser Geist . . .

Der Führer hat England immer wieder die Hand zum Bündnis hingestreckt, um die weiße Rasse vor dem Untergang zu bewahren. Die asiatischen Horden stehen an der Werra. Albert Einstein fordert die totale Rassenmischung, ein weltweites Panama. Herr Churchill hat Europa verraten, obwohl General Alexander die deutschen Truppen in Schleswig-Holstein nicht entwaffnen ließ, weil er zusammen mit ihnen gegen den Bolschewismus kämpfen wollte . . .

In Stuttgart haben die Franzosen 2.000 deutsche Mädchen zu den Marokkanern in die Untergrundbahn (!) getrieben und sie ihnen drei Tage lang ausgeliefert. Nachher gab es viele Selbstmorde. Auf dem Altstadtmarkt in Dresden wurden nach dem Terrorangriff 10.000 Leichen verbrannt. Die Amerikaner haben mit den Terrorangriffen begonnen . . .

Alle Juden konnten Deutschland verlassen. Es gab keine KZ's, außer in England und in Südafrika, wo die Engländer für die Buren ein KZ bauten. Die Photos in den KZ's sind gestellt, man hat die Goldzähne aus dem Safe der deutschen Reichsbank nach Belsen fahren lassen, um sie dort zu photographieren. Wenn es Tote im KZ gab, dann deswegen, weil die Kapos, die zumeist Kommunisten waren, ein bestialisches Regiment führten . . .«[75]

Auch in der »Bekennenden Kirche« des »Kirchlichen Einigungswerkes« gibt es kein Anzeichen dafür, daß Bußfertigkeit Einzug gehalten hätte. Kaum ist die Bedingungslose Kapitulation Deutschlands am 8. und 9. Mai 1945 unterzeichnet, da findet am 10. Mai 1945 in Stuttgart die erste Großkundgebung der evangelischen Kirche Deutschlands statt. Eingeladen hat der württembergische Landesbischof Theophil Wurm. Und weil alle Kirchen Stuttgarts zerstört sind, hat die Stadtverwaltung hierzu das Stuttgarter Landestheater als Gottesdienststätte und seine Umgebung als Versammlungsort hergerichtet. Es ist Himmelfahrtstag. Selbst der französische General Schwarz hat sich eingefunden, dessen Besatzungstruppen den Landesbischof mit Abscheu erfüllen, die sich – wie Theophil Wurm es ausdrückt – »durch Vergewaltigungen ohne Zahl« als »der Schrekken unbescholtener Frauen und Mädchen« erweisen.[76]

Nach dem festlichen Himmelfahrtsgottesdienst wird draußen – inmitten der Trümmerberge – »die Rückkehr der Kirchenleitung und des Bischofs nach Stuttgart und die Befreiung der Kirche feierlich begangen.«[77] Eine »dichte Menschenmenge« hat sich bei strahlendem Sonnenschein am ersten Nachkriegstag versammelt, als Landesbischof Wurm auf den Außenbalkon des Theaters tritt, um vor aller Welt kundzutun, was die evangelische Kirche an diesem 10. Mai 1945 zu bekennen hat. In seinem »Wort an unser Volk«[78], das er nicht nur als württembergischer Landesbischof, sondern – so wörtlich – *»als Sprecher der ganzen bekennenden Kirche in Deutschland«* verkündet, stehen neben mancherlei Umschreibungen dann diese Kernsätze:

»Wieviel Not und Leid hätte vermieden werden können, wenn diejenigen, die in Deutschland die Führung hatten, ihre Macht gewissenhaft, gerecht, besonnen gebraucht hätten. – Leider ließen sich viele durch das neue großsprecherische Heidentum imponieren und durch Furcht vor wirtschaftlichen und beruflichen Nachteilen zum Abfall von Christus und seiner Kirche verführen . . . Diesem inneren Verfall, der schon seit Jahrhunderten durch glaubenslose Welt- und Lebensanschauungen vorbereitet war, nun aber seinen Höhepunkt erreicht hat, mußte der äußere Zerfall folgen . . . Nicht klagen oder anklagen, sondern vergeben und helfen ist das Gebot der Stunde . . . Wir wollen also nicht von Gott Rechenschaft fordern, warum er so Furchtbares hat geschehen lassen, sondern wir wollen in der Abkehr von ihm und seinen Lebensordnungen die tiefste Ursache unseres Elends erblicken. Darum muß unsere Losung sein: ›Zurück zu Christus und zurück zum Bruder‹ . . .«

Landesbischof Wurm spricht da am Tage nach der Bedingungslosen Kapitulation Nazi-Deutschlands nicht als einer, der sich schuldig weiß. Dank seiner Initiative hatten sich mitten im Kriege Deutschnationale und Nationalsozialisten, Lutheraner, Reformierte und Unierte auf jene 13 Sätze über den »Auftrag und Dienst der Kirche« geeignet. Dank seiner Kompromißbereitschaft hatten sogar »Deutsche Christen« samt deren Kirchenführer als »Bekenner« Aufnahme in das »Kirchliche Einigungswerk« gefunden. Dank seiner Initiative galt diese »Bekennende Kirche« bereits beim Einmarsch der Alliierten als »die größte, aktivste und wohl auch effektivste Widerstandsbewegung der Nazizeit«.[79]

Ausgelöscht, verdrängt und vergessen ist mit dem Einzug der alliierten Streitkräfte in Deutschland, daß sich mit dem Beitritt zum »Kirchlichen Einigungswerk« niemand von dem Katholiken Adolf Hitler[80] oder gar von seinem NS-Faschismus losgesagt hatte: *daß jene 13 Sätze des »Kirchlichen Einigungswerkes« lediglich die religiöse Trennungslinie zogen zu den weltanschaulichen Abweichlern vom Parteiprogramm der NSDAP,* das schließlich in seinem viel zitierten Punkt 24 die Nazi-Partei als *»christliche«* Partei, als *Partei des »positiven Christentums«* auswies; daß das »Kirchliche Einigungswerk« nur einen Feind kannte: jene »gottgläubigen Neuheiden«.

Seit jener Sportpalastkundgebung vom 13. November 1933 hatte diesen religiösen Abweichlern ihr Kampf gegolten, die sich nicht zum dreieinigen Gott Neuen und Alten Testaments bekennen, sondern zu einem neugermanischen »Mythus«-Glauben. Dieser im Gegensatz zum christlichen Credo *und* zum Nazi-Parteiprogramm stehenden Minderheit der sogenannten »Neuheiden« gilt dann an diesem 10. Mai 1945 immer noch der Kampf jener »Bekennenden Kirche«, für die Landesbischof Wurm dort in Stuttgart spricht. Sie – *die »Neuheiden«!* – und nicht die Nazi-Partei mit all ihren Gliederungen oder gar jene Deutschnationalen, die ihr 1933 zur Macht verholfen haben, sind die Schuldigen. Nicht das braune und schwarze Herr der Hitler-Faschisten mit seinen Zuarbeitern in den Kirchen tragen jetzt die Schuld am »äußeren Zerfall« Deutschlands.

10. »Jedes Volk hat seine Jakobiner«

Alle, die während dieser Stuttgarter Kundgebung am 10. Mai 1945 ein Schuldbekenntnis der evangelischen Kirche und ihrer Kirchenführer erwartet haben, sehen sich enttäuscht. Kein »Mea culpa!«. Kein »Vater vergib!«. Schuld*zuweisung* und *Selbst*rechtfertigung auch in dem »Wort an die Christenheit im Ausland«, das Landesbischof Wurm danach verkündet[81] – darin die Vorhaltungen:

»Wir bitten zu bedenken, daß auch unser Volk durch einen unbarmherzigen Luftkrieg jahrelang Schrecken und Verluste in ungeheurem Maße zu tragen hatte . . . Jedes Volk hat seine Jakobiner, die unter bestimmten Voraussetzungen zur Herrschaft gelangen. Diese Voraussetzungen waren in Deutschland gegeben durch die Zustände, die infolge der Reparationslasten und der damit im Zusammenhang stehenden Massenarbeitslosigkeit nach dem ersten Weltkrieg herrschten . . . Der Glaube an die Gewalt ist nicht nur bei deutschen Staatsmännern verwerflich, sondern auch bei amerikanischen, englischen, französischen, russischen, und die Forderung der Denk- und Redefreiheit, der Glaubens- und Gewissensfreiheit und des Schutzes der persönlichen Sicherheit des friedlichen Bürgers sollte *allen* Ländern gelten, die heute unter einer der alliierten Mächte stehen . . .«

Landesbischof Wurm hätte den Zeitpunkt dieser Stuttgarter

Großkundgebung am 10. Mai 1945 nicht besser wählen können. Neben den nunmehr gebrandmarkten »Neuheiden« hatten die Kirchenführer des »Einigungswerkes« seit Jahren in Fehde gelegen mit einer kleinen aber widerstandsfähigen Minderheit von Bekennern, die von den Bekenntnissen der ersten Synode von Barmen und Berlin-Dahlem keinen Fingerbreit abweichen wollten, die das in Barmen beschlossene Bekenntnis zuweilen sogar als Aufruf nicht nur zum innerkirchlichen, sondern auch zum politischen Widerstand gegen die Politik und Gesetze des Hitler-Staates verstanden. Das waren zwar *Minderheiten in der Minderheit* jener Barmenser und Dahlemiten, doch die politische Entwickung hat *diesen* plötzlich recht gegeben. Nicht auszudenken, wenn sie jetzt als gefeierte Widerstandskämpfer das Heft der Kirche in die Hand nehmen würden!

Da ist der 10. Mai 1945 vom »Sprecher der ganzen Bekennenden Kirche in Deutschland« taktisch klug gewählt. Die meisten jener Barmenser und Dahlemiten sind – wenn nicht im Kriege gefallen, im Konzentrationslager ermordet oder in Kriegsgefangenschaft – im Chaos des völligen Zusammenbruchs der Kommunikationsmöglichkeiten unerreichbar. Auch Wurms ständige Kritiker von der württembergischen Sozietät sind im Mai 1945 noch handlungsunfähig. Nur einer bekommt die beiden Mai-Erklärungen Theophil Wurms unmittelbar nach der Stuttgarter Theater-Kundgebung zu Gesicht und ist in der Lage, darauf zu reagieren: der Theologe Paul Schempp im nahen Kirchheim-Teck.

Über 12 Jahre hinweg hat der von der Theologie Karl Barths geprägte Bekenntnispfarrer Paul Schempp von seiner Gemeinde Iptingen aus den Weg seiner Kirchenleitung durchs »dritte Reich« mit Mahnungen, Protesten und Verweigerungen begleitet, seinen Bischof mal brüderlich, mal grob vor der andauernden Kumpanei mit dem Hitler-Staat gewarnt – bis dieser 1938 gegen ihn das kirchliche Dienststrafverfahren eröffnete, weil er sich weigerte, der Weisung des Landesbischofs entsprechend, dem Nazi-Führer Adolf Hitler den Treueid zu leisten. Am Ende des Verfahrens hatte der Bekenner gar sein Pfarramt verloren.[82]

Nachdem Paul Schempp nun diese beiden Stuttgarter Mai-Erklärungen bekannt geworden sind, handelt das Sozietätsmitglied auf eigene Faust. Und schon am 29. Mai 1945 geht seine 14seitige Denkschrift als Antwort auf die Kundgebungen des »Sprechers der ganzen bekennenden Kirche in Deutschland« hinaus.[83] Und wieder nimmt der Bekenntnistheologe kein Blatt vor den Mund:

». . . Und jetzt, nachdem das große Irrenhaus Deutschland von außen aufgebrochen ist, hat die Kirche wieder ›Redefreiheit‹ . . . , eine ›Redefreiheit‹, deren sie sich trotz Christi striktem Befehl: ›Ihr sollt meine Zeugen sein!‹, berauben ließ. Aber mehr noch, die Kirchen sind jetzt geehrt von den Besatzungsmächten, umjubelt von viel Volk, umschmeichelt von Ängstlichen, die um ihr Brot bangen . . . Wie wird die Bekennende Kirche jetzt reden und was wird sie tun?

Die ersten Kundgebungen sind erfolgt und zwar von Seiten des Landesbischofs . . . Daß der Ort seiner Rede das Theater war, war nicht seine Schuld, aber daß die Kundgebung zum Theater wurde, das ist seine Schuld; denn wo hat die christliche Kirche den Auftrag, sich zu distanzieren von der Schuld der Welt, sich selber zu rechtfertigen und zu empfehlen . . . hat man nichts Besseres zu tun als gerade das zu sagen, wonach dem ganzen Volk die Ohren jücken, nämlich die Schuld abzuschwächen? . . . Wieviel mehr hat die Kirche angesichts der Riesengröße *ihrer* Schuld in solch entscheidender Stunde von ihren Verdiensten zu schweigen . . . (Und dann die) Anklage gegen die nichtchristlichen Weltanschauungen, z. B. den Materialismus (als ob sich das Nazitum nicht selber als höchsten Idealismus verstanden hätte!), gegen die wachsende Entkirchlichung, und dann die allgemeine Mahnung: ›zurück zu Christus, zurück zum Bruder!‹ Man darf wohl fragen, was da das ›Zurück!‹ bedeuten soll . . . War das ein Bekenntnis zu Christus oder war es vielleicht das Bekenntnis zu einer nicht existierenden Volkskirche und zu den christlichen Restwerten der schwarz-weiß-roten Zeit?«

11. Das »unchristliche Dokument«

Von Paul Schempps beißender Kritik bleibt auch der Theologe Hans Asmussen im benachbarten Schwäbisch-Gemünd nicht verschont. Der Verbindungsmann des »Kirchlichen Einigungswerkes« zur Ökumene hat sich gerade gegenüber den Besatzungsbehörden mit dem Leiden und Martyrium der kirchlichen Antifaschisten gebrüstet, von denen weder die Bekennende Kirche noch das »Kirchliche Einigungswerk« vor dem Mai 1945 etwas wissen wollten, die sie nicht einmal – wie im Fall Dietrich Bonhoeffer – der Fürbitte der Gemeinden für würdig befanden.[84] Paul Schempp fragt:

»Ob Herr Asmussen wohl der Roten Armee auch so protzig die Wahrheit von dem vergessenen Hundertstelprozent Aufrechter gesagt hätte oder ob er da den Kommunisten den Vortritt gelassen hätte, die ja mit einem beträchtlich größeren Kontingent von Märtyrern ihrer Überzeugung und von überzeugungstreuen Antinazis aufwarten können als die Christen?«

Aber dann geht der kirchliche Antifaschist Paul Schempp, der unter seiner württembergischen Kirchenleitung samt Bischof mehr zu leiden hatte als unter den Organen des Hitler-Staates, auch schon mit dem Bischofs-»Wort an die Christenheit im Ausland« ins Gericht:

»Herr Wurm hat auch schon an die Weltchristenheit, an die Vertreter der Kirchen der Feindmächte beschwörende Worte gerichtet als Vertreter der Bekennenden Kirche Deutschlands. Man staune . . . , dieser Mann ist jetzt im Namen der Kirche, und das heißt doch wohl im Namen Jesu, der Anwalt des deutschen Volkes gegen die ›Jakobiner‹ der Naziregierung und fordert von den Siegermächten durch Vermittlung der ausländischen Kirchen Milde und Verständnis und schiebt gar die Mitschuld an der Geschichte dieser 12 Jahre den Siegern von 1918 zu . . .

Ist er selber etwa nicht auf die »Jakobiner« hereingefallen, und hat nicht seine deutschnationale Partei diesen in den Sattel geholfen? Man denkt beim Lesen unwillkürlich: es fehlt nur noch, daß er auch gleich für das unschuldige Deutschland die Kolonien zurückfordert. Nicht daß man von den Großen dieser Welt Barmherzigkeit fordert, ist falsch, aber im Auftrag Gottes soll das die Kirche ohne Ansehen der Personen und Völker. Daß man es im Namen der vergewaltigten Unschuld tut, daß man es tut, ohne auch nur ein wenig die grauenhafte Unbarmherzigkeit einzugestehen zu den Greueln und Massenmorden, zu dem, was an mitleidloser Verwüstung in Polen, Rußland, Belgien, Holland, Norwegen, Frankreich, Ungarn und anderen Ländern geschehen ist, vor der Welt geschwiegen zu haben, völlig geschwiegen zu haben als Vertreter der Kirche Christi, das, das, Herr Wurm, macht Ihren Aufruf an die Christen in der Welt zu einem unchristlichen Dokument! . . .«

Und Paul Schempp beläßt es nicht bei der Auseinandersetzung mit den aktuellen Mai-Erklärungen Theophil Wurms. Er skizziert auch den Irrweg der Kirchen und Kirchenführer durchs »dritte Reich«: »Alles, was hinsichtlich der Christlichkeit[85] der (nationalsozialistischen, H.P.) neuen Bewegung stutzig machte, schrieb man einem programmwidrig radikalen Flügel der Partei zu, den abzuschneiden oder mindestens zu beschneiden gerade als Aufgabe der Kirche und der ›kirchlich Gesinnten‹ innerhalb und außerhalb der Partei betrachtet wurde.«

Dieser theologische und politische Grundirrtum der Kirche führt für Paul Schempp dann zwangsläufig zu »Sabotage und dem Zusammenbruch der Bekennenden Kirche«: »Die Geschichte dieses Niederbruchs ist verworren genug; sie ist aber jedenfalls gekennzeichnet durch wachsende Ausschaltung der Gemeinden, diplomatische Doppelspiele, theologische Unwissenheit, kirchlichen Egoismus, fortlaufendes Zurückweichen vor dem nationalsozialistischen Absolutheitsanspruch und durch den Kampf um Rechte und Ordnung, ehe überhaupt nach der Vollmacht durch die Legitimation vor Schrift und Bekenntnis gefragt wurde. Die intakten Landeskirchen[86] verhandelten, sie verhandelten mit den Deutschen Christen, mit dem Staat, untereinander, mit den bekennenden Kirchen der ›zerstörten Gebiete‹, und sie wollten immer beides sein, ›Körperschaften des öffentlichen Rechts‹ im Nazistaat und Bekenntniskirche, und in allen Entscheidungsfragen siegte die Sorge um das Körperschaftsrecht, um die Anerkennung durch den Staat. Der zahmere Teil der Deutschen Christen wurde legitimiert, bekenntniswidrige Verkündigung und Sakramentsverwaltung geduldet und anerkannt, die Barmer Botschaft von ›lutherischen‹ Theologen kritisiert[87], den Gemeinden unterschlagen und praktisch außer Kraft gesetzt.«

Da brennen selbst an den heißen Mai-Tagen 1945 in den Pfarrhäusern und Kirchenbehörden die Öfen und Heizungen, um die Spuren des faschistischen Weges der deutschen Christenheit durchs »Tausendjährige Reich« Adolf Hitlers zu beseitigen, und da muß der »Sprecher der ganzen Bekennenden Kirche in Deutschland« in der Schempp-Denkschrift lesen: »Wer das bestreiten will – und jeder will es heute für seine eigene Person bestreiten –, der kann leicht durch eine Unzahl amtlicher und offzieller Äußerungen aus dem Jahr 1933, durch Wort und Schrift der Kirche, der Pietisten[88], der Liberalen, der ›Positiven‹, der Vertreter der Inneren Mission, der theologischen Blätter, kurz der gesamten sich zum Vertreter des Christentums berufen fühlenden Öffentlichkeit einwandfrei widerlegt werden.«

Und was hatte sich Bischof Wurm für Mühe gegeben, den Alliierten gegenüber die Kirche in einem anderen Licht erscheinen zu lassen! Wie friedlich, wie siegreich, wie harmonisch war doch der Festgottesdienst im Stuttgarter Landestheater verlaufen, der am 10. Mai der Verkündigung jener Erklärungen vorausging. Wie ergriffen sang die Festgemeinde nach dem Untergang der neuheidnischen »Gottgläubigen« das Eingangslied:

Allein Gott in der Höh sei Ehr
und Dank für seine Gnade,
darum daß nun und nimmermehr
uns rühren kann kein Schade.
Ein Wohlgefalln Gott an uns hat;
nun ist groß Fried ohn Unterlaß,
all Fehd hat nun ein Ende . . .

Geschickt hatte Bischof Wurm die Predigt genutzt, um die Angriffe aus Widerstandskreisen kirchlich ins Leere laufen zu lassen, zwischen Volk und Kirche deutlich zu unterscheiden: »Wenn wir auf den hinter uns liegenden Abschnitt unserer Geschichte blicken, so werden wir nicht sagen können, daß er durch besondere Glaubenskraft ausgezeichnet gewesen sei. Unser Volk war mehr menschengläubig als gottgläubig. Man mußte immer nur staunen, wie die Leute den menschlichen Versprechungen trauten und sich von einem Termin auf den anderen vertrösten ließen. Als die Unmöglichkeit, diesen Krieg siegreich zu beenden, für jeden nüchtern denken Menschen deutlich war, machte man sich nicht los von einem geradezu aberwitzigen Vertrauen auf Personen, auf Erfindungen . . .«

Nicht so Landesbischof Wurm! Nach der Kapitulation von Stalingrad hatte er zunehmend auch an die Kapitulation Deutschlands, an den ersten Gottesdienst danach gedacht und seinen Briefen an die NS-Obrigkeiten fortan einen kritischen Akzent verliehen. So kann er denn – zur Überraschung der Zuhörer – aus einem solchen Brief an die »Führung des Reiches« in seiner Predigt zitieren und mit Nachdruck hinzufügen: *»Das ist geschrieben worden am 16. Juli 1943«!*[89] Nein, von Paul Schempp und der »Württembergischen Sozietät« hat Wurm sich noch nie dreinreden lassen.

Daß die Kirchenleitung im Falle der Schempp-Denkschrift sogar Einfluß auf die Vergabe von Drucklizenzen der Alliierten hat, erfüllt Theophil Wurm noch Jahre später in seinen »Erinnerungen« mit Dankbarkeit:[90] »Von extremer Seite innerhalb der Evangelichen Kirche wurde nach der Kundgebung im Stuttgarter Landestheater ein Pamphlet vorbereitet, das die ganze Veranstaltung als ein ›Theater‹ und als den Versuch einer Selbstrechtfertigung hinstellen wollte. Der Druck konnte glücklicherweise verhindert werden.«

12. Dämonen

Während es Bischof Wurm noch gelingt, den Bußruf des Paul Schempp im ersten Ansatz zu ersticken, kann der »Sprecher der ganzen bekennden Kirche in Deutschland« nicht verhindern, daß die amerikanischen Militärbehörden im Juni 1945 endlich nach wochenlangen Umwegen über Neapel einen Mann nach Hause entlassen, der sich schon vor seiner Haft als »persönlicher Gefangener des Führers« immer wieder als der Schrecken der deutschen evangelischen Kirchenführer erwiesen und so manchen Plan der Landesbischöfe durchkreuzt hatte: Pastor Martin Niemöller, vor seiner Verschleppung ins KZ *Sprecher jener Bekenner der Barmenser und Dahlemiten, die bei den Kirchenführern und ihren Gefolgsleuten bis heute als »Radikale« verschrien sind.*

Von den wenigen erreichbaren Freunden wie Paul Schempp erfährt der Heimkehrer aus dem Konzentrationslager Dachau, daß die altbekannten Kirchenführer nunmehr dabei sind, in der hessischen Diakonieanstalt Treysa mit den Männern des kunterbunten »Kirchlichen Einigungswerkes« in aller Eile eine neue »Evangelische Kirche in Deutschland« zu gründen. Termin: Ende August 1945. Und wie im Jahr 1933/34, als der evangelischen Kirche *durch ihre Kirchenführer* Gefahr drohte, tritt der Kirchenkämpfer Martin Niemöller wieder auf den Plan:

»Da hab ich mir gesagt: also ›Einigungswerk‹? – Da sind ja auch deutsch-christliche Bischöfe drin und soetwas. – Also wird jetzt all das über den Haufen geworfen, was wir mal 1934 in der Barmer Bekenntnissynode gewollt haben und wozu wir uns verpflichtet und gebunden fühlen, soll das alles jetzt ad acta gelegt werden? – Und der ›Neuanfang‹ besteht darin, daß auch die ganzen alten Leute ihre Gedanken und ihre Zielsetzungen etwa wieder zu einem Brei zusammenleimen? – Müßten wir nicht in diese Geschichte einsteigen?«[91]

Und der kampferprobte U-Boot-Kommandant und Theologe lädt die erreichbaren Repräsentanten der Barmenser und Dahlemiten zum 21. August 1945 ins Diakonissenhaus Frankfurt am Main zu einer Konferenz ein, allen voran den 1935 aus der Bekennenden Kirche und damit aus Deutschland vertriebenen Verfasser der Barmer Theologischen Erklärung, Karl Barth, aus Basel, aber auch den Freund Hans Asmussen aus Schwäbisch-Gemünd. Und als sich dann die 39 Konferenzteilnehmer erstmalig nach Krieg und Holocaust wiedersehen, beschwört Niemöller die Versammlung, nur ja nicht in Selbstgerechtigkeit und Schuld*zuweisungen* zu verfallen. Die *eigene Schuld* sei riesengroß. Und gleich eingangs lädt er die Brüder ein, die Zeichen der Zeit zu begreifen als Ruf zur Buße und Bitte um Vergebung: »Zwanzig Pfarrer haben sich in Berlin das Leben genommen. Die Zahl der Selbstmorde übersteigt die Zahl der sonst Sterbenden in Berlin. Auch der Reichsbischof hat Selbstmord verübt.«[92]

Diese schockierenden Informationen lenken den Blick der Bekenner auf den von Hans Asmussen verfaßten Entwurf einer Botschaft »An die Herren Amtsbrüder!«, die von dem Schuldbekenntnis eingeleitet wird:[93]

»Unter den Umständen, unter denen wir heute unser Amt ausrichten müssen, ist dies das Schwerste: Die großen Nöte, die uns betroffen haben, tragen deutlich dämonische und apokalyptische Züge. Die Mächte, welche uns gegenwärtig in Not bringen, bleiben durch Gottes Güte im Laufe dieser Welt gewöhnlich verborgen. Jetzt aber sind sie nackt ans Licht gekommen.

Dämonisch ist die Macht, welche deutsche Menschen in den letzten Jahren zu allen jenen Greueltaten trieb, vor welchen die Welt erschaudert. Dämonisch ist die Versuchung, in der man nunmehr aus jenen Verbrechen der Vergangenheit eine Rechtfertigung dafür herzuleiten sucht, daß man Greuel durch Greuel zu rächen unternimmt. Apokalyptisch waren die Ausmaße und die Mittel des Krieges, so daß die ganze Welt davor zittert, daß diese Mittel noch einmal in Anwendung kommen könnten. Unheimlich war und ist es, daß politische Überzeugungen auf allen Seiten mit dem Anspruch und der Verbindlichkeit eines Glaubens auftreten, so daß die gegenteilige politische Überzeugung als fluchwürdiges Verbrechen angesehen wird.

Die Schuld, welche unser Volk auf sich geladen hat, ist nicht zu messen mit den Maßstäben irgendeiner Moral. Immer neue Taten der Unmenschlichkeit werden bekannt, und es ist nicht verwunderlich, wenn die meisten Volksgenossen es noch gar nicht fassen können, daß das alles wahr sein soll. Unsere Schuld ist unheimlich, so daß wir alle es als unzureichend empfinden, wenn Menschen diese Schuld durch Beurteilung oder Urteil zu ermessen unternehmen.

Das sind die Tatbestände, von denen die Seele unseres Volkes gegenwärtig geformt wird. Und mitten in diesem Prozeß haben wir unser geistliches Amt auszurichten . . .«

Die Mehrheit der Konferenzteilnehmer ist für diesen Textvorschlag von Hans Asmussen nicht zu erwärmen. Auch Niemöller kann seinem alten Freund, dessen Name ebenfalls unter den 13 Sätzen des »Kirchlichen Einigungswerkes« steht, nicht folgen. Und weil er in den langen Vernehmungswochen die Amerikaner kennengelernt hat, warnt er auch gleich zu Beginn davor, den vor wenigen Tagen erfolgten Atombombenabwurf auf Hiroshima und Nagasaki gegen die Verbrechen des deutschen Volkes auch nur andeutungsweise aufrechnen zu wollen: »Die Amerikaner hören es noch nicht.[94] Die Pfarrer und Gemeinden sind zunächst verpflichtet, das eigene Schuldbekenntnis abzugeben. Die Bekennende Kirche hat gewußt, was zu sagen war, und hat geschwiegen. Darin liegt unsere Schuld. Wir haben uns wegen der Angst zum Schweigen hindrängen lassen.«

Heinrich Held aus dem Rheinland möchte aber auch den Zuspruch der Vergebung nicht missen: »Die Bekennende Kirche ist schuldig – (richtig). Danach (sollten wir) aber auch das *tröstende* Wort sagen«.

Karl Barth hält sich trotz sichtbaren Unbehagens zurück. Erst gegen Ende der kontroversen Aussprache nimmt er das Wort: »Bedenkt, daß euch das Ausland hört! Diese Botschaft, dieses Wort zeigt einen (grundlegenden) Fehler der deutschen Kirche: daß sie zu sehr von oben nach unten gebaut wurde; wir müssen vermeiden, daß wir eine Pastorenkirche *bleiben*. Wir sollten den Christen zurufen: ›*Ihr* seid die Kirche!‹ Ihr dürft nicht nur immer auf die *Pfarrer* hinweisen.« Und dann schlägt der theologische Vater der Bekennenden Kirche vor, auf ein »Wort an die *Pfarrer*« ganz zu verzichten: »(Die) Gesundung muß von der *Gemeinde* her geschehen!«

Doch die Konferenz mag Karl Barth darin nicht beipflichten. Sie setzt statt dessen mit den Brüdern Erik Wolf, Freiburg; Peter Brunner, Wuppertal; Karl Bernhard Ritter, Marburg; Harmannus Obendiek, Barmen, und Heinrich Held, Essen, eine Kommission ein zur Überarbeitung des Asmussen-Textes.

13. Die Macht der Kirchenführer

Am Vormittag des 24. August steht dann dieser zweite Entwurf des Schuldbekenntnisses zur Diskussion:[95]

»An die Brüder im Amt.

In den großen Nöten, die uns betroffen haben, erschrecken uns dämonische und apokalyptische Mächte. Dämonisch ist die Macht, welche deutsche Menschen in den letzten Jahren zu all jenen Greueltaten trieb, vor welchen wir mit der ganzen Welt erschaudern. Apokalyptisch waren die Erscheinungsformen des totalen Krieges. Die Welt zittert davor, daß Kriegsmittel noch einmal in Anwendung kommen könnten, durch die sich die Menschheit selbst vernichten würde. Unheimlich war der Fanatismus, der politische Lehren mit dem Anspruch eines religiösen Glaubens behauptete und seine Gegner als Verbrecher behandelte.

Die Schuld, welche unser Volk auf sich geladen hat, ist nicht allein mit moralischen Maßstäben zu messen. Immer neue Taten der Unmenschlichkeit werden bekannt. Viele können es noch nicht fassen, daß das alles wahr sein soll. Im Abgrund unserer Schuld erreicht uns kein menschliches Urteil. In dieser Not ist Leib und Seele unseres Volkes vom Tode bedroht.

Wir bekennen unsere Schuld und beugen uns unter die Last ihrer Folgen. Aus der Tiefe schauen wir auf zu Christus, dem

Gekreuzigten. *Er allein rettet uns. Er tritt für uns ein. Er vergibt uns . . .«*

Karl Barth eröffnet die Diskussion. Er gibt jetzt alle Zurückhaltung auf: »Ich muß dem Ganzen widersprechen. Ich könnte dieses Wort nicht mitsprechen. Hinter diesem Wort steht ein magisches Weltbild. Redet die Bibel so vom Teufel und von der Dämonie? Es ist nicht möglich, die Welt vom Teufel her zu sehen. Es steht wohl einmal ›Christus‹ da, aber sonst gilt wieder ein magisches, ein humanitäres Weltbild . . . Ist das die Fortsetzung zum Barmen?«

Die Brüder beginnen zu begreifen. Martin Niemöller kann zwar nicht »den ganzen Duktus ablehnen wie Karl Barth«, erkennt aber ähnlich: »Ich gebe zu, der Text ist zu klerikal!«

Harmannus Obendiek erläutert, was sich die Textkommission bei der Überarbeitung des Asmussen-Textes gedacht hat: »Wir wollten den Sieg Christi bezeugen. Ob uns das gelungen ist, ist die Frage. Christus satanas major! Christus ist größer als der Satan, als der Teufel! So hätte der Tenor sein müssen; dann wäre das Weltbild vielleicht nicht so magisch geworden, wie Barth es sieht.«

Und nachdem Martin Niemöller zuvor mit seinem Versprecher »Karl Asmussen« schallendes Gelächter hervorgerufen hat, mündet Barths nochmalige Kritik an beiden Entwürfen geradewegs in ein Kompliment an seinen Kontrahenten Hans Asmussen: »Der umgearbeitete Asmussen bleibt Asmussen, man kann nicht Wasser in den Wein von Asmussen gießen.«

Kommissionsmitglied Held empfiehlt eine nochmalige Überarbeitung des Ganzen und will »Asmusssen ruhig die ›Perlen‹ aus der Krone nehmen«. Und dann schickt Martin Niemöller die Kommission noch einmal in Klausur. Um des Erfolges sicher zu sein, ergänzt er die Text-Kommission um den in Dortmund lebenden Königsberger Theologen Hans Joachim Iwand. Am Nachmittag dann, kurz vor dem Ende der Konferenz, liegt die dritte Fassung des Schuldbekenntnisses vor, die dann einstimmig als Beschlußvorschlag für die am 28. August in Treysa beginnende Kirchenversammlung verabschiedet wird. Selbst Karl Barth zeigt sich von diesem »Wort an die Pfarrer«

geradezu »begeistert«, dessen einleitendes Schuldbekenntnis nun folgenden Wortlaut hat:

»Liebe Brüder im Amt! – In dem Zusammenbruch, der über uns gekommen ist, geben wir uns Rechenschaft über das, was geschehen ist. Wir haben es erlebt, daß eine politische Lehre mit dem Anspruch eines religiösen Glaubens auftrat, sich mit beispiellosem Fanatismus durchsetzte und ihre Gegner schlimmer als Verbrecher behandelte. Das Reich, das sie aufbaute, ist in einer gewaltigen Katastrophe zusammengestürzt und hat viele Völker, zuletzt auch unser eigenes mit in das Verderben gerissen. In der Not, in der wir nun unentrinnbar stecken, schrecken uns die Bilder von Dämonen und apokalyptischen Mächten, die am Werke gewesen sind, um dieses Chaos heraufzuführen. Dämonisch war die Macht, die deutsche Menschen in den letzten Jahren zu all jenen Greueltaten trieb, vor welchen wir mit der ganzen Welt erschaudern. Apokalyptisch waren die Erscheinungsformen des totalen Krieges. Die Welt zittert davor, daß Kriegsmittel noch einmal in Anwendung kommen könnten, durch die sich die Menschheit selbst vernichten würde.

Moralische Maßstäbe reichen nicht aus, um die Größe der Schuld, die unser Volk auf sich geladen hat, zu ermessen. Immer neue Taten der Unmenschlichkeit werden bekannt. Viele können es immer noch nicht fassen, daß das alles wahr sein soll. In diesem Abgrund unserer Schuld ist Leib und Seele unseres Volkes vom Tode bedroht.

Wir bekennen unsere Schuld und beugen uns unter die Last ihrer Folgen. Aus der Tiefe schauen wir auf zu Christus, dem Gekreuzigten. ER allein rettet uns. ER tritt für uns ein. ER vergibt uns. Aus der Tiefe schauen wir auf zu Christus, dem Auferstandenen. ER läßt uns leben mitten im Tode. ER öffnet uns in seiner Gerechtigkeit die Tür zu Recht und Ordnung. ER läßt uns wirken als die freien Kinder Gottes für seine Kreatur bis zu dem Tage, da auch sie frei werden wird von dem Dienst des vergänglichen Wesens. Darum ist uns geboten: ›Werde wach und stärke das andere, das sterben will!‹ . . .«

Mit diesem »Wort an die Pfarrer« im Reisegepäck dampft

dann die von der Konferenz gewählte Delegation der Barmenser und Dahlemiten »auf einem offenen Lastwagen – einem ›Holzvergaser‹ – mit ein paar Tonnen drauf und Brettern drüber«[96] zur ersten Kirchenkonferenz von Frankfurt nach Treysa. Und die Kirchenführer des »Kirchlichen Einigungswerkes« zeigen sich angesichts der kampfentschlossenen 13köpfigen Mannschaft gegenüber den meisten ihrer Anliegen und Forderungen kompromißbereit. Nur in einem Punkt bleiben sie hart und unnachgiebig: *in der Schuldfrage.* Das vorgelegte »Wort an die Pfarrer« findet keine Mehrheit. Dennoch läßt sich Niemöller zum Leiter des Kirchlichen Außenamtes und zum Stellvertretenden Vorsitzenden des Rates der neutitulierten Evangelischen Kirche in Deutschland (EKD) wählen.

14. »Unseres Volkes Schuld tragen wir mit«

So kommt es im August 1945 zur Neugründung der Evangelischen Kirche in Deutschland ohne offenes Bekenntnis kirchlicher Schuld. Dabei hätte schon allein der Tagungsort, die Diakonie-Anstalt in Treysa, ein umfassendes Schuldbekenntnis nahegelegt, wo die Fachkonferenz der Inneren Mission Deutschlands schon 1931 in ihrer Treysaer Erklärung »Eugenik und Wohlfahrtspflege« den Weg bereitet hatte zu erb- und rassebiologischem Herrenmenschentum, so daß auch in den kirchlichen Anstalten von Bethel bis Treysa der Boden bereitet war zur »Vernichtung lebensunwerten Lebens«: »An die Stelle einer unterschiedslosen Wohlfahrtspflege hat eine differenzierte Fürsorge zu treten. Erhebliche Aufwendungen sollten nur für solche Gruppen Fürsorgebedürftiger gemacht werden, die voraussichtlich ihre volle Leistungsfähigkeit wiedererlangen können . . . Träger erblicher Anlagen, die Ursache sozialer Minderwertigkeit und Fürsorgebedürftigkeit sind, sollten tunlichst von der Fortpflanzung ausgeschlossen werden.«[97]

Stewart Hermann, Referent beim Ökumenischen Rat in

Genf, charakterisiert nach Bekanntwerden des Treysaer Beratungsergebnisses von 1945 die politische Geistesverfassung der Repräsentanten des »Kirchlichen Einigungswerkes« mit der treffenden Feststellung: Die Kirchenführer haben lieber »die *Schul*frage als die *Schuld*frage« behandelt. Martin Niemöller, Wortführer jener »Radikalen«, bereut noch 30 Jahre danach, daß die Barmenser und Dahlemiten 1945 in Treysa am Ende doch nicht mit dem klaren Anspruch aufgetreten sind: »*Wir* sind die rechtmäßige Evangelische Kirche und nicht die Leute, die da mit Hitler und unter Hitlers Einfluß von den Linien der Kirche abgegangen sind. Ich glaube, daß es dann anders geworden wäre . . . Ich bin damals nicht radikal genug gewesen . . .«[98]

Die Mehrheit der deutschnationalen Kirchenführer, einst Wegbereiter, Machtbeschaffer und Machterhalter Adolf Hitlers, des Führers der »positiv-christlichen« Nazi-Partei, die sie unter dem Druck der Alliierten nun plötzlich als »verbrecherische Organisation« brandmarken[99], sehen weder Grund noch Anlaß zu irgendeinem Eingeständnis, Fehler begangen zu haben oder gar mitschuldig zu sein an der Nazi-Barbarei. Das war ja eine Quelle ihres politischen Hasses gegen die »Linken« des »Weimarer Systems«, daß sie Deutschlands Kriegsschuld anerkannt hatten.

Dabei hätten sie die Kommunisten, die sie seit je als »Gottlose« bekämpfen, im Sommer 1945 zutiefst beschämen müssen; denn am 11. Juni 1945 hatte das Zentralkomitee der Kommunistischen Partei Deutschlands in seinem ersten Aufruf nach Hitlerei und Holocaust, trotz ihrer großen Zahl von Widerstandskämpfern und Opfern des Faschismus, ein politisches Schuldbekenntnis abgelegt und dies auch öffentlich gemacht: »Deutsche Arbeiter und Arbeiterinnen! Deutsche Arbeiterjugend! Schaffendes deutsches Volk!

Gegen den Willen eines geeinten und kampfbereiten Volkes hätte Hitler niemals die Macht ergreifen, sie festigen und seinen verbrecherischen Krieg führen können. Wir deutschen Kommunisten erklären, daß auch wir uns schuldig fühlen, indem wir es trotz der Blutopfer unserer besten Kämpfer infolge einer Reihe unserer Fehler nicht vermocht haben, die antifaschistische Einheit der Arbeiter, Bauern und Intelligenz entgegen allen Widersachern zu schmieden, im werktätigen Volk die Kräfte für den Sturz Hitlers zu sammeln, in den erfolgreichen Kampf zu führen und jene Lage zu vermeiden, in der das deutsche Volks geschichtlich versagte.«[100]

Aber dann, zwei Monate später schon, am 18. und 19. Oktober 1945, sieht sich der neugewählte Rat der Evangelischen Kirche in Deutschland, unter seinem Vorsitzenden Theophil Wurm, erneut vor die Schuldfrage gestellt, als plötzlich eine Abordnung des Ökumenischen Rates vor dem Stuttgarter Sitzungsraum steht. Da helfen keine Mehrheiten mehr. Da bleibt nur noch die Schuld der Deutschen an der Barbarei des Hitler-Faschismus, an Krieg und Holocaust – und die unbestreitbare große Mitschuld der Kirchen, auch die der Bekennenden Kirche.

Die meisten Ratsmitglieder wissen nicht, daß Hans Asmussen und Martin Niemöller diese Begegnung insgeheim mit dem Ökumeniker Visser't Hooft – wenn auch ohne Terminabsprache – vorbereitet und ein Schuldbekenntnis als Voraussetzung für die Aufnahme der Evangelischen Kirche in Deutschland in den Ökumenischen Rat zugesagt haben.[101] Hans Asmussen hat auch bereits diesen Entwurf parat:

». . . Die große Freude, diese Brüder aus den Kirchen des Auslandes wieder sehen zu dürfen, paart sich mit großem Schmerz und tiefer Scham. Wir wissen, daß es unsere Volksgenossen waren, welche unendliches Leid über ganz Europa und auch nach außereuropäischen Ländern gebracht haben. Und unseres Volkes Schuld tragen wir mit. O wehe, daß wir Christen in Deutschland nicht mutiger waren, nicht besser beteten, nicht fröhlicher glaubten, nicht brennender liebten: Wir bekennen solches vor Gott und vor unseren Brüdern aus der Ökumene.

Wir legen dies Bekenntnis ab um der Wahrheit willen. Denn wie wir in den letzten zwölf Jahren den Glauben an den heiligen Geist, die Gemeinschaft mit allen Christen wollten und suchten, so tun wir es auch heute von ganzem Herzen. Wir wissen, daß wir damit dem Frieden dienen. Wir hoffen, daß wir damit dazu helfen, den Geist der Rache und der zuchtlosen Wiedervergeltung zu bannnen.

Es ist unser Gebet, daß alle Länder der Erde verschont bleiben von dem Geist des Nationalsozialismus, der ein Geist der Lieblosigkeit, der Machtanbetung, der Verachtung des Rechtes und ein Geist der Untat gegen alles Schwache war. Wir haben wie niemand sonst die Macht dieses Geistes erfahren. Wir wissen, daß er weder durch Idealismus, noch durch Enthüllung seiner Schrecklichkeit zu bannen ist, sondern allein durch Gottes Wort, Gebet und Leiden.

Wir bitten die Brüder der Ökumene, in Gemeinschaft des Wortes und des Gebetes mit uns sich zu erneuern, damit wir mit den Christen der ganzen Welt fähig werden, in den Stunden der Leiden, die noch zu erwarten sind, zu bestehen.«[102]

In der gemeinsamen Absicht, durch eine Art Schuldbekenntnis wenigstens die Kirchen der Feindmächte, die in Deutschland mit harter Hand ihre Militärregierungsgewalt ausüben, versöhnlich zu stimmen, um diese dann zugunsten Deutschlands bei ihren Regierungen intervenieren zu lassen, gibt es unter den Ratsmitgliedern keine Differenzen. Doch über das *Wie und Was* dieser Schulderklärung gehen die Meinungen weit auseinander. Wenngleich Asmussen kein Wort über die Schuld der *Kirche* verliert, findet er doch keine Mehrheit. Otto Dibelius – der sich aus Angst vor einer sowjetischen Mißdeutung des Wortes »General« in seinem Generalsuperintendententitel flugs zum Berliner »Bischof« ernannt und mit viel Geschick Ende Juli 1945 die erste Nachkriegssynode in Deutschland hinter sich gebracht hat[103] – erarbeitet aus Asmussens Entwurf einen neuen Textvorschlag.

15. Wahrheit – Halbwahrheit – Unwahrheit

Wieder einmal erweist sich Otto Dibelius als ein Kirchenführer, der Situationen und Stimmungen zu nutzen weiß, als ein Formulierungskünstler, der unter der beeindruckenden Fassade eines Kompromisses seine ureigenen Ziele und Absichten festschreibt. In Stuttgart lautet das so:

». . . Wir sind für den Besuch um so dankbarer, als wir uns mit unserem Volk nicht nur in einer großen Gemeinschaft der Leiden wissen, sondern auch in einer Solidarität der Schuld. Was wir unseren eigenen Gemeinden oft genug bezeugt haben, das sprechen wir auch in dieser Stunde aus: Wohl haben wir lange Jahre hindurch im Namen Christi gegen den Geist gekämpft, der im nationalsozialistischen Gewaltregiment seinen furchtbaren Ausdruck gefunden hat; aber wir klagen uns an, daß wir nicht mutiger bekannt, nicht besser gebetet, nicht fröhlicher geglaubt und nicht brennender geliebt haben. Nun ist in unseren Kirchen ein neuer Anfang gemacht worden . . .«[104]

Dem Stellvertretenden Ratsvorsitzenden Martin Niemöller paßt die ganze Richtung nicht: »Was mir nicht gefällt ist dieses: ›Daß wir nicht mutiger bekannt‹. Daß wir *nicht mutig* bekannt haben! Daß es sich nicht um einen Gradunterschied, sondern daß es sich um einen wesenhaften Substanzunterschied handelt.« So entstehe durch diese Formulierung der falsche Eindruck: »wenn man ein bißchen mehr getan hätte, dann wär' das alles nicht passiert. Wir hätten was *anderes* tun müssen!«[105] Und dann besteht Niemöller auf Hineinnahme des klaren und wahren Satzes, der die Schuld nicht auf andere schiebt, der die Kirche – die Bekennende Kirche meint und trifft: »Durch *uns* ist unendliches Leid über viele Völker und Länder gebracht worden.«[106]

Da helfen keine Formulierungskünste mehr. Schließlich verdanken die neuen alten Kirchenführer dem weltweit bekannten KZ-Häftling Martin Niemöller mancherlei Schutz während der Treibjagd auf ehemalige NS-Faschisten und deren Schreibtisch- oder Kanzeltäter. Und da die Zeit drängt, steht dieser bockige Satz wie ein Fremdkörper inmitten wohlgesetzter, der historischen Verschleierung dienender Worte, als endlich alle Ratsmitglieder – sogar der bayerische Landesbischof Hans Meiser – die Schulderklärung durch Unterschrift anerkennen, in der es jetzt heißt:

». . . Wir sind für diesen Besuch um so dankbarer, als wir uns mit unserem Volke nicht nur in einer großen Gemeinschaft der Leiden wissen, sondern auch in einer Solidarität der Schuld. Mit großem Schmerz sagen wir: Durch uns ist unendliches Leid über viele Völker und Länder gebracht worden. Was wir unseren Gemeinden oft bezeugt haben, das sprechen wir jetzt im Namen der ganzen Kirche aus: Wohl haben wir lange Jahre hindurch im Namen Jesu Christi gegen den Geist gekämpft, der im nationalsozialistischen Gewaltregiment seinen furchtbaren Ausdruck gefunden hat; aber wir klagen uns an, daß wir nicht mutiger bekannt, nicht treuer gebetet, nicht fröhlicher geglaubt und nicht brennender geliebt haben. Nun soll in unseren Kirchen ein neuer Anfang gemacht werden . . .«

Welch ein Unterschied zu dem Schuldbekenntnis, das Dietrich Bonhoeffer schon im September 1940 in den Entwurf seiner Ethik einfügte[107], als der Holocaust gerade erst heraufzog, als die mehr als 20 Millionen Kriegstoten der Sowjetunion noch lebten: »Die Kirche bekennt, die willkürliche Anwendung brutaler Gewalt, das leibliche und seelische Leiden unzähliger Unschuldiger, Unterdrückung, Haß und Mord gesehen zu haben, ohne ihre Stimme für sie zu erheben, ohne Wege gefunden zu haben, ihnen zu Hilfe zu eilen. Sie ist schuldig geworden am Leben der schwächsten und wehrlosesten Brüder Jesu Christi.«

Statt dessen stehen in der Stuttgarter Schulderklärung *nach* Krieg und Holocaust die kirchenhistorische Wahrheit, Halbwahrheit und Unwahrheit dicht nebeneinander:

- *Die Wahrheit,* wie sie in der Einfügung Niemöllers klar zum Ausdruck kommt: »Durch uns(!) ist unendliches Leid über viele Völker und Länder gebracht worden.«
- *Die Halbwahrheit,* die aus der Verniedlichung Asmussens spricht: »daß wir nicht mutig*er* bekannt, nicht treu*er* gebetet, nicht fröhlich*er* geglaubt und nicht brennend*er* geliebt haben«. Hatte doch die Bekennende Kirche in ihrem Organ »Junge Kirche« dem Diktator Hitler »Zum 50. Geburtstag« per Schmuckblatt am 22. April 1939 auf der Titelseite gelobt: ». . . in Alltag und Sonntag treuer zu glauben, inniger zu lieben,

stärker zu hoffen, fester zu bekennen: so allein kann sich zeigen, was an dem christlichen Glauben echt ist. Wir bitten Gott, den Führer zu segnen.« Das war *nach* der Verkündung der Rassegesetze, *nach* dem gewaltsamen Tod der ersten kirchlichen Märtyrer im Nazi-Deutschland: Heinrich Seltmann, Rudolf Stempel, Friedrich Weißler und Georg Fritze! Das war *nach* der Verschleppung Martin Niemöllers, Paul Schneiders und Karl Steinbauers ins KZ! Das war *nach* dem Brand der Synagogen in Deutschland!

● *Die Unwahrheit* schließlich in der Dibelius-Rückschau auf Weimar: »Wohl haben wir lange Jahre hindurch im Namen Christi gegen den Geist gekämpft, der im nationalsozialistischen Gewaltregiment seinen furchtbaren Ausdruck gefunden hat . . .« Als wären die evangelischen Kirchenführer Sozialdemokraten, Kommunisten oder freie Mitarbeiter der »Weltbühne« gewesen und keine Abgeordneten, Mitglieder, Mitstreiter oder Mitläufer jener Deutschnationalen Volkspartei, die Hitler und seine »positiv-christliche« Nazi-Partei seit 1929 durch Zusammenarbeit hoffähig gemacht und ihr 1933 die Mehrheit verschafft hatte. Der DNVP-Politiker und Pastor Otto Dibelius koordinierte doch als Vertreter der evangelischen Pfarrerschaft im Berufsständischen Reichsausschuß der Deutschnationalen Volkspartei seit 1919 den politischen Widerstand gegen die verhaßte Republik und ihre Demokraten. Sein Amtsbruder Gottfried Traub fungierte doch als Kultusminister in der Putschisten-Regierung Kapp-Lüttwitz. Der Landespolitiker der DNVP, Kirchenpräsident Theophil Wurm, stritt doch seit 1929 mit der Nazi-Partei gegen Versailles und pries Adolf Hitler 1933 vor dem württembergischen Pfarrerverein als den »Retter aus schwerer Gefahr«, nachdem Generalsuperintendent Otto Dibelius zur Eröffnung des Reichstages, angesichts der brutalen Verfolgung deutscher Antifaschisten, am 21. März 1933 über alle deutschen Sender der Mordbrennerei der Hitler-Faschisten keinen Einhalt gebot, sondern dem »nationalsozialistischen Gewaltregiment« durch seine Predigt auch noch die christliche Würde verlieh: »Ein neuer Anfang staatlicher Geschichte steht immer irgendwie im Zeichen staatlicher

Gewalt. Denn der Staat ist Macht. Neue Entscheidungen, neue Orientierungen, Wandlungen und Umwälzungen bedeuten immer den Sieg des einen über den anderen . . . Wenn der Staat seines Amtes waltet gegen die, die die Grundlagen der staatlichen Ordnung untergraben, gegen die vor allem, die mit ätzendem und gemeinem Wort die Ehe zerstören, den Glauben verächtlich machen, den Tod für das Vaterland begeifern – dann walte er seines Amtes in Gottes Namen!«[108]

Was heißt da: »wir haben lange Jahre hindurch gegen den Geist gekämpft, der im nationalsozialistischen Gewaltregiment seinen furchtbaren Ausdruck gefunden hat«? –

16. Das Stuttgarter Geheimnis

So überreicht dann Hans Asmussen am Morgen des 19. Oktober 1945 den Gästen aus der Ökumene jenes kirchenhistorische Gemisch aus Wahrheit, Halbwahrheit und Unwahrheit – guten Gewissens, streng vertraulich und mit der höchst eigennützigen Ermahnung: »Wir sagen dies Wort Ihnen, weil wir es Gott sagen. Tun Sie das Ihrige, daß diese Erklärung nicht politisch mißbraucht wird, sondern zu dem dient, was wir gemeinsam wollen!«[109]

Pierre Maury aus Paris verspricht Linderung der kirchlichen Not unter dem Besatzungsregiment in Deutschland: »Wir sind tief dankbar für das Papier. Es ist Ihnen nicht leicht, uns dieses zu geben . . . Wir wollen es annehmen ohne pharisäischen Stolz . . . Nun hilft uns Ihr Wort im Ringen um Gerechtigkeit überall, auch für Deutschland . . .«[110]

Der erfahrene Politiker Theophil Wurm schiebt nach: »Nach dem ersten Weltkrieg ging es um politische Schuldbekenntnisse. Darum geht es heute nicht, wenngleich unsere Erklärung dazu mißbraucht werden kann. Ich freue mich, daß Sie sie recht aufnehmen.«[111]

Aber die Ökumeniker sind kaum wieder über Genf in ihre

Heimatkirchen zurückgekehrt, da macht der »Kieler Kurier« am 27. Oktober 1945 das Stuttgarter Geheimnis mit einem reißerischen Aufmacher in Deutschland publik:

»*›Schuld für endlose Leiden‹ – Evangelische Kirche bekennt Deutschlands Kriegsschuld.* Zum ersten Male haben führende Männer der deutschen evangelischen Kirche Deutschlands Kriegsschuld bekannt, von gemeinsamer Schuld für endlose Leiden gesprochen und von dem Mangel an mutigem Widerstand durch die Kirche gegen das Nazi-Regime. – Dieses Bekenntnis wurde in einer einstimmigen Erklärung durch den Rat der deutschen evangelischen Kirche niedergelegt, der am 18. und 19. Oktober in Stuttgart seine Sitzung abhielt. Sie wurde von allen Anwesenden unterzeichnet, darunter von dem Präsidenten Bischof Wurm, dem Vizepräsidenten Dr. Martin Niemöller sowie von Bischof Dibel (gemeint ist Bischof Dibelius), Dr. Hans Liljen (gemeint ist Oberlandeskirchenrat Hanns Lilje), Dr. Smend und Dr. Asmussen . . .«

Eine Flut von Beschimpfungen und Verleumdungen bricht von nun an über die Unterzeichner der »Stuttgarter Schulderklärung« herein. Immer neue Enthüllungen in Zeitungen und Rundfunk. Immer neue, anklagende Briefe an die Adresse der Unterzeichner. Selbst kirchentreue und bischofshörige Christen reagieren entsetzt:

»Wie war es nur möglich, daß diese Erklärung abgegeben werden konnte, ohne die gleichzeitige Erklärung der fremden Bischöfe, daß auch deren Völker die gleiche Schuld an den Ereignissen der letzten Jahre haben? Ich will nichts beschönigen noch verteidigen, was unter Hitler im Inland und Ausland geschehen ist, halte aber den Massenmord durch die feindlichen Bomber, die Leiden unserer Kriegsgefangenen, die brutale Vertreibung unserer Landsleute aus den uns geraubten Ostgebieten und das noch kommende Volkssterben für mindestens ebenso verdammenswert.«[112]

So ein Protestschreiben an Hanns Lilje aus der Hannoverschen Landeskirche, der immer noch unangefochten Landesbischof August Marahrens vorsteht, der in seinem Wochenbrief vom 20. Juli 1943 seine Pfarrer in den totalen Krieg gerufen hat mit den bösen Worten: »Überall muß die Erkenntis geweckt werden: wir stehen in einem unseren ganzen Einsatz fordernden Krieg, und dieser Krieg muß in unbeirrter Hingabe frei von aller Sentimentalität geführt werden.«[113]

Eine seiner Antworten läßt Hanns Lilje vervielfältigen und im November 1945 im aufgebrachten Deutschland verbreiten. Planmäßiger Rückzug: »Diese Erklärung des Rates ist niemals als öffentliche politische Erklärung, sondern lediglich als *interne kirchliche* Erklärung gedacht gewesen. Die in Stuttgart anwesenden ausländischen Kirchenführer haben uns ausdrücklich zugesichert, daß sie jeden politischen Mißbrauch der Erklärung in der Öffentlichkeit verhindern würden . . .«[114]

Und nach dieser einleitenden indirekten Klage über das Versagen der alliierten Pressezensur, zählt Hanns Lilje dann auf, wie tapfer die Evangelische Kirche seit dem 10. Mai 1945 den Besatzungstruppen in Deutschland immer wieder deren eigene Schuld vorgehalten und deren rüde Entnazifizierungsmethoden furchtlos gegeißelt hat: ». . . Aus all diesen Tatsachen geht hervor, daß keine andere Organisation des öffentlichen Lebens in Deutschland auch nur annähernd so öffentlich, so mutig und wirkungsvoll für das Lebensinteresse des deutschen Volkes und seine gerechte sittliche Beurteilung eingetreten ist wie die Evangelische Kirche in Deutschland.«[115]

Einige Kirchenleitungen sehen ein, daß die Geheimhaltung der Stuttgarter Erklärung ein taktischer Fehler ist, denn so können von Tag zu Tag wildere Gerüchte über das Stuttgarter Treffen mit den Kirchenvertretern der Siegermächte wuchern. Hans Asmussen schreibt einen wortreichen Kommentar. Seine tröstende Erkenntnis im Meer der Mißverständnisse: »Das Wort der Kirche hat vor den streitenden Worten der Welt dies voraus, daß es einfältig ist.«[116]

Endlich bequemen sich ein paar Kirchenleitungen, wenigstens ihren *Pfarrern* den Wortlaut der Stuttgarter Erklärung zuzusenden – teils mit, teils ohne Asmussen-Kommentar. Andere reagieren durch noch verbisseneres Schweigen. Die rheinischen Pfarrer erreicht am 11. Dezember 1945 ein 6seitiges Rundschreiben der neuen Vorläufigen Leitung der Rheinischen

Kirche, der auch wieder Generalsuperintendent Ernst Stoltenhoff angehört, der 1933 in seinem Hirtenbrief an die rheinischen Pfarrer dem Hitler-Faschismus zujubelte mit einem »freudigen Ja« und den Dank an Gott mit den Worten endete: »Wir können Gott nicht genug dafür danken, daß wir heute wieder Führer über uns wissen, denen die Furcht Gottes der Weisheit Anfang ist.«[117] Für das kirchliche Rundschreiben zeichnen Joachim Beckmann und Heinrich Held verantwortlich:

»Vorstehenden Bericht mit den beiden Anlagen bitten wir den Gemeinden in geeigneter Weise mitzuteilen, damit das Wort der Kirche von ihren Gliedern recht aufgenommen werden kann . . .«[118] Bei den beiden Anlagen handelt es sich um das »Stuttgarter Schuldbekenntnis« und um jene Stuttgarter Mai-Erklärung von Landesbischof Wurm, die der Theologe Paul Schempp in seiner zur Veröffentlichung nicht freigegebenen Denkschrift wegen ihres selbstrechtfertigenden und schuldzuweisenden Charakters als »ein unchristliches Dokument« abqualifiziert hatte – nämlich jenes »Wort an die Christenheit im Ausland«.[119]

17. Kirchenhistorische Desinformation

So gerinnt inmitten der Entnazifizierungsmaßnahmen – die ja jedem Deutschen auferlegen, seine *Unschuld* an der Hitlerei nachzuweisen – die öffentliche und innerkirchliche Auseinandersetzung über Schuld und Mitschuld an der Barbarei des Hitler-Faschismus zu einem politisch-theologischen Grabenkrieg im Trümmerdeutschland. Und bald wagt sich nur noch der Stellvertretende Ratsvorsitzende der Evangelischen Kirche in Deutschland, der ehemalige KZ-Häftling Martin Niemöller, aus der Deckung, um seine Kirche zur Buße, um sein Volk zur Umkehr zu rufen. Und der einst von Hitler-Faschisten begonnene Kampf gegen den »Vaterlandsverräter« Niemöller erfährt seinen neuen Anfang. Trotzdem reist er kreuz und quer durch das aufgebrachte Deutschland. Am 3. Juli 1946 spricht er in Stuttgart, an historischer Stätte: Im Landestheater, wo Bischof Wurm im Mai 1945 seine schuld*aufrechnenden* Mai-Erklärungen verkündet hatte. Niemöller bleibt bei seinem Satz: »*Durch uns* ist unendliches Leid über viele Völker und Länder gebracht worden.« Die Rede wird vom Rundfunk übertragen. Und wieder weist er das Gerede der Unbußfertigen vom »Kollektivschuldbekenntnis« als puren »Unsinn« aus:

»Dieses Schuldbekenntnis von Stuttgart der Evangelischen Kirche meint, daß die Evangelische Kirche wenigstens *in ihrer Leitung sich selbst* wieder als verantwortlich proklamiert. Wir drücken uns nicht mehr um *unsere Schuld*, wir erkennen die Verantwortung an, die wir versäumt haben und erkennen damit zugleich die Verantwortung an, der wir nun wieder gerecht werden möchten. Wir möchten nun die Stimme Gottes, die in dem Menschen, der auf unserm Wege steht oder über unsern Weg geht, zu uns kommt, dieser Frage wollen wir jetzt nicht wieder die Antwort schuldig bleiben. Das Wort von Stuttgart ist die Freiheits-Charta der Evangelischen Kirche. Wir haben uns mit diesem Schuldbekenntnis wieder zur Verantwortung bekannt. Zur Verantwortung für gestern, damit aber auch zur Verantwortung für heute und morgen.

Und wenn da ein Zwischenrufer war: ›und heute?‹ – verehrte Anwesende, Sie dürfen's glauben, daß die Evangelische Kirche in ihren leitenden Körperschaften von morgens bis abends an der Verantwortung für heute und morgen arbeitet . . .«[120]

Die »Verantwortung für *heute*« sehen etliche Kirchenleitungen und Kirchenführer 1946 indessen vornehmlich darin, den Entnazifizierungs-Ausschüssen und -Spruchkammern ein Schnippchen zu schlagen, wann und wo immer die Nazis der Bekennenden Kirche und des »Kirchlichen Einigungswerkes« – selbst die Träger des Goldenen Parteiabzeichens und Amtswalter unter ihnen – sich vor irgendwelchen Prüfungskommissionen zu verantworten haben: sie fälschen einfach die Bekennende Kirche um zu einer politischen, antifaschistischen Widerstandsbewegung.

Der »gottgläubige« und kirchenfeindliche Flügel der »Neuheiden« in der NSDAP hatte ja in der Tat den Parteigenossen vom Flügel des »positiven Christentums« das Leben in Partei, Kirche und Öffentlichkeit gelegentlich zur Hölle gemacht, wann immer die Parteileitung, Polizei- und Gestapostellen oder die NS-Presse *vor Ort* in ihrer Hand waren. Da hatten die christlichen Flügelmänner der Partei und Pfarrer, gleich welcher Konfession und kirchenpolitischen Zugehörigkeit, nichts zu lachen. Wo die Genossen des »positiven Christentums« vor Ort das Sagen hatten, gings umgekehrt, wurden die »Neuheiden« als verkappte Bolschewisten verleumdet.[121]

Dieser innerparteiliche Flügelkampf wird nun seit der Mai-Erklärung Theophil Wurms – jenem »Wort an unser Volk«, das ebendieser »Weltanschauung« der »Neuheiden« alle Schuld zuschiebt – ganz systematisch und geschickt unter der Überschrift »Kirchenkampf« als Kampf *des* Nationalsozialismus gegen *die* Kirchen verfälscht. Und umgekehrt wird die kirchliche Bekämpfung der neuheidnischen »Mythus«-Gläubigen – z. B. des von Hitler niemals ernstgenommenen *religiösen* Eiferers Alfred Rosenberg[122] – zum Kampf *der* Kirchen gegen *die* Nationalsozialisten, als antifaschistischer Widerstand gegen *die* NS-Weltanschauung umfunktioniert. Kirchliche Antifaschisten, von denen die Kirchen sich vor dem 8. Mai 1945 in Wort und Tat zu distanzieren pflegten, dienen jetzt – tot oder lebend[123] – den Kirchengeschichtsfälschern als Beweis. Auch an Dokumenten herrscht ja kein Mangel: Was haben die »gottgläubigen« Kirchen- und Christenfeinde nicht alles geschrieben oder über den verlängerten Arm ihrer Freunde im Partei- oder Staatsapparat gegen ihre religiösen Widersacher in Partei und Kirchen ins lebensgefährliche Werk gesetzt. Und auf der anderen Seite können selbst »Deutsche Christen« ihren unerbittlichen Streit mit den Kirchenfeinden der Partei reichlich belegen. Die literarische Auseinandersetzung mit Rosenbergs »Mythus des 20. Jahrhunderts« seitens aller Kirchen und Konfessionen zählt ja Legion.

Und schon lange vor der bedingungslosen Kapitulation Deutschlands sind die Alliierten durch derart gekonnte Desinformationen auf diesen kirchenhistorischen Schwindel hereingefallen, so daß die Besatzungsbehörden, in Kirchenfragen besonders der von Allen Dulles mit vorbereiteten amerikanischen Linie folgend[124], die »Bekennende Kirche« des »Kirchlichen Einigungswerkes«[125] bevorzugt behandeln. Nach der professionellen Desinformation gilt Bischof Wurm als Anti-Nazi, wirkt deshalb auch als »Primas« der deutschen Protestanten seitens der Alliierten unangefochten. Und diese »antifaschistische« »Bekennende Kirche« der 13 Wurm-Sätze bekommt deshalb auch das Privileg, sich selber, mit eigenen Spruchkammern[126], zu entnazifizieren. »Selbstreinigung« heißt das perverse Unternehmen.

Da ist es verständlich, daß diese »Bekennende Kirche« durch ihren Rat der EKD die Besatzungsbehörden bestürmt, als diese die Entnazifizierung mit dem »Gesetz zur Befreiung von Nationalsozialismus und Militarismus« am 5. März 1946 in deutsche Hände legen. Mit Schreiben vom 26. April 1946 an die allzeit zuvorkommende US-Militärregierung in Deutschland versteigt sich gar der Rat der EKD zu der Auffassung:

»Es entspricht dem allgemeinen Rechtsempfinden, daß eine Strafe erst dann verhängt werden kann, wenn ein Gesetz vorhanden ist (nulla poena sine lege). Sieht man von der selbstverständlichen Aburteilung von Straftaten ab, so will das hier in Frage stehende Gesetz darüber hinaus Handlungen und Gesinnungen bestrafen, welche lange vor dem Erlaß dieses Gesetzes liegen. Dabei waren Handlungen und Gesinnungen, die heute verurteilt werden, vom damaligen Gesetzgeber als rechtmäßig und gut eingeschätzt. Hierdurch wird das Rechtsempfinden erschüttert ...«[127]

Die barbarischen Rassegesetze »rechtmäßig und gut«? –

[illegible] 1[illegible] Dez. 1945
Beantw.: [illegible] 992

Ein Wort an die Christenheit im Ausland.

Es hat zu den besonderen Leiden der Christenheit in Deutschland gehört, dass in den verflossenen Jahren jeder Verkehr und Austausch mit den Kirchen im Ausland, insbesondere ein offenes Wort über die Grenzen hinüber, unmöglich war. Wir benutzen deshalb die erste Möglichkeit, die sich heute bietet, um das Band christlicher Solidarität, dessen wir uns immer erinnerten, wieder fester zu knüpfen.

Wir wissen, dass unser deutsches Volk heute unter der Anklage steht, den furchtbaren Weltbrand, der so unendlich viel Leid und Not auf dem ganzen Erdkreis angerichtet hat, verursacht zu haben. Es sind ihm deshalb weitgehende Sühnemassnahmen angedrcht. Wir weigern uns nicht, die Schuld mitzutragen, die die führenden Männer in Staat und Partei auf unser Volk gehäuft haben! Aber wir bitten zu bedenken, dass auch unser Volk durch einen unbarmherzigen Luftkrieg jahrelang Schrecken und Verluste in ungeheurem Masse zu tragen hatte, und wir müssen ernstlich bitten, in dem Fanatismus der Anstifter des ganzen Unheils nicht die Verkörperung des deutschen Wesens zu erblicken.

Jedes Volk hat seine Jakobiner, die unter bestimmten Voraussetzungen zur Herrschaft gelangen. Diese Voraussetzungen waren in Deutschland gegeben durch die Zustände, die infolge der Reparationslasten und der damit im Zusammenhang stehenden Massenarbeitslosigkeit nach dem ersten Weltkrieg herrschten. Diese Zustände erzeugten schliesslich eine Verzweiflungsstimmung, und nur diese macht es erklärlich, dass ein extremer und fanatischer Nationalismus in einem Volk zur Herrschaft gelangen konnte, das einst in seinem ganzen geistigen Schaffen sich mit so viel Liebe und Verständnis in die Eigenart und die Schöpfungen anderer Völker versenkt hatte.

Wir entschuldigen nichts von den Grausamkeiten und Ungerechtigkeiten, die von Parteidienststellen und auch manchen militärischen Kommandostellen an der Bevölkerung der besetzten Gebiete begangen worden sind. Wir haben ja manches davon im eigenen Lande zu erleiden gehabt. Wir verurteilen insbesondere die Geiselmorde und den Massenmord an den deutschen und polnischen Juden. Wir Christen in Deutschland haben sehr darunter gelitten, dass solche Dinge den deutschen Namen schändeten und die deutsche Ehre befleckten. Wir haben daraus auch den verantwortlichen Stellen gegenüber kein Hehl gemacht, obgleich uns dies sehr verübelt wurde. Wenn die Vertreter der Christenheit im Ausland ans der Tatsache, dass kein öffentlicher Protest laut wurde, den Schluss zogen, dass wir geschwiegen hätten, so zeigt dies nur, dass sie sich begreiflicherweise von dem Mass der Unterdrückung der Redefreiheit unter dem nationalsozialistischen Regime keine Vorstellung machen konnten. Viele von denen, die ein offenes Wort gesprochen haben, mussten dies in den Konzentrationslagern büssen.

Wir dürfen auch unsererseits die christlichen Kirchen im Ausland bitten, darauf zu achten, dass die Siegermächte sich nicht derselben Verstösse gegen Recht und Gerechtigkeit, gegen Barmherzigkeit und Menschlichkeit schuldig machen, die die Welt mit Recht dem nationalsozialistischen Regime zum Vorwurf macht. Der Glaube an die Gewalt ist nicht nur bei deutschen Staatsmännern verwerflich, sondern auch bei amerikanischen,x) französischen, russischen, und die Forderung der Denk- und Redefreiheit, der Glaubens- und Gewissensfreiheit und des Schutzes der persönlichen Sicherheit des friedlichen Bürgers sollte in allen Ländern gelten, die heute unter einer der alliierten Mächte stehen. Wir bitten es verstehen zu wollen, wenn wir die Aufmerksamkeit der christlichen Kirchen in den Völkern, die diesen Krieg betont im Namen christlicher Auffassung der Menschenrechte geführt haben, auf diese Punkte richten.

Unsere christlichen Glaubensgenossen in anderen Ländern werden mit uns einig sein darin, dass sie die zweimalige Wiederholung einer mit furchtbarer Grausamkeit geführten Auseinandersetzung zivilisierter und ursprünglich auf christlicher Grundlage stehender Völker und

x) englischen

Staaten als eine Folge der Gottesentfremdung und Christusfeindschaft der heutigen Welt betrachten. Eben deshalb werden sie auch eine Verhütung kommenden Unheils nicht darin erblicken, dass Unrecht durch Unrecht überboten wird. Wenn die Völker jetzt nicht lernen, ihre Beziehungen auf Vergebung und Vertrauen zu gründen statt auf Rache und Vergeltung, ist eine letzte Weltkatastrophe unvermeidlich.

Auch darin wird zwischen uns und den Vertretern der Christenheit im Ausland Übereinstimmung herrschen, dass die grossen Kriege der Neuzeit im letzten Grund aus dem Überwuchern des Erwerbsinns und der ungerechten Verteilung der irdischen Güter zwischen den Völkern und innerhalb derselben Völker entsprungen sind, und dass die christlichen Kirchen sich nicht stark genug gezeigt haben, um der Habsucht und dem Mammonimus mit der rechten Entschiedenheit entgegenzutreten. Darum konnte ja auch die Meinung aufkommen, als ob das Christentum überhaupt keine Lebenswirklichkeit mehr besitze und nur noch in absterbenden bürgerlichen Schichten ein traditionelles Schattendasein führe. Deshalb werden wir alle in dieser Stunde darum zu flehen haben, dass Gottes heiliger Geist die Gemeinde Jesu Christi in allen Völkern und Konfessionen erneuern und zur zeugniskräftigen Bekundung ihres Glaubens und ihrer Liebe zurüsten möge. Darin einander beizustehen und auch mit brüderlicher Hilfe einzutreten, wo Hungersnot und Seuchen auftreten und wo besondere Notstände in der Kirchlichen Versorgung und in der Gesinnung des Nachwuchses für die Diener der Kirche offenbar geworden sind, wird eine hohe Aufgabe in der nächsten Zukunft sein. Gott der Herr segne alle Bestrebungen, die die Völker und die Kirchen näher zusammenführen!

gez. D. Wurm, Landesbischof

Der Führer hat gerufen

2. Sie haben uns schon klein geglaubt. Nun komme zehnfach auf ihr Haupt die Not, die sie uns schufen! Die Zeit ist reif und reif die Saat. Ihr deutschen Schnitter, auf zur Mahd: |: Der Führer :| hat gerufen.

3. Und zieht das dreiste Lumpenpack die alten Lügen aus dem Sack, drauf sie sich stets berufen, wir gerben ihm sein lüstern Fell, wir kommen wie Gewitter schnell: |: Der Führer :| hat gerufen.

Dichtung: Nach R. A. Schroeder. Weise: Heinrich Spitta, 1936.
Georg Kallmeyer Verlag, Wolfenbüttel.

Ahlage 1. A b s c h r i f t.

Erklärung des Rates der Evangelischen Kirche in Deutschland gegenüber den Vertretern des ökumenischen Rates der Kirchen.

Der Rat der Evangelischen Kirche in Deutschland begrüßt bei seiner Sitzung am 18. und 19. Oktober 1945 in Stuttgart Vertreter des Ökumenischen Rates der Kirchen.

Wir sind für diesen Besuch um so dankbarer, als wir uns mit unserem Volk nicht nur in einer großen Gemeinschaft der Leiden wissen, sondern auch in einer Solidarität der Schuld. Mit großem Schmerz sagen wir : Durch uns ist unendliches Leid über viele Völker und Länder gebracht worden. Was wir unseren Gemeinden oft bezeugt haben, das sprechen wir jetzt im Namen der ganzen Kirche aus : Wohl haben wir lange Jahre hindurch im Namen Jesu Christi gegen den Geist gekämpft, der im nationalsozialistischen Gewaltregiment seinen furchtbaren Ausdruck gefunden hat; aber wir klagen uns an, dass wir nicht mutiger bekannt, nicht treuer gebetet, nicht fröhlicher geglaubt und nicht brennender geliebt haben.

Nun soll in unseren Kirchen ein neuer Anfang gemacht werden. Gegründet auf die Heilige Schrift, mit ganzem Ernst ausgerichtet auf den alleinigen Herrn der Kirche gehen sie daran, sich von glaubensfremden Einflüssen zu reinigen und sich selber zu ordnen. Wir hoffen zu dem Gott der Gnade und Barmherzigkeit, dass Er unsere Kirchen als Sein Werkzeug brauchen und Ihnen Vollmacht geben wird, Sein Wort zu verkündigen und Seinem Willen Gehorsam zu schaffen bei uns selbst und bei unserem ganzen Volk.

Dass wir uns bei diesem neuen Anfang mit den anderen Kirchen der ökumenischen Gemeinschaft herzlich verbunden wissen dürfen, erfüllt uns mit tiefer Freude.

Wir hoffen zu Gott, dass durch den gemeinsamen Dienst der Kirchen dem Geist der Macht und der Vergeltung, der heute von neuem mächtig werden will, in aller Welt gesteuert werde und der Geist des Friedens und der Liebe zur Herrschaft komme, in dem allein die gequälte Menschheit Genesung finden kann.

So bitten wir in einer Stunde, in der die ganze Welt einen neuen Anfang braucht: Veni creator spiritus !

Stuttgart, den 19. Oktober 1945

gez. Landesbischof D. Wurm
Landesbischof D. Meiser
Bischof D. Dr. Dibelius
Superintendent Hahn
Pastor Asmussen D.D.
Pastor Niemöller D.D.
Landesoberkirchenrat Dr. Lilje
Superintendent Held
Pastor Lic. Niesel
Dr.Dr. Heinemann.

Ausgabe B
(Altpreußen)

Gesetzblatt der Deutschen Evangelischen Kirche

1937 | Ausgegeben zu Berlin, den 26. Januar 1937 | Nr. 3

Wort an die Gemeinden zum 30. Januar 1937

Vier Jahre sind vergangen, seit der Reichspräsident Generalfeldmarschall v. Hindenburg unseren Führer und Reichskanzler Adolf Hitler an die Macht berief und mit der Verantwortung für die Zukunft des deutschen Volkes betraute.

Das ganze deutsche Volk denkt zurück an die vier Jahre, die sich der Führer zur Durchführung der Umgestaltung und des Aufbaues zunächst gesetzt hat. In den Gedenkfeiern wird allerorten das Bild der großen Leistungen gezeichnet, die in diesen Jahren vollbracht wurden. Sie sind jedem Deutschen aus eigenem Erleben gegenwärtig.

Aufgabe der Kirche ist es, die Glieder ihrer Gemeinden aufzurufen, daß sie im Stolz auf die großen Taten nicht des Dankes vergessen gegen den, der der Herr der Geschichte ist, der die Geschicke der Völker lenkt und sich auch unserem deutschen Volk so gnädig erwiesen hat. „Lobet den Herrn in seinem Heiligtum; lobet ihn in der Feste seiner Macht! Lobet ihn in seinen Taten; lobet ihn in seiner großen Herrlichkeit!" (Psalm 150, 1—2).

Als evangelische Christen, die es von ihrem Reformator Martin Luther gelernt haben, in der Obrigkeit eine gute Ordnung Gottes zu ehren, schließen wir alle Gedanken, die uns an diesem Tage bewegen, in der Fürbitte für den Führer und seine Mitarbeiter zusammen.

Wir haben es im letzten Jahre besonders eindringlich erlebt, wie der Kampf des Führers ein Kampf gegen den Bolschewismus ist. Die Deutsche Evangelische Kirche steht in diesem Kampf von ihrem Auftrag her mit in vorderster Linie. Ihr ist nicht die Waffe des politischen Kampfes gegeben. Aber ihr sind die geistlichen Waffen gegeben, ohne die dieser Kampf nicht endgültig siegreich entschieden werden kann.

Die Kirche lehrt gegen die bolschewistische Zersetzung und Auflösung der göttlichen Ordnungen das G e s e t z : den Gehorsam gegen Gottes Gebot und gegen die göttlichen Ordnungen von Ehe und Familie, Beruf und Stand, Volk und Staat.

Die Kirche verkündigt gegenüber aller Selbstverherrlichung des Menschen und seiner Vernunft das E v a n g e l i u m : den Glauben an Gottes Güte und Treue, das Vertrauen auf seine helfende Gnade und die Zuversicht zu seiner vergebenden Liebe, die uns zu seinen Kindern beruft unter seiner Herrschaft, hier zeitlich und dort ewiglich.

Diese Kräfte des Glaubens setzen wir mit aller Freudigkeit ein in dem Abwehrkampf unseres Volkes gegen die dunklen Mächte, die uns angreifen und die uns versuchen wollen. Aller Versuchung, die uns befallen möchte, und allen Angriffen, die uns umtoben, widerstehen wir, fest im Glauben.

Gott, der Ewige und Allmächtige, schütze und leite auch fernerhin unser Volk und seinen Führer auf allen ihren Wegen!

Berlin, den 23. Januar 1937.

Der Reichskirchenausschuß
Zoellner

KIELER KURI

ZEITUNG DER MILITÄRREGIERUNG

FÜR DIE KREISE FLENSBURG, SCHLESWIG, ECKERNFÖRDE, KIEL, PLÖN, NEUMÜNSTER, RENDSBURG, NORDER-DITHMARSCHEN, EIDERSTEDT, HUSUM UN

PREIS 20 PFENNIG | SONNABEND, 27. OKTOBER 1945

Attlee-Erklärung zur Wi
in Deutschlan

Deputation von Politikern un
Kirchenführern beim Premier vor

London, 26. Oktober. Zu der durch den bevorstehe
ter verstärkten Gefahr einer allgemeinen Lebensmitte
einer Verbreitung von Seuchen, insbesondere auch in
land, erklärte der britische Ministerpräsident Attlee
nerstag, daß die britische Regierung alles tun werde,
Lage Herr zu werden. Der Ministerpräsident betonte je
die gegenwärtigen Verhältnisse nicht durch einseitige H
der britischen Regierung allein gebessert werden könnte

Ministerpräsident Attlee gab diese Erklärungen gegen
Deputation bekannter englischer Kirchenführer und Pol
die vorstellig geworden waren, um während des Winters
stellung der Massenumsiedlungen der Deutschen in den
päischen Gebieten, die Bereitstellung ausreichender Le
für die Bergleute und ihre Angehörigen in der Ruhr s
allgemeine Steigerung der Industrieproduktion in De
insbesondere die Herstellung von Material und Haush
ständen, zu erwirken.

Der Deputation gehörten u. a. an: Der bekannte Sozialpolitiker William Beveridge, der Bischof von Coventry, der Erzbischof von Westminster und die Abgeordneten Richard Großmann und Eleanor Rathbone.

Größter U-Boot-Bunker einst und heute

GESPRENGT

Deutschlands größter U-Boot-Bunker in Hamburg-Finkenwärder wurde durch 300 deutsche Fliegerbomben in die Luft gesprengt. Das Bild oben zeigt den Bunker vor, das Bild unten zeigt ihn nach der Sprengung. Die Sprengung des Bunkers, der bei der Kriegsmarine den Namen „Fink zwei" führte, wurde von britischen Pionieren vorgenommen. Er war zum Schutz für zehn große oder zwanzig kleine U-Boote geplant. Der Bunker kostete die deutschen Steuerzahler rund 25 Millionen Mark

König Georg von England über Atomenergie

London, 26. Oktober. „Die neuerfundene Atomenergie muß dem Frieden dienen und dazu verwandt werden, den Lebensstandard aller Völker zu heben". Diese Worte richtete am Donnerstagabend König Georg von England an Professoren, Dozenten, Ingenieure, Naturwissenschaftler und Studenten, die sich zu einer Feier anläßlich des hundertjährigen Bestehens des berühmten britischen wissenschaftliches Instituts, des „Imperial College of Science and Technology", in der Londoner Albert Hall eingefunden hatten.

Die Entfesselung der Atomenergie stelle uns alle vor die Frage, sagte König Georg, ob die neue Energie zum allgemeinen Nutzen der Menschheit oder zu [illegible] Vernichtung verwandt werden solle. In beiden Fällen sei den Anwendungsmöglichkeiten keine Grenze gesetzt.

In seiner Rede wandte sich König Georg insbesondere an die Studenten der Naturwissenschaft. „Betrachtet Euch als Treuhänder Eures Wissens und Könnens und übt Euren Beruf zum Nutzen der Allgemeinheit aus. Dann werdet Ihr vielleicht verhindern können, daß die Errungenschaften der Naturwissenschaft je in einer Weise benutzt werden, die dem menschlichen Gewissen zuwider sind."

Japan muß Beziehungen abbrechen

Tokio, 26. Oktober. Die japanische Regierung muß alle diplomatischen Beziehungen zu anderen Ländern, mit Ausnahme des üblichen Geschäftsganges, abbrechen und das gesamte Besitztum des japanischen diplomatischen und konsularischen Dienstes im In- und Ausland einschließlich der Archive an die Alliierten übertragen.

Diese Verfügung wurde von General MacArthur, dem alliierten Oberbefehlshaber in Japan, erlassen, der auch den Abruf aller japanischen konsularen Vertretungen in neutralen Ländern befahl.

Plan zur Verteilung aller Lebensmittel in der Welt

Quebec, 26. Oktober. Einen Ausgleich zwischen dem Überschuß in manchen Teilen der Welt und dem Mangel in anderen Teilen zum Zweck einer gleichmäßigen Verteilung aller in der Welt erzeugten Lebensmittel zu schaffen, ist das Ziel der internationalen Lebensmittelbewirtschaftung, deren Einzelheiten gegenwärtig von Vertretern der Vereinten Nationen in der Lebensmittel- und Landwirtschaftskonferenz in Quebec (Kanada) ausgearbeitet werden.

Die Delegationen der Vereinten Nationen rechnen damit, daß die neu zu schaffende Organisation den notleidenden Ländern einige Erleichterung innerhalb des nächsten Jahres bringen wird. Das Problem angemessener Lagerungsmöglichkeiten wird in diesem Zusammenhang besprochen.

Die Lebensmittel- und Landwirtschaftsorganisation soll ferner Angebot und Nachfrage der verschiedenen Länder studieren, um ihnen dann mit Rat und Tat bei Einkaufs- und Absatzfragen sowohl auf wirtschaftlichem wie gesundheitlichem Gebiete zur Seite zu stehen. Dieser Rat wird besonders Ländern, die stark vom Kriegsschaden getroffen wurden, zugute kommen.

Bevin: „Wir
uns der
Gefahr bew

London, 26. Oktober. I
punkt der großen Aus
britischen Unterhaus üb
genwärtige Lage in
päischen Ländern bildete
des Außenminister Bev
Mr. Bevin stellte fest, d
tische Regierung sich
über die große Gefahr
den europäischen Länder
lauf des kommenden Wi
Hunger und Epidemien
wies auf die verstärkte
unruhigender Nachrich
welche er über die wirt
und hygienischen Verhä
den meisten europäisch
erhalten habe. Er sei s
daß die Gefahr einer H
bestehe, falls nicht alle
gung stehenden Hilfsmitt
genmaßnahmen voll eing
den. Nach den Erfah
Grippe-Epidemien, die al
letzten Krieges im Wi
Europa heimgesucht hat
man schließen, daß diese
und Verelendung größe
an Menschenleben
würden, als Geschütze
bomben während des K

Zur gegenwärtigen S
der Tschechoslowakei
Außenminister, daß
schiede zwischen Tschec
ken und Sudetendeuts
größer seien als etwa
Schotten, Walisern u
dern. Solange man diese
frieden gelassen habe, h
völliger Eintracht mitei
lebt. Jetzt aber sei zu b
gen, daß in allen Länd
die Regierungsmaschin
sei.

Könne jemand erwarte
Bevin die Abgeordneten
halb von sechs Mon
Kriegsende in allen die
einigermaßen funktionie
waltungen hätten gesc
den können? In der Tat,
möglich.

Auf lange Sicht gese
die britische Regierung
[illegible]
Exportländer in weit
Maße als bisher die
Länder des europäischen
beliefern.

„Schuld für endlose Leiden"

Evangelische Kirche bekennt Deutschlands Kriegsschuld

Zum ersten Male haben führende Männer der deutschen evangelischen Kirche Deutschlands Kriegsschuld bekannt, von gemeinsamer Schuld für endlose Leiden gesprochen und von dem Mangel an mutigem Widerstand durch die Kirche gegen das NS-Regime.

Dieses Bekenntnis wurde in einer einstimmigen Erklärung durch den Rat der deutschen evangelischen Kirche niedergelegt, der am 18. und 19. Oktober in Stuttgart seine Sitzung abhielt. Sie wurde von allen Anwesenden unterzeichnet, darunter von dem Präsidenten Bischof Wurm, dem Vizepräsidenten Dr. Martin Niemöller sowie von Bischof Dibel, Dr. Hans Liljen, Dr. Smend und Dr. Asmussen.

Die Erklärung

Diese Erklärung hat folgenden Wortlaut: „Der Rat der evangelischen Kirche in Deutschland begrüßt bei seiner Sitzung am 18. Oktober 1945 in Stuttgart Vertreter des ökumenischen Rates der Kirchen. Wir sind für diesen Besuch umso dankbarer, als wir uns mit unserem Volk nicht nur in einer großen Gemeinschaft leiden wissen, sondern auch in einer Solidarität der Schuld: Mit großem Schmerz sagen wir: Durch uns ist unendliches Leid über viele Völker und Länder gebracht worden. Was wir unseren Gemeinden oft bezeugt haben, das sprechen wir jetzt im Namen der ganzen Kirche aus: Wohl haben wir lange Jahre hindurch im Namen Jesu Christi gegen den Geist gekämpft, der im nationalsozialistischen Gewaltregiment seinen furchtbaren Ausdruck gefunden hat, aber wir klagen uns an, daß wir nicht mutiger bekannt, nicht treuer gebetet, nicht fröhlicher geglaubt und nicht brennender geliebt haben.

Nun soll in unseren Kirchen ein neuer Anfang gemacht werden. Gegründet auf die Heilige Schrift, mit ganzem Ernst ausgerichtet auf den alleinigen Herrn der Kirche gehen sie daran, sich von fremden Glaubenseinflüssen zu reinigen und sich selber zu ordnen. Wir hoffen zu dem Gott der Gnade und Barmherzigkeit, daß er unsere Kirchen als sein Werkzeug gebrauchen und ihnen Vollmacht geben wird, sein Wort zu verkünden und seinem Willen Gehorsam zu schaffen bei uns selbst und bei unserem ganzen Volk.

Daß wir uns bei diesem neuen Anfang mit den anderen Kirchen der ökumenischen Gemeinschaft herzlich verbunden wissen dürfen, erfüllt uns mit tiefer Freude.

Wir hoffen zu Gott, daß durch den gemeinsamen Dienst der Kirchen dem Geist der Gewalt und der Vergeltung, der heute von neuem mächtig werden will, in aller Welt gesteuert werde und der Geist des Friedens und der Liebe zur Herrschaft komme, in dem allein die gequälte Menschheit Genesung finden kann.

So bitten wir in einer Stunde, in der die ganze Welt einen neuen Anfang braucht."

ERKLÄRUNG AN AUSLÄNDISCHE KIRCHENVERTRETER

Diese Erklärung wurde einer Abordnung des ökumenischen Kirchenrates übergeben, die zu der Zusammenkunft in Stuttgart erschienen war. Sie bestand aus dem Bischof von Chichester (England), Mr. Pierre Moury (Frankreich), Dr. H. Kraemer (Holland), Dr. A. Kochlin (Schweiz), Dr. Cevers, Dr. Michelfelder, Pfarrer S. Herman (USA).

Es war dies das erste Mal, daß die Vertreter fremder Kirchen in amtlicher Eigenschaft nach Deutschland gekommen waren und daß eine Diskussion darüber stattfand, wie die fremden Kirchen der deutschen evangelischen Kirche in ihren gegenwärtigen Nöten und Schwierigkeiten helfen könnten. Die Abordnung lud den Rat ein, im Februar Vertreter an den vorläufigen Ausschuß des Weltkirchenrates in Genf zu entsenden.

Die Einladung wurde angenommen, und Bischof Wurm und Dr. Martin Niemöller wurden als Abgesandte ernannt.

Legislative für deutsche Behörden in Russen-Zone

Berlin, 26. Oktober. Die Provinzialverwaltungen und die Landesverwaltungen in der Sowjetzone können jetzt Gesetze und Verordnungen erlassen, die Gesetzeskraft haben.

Marschall Zhukow, der oberste Chef der sowjetischen Militärverwaltung und Oberkommandierender der sowjetischen Besatzungstruppen in Deutschland, hat dazu einen Befehl erlassen. In diesem Befehl heißt es unter anderem, daß in Anbetracht des gegenwärtigen Fehlens einer zentralen Regierung in Deutschland und in Anbetracht der Notwendigkeit, die Rechte der deutschen Behörden in den Gebieten der Provinzialverwaltungen und der föderativen Länder zu erweitern, auf Grund des Abkommens der vier Mächte über den Kontrollmechanismus in Deutschland und auf Grund der Erklärung über die Niederlage Deutschlands vom 5. Juni 1945 den Provinzialverwaltungen und den Verwaltungen der föderativen Länder das Recht eingeräumt wird, Gesetze und Verordnungen, die Gesetzeskraft haben, auf den Gebieten der gesetzgebenden, richterlichen und vollstreckenden Gewalt zu erlassen. Voraussetzung ist, daß die Gesetze den Befehlen des Kontrollrates oder den Befehlen der sowjetischen Militärverwaltung nicht widersprechen. Dieser Befehl hat, wenn die Voraussetzungen erfüllt sind, auch rückwirkende Kraft.

Satzung der Vereinten Nationen wird Völkerrecht

WASHINGTON, 26. Oktober. Der Weltfriedensbund der Vereinten Nationen hat sich am Mittwoch mit Empfang der 29. Ratifizierungsurkunde, der russischen, rechtlich konstituiert.

Die Satzung der Vereinten Nationen wurde Völkerrecht, als der amerikanische Außenminister Byrnes den Empfang der 29. Ratifikationsurkunde durch seine Unterschrift bestätigte. Rußland war die letzte der fünf Großmächte, deren Ratifikation eintreffen mußte, ehe die Satzung in Kraft treten konnte.

Außenminister Byrnes hob die Bedeutung des „Geburtstages" der Weltfriedensorganisation in einer kurzen Ansprache hervor und erklärte: „Dies ist ein Erinnerungstag für alle friedliebenden Völker der Welt. Die Satzung der Vereinten Nationen ist jetzt zu einem Bestandteil des Völkerrechts geworden."

„Die Völker der Welt, die sich nach Frieden sehnen, müssen sich organisieren, um den Frieden aufrechtzuerhalten. Die Satzung der Vereinten Nationen gibt uns diese Organisation."

Belsen-Prozeß: Ein Zeuge im Gerichtssaal festgenommen

Lüneburg, 26. Oktober. Beim Verlassen des Zeugenstandes wurde am 34. Verhandlungstage des Belsen-Prozesses der Zeuge Dr. med. Ernst Heinricht-Schmidt, der zur Entlastung des noch nicht genannten Angeklagten Barsch geladen worden war, festgenommen. Als der Zeuge sich anschickte, den Zeugenstand zu verlassen, erhob sich der Anklagevertreter, Col. Backhouse, und eröffnete ihm, daß er vorläufig festgenommen sei, weil er im Verlauf seiner Zeugenaussage in den Verdacht geraten sei, an den Verbrechen in den Konzentrationslagern beteiligt gewesen zu sein. Der Zeuge wurde unter Bewachung der britischen Militärpolizei im Gerichtsgebäude zurückgelassen.

Col. Backhouse beantragte bei Schluß der Verhandlung den Erlaß eines Haftbefehls. Der Vorsitzende entschied, daß das Verhalten von Dr. Ernst Heinricht-Schmidt zunächst einer raschen Prüfung durch britische Polizeibehörden unterzogen werden sollte. Bis dahin bleibt der Zeuge unter Polizeibewachung.

Auf Befragen des Verteidigers hatte Dr. Ernst Heinricht-Schmidt angegeben, daß er im April des Jahres 1937 in Leipzig sein Staatsexamen gemacht, als Arzt in einem Krankenhaus der Waffen-SS Dienst getan habe und später als Arzt nach dem Truppenübungsplatz Bergen gekommen sei, wo ihm der Angeklagte Barsch als Sanitäter zugeteilt wurde.

Als sich dann Col. Backhouse erhob, fragte er ihn sofort: „Seit wann gehen Sie in Zivil? Welchen Rang hatten Sie in der SS?"

Der Arzt erwiderte: „Ich war Hauptsturmführer, und mein Rock ist mir in meinem Zimmer in Bergen zwei Tage nach dem Einmarsch der Engländer gestohlen worden."

In dem Verhör, das Col. Backhouse dann mit ihm anstellte, gab der Zeuge an, Arzt im Konzentrationslager Lublin, in Tiroler Lagern des KZ Dachau, in Mittelbau, in Dora und Bergen-Belsen gewesen zu sein.

Col. Backhouse rief ihm zu: „Sie waren Arzt im Konzentrationslager Maidanek, in jenem Lager, in dem ganze Hekatomben von Menschen vergast worden sind."

Der Arzt erklärte zögernd, den Namen Maidanek soeben zum ersten Male gehört zu haben, worauf Col. Backhouse heftig antwortete, daß er auf seine Aussage bedacht sein möge, denn Maidanek liege nur eine Meile von Lublin entfernt, wo er nach seiner eigenen Angabe Arzt in einem anderen Lager gewesen sei.

Der Anklagevertreter verglich dann mit seinen beiden Assistenten einige Akten und Papiere, betrachtete eine Photographie, wies mit dem Finger auf den Arzt und rief: „Was Maidanek ist und was in Maidanek vor sich geht, wußte jeder Mensch in der ganzen dortigen Provinz, auch ohne daß er in der SS war. Und ich sage Ihnen auf den Kopf zu: Auch Sie wußten es und wissen es, denn Sie haben dort gedient und gearbeitet."

Der auf der Anklagebank sitzende Dr. Klein geriet in eine außerordentliche Erregung, die ihm das

(Fortsetzung auf Seite 4)

IRMA GREESE

Das neueste Bild von Irma Greese, eine der Hauptangeklagten im Lüneburger Belsen-Prozeß

Polen kehren

Warschau, 26. Oktob
britischen Zone in
wurden innerhalb von
über 10 000 Polen in
rückgeführt. Ein weiter
von 285 Polen, dar
lebende des Konzent
Belsen, ist jetzt über S
Hafen von Gdingen ei

Die de
linge

Britische Tru

Kopenhagen,
in Dänemark befindli
rungsmittel zur Verfü
minister Möller in
dessen vorgeschlagen,
Behörden in Verbindu

Die deutschen Flüc
Million Mark täglich.

Sämtliche britische
mark verlassen und in

A b s c h r i f t !

Dr. Hanns L i l j e   Hannover, im November 1945.
Oberlandeskirchenrat

Sehr geehrte Frau S.

Jch danke Jhnen, daß Sie mir von dem Eindruck geschrieben haben den die Veröffentlichung über die Erklärung des Rates der Evangelischen Kirche in Deutschland bei Jhnen erweckt hat.

Jndem ich Jhre Ehrlichkeit mit der gleichen Aufrichtigkeit erwidere, füge ich folgendes zur Beantwortung Jhres Schreibens aus:

1.) Die Erklärung des Rates ist niemals als öffentliche politische Erklärung, sondern lediglich als interne K i r c h l i c h e Erklärung gedacht gewesen. Die in Stuttgart anwesenden ausländischen Kirchenführer haben uns ausdrücklich zugesichert, daß sie jeden politischen Mißbrauch der Erklärung in der Öffentlichkeit verhindern würden. Wie die Erklärung in die deutsche Presse gelangt ist, ist mir bis zur Stunde unbekannt.

Die Kirche spricht in ihr lediglich das aus, was sie als Kirche sagen kann und muss. Das Ziel der Erklärung steht in dem Satz: "Wir klagen uns an, daß wir nicht mutiger bekannt, nicht treuer gebetet, nicht fröhlicher geglaubt und nicht brennender geliebt haben." Das auszusprechen, ist Recht und Pflicht der Kirche.

2.) Es ist infolgedessen falsch, die Kirche für Schlagzeilen, Überschriften oder Kommentare verantwortlich zu machen, die in der Presse erschienen sind, aber nicht Jnhalt der Erklärung sind. Es ist wohl auch keine unberechtigte Erwartung, daß ein aufmerksamer Zeitungsleser beides auseinanderhalten können müßte.

3.) Von einem einseitigen Schuldbekenntnis kann weiterhin deswegen nicht die Rede sein, weil sich die Erklärung ausdrücklich gegen j e d e Äußerung des Geistes, der Gewalt und der Vergeltung," der heute von neuem mächtig werden will", wendet. Aus dieser Formulierung geht hervor, daß nicht nur die Vergangenheit, sondern auch die Gegenwart dem Urteil des göttlichen Gebotes unterstellt werden soll und dass die Kirche ihren Auftrag an die Gewissen nicht nur im Dritten Reich sondern auch unter den Besatzungsmächten auszurichten entschlossen ist.

So hat der Rat der Evangelischen Kirche in Deutschland in einer ebenfalls in Stuttgart beschlossenen ausführlichen Eingabe an die Besatzungsmächte gegen eine Reihe von Massnahmen, besonders gegen die unterschiedslose Entlassung früherer Pgs Einspruch erhoben. Es sei daran erinnert, daß Landesbischof Dr. Wurm bereits auf der Kirchenversammlung von Treysa vor den dort anwesenden Vertretern der Besatzungsmächte zur Frage der unterschiedslosen Behandlung ehemaliger Pgs. erklärt hat: "Pg ist nicht gleich PG und es ist noch nicht einmal SS-Mann gleich SS-Mann. Außerdem hat er erklärt, "Dass auch ihnen (d.h. den englischen und amerikanischen Kirchen) eine Mitverantwortung für die Zustände im Osten nicht abgenommen werden kann."

-2-

2.) Es ist aber offenbar in Deutschland weiterhin unbekannt geblieben, daß die Evangelische Kirche mit grossem Nachdruck und nicht ohne sichtbare Wirkung sich bei ausländischen christlichen Kirchen für ein gerechtes Urteil über Deutschland eingesetzt hat. Wenn also eine andere Zuschrift mich gefragt hat: .

> "... Wie war es nur möglich, daß diese Erklärung abgegeben werden konnte ohne die gleichzeitige Erklärung der fremden Bischöfe, daß auch deren Völker die gleiche Schuld an den Ereignissen der letzten Jahre haben ? Jch will nichts beschönigen noch verteidigen, was unter Hitler im Jnland und im Ausland geschehen ist, halte aber den Massenmord durch die feindlichen Bomber, die Leiden unserer Kriegsgefangenen, die brutale Vertreibung unserer Landsleute aus den uns geraubten Ostgebieten und das noch kommende Volkssterben für mindestens ebenso verdammenswert."

so ist darauf zu antworten: Die fremden Bischöfe haben sich nicht nur gleichzeitig, sondern auch schon früher über die Dinge geäußert, die der Fragesteller beklagt. Jn unseren Händen sind die Dokumente darüber, daß englische Kirchenführer wiederholt und nachdrücklich in ihrer eigenen Presse und gegenüber ihrer eigenen Regierung Protest erhoben haben gegen den uneingeschränkten Luftkrieg und die gegenwärtigen Zustände in den deutschen Ostgebieten, die - wie es in einer öffentlichen Erklärung heißt - " Die Umformung eines großen Teiles von Deutschland in ein riesiges Belsen" bedeuten. Führer der englischen Christenheit in diesem Kampfe um die öffentliche Meinung Englands ist der Lordbischof von Chichester gewesen, der auch in Stuttgart anwesend war, und der bereits 1942 durch eine vielbeachtete Rede im Oberhaus gegen den Bombenkrieg Stellung genommen und kürzlich in demselben Parlament eine Resolution gegen die Mißstände in deutschen Osten zur Annahme gebracht hat. Gegen die Leiden unserer Kriegsgefangenen - es handelt sich in erster Linie um Frankreich - hat der französische Protestantismus in der Presse Sturm gelaufen und damit eine Besserung des Loses unserer Kriegsgefangenen erzielt.

<u>Aus allen diesen Tatsachen geht hervor, daß keine andere Organisation des öffentlichen Lebens in Deutschland auch nur annähernd so öffentlich, so mutig und so wirkungsvoll für das Lebensinteresse des deutschen Volkes und seine gerechte sittliche Beurteilung eingetreten ist wie die Evangelische Kirche</u> in Deutschland.

Jch kann aber eine Schlußbemerkung nicht unterdrücken; Es ist zwar sehr beachtlich und ehrt unser Volk hoch, wenn gerade in Zeiten nationalen Unglücks sein nationales Empfinden wachsam ist und rasch reagiert. Es ist aber betrüblich darüber nachzudenken, daß jetzt manche ihre Stimme anklagend gegen die Kirche erheben, die in den letzten Zeiten des Dritten Reiches, als Gottes heilige Gebote übertreten und die einfache Menschlichkeit vielfach verleugnet wurde, geschwiegen haben. Wer aber damals geschwiegen, hat heute gewiss kein Recht, sich zum Richter über die Kirche aufzuwerfen, noch dazu, wenn er es auf Grund einer unrichtigen Interpretation von Zeitungsmeldungen tut.

Jch weiss - das bemerke ich ausdrücklich - daß diese letzte Bemerkung nicht Sie betrifft. Aber diese Haltung ist mir in so manchen Äußerungen zu der Stuttgarter Erklärung entgegengetreten, daß ich doch zu ihr Stellung nehmen möchte.

Jch würde mich aufrichtig freuen, wenn es mir gelungen wäre, mit diesen Ausführungen Jhre Anstöße zu beseitigen. Denn ich könnte mich gerade jetzt nicht einmal in Gedanken von unserem schwer leidenden Volke trennen, das ich in seinem Unglück mehr liebe denn je zuvor.

Jhr sehr ergebener gez.: Lilje.

Ausgabe A (Reich) 31

Gesetzblatt der Deutschen Evangelischen Kirche

1941 | Ausgegeben zu Berlin, den 9. Juli 1941 | Nr. 7

Deutsche Evangelische Kirche

Telegramm des Geistlichen Vertrauensrats der Deutschen Evangelischen Kirche an den Führer

Der Geistliche Vertrauensrat der Deutschen Evangelischen Kirche, erstmalig seit Beginn des Entscheidungskampfes im Osten versammelt, versichert Ihnen, mein Führer, in diesen hinreißend bewegten Stunden aufs neue die unwandelbare Treue und Einsatzbereitschaft der gesamten evangelischen Christenheit des Reiches. Sie haben, mein Führer, die bolschewistische Gefahr im eigenen Lande gebannt und rufen nun unser Volk und die Völker Europas zum entscheidenden Waffengange gegen den Todfeind aller Ordnung und aller abendländisch-christlichen Kultur auf. Das deutsche Volk und mit ihm alle seine christlichen Glieder danken Ihnen für diese Ihre Tat. Daß sich die britische Politik nun auch offen des Bolschewismus als Helfershelfer gegen das Reich bedient, macht endgültig klar, daß es ihr nicht um das Christentum, sondern allein um die Vernichtung des deutschen Volkes geht. Der allmächtige Gott wolle Ihnen und unserem Volk beistehen, daß wir gegen den doppelten Feind den Sieg gewinnen, dem all unser Wollen und Handeln gelten muß.

Die Deutsche Evangelische Kirche gedenkt in dieser Stunde der baltischen evangelischen Märtyrer vom Jahre 1918, sie gedenkt des namenlosen Leids, das der Bolschewismus, wie er es den Völkern seines Machtbereichs zugefügt hat, so allen anderen Nationen bereiten wollte, und sie ist mit allen ihren Gebeten bei Ihnen und bei unseren unvergleichlichen Soldaten, die nun mit so gewaltigen Schlägen daran gehen, den Pestherd zu beseitigen, damit in ganz Europa unter Ihrer Führung eine neue Ordnung erstehe und aller inneren Zersetzung, aller Beschmutzung des Heiligsten, aller Schändung der Gewissensfreiheit ein Ende gemacht werde.

Charlottenburg, den 30. Juni 1941

Der Geistliche Vertrauensrat der Deutschen Evangelischen Kirche
D. Marahrens Schultz D. Hymmen

Zu den Abbildungen der Seiten 106 bis 115

106–107: Die »unchristliche« Mai-Erklärung 1945 von Bischof Wurm. Unten: Vergessen sind die NS-Jubellieder des Kirchenliederdichters Rudolf Alexander Schröder und des Kirchenmusikers Heinrich Spitta. **108:** Befreiung und Verhöre Martin Niemöllers durch die US-Army. **109:** Die Stuttgarter Erklärung erreicht erst am 11. 12. 1945 die rheinischen Pfarrer. **110:** Die gedruckten Treueschwüre auf Hitler verschwinden 1945 aus den Akten. **111:** Nach 1945 rühmte sich die Kirche ihrer Märtyrer: Paul Schneider (oben links), Friedrich Weißler und Dietrich Bonhoeffer (unten rechts), derer sie sich vorher schämte. Hermann Stöhr (unten links) war bis in die achtziger Jahre als 1940 hingerichteter Kriegsdienstverweigerer keiner Erwähnung wert. **112:** Der »Kieler Kurier« machte am 27. 10. 1945 die geheime Stuttgarter Erklärung publik und löste damit in Deutschland Empörung aus. **113–115:** In einem als Flugblatt hektographierten Brief geht Hanns Lilje zum »Schuldbekenntnis« auf Distanz. **115:** Lilje amtierte bis 1947 unter Landesbischof Marahrens, der Hitler 1941 dieses Telegramm schickte.

III. Das fortwährende Defizit – die »Judenfrage«

Das »Darmstädter Wort« setzt eine Tradition der Erklärungen von Barmen, Berlin-Dahlem und Stuttgart fort, indem es zur sogenannten »Judenfrage« schweigt. Es verwirft nicht einmal den rassistischen Godesberger »Grundsatz«, mit dem die nach 1945 immer noch amtierenden evangelischen »Kirchenführer« Happich, Henke, Hollweg, Marahrens, Meiser und Wurm am 31. Mai 1939, dem 5. Jahrestag der Verkündung des Barmer Bekenntnisses, die Gewissen der Christen im Nazi-Deutschland beruhigten, wonach »eine ernste und verantwortungsbewußte Rassenpolitik zur Reinhaltung unseres Volkes erforderlich« sei.

18. »Wir treten zum Beten ...«

Schon Tage vor dem Nürnberger »Reichsparteitag der Freiheit«, im September 1935, waren vor allem evangelische Kirchenmusiker unter den Christen in Deutschland auf den diesjährigen Parteikongreß der NSDAP gespannt. Denn in der Zunft der Organisten galt es als Sensation, daß der Führer noch Mitte August 1935 die Aufstellung einer Großorgel in der Nürnberger Kongreßhalle befohlen hatte.

In der Tat war Hitler 1935 an einer besonders feierlichen Eröffnung des Reichsparteitages gelegen. Den Auftrag hatte die berühmte Ludwigsburger Orgelbauanstalt Walcker erhalten, weil Dr. Oskar Walcker, bei der Kurzfristigkeit des Führerbefehls, mit einer lieferfertigen *Kirchen*orgel dienen konnte, einem Meisterwerk von 50 Registern, das für die neuerbaute Martin-Luther-Gedächtniskirche in Berlin-Mariendorf bestimmt war.[128]

Der Vorsitzende der Reichskulturkammer, Propagandaminister Goebbels, hatte die Überwachung dieses Führerbefehls persönlich übernommen. Und als er am 5. September, begleitet von einem Film- und Reporterteam, zur Inspektion anreiste, stand die Kirchenorgel bereits fix und fertig auf der Führertribühne der Luitpoldhalle. Die Presse berichtete begeistert:

»Zehn Monteure arbeiteten unter der Leitung Dr. Walckers Tag und Nacht in abwechselnden Arbeitsschichten am Aufbau der Orgel. Die Arbeit erforderte präziseste Ausführung. Fast 4000 Pfeifen mußten aufgestellt werden. Leitungen wurden gelegt zum Spieltisch, der drei Manuale hat. 50 klingende Stimmen, die besten neuzeitlichen Kopplungen und Hilfszüge zeichnen das Werk aus, das in 10 Tagen, bis zum festgesetzten Termin, da Reichsminister *Dr. Goebbels* selbst die akustische Prüfung vornahm, aufgebaut war. Das verwirrende System der Pfeifen wurde durch ein riesiges rotes Transparent mit dem von goldenem Eichenlaub umkränzten Hakenkreuz darin verkleidet.«[129]

»Die ›Festmusik‹ (des Saarbrücker Kapellmeisters Albert

Jung, H. P.) ist zu Ende. Das NS-Symphonie-Orchester intoniert nun das ›Niederländische Dankgebet‹. Feierlich klingt es und schwingt es im Raum. Die Geigen, die Celli und die Bässe jubeln: ›Dein Name sei gelobt, o Herr, mach uns frei!‹ Dann schreitet Dr. Goebbels mit seinem Gefolge zur Führertribüne und läßt sich noch auf der hier aufgestellten *Riesenorgel* vorspielen . . .«[130]

Als Alfred Rosenbergs »Völkischer Beobachter« von dem »Bau der Orgel« berichtete, hatten jene Frauen und Männer der deutschen Kulturszene, die sich 1930 noch über eine Karikatur in der Zeitschrift »Jugend«[131] amüsieren konnten, schon lange nichts mehr zu lachen. Damals hatte Fr. Heubner unter der Überschrift des Rosenberg-Buchtitels »Der Mythus des 20. Jahrhunderts« zwei Männer in einem Pissoir gezeichnet, die sich so ihre Gedanken über das gerade im Buchhandel erschienene Rosenberg-Opus machten: »Und sagen's, Herr Nachbar, was stellen *Sie* Eahna eigentlich unter'm ›Dritten Reich‹ vor?« »– – – Na, sehr einfach doch, sowas – äh – äh – mit Hitler und 'ner Orgel!« –

Fünf Jahre später erhoben sich dann tatsächlich Hitler und die Ehrengäste auf der Führertribüne mitsamt den mehr als 10 000 Parteitagsdelegierten in der riesigen Luitpoldhalle, als Kirchenorgel und NS-Symphonieorchester zur Eröffnung des Reichsparteitages das Altniederländische Dankgebet spielten:

Wir treten zum Beten vor Gott, den Gerechten,
er waltet und haltet ein strenges Gericht;
er läßt von den Schlechten
nicht die Guten knechten
sein Name sei gelobt,
er vergißt unser nicht!

Im Streite zur Seite ist Gott uns gestanden,
er wollte, es sollte das Recht siegreich sein:
da ward, kaum begonnen,
die Schlacht schon gewonnen.
Du, Gott, warst ja mit uns!
Der Sieg, er war dein!

Wir loben dich oben, du Lenker der Schlachten,
und flehen, mögst stehen uns fernerhin bei,
daß deine Gemeinde
nicht Opfer der Feinde.
Dein Name sei gelobt,
o Herr mach uns frei!
Herr mach uns frei![132]

Und von derselben Tribüne desselben »Reichsparteitages der Freiheit« verkündete dann Hermann Göring unter den Beifallsstürmen der Parteitagsdelegierten die Rassegesetze, darin diese Barbareien:

- »Reichsbürger ist nur der Staatsangehörige deutschen oder artverwandten Blutes, der durch sein Verhalten beweist, daß er gewillt und geeignet ist, in Treue dem deutschen Volk und Reich zu dienen.«
- »Eheschließungen zwischen Juden und Staatsangehörigen deutschen oder artverwandten Blutes sind verboten. Trotzdem geschlossene Ehen sind nichtig, auch wenn sie zur Umgehung dieses Gesetzes im Auslande geschlossen sind.«
- »Außerehelicher Verkehr zwischen Juden und Staatsangehörigen deutschen oder artverwandten Blutes ist verboten.«[133]

Der Reichsparteitag wurde immer wieder durch den gemeinsamen Gesang faschistischer Kampf- und Feierlieder unterbrochen. Auch der Text des Kirchenliederdichters Rudolf Alexander Schröder hatte seit der markigen Vertonung durch den Kirchenmusiker und HJ-Komponisten Heinrich Spitta schon seinen festen Platz unter den Kampf- und Weiheliedern der Parteiorganisationen gefunden: »*Heilig Vaterland!...*«![134] Auch dieser faschistische Blut-und-Boden-Hymnus, dessen Melodie *und* Text von dem Theologensohn Heinrich Spitta stammten, war längst nazistisches Allgemeingut:

Erde schafft das Neue, Erde nimmt das Alte;
deutsche heilige Erde, uns allein erhalte!
Sie hat uns geboren, ihr gehören wir;
Treue, ew'ge Treue kündet das Panier.

Glaube schafft das Neue, Glaube tilgt das Alte;
deutscher heil'ger Glaube, nie in uns erkalte!
Neu ist er geboren aus der Dunkelheit;
Wimpel wehend künden: Deutschland ist befreit!

Wille schafft das Neue, Wille zwingt das Alte;
deutscher heil'ger Wille, immer jung uns halte!
Himmlische Gnade uns den Führer gab;
wir geloben Hitler Treue bis ins Grab![135]

Und während die Kirchenorgel zusammen mit der Fränkischen SA-Kapelle immer wieder die Nazi-Gesänge begleitete, kursierten Zeitungsartikel mit der Schlagzeile: »Vollblutjuden an der Orgel«. Sie nannten mehrere »nichtarische« evangelische Kirchenmusiker. Noch während des Rasseparteitages 1935 suspendierten die Kirchenbehörden mehrere kirchenmusikalische Mitarbeiter vom Dienst.[136]

In ihrem faschistischen Gleichschaltungsfieber hatte die evangelische Kirche nämlich ihre gesamte Kirchenmusik, vom nebenamtlichen Dorforganisten bis zum Landeskirchenmusikdirektor, vom Kirchen- bis zum Posaunenchor, in die NS-Reichsmusikkammer zwangseingegliedert, obwohl die »gottesdienstliche Musik« nach den Rechtsverordnungen von der Eingliederung ausdrücklich ausgenommen war.

So konnte die Reichsmusikkammer dann bei der Prüfung von mehr als 10 000 Personalbogen evangelischer Kirchenmusiker auf die »nichtarischen« evangelischen Kirchenmusiker stoßen. Die neuheidnischen Blätter hatten wieder einen neuen Beweis für die »Verjudung« der Kirche. Peinlich besonders auch für jene obersten deutsch-christlichen Berliner Kirchenbehörden, denen die Zwangseingliederung der Kirchenmusiker eingefallen war.

Auch die Bekennende Kirche bejahte ja das *staatliche* Vorgehen gegen die Juden. Weder die Bekenntnissynoden 1934 in Barmen und Berlin-Dahlem, noch die vom Juni 1935 in Augsburg – als eingeweihte Theologen wie Dietrich Bonhoeffer schon von dem Rassegesetzesvorhaben wußten[137] – hatten an die »Judenfrage« gerührt. Ja, nur mit größter Mühe konnten die »Dahlemiten« Martin Albertz, Dietrich Bonhoeffer, (der »nichtarische«) Franz Hildebrandt und Heinrich Vogel eine Woche nach Verkündung der Rassegesetze die preußische Bekenntnissynode in Berlin-Steglitz davon abhalten, daß sie »dem Staat das Recht zu gesetzlicher Regelung der Judenfrage für den staatlichen Bereich ausdrücklich zugestand«.[138]

19. »Verstehe das, wer kann, ich nicht!«

In der Rassenpolitik des »dritten Reiches« gab es zwischen den unterschiedlichen offiziellen Positionen in der Kirche keinen Unterschied, und als dann am 14. November 1935 die Erste Verordnung zu den Rassegesetzen erlassen wurde, sah sich auch die Bekennende Kirche nicht herausgefordert, gegen diesen Eingriff in Substanz und theologische Grundentscheidungen der christlichen Kirchen Rechtsverwahrung einzulegen. Die nichtjüdische Frau des von den Rassegesetzen zum »Volljuden« erklärten und inzwischen vom Dienst suspendierten Kölner Kirchenmusikers Julio Goslar war vor allem über den Paragraphen 12 der Verordnung empört, in dem es hieß: *»Ein Haushalt ist jüdisch, wenn ein jüdischer Mann Haushaltungsvorstand ist oder der Hausgemeinschaft angehört.«*[139]

Christel Goslar protestierte am 30. November 1935 mit einer vierseitigen Eingabe an Generalsuperintendent Zöllner, den Vorsitzenden des Reichskirchenausschusses, des derzeitigen Leitungsorgans der Deutschen Evangelischen Kirche, und mutete den hohen Herren zu, im Blick auf die »Judenfrage« doch einmal die Bibel zu lesen:

»Durch § 12 des Reichsgesetzes v. 14. Nov. 1935 wird mein Haushalt, der zwanzig Jahre lang ein christlicher war, zu einem jüdischen erklärt. Hiergegen erhebe ich als evangelisch-christliche und arische Frau Einspruch bei meiner Kirche und ersuche den Reichskirchenausschuß der Deutschen Evangelischen Kir-

che diesen meinen Einspruch an maßgebender Stelle zur Geltung bringen zu wollen.

Zur Begründung meines Einspruchs bemerke ich, daß mein Mann schon vor Beginn des Krieges Christ gewesen ist, also unter der Kaiserlichen Regierung. Ich selbst bin *deutschblütig*, ich habe meinen Mann im Jahre 1916 geheiratet, und zwar *mit kirchlicher Trauung*. Mein Vater stand über 25 Jahre lang im Ehrendienst der Stadt Köln und wurde für seine Dienste als Armen- und Waisenvorsteher mit dem Kronen-Orden IV. Klasse ausgezeichnet. Seit etwa 20 Jahren führen wir also mit Vollmacht der *Kirche* und des *Staates* einen christlichen Hausstand. Wenn dieser jetzt durch ein Staatsgesetz zu einem *jüdischen* erklärt wird, so bedeutet das einen Eingriff in alterworbene *kirchliche* Rechte und so ist es m. E. *Pflicht einer christlichen Kirche*, hiergegen mit aller Kraft und Vollmacht *Einspruch* zu erheben.

Da ist es nicht damit getan, daß man zu mir sagt: ›Kirchlich bleiben Sie ja eine Christin.‹ Diesen Einwurf lehne ich ab; denn das Christentum soll ja nicht nur ein sonntäglich-kirchliches, sondern auch ein solches *außerhalb* der Kirche sein. So predigt die Kirche, und so muß sie auch dafür einstehen, zumal in einem Staate, der nach Erklärung der Regierung ein positiv-christlicher ist. Es geht doch wohl nicht an, daß ich im Kirchenraum eine Christin bin und nach dem Gottesdienst führe ich einen jüdischen Haushalt, bin also Jüdin: das ist doch ein Widerspruch ...

Wir wollen entweder ganze Christen sein, oder gar nicht, und ich erwarte von der Kirche, daß sie sich hier vor mich stellt. Eine Kirche, die den Christen-Anspruch ihrer Glieder nicht auch vor der Welt vertreten kann, ist keine Kirche Christi mehr! Die Kirche muß doch fest stehen und sich an 2. Timotheus 2,13[140] halten und nach Johannesevangelium 12,26[141] handeln, denn auch unser Herr Christus trat vor Pilatus für die Seinen ein, ohne Rücksicht auf etwaige schlimme Folgen, ja, mit seinem Leben.

Die von staatlicher Seite gegebene Möglichkeit, mich durch eine Ehescheidung wieder unter die Zahl der Arier zurückversetzen zu lassen, lehne ich als *widergöttlich* ab nach Matthäus 19,5 bis 11[142]; die Kirche doch wohl gleichfalls ...[143]

Mein Mann hat sich in voller Freiwilligkeit bereits *vor dem Kriege* aus reinem Glauben als Christ bekannt; er hat ferner als Frontsoldat gekämpft und ist im Besitze des Ehrenkreuzes mit Schwertern; unsere Ehe wurde 1916 kirchlich geschlossen, und nun rechnet man uns unter die Juden?? Verstehe das, wer kann! Ich nicht...

Mein 16jähriger Sohn (Hans Günter, H. P.) ist Halbarier und findet nach dem Gesetz vom 14. November Aufnahme in die Reichsbürgerschaft; 1933 wurde er konfirmiert. Mein Mann aber, der diesen künftigen Reichsbürger und evangelischen Christen ernähren muß, wird brotlos gemacht. Verstehe das, wer kann, ich nicht!

Ich bitte um eine möglichst baldige Aufklärung darüber, wo ich überhaupt mit meiner Familie hingehöre, da für mich unter derartig unklaren Umständen und in einem solchen Zwitterzustand ein weiteres Verbleiben in einer Kirche unmöglich wäre, die eine Herabsetzung ihrer Sakramente widerspruchslos hinnehmen würde.

Mit evangelischem Gruß, Johannesevangelium 20,19[144], I. Petrusbrief 5,14[145] (gez.) Frau Christel Goslar, geb. Waimann.«[146]

Dieses einzigartige Dokument politischen Mutes und ehelicher Treue traf in Berlin auf wenig Verständnis. Eine einfache Hausfrau, nicht einmal Theologin, vermochte die »Hochwürden« an der Spitze der Deutschen Evangelischen Kirche in Sachen Rassegesetze und -verordnungen nicht zu aktivieren. Schutzlos blieb die Familie Goslar dem religiösen Spott und Hohn der Neuheiden und des Nazi-Pöbels in Köln überlassen, als »Der Stürmer« den »Fall Goslar« aufgriff. Das antisemitische Hetzblatt konnte sogar den Reformator Martin Luther gegen »Jud Goslar« ins Feld führen:

»Der ›Fall Goslar‹ beweist wieder einmal, wie auch das Taufwasser aus einem Juden keinen Nichtjuden machen kann. Julio Goslar ist der Rassejude geblieben, der er vor der Taufe gewesen war. Julio Goslar ist der Talmudjude geblieben, der er vor der Taufe gewesen war. *Jud bleibt Jud*, selbst wenn man ihn täglich erneut taufen würde. Zum Zweiten erkennen wir aus den Geschehnissen in (Köln-) Nippes, daß es auch heute noch Judengenossen im geistlichen Gewande gibt, die zum Teufelsvolk der Juden stehen. Judengenossen im geistlichen Gewande, die das verleugnen wollen, was der große Reformator *Martin Luther* über die Fremdrassigen gesagt hat. In seinem Buche ›*Von den Jüden und ihren Lügen*‹ hat er geschrieben:

- ›Ich denke nicht daran, die Jüden zu bekehren, denn das ist unmöglich.‹
- ›So wenig sich Fleisch und Blut, Mark und Bein ändern können, so wenig können die Jüden sich ändern. Sie müssen bleiben und verderben.‹
- ›Darumb wisse Du lieber Christ und zweifle nicht daran, daß Du nähest dem Teufel keinen giftigeren, bittereren, heftigeren Feind hast, denn einen rechten Jüden.‹
- ›Darumb, wo Dir ein Jüde begegnet, da schlage ein Kreuz bei Dir und sage: Siehe, da geht der leibhaftige Teufel.‹

Würde heute ein Martinus Luther wieder von den Toten auferstehen, er würde den Juden Goslar mit der Peitsche aus der evangelischen Kirche hinaustreiben . . .«[147]

20. »Gute Erbmasse und judenrein«

Als dieser fast ganzseitige Artikel im »Stürmer« erschien, und sich nicht nur in Köln die Gemüter an der »verjudeten evangelischen Kirchenmusik« erhitzten, diente die »königliche Mitarbeiterin des Reichsparteitages 1935« schon seit Monaten – wie vorgesehen – in der evangelischen Gemeinde Berlin-Mariendorf als *Kirchen*orgel. Nach ihrem Gastspiel auf der Nürnberger Führertribüne spielte sie in der neuen Martin-Luther-Gedächtniskirche seit dem 2. Advent 1935 zu *Gottes* Ruhm und Ehre. Zu den regelmäßigen Gottesdienstbesuchern zählte der Schriftsteller und Kirchenliederdichter Jochen Klepper, der gerade im nahen Ullstein-Verlag wegen seiner jüdischen Frau Hanni seine Stelle verloren hatte.[148]

War Julio Goslar seit 1917 Sozialdemokrat, galt Jochen Klepper, dessen Preußen-Roman »Der Vater« nicht nur in der evangelischen Kirche große Beachtung fand, als preußisch-konservativ. »Deutschnational bis auf die Knochen«[149] stuften indes Familie und Freunde den zweiten «volljüdischen« evangelischen Kirchenmusiker Deutschlands ein: den Kirchenmusikdirektor und Komponisten Ernst Maschke aus Königsberg, der als Leiter des ostpreußischen Instituts für Kirchen- und Schulmusik seit 1910 eine ganze Generation evangelischer Kirchenmusiker in den preußischen Ostprovinzen ausgebildet hatte. Er war mit Reichsbischof Ludwig Müller, dem ehemaligen Königsberger Wehrkreispfarrer, befreundet. Und der hat solange schützend seine Hand über den verfolgten Freund gehalten, bis Bekennende Kirche und deutsch-christliche Konsistoriale das Ansehen Ludwig Müllers dermaßen ruiniert hatten, daß auch Hitler seinen kirchlichen »Vertrauensmann« fallen ließ. So stand, als der Hetzartikel im »Stürmer« erschien, auch Kirchenmusikdirektor Ernst Maschke schutzlos da, vom kirchlichen Dienst aus rassischen Gründen suspendiert.[150]

Statt den verfolgten Christenbrüdern zu helfen, sie gegen die infamen Anwürfe und Diffamierungen in Schutz zu nehmen, tüftelten Konsistoriale und Juristen in den Kirchenbehörden an den Entlassungsgründen.[151]

Mit lautem Getöse jedoch reagierten die Kirchenleitungen und evangelischen Pfarrervereine, als die neuheidnischen »Gottgläubigen« sich eine neue Bosheit gegen die evangelische Kirche ausgedacht hatten, als sie der evangelischen *Pfarrerschaft* Degeneration und »Verjudung« vorwarfen.

Unter dem harmlosen Titel »Schwiegersöhne« gelangte hier und da in der deutschen Provinz ein Schauspiel zur Aufführung, in dessen Mittelpunkt eine evangelische Pfarrersfamilie stand. Eine Pastorentochter heiratet einen Erbkranken, die andere einen getauften Juden. Der Vater akzeptiert die Ehen, die ja inzwischen nach den Erbgesundheits- und Rassegesetzen verboten sind, und rechtfertigt seine Einstellung zu den Schwiegersöhnen auch noch mit Bibelsprüchen.

Ein übles rasse- und erbbiologisches Propagandastück des faschistischen Alltags, zu dem die evangelische Kirche nicht schweigen konnte. Während der »Tagung des Reichsbundes der deutschen evangelischen Pfarrervereine Bautzen 1937«[152] verwahrte sich der Reichsverbandsvorsitzende, der bayerische Kirchenrat Friedrich Klingler, mit einem geharnischten Protest gegen eine derartige Verunglimpfung. Der Vorsitzende, der sich zur Bekennenden Kirche zählte, protestierte allerdings nicht gegen die Beleidigung der Behinderten oder gegen die Diffamierung der getauften Juden, sondern gegen die Verunglimpfung des evangelischen Pfarrerstandes. Der Sprecher der annähernd 18 000 evangelischen Pfarrer in Deutschland nimmt in Bautzen kein Blatt vor den Mund:

»Ich frage: Hat das evangelische Pfarrhaus in Vergangenheit und Gegenwart in bevölkerungspolitischer Beziehung einen solch geringen Beitrag dem deutschen Volke geliefert, daß es eine solche Beurteilung verdient? Im Namen der ganzen deutschen Pfarrerschaft erhebe ich Protest gegen eine solche wahrheitswidrige Darstellung der evangelischen Pfarrfamilie. Was ist denn die Wahrheit? Die Statistik hat es festgestellt: ›Allen bisherigen Beobachtungen und Untersuchungen nach dürfte der Pfarrerstand der einzige Stand der die geistigen Berufe vertretenden Schichten sein, der das biologisch notwendige Geburtensoll erreicht‹. Und wie steht es mit Erbstrom und Erbmasse des evangelischen Pfarrhauses?«

Zur Beantwortung dieser Frage hatte sich »Reichsbundesführer« Klingler aus der Fachliteratur ebenso sachkundig gemacht wie aus der NS-Presse:

»Dr. med. Benn bezeichnet das evangelische Pfarrhaus als ein erstaunliches Massiv begabter Erbmasse innerhalb des deutschen Volkes und erklärt, daß das evangelische Pfarrhaus Deutschlands und der protestantischen Nordstaaten einen großen Teil des genialen Europas um 1900 stellte.

In den Blättern des rassepolitischen Amtes der NSDAP, ›Neues Volk‹ (4/1937), weist Dr. Hartnacke darauf hin, wie vieler bedeutender Männer Wiege in einem evangelischen Pfarrhaus gestanden hat und wie viele bedeutende Persönlichkeiten unter ihren Großvätern, Urgroßvätern oder Ahnen deutsche evangelische Pfarrer aufzuweisen hatten.«

Und dann kam Kirchenrat Klingler auf den immer wieder von den »Gottgläubigen« erhobenen Vorwurf der »Verjudung« zu sprechen:

»Und ist der evangelische Pfarrerstand wirklich verjudet? Immer wieder wird die judenfreie Kirche gefordert und behauptet, daß ein hoher Prozentsatz der evangelischen Pfarrer Deutschlands nichtarisch sei. Wie steht es denn in Wirklichkeit damit? Was ist die Wahrheit?«

Auch hier konnte der Vorsitzende der deutschen evangelischen Pfarrervereine auf jüngste Forschungen zurückgreifen, die das »Deutsche Pfarrerblatt« 1934 bereits veröffentlicht hatte[153]:

»Das ist die Wahrheit: Unter allen akademischen Berufen gibt es in ganz Deutschland keinen Stand, der so wenig nichtarisch ist wie der evangelische Pfarrerstand. Es ist nachgewiesen, daß im evangelischen Pfarrerstand 0,3 Prozent nichtarisch sind, und zwar im Sinne des Reichsbeamtengesetzes (also bis einschließlich der Großeltern). Die Zahl der Voll-Nichtarier ist natürlich nur ein Bruchteil dieser an sich schon äußerst geringen Zahl; man kann sie in ganz Deutschland an den Fingern abzählen ... Und dennoch wird immer wieder von der starken Verjudung des evangelischen Pfarrerstandes gesprochen ... Hat dieser Stand solche Zurücksetzung und Kränkung, die bald im ganzen Volk als solche erkannt und empfunden werden wird, verdient? Es ist der Stand, der im Kriege nächst dem Offiziersstand die größten Blutopfer gebracht hat, aus dessen Reihen ein Horst Wessel, der Sohn eines evangelischen Pfarrhauses[154], hervorgegangen ist ...« –

21. »Entjudung« durch die Taufe

Seit Konstantin dem Großen, als aus der Kirche der Katakomben eine Staatskirche, als aus der verfolgten Kirche eine verfolgende Kirche wurde, versuchte die Kirche mal sanft, mal blutig ihr sogenanntes »Judenproblem« zu lösen. – Versuche, die nicht etwa mit der Reformation endeten. Wie Martin Luther sich im Alter die Lösung des Judenproblems vorstellte, konnten die deutschen Volksgenossen immer wieder im »Stürmer« nachlesen – zuletzt in der Oktober-Ausgabe 1936, im Zusammenhang mit den Angriffen auf die »verjudete evangelische Kirchenmusik«. Vor Verkündung der Rassegesetze, in der August-Ausgabe 1935, hatte Herausgeber Julius Streicher ein besonders übles Zitat aus dem Luther-Pamphlet »Von den Jüden und ihren Lügen« feilzubieten:

»Wer nun Lust hat, solche giftigen Schlangen und junge Teufel zu beherbergen, zu pflegen und zu ehren und sich schinden, berauben, plündern und schänden zu lassen, der lasse sich die Jüden treulich befohlen sein. Ists nicht genug, so lasse er ihm auch ins Maul tun oder krieche ihnen in den Hintern und bete dasselbe Heiligtum an und rühme sich danach, er habe den Teufel gestärkt. So ist er denn ein vollkommener Christ voller Werke der Barmherzigkeit, die ihm Christus belohnen wird am jüngsten Tage mit den Jüden im höllischen Feuer.«[155]

Die Propagandisten des Hitler-Faschismus brauchten sich seit 1933 nur des von den christlichen Kirchen gepflegten Antijudaismus zu bedienen. Aus diesen wortwörtlich zitierten bösen Lutherworten konnte der »Stürmer« dann genüßlich die aktuelle politische Lehre ziehen: *»Jud bleibt Jud*, selbst wenn man ihn täglich erneut taufen würde.«[156]

Diese Erinnerung an die drastischen Worte des Reformators hatte im Blick auf die Rassegesetze einen ganz aktuellen Hintergrund. Da war nämlich 1933 theologischen Schlaumeiern eingefallen, welchen positiven Beitrag die Kirchen im »dritten Reich« zur Lösung des Judenproblems leisten können. Ihr Gebot der politischen Stunde hieß Judenmission: Bekehrung der Juden in Deutschland zum Glauben an Christus, Entjudung des deutschen Volkes durch die Taufe. – In dem bekenntniskirchlichen Bestseller »Die Nation vor Gott – Zur Botschaft der Kirche im Dritten Reich« faßte Walter Künneth, Freund Martin Niemöllers und Mitbegründer der »Jungreformatorischen Bewegung«, diese frappante Idee in die Worte:

»Damit ist zum Ausdruck gebracht, daß das, was den Juden zu dem das Volkstum zersetzenden Element macht, letztlich seinen Grund in dem Fluch hat, der seit der Kreuzigung Jesu über der jüdischen Rasse lastet. Den messianischen Anspruch auf Weltherrschaft können die Juden nur solange erheben, als sie die Messianität Jesu von Nazareth leugnen. Bekennt sich ein Jude wirklich zu Christus, dann wird er von diesem Fluch befreit, dann gibt er seinen Weltbeherrschungsanspruch auf, dann erkennt er die volkhaften Ordnungen Gottes und wird befähigt, in neuer Weise Glied auch eines rassisch-fremden Volkes zu werden. So hängen Not und Fluch des Judentums und ihr zersetzender Einfluß aufs engste mit der Stellung zum christlichen Glauben zusammen. Auch an dieser Stelle ergibt sich, daß die christliche Kirche einen wesentlichen Beitrag zum Judenproblem zu geben hat.«[157]

Dennoch riet Künneth seiner Kirche, im »dritten Reich« darauf zu achten, daß alle kirchlichen *»Führerstellen* allein Deutschrassigen vorbehalten bleiben«, also nicht mit sogenannten »Judenchristen« besetzt werden.

Nachdem sich auch der von Martin Niemöller geleitete Pfarrernotbund der Auffassung Künneths angeschlossen hatte, erwachte die Judenmission in Deutschland zu neuem Leben. Auch der 1843 gegründete »Westdeutsche Verein für Israel« erlebte einen spürbaren Auftrieb. Zentrale und Hospiz in der Kölner Moltkestraße verzeichneten Hochbetrieb. Für viele getaufte Juden, die durch die Taufe ihre Bindung an ihre jüdischen Familien verloren hatten, war das Missionshaus wieder vorübergehend zur Heimstatt geworden – wie in den besten Jahren des Vereins. Die Taufe machte sie sicherer.

Für zahllose sogenannte »Judenchristen« ein tödlicher Irrtum. Auch für den »Westdeutschen Verein für Israel«.

Im April 1935 wurde er verboten, sein Vermögen von der Gestapo beschlagnahmt – fünf Monate vor Verkündung der Rassegesetze. Und noch während des Nürnberger Reichsparteitages 1935 wurde der letzte hauptamtliche »Judenmissionar«, der Kölner Diakon Moritz Weißenstein – nach den Nürnberger Gesetzen »Volljude« – entlassen.[158] Das sichtbare Ende jener fatalen Idee von der Entjudung des Volkes durch die Taufe.

Aber wer nun gehofft hatte, die evangelische Kirche werde ihren getauften »jüdischen« Schwestern und Brüdern beistehen und gegen den privaten und staatlichen Antisemitismus öffentlich in Schutz nehmen, sieht sich bitter enttäuscht. Da hatte zwar der Pfarrernotbund im Herbst 1933 wochenlang gegen die Einführung des Arierparagraphen ins Pfarrerdienstrecht gestritten, der Reichsbischof mußte daraufhin sogar das entsprechende Kirchengesetz einstweilen zurückziehen. Gegen die Arierparagraphen in den *staatlichen* Gesetzen wußte der Pfarrernotbund allerdings nichts einzuwenden.

Dabei hatte Karl Barth schon im Oktober 1933 die führenden Theologen des Pfarrernotbundes anzustiften versucht, das politisch-rassistische Zeitgeschehen zu hinterfragen: »Was sagt die Kirche zu dem, was in den Konzentrationslagern geschieht? oder zu der Behandlung der Juden? oder zu allem, was im Namen der Eugenik unternommen wird? ...«[159] Doch selbst die deutschen Reformierten folgten Barth während ihrer ersten Barmer Bekenntnissynode am 4. Januar 1934 in der sogenannten »Judenfrage« nur insofern, daß sie in ihrer »Erklärung über das rechte Verständnis der reformatorischen Bekenntnisse in der Deutschen Evangelischen Kirche der Gegenwart« die weit verbreitete Ansicht ablehnten: *»Als sei es mit der Einheit der Botschaft und Gestalt der Kirche vereinbar, die Gliedschaft und die Befähigung zum Dienst in ihr auf die Angehörigen einer bestimmten Rasse zu beschränken«*.[160]

Zweifellos eine hilfreiche Klarstellung, die zur Solidarität mit den rassisch verfolgten Christen im kirchlichen Dienst hätte führen müssen. Aber als der wie in einem Possenspiel eingeführte, ausgesetzte, aufgehobene und wiedereingeführte *kirchliche* Arierparagraph im März 1934 durch ordentlichen Gerichtsentscheid endgültig aufgehoben wurde[161], war die »Judenfrage« für die Organe des Pfarrernotbundes und der Bekennenden Kirche kein Thema mehr. Als wenn damit die durch den NS-Faschismus gestellte ›Judenfrage‹ erledigt gewesen wäre!

Der entsetzte Karl Barth – als Sozialist und Anti-Nazi inzwischen aus der Bekennenden Kirche und Deutschland vertrieben – faßte 1937 in der Schweiz die Geistesverfassung der deutschen Kirchen in die Worte: »Ich denke mit Schaudern an diese Zeit zurück. Da sah man vermeintliche Weise zu Kindsköpfen werden und vermeintliche Charaktere zu Waschlappen. Da sah man, da hörte man Professoren und Pastoren, aber auch Bischöfe und Priester und Mönche die neuen Schlagworte von Blut und Rasse lallen ...«[162]

22. »Entjudung von Theologie ...«

Ja, es gab selbstverständlich auch die rühmenswerten Ausnahmen von der Regel, die mutigen Einzelkämpfer, von denen Jahrzehnte später ganze Bibliotheken zeugen und – leider – den falschen Eindruck vermitteln, es sei Wort und Tat *der Kirchen* gewesen. Da gibt es die Denkschrift, die der Spandauer Superintendent Martin Albertz »Zur Lage der deutschen Nichtarier« in Auftrag gab, und in der Marga Meusel dann »Mitte September 1935« den ganzen kirchlichen Schaden, den eine jahrhundertealte Theologie verursachte, aufdeckte:

»Die Kirche macht es einem bitter schwer, sie zu verteidigen... Daß es aber in der Bekennenden Kirche Menschen geben kann, die zu glauben wagen, sie seien berechtigt oder gar aufgerufen, dem Judentum in dem heutigen historischen Geschehen und dem von uns verschuldeten Leiden Gericht und Gnade Gottes zu verkündigen, ist eine Tatsache, angesichts der uns eine kalte Angst ergreift. Seit wann hat der Übeltäter das Recht, seine Übeltat als den Willen Gottes auszugeben?«[163]

Nein, diese Denkschrift ist nicht zu verwechseln mit jener, in der sich am 4. Juni 1936 die Leitung der Bekennenden Kirche bei Hitler beschwerte über die eklatanten Abweichungen Rosenbergs und seiner deutschgläubigen Genossen in Partei und Regierung vom »positiv-christlichen« Parteiprogramm der NSDAP. In der Originalfassung dieser Denkschrift verwahrte sich die Leitung der Bekennenden Kirche zwar auch in einem Satz dagegen, daß den Christen von der Rosenbergschen Weltanschauung »ein Antisemitismus aufgedrängt wird, der zu Juden*haß* verpflichtet« und damit dem »christlichen Gebot der Nächstenliebe« entgegenstehe. Doch als sie dann ihre Denkschrift am 23. August 1936 durch Kanzelabkündigung und Flugblatt veröffentlichte, hatte sie auch noch *diesen Satz gestrichen*.[164]

Gestrichen wurde damals sogar in den bekanntesten Kirchenliedern. Weg, was jüdisch klingt! Bereits 1933 erschien in der angesehenen evangelischen »Monatsschrift für Gottesdienst und kirchliche Kunst« ein langer Aufsatz des Kieler Alttestamentlers Wilhelm Caspari unter dem Titel: »Über alttestamentliche Bezugnahmen im evangelischen Gesangbuch und ihre Beseitigung«. Es waren alle hebräischen und aramäischen Worte und Wendungen der 342 Lieder aus dem Stammteil des »Deutschen evangelischen Gesangbuches« darin aufgelistet.[165] Allein die Aus- und Anrufe: 2 Lieder mit »Abba«, 6 mit »Hosianna«, 19 mit »Amen« und 26 Lieder – das war der Gipfel – mit »Halleluja«, in einem Osterhymnus gar 60 mal![166]

Da machten sich berühmte Kirchenmusiker ans schmutzige Werk der Reinigung des evangelischen Kirchenliedes. Der bekannteste von ihnen, der Dresdner Landeskirchenmusikwart, KMD Alfred Stier.[167] Er hatte gerade zusammen mit Otto Riethmüller das Liederbuch für die deutsche evangelische Jugend, »Ein neues Lied«, herausgebracht, da machte er 1934 auch schon mit einem neuen Gesangbuch von sich reden: »Deutsche Kirchenlieder – Zur Erneuerung des Gemeindegesangs«.

Da hieß es dann im Paul-Gerhard-Lied »Wie soll ich dich empfangen« in der zweiten Strophe nicht mehr »Dein *Zion*«, sondern »Dein *Volk das* streut dir Palmen und grüne Zweige hin«. Auch in seinem Choral »Du meine Seele singe« mußte sich Paul Gerhard Zensur gefallen lassen. Der zweite Vers begann jetzt mit der Zeile: »Wohl dem, der einzig schauet nach *unsers Gottes* Heil«, statt »nach *Jakobs* Gott und Heil«. In den beiden altkirchlichen Osterhymnen »Christ ist erstanden« und »Erstanden ist der heilig Christ« wurden auch die insgesamt 63 Halleluja ausgemerzt und je durch ein »Gott sei gelobt« bzw. »Gelobt sei Gott« ersetzt. Das Liederbuch war ein Renner: 1937 schon 800 000 Exemplare.[168]

Aber bald blieb es nicht mehr bei der Reinigung evangelischer Kirchenlieder. Am 4. April 1939 gründeten 13 deutsche Landeskirchen, darunter auch die Evangelische Kirche der altpreußischen Union, in der Lutherstadt Eisenach ein »Institut zur Erforschung und Beseitigung des jüdischen Einflusses auf das kirchliche Leben.« Neben den hauptamtlichen Mitarbeitern – Prof. Dr. Walter Grundmann, wissenschaftlicher Leiter, dem Geschäftsführer Dr. Heinz Hunger und dem wissenschaftlichen Assistenten Dr. Max-Adolf Wagenführer – wirkten fortan 192 Bischöfe, Konsistoriale, Professoren, Doktoren, Pastoren, Religionspädagogen, Kunstschaffende und Regierungsbeamte in 10 Arbeitskreisen, an 16 Forschungsaufträgen oder Einzelarbeiten mit bei der – wie es hieß – »Entjudung von Theologie und Kirche«.

Der Arbeitskreis »Volkstestament« brachte 1941, in handlichem Taschenformat von 304 Seiten, ein entjudetes Neues Testament heraus[169], der Arbeitskreis »Glaubensbuch« im gleichen Jahr einen judenreinen Katechismus für Schule und kirchlichen Unterricht; Titel: »Deutsche mit Gott«.[170] Die Zentralbotschaft des sogenannten »Entjudungsinstituts« indes zog sich durch nahezu alle Veröffentlichungen und Veranstaltungen: »Jesu Eltern sind keine Juden gewesen«[171], so daß auch »*Jesus kein Jude* gewesen ist«.[172] Auf das »Judenbuch«, das Alte Testament, konnten die Eisenacher Entjudungstheologen *ganz* verzichten.

Nicht alle Landeskirchen Deutschlands, nicht einmal Reichsbischof Müller, hatten sich von der pausenlosen Propaganda der »Gottgläubigen«, die Kirchen seien »verjudet«, derart aktivieren und zur Mitarbeit in diesem Institut verführen lassen. Der Staat wußte auch so, wie sie zur Judenfrage standen.[173]

Worin sich der Antisemitismus dieser Kirchenführer und der Bekennenden Kirche von dem der »gottgläubigen« Rosenbergleute unterschied, erklärte Walter Künneth in seinem bekenntniskirchlichen Bestseller »Antwort auf den Mythus« folgendermaßen:

Rosenbergs »Irrtum beruht auf der *unterschiedslosen Gleichsetzung des nachchristlichen, in der Zerstreuung lebenden heutigen Weltjudentums mit dem Volk Israel in der vorchristlichen Zeit.* Daß in der Charakterisierung des zersetzenden Einflusses des dekadenten Weltjudentums und seiner Gefährdung des deutschen Kulturlebens Rosenberg Wesentliches erkannt und dargestellt hat, ist nicht zu bestreiten. Verständlich ist ferner, daß er aus Liebe zum Volk und zur eigenen Rasse mit der ganzen Kraft seiner Seele das deutsche Wesen vor der Vergiftung durch diesen jüdischen Geist bewahren möchte und diesem Fremdgeist den unerbittlichen Kampf ansagt. Der Fehler liegt jedoch darin, daß die ganze Minderwertigkeit und Gefährlichkeit des entarteten Weltjudentums kritiklos auf das Volk Israel und auf das Alte Testament übertragen wird . . ., als ob die Geistigkeit des wurzellosen Asphaltjudentums der Gegenwart gleichbedeutend wäre mit dem Geist des Alten Testamentes . . . *Am Kreuze Jesu zerbricht das Volk als Volk, ist seine Volksgeschichte zu Ende,* es beginnt die Zeit der Zerstreuung, der ruhelosen Fremdlingsschaft, es wird zum ›Volk des Fluches‹ für alle anderen Völker. *Was der ›Fluchcharakter‹ der Juden bedeutet, hat Rosenberg richtig gesehen, aber er weiß nichts von der Ursache dieses Fluches* . . . Die christliche Offenbarung macht also gerade nicht blind für die Schäden des Judentums, sondern vielmehr so scharfsichtig, wie es der heidnisch-völkische Mensch gar nicht zu sein vermag.«[174]

23. ». . . und Kirche«

Wie die Kirche im eigenen Hause, wo sie als Dienstherr selber das Sagen hatte, Rassenpolitik betrieben hat, wie sie mit ihren »nichtarischen« bzw. »volljüdischen« Pfarrern, Hilfspredigern, Vikaren, Kirchenbeamten und -angestellten, ihren Diakonissen und Diakonen, den weiblichen und männlichen haupt- und ehrenamtlichen Mitarbeitern in den Werken und Verbänden umgegangen ist, darüber schwieg man sich aus.[175] Selbst die umfangreiche statistische Untersuchung des Deutschen evangelischen Pfarrervereins, die Kirchenrat Klingler 1937 in Bautzen den »Gottgläubigen« präsentierte, enthält Fehler.

In ihr kam beispielsweise Pastor Ernst Flatow nicht vor. Seit Anfang der dreißiger Jahre wirkte Ernst Flatow als Krankenhausseelsorger an den Kölner Universitätskliniken. Er war der erste Geistliche Deutschlands, der aus rassischen Gründen von seiner Kirche lange vor der Diskussion um den *kirchlichen* Arierparagraphen, im Frühsommer 1933, aus rassischen Gründen für »dienstunfähig« erklärt und zwangspensioniert wurde. Die Stadt Köln verbot dem »Volljuden« ab April 1933 die Ausübung des Dienstes in ihren Krankenanstalten, und die rheinische Provinzialkirche hatte für einen »Juden« keine weitere Verwendung.

Oberkonsistorialrat Euler befand in seinem Vermerk an den Berliner Evangelischen Oberkirchenrat: »Flatow hat in seinem Äußeren und in seinem Wesen so in die Augen springend diejenigen Merkmale an sich, die von dem Volke als der jüdischen Rasse eigen angesehen werden, daß eine Beschäftigung in einer Gemeinde unmöglich ist.«[176]

Daraufhin wurde Flatow vom Präsidenten des Evangelischen Oberkirchenrates ohne jede Gesetzesgrundlage zwangspensioniert. Bemerkenswert: Flatow stand politisch bei den Deutschnationalen – wie die meisten seiner kirchlichen Verfolger.[177]

Nachdem sogar Reichsinnenminister Frick im Januar 1934 die »schwerwiegenden Bedenken dogmatischer Art«, die der Pfarrernotbund gegen einen *kirchlichen* Arierparagraphen geltend machte, ausdrücklich anerkannt und darauf hingewiesen hatte, daß »das BBG jedenfalls (Berufsbeamtengesetz mit seinem »Arierparagraphen«, H. P.) vom 7. April 1933 von einer Anwendung auf die öffentlichen Religionsgesellschaften absichtlich abgesehen« habe[178], war es für den Arbeitgeber Kirche nicht mehr so einfach, seine »jüdischen« Mitarbeiter loszuwerden.

Als die Rosenbergleute beispielsweise 1935 aus der Reichsmusikkammer erfuhren, daß es da in der Kirche noch »jüdische« Kirchenmusiker gebe, dauerte es trotz der heftigen Pressekampagne länger als anderthalb Jahre, bis die beiden »volljüdischen« evangelischen Kirchenmusiker, Musikdirektor Julio Goslar in Köln und Kirchenmusikdirektor Ernst Maschke in Königsberg, am 1. April 1937 endlich aus dem kirchlichen Dienst entfernt waren.

Die Rassegesetze öffneten ja Tor und Tür für heimtückische Denunziationen, indem man Juden sittlicher Verfehlungen bezichtigen konnte. Denn nicht nur *»Eheschließungen* zwischen Juden und Staatsangehörigen deutschen oder artverwandten Blutes« waren verboten, sondern jede wie auch immer geartete andere *»Beziehung«* konnte bereits als »Rassenschande« gedeutet werden. Gegen eine derartige Beschuldigung hatten Juden keine Chance. *Was war eine »Beziehung«?* Ein Blick? Ein Wort? Ein Händedruck? Ein Freundschaftskuß?

So erfand dann auch der kirchliche Dienstherr gelegentlich die Entlassungsgründe. Ohne jedes Disziplinarverfahren wurden z. B. die beiden Kirchenmusiker aufgrund derartiger Verleumdungen ihrer Ämter enthoben. Und Oberkonsistorialrat Oskar Söhngen wies die Anschuldigungen der »Gottgläubigen«, die Kirchenmusik sei ganz besonders »verjudet«, mit einem ausführlichen Gutachten entrüstet zurück. »Es ist festzustellen, daß sich das kirchenmusikalische Leben im Gegensatz zur Verjudung des öffentlichen Musiklebens nahezu gänzlich judenrein gehalten hat.«[179]

Wie wenig Solidarität mit den Verfolgten und wieviel kirchlicher Egoismus das damalige Handeln der Kirche in der »Judenfrage« bestimmte, bekam der Betheler Diakonenschüler und

Hilfspfleger der Außenstelle Hephata bei Mönchengladbach, Johannes Weißenstein, zu spüren. Auch dem 23jährigen Sohn des ehemaligen Judenmissionars Moriz Weißenstein wurde Ende 1935 eine derartige Denunziation zum Verhängnis.

Ihm hatten nach Verkündung der Rassegesetze und ihrer Ersten Verordnung Mitarbeiter der Anstalt Hephata, wo Weißenstein ein Pflegepraktikum ableistete, »ein Verhältnis« mit der dortigen Schwester Klara angedichtet. Und da ging es nicht etwa um den Bruch der »Bedingung«, die jeder Betheler Diakonenschüler vor Aufnahme zu unterschreiben hatte, »daß er auch . . . keinerlei Annäherung zwecks späterer Verlobung versuchen wird, ohne vorher von dem Vorstand dazu die Erlaubnis erhalten zu haben«. Es ging den »brüderlichen« Denunzianten, die Weißensteins »nichtarische« Herkunft kannten, um die neuen, faschistischen Straftatbestände. Und der Vorsteher des Betheler Brüderhauses Nazareth, Pastor Tegtmeyer, verstieß Johannes Weißenstein denn auch am 4. Januar 1936 u. a. mit dieser schriftlichen Begründung aus der Betheler Nazareth-Brüderschaft:

»Der Mangel an Verantwortungsbewußtsein sich selbst und unserem Brüderhaus gegenüber scheint mir die betrübendste Seite dieser Angelegenheit zu sein . . . Ich nehme an, daß Sie die staatlichen Gesetze und die dazu gehörigen Ausführungsbestimmungen im Blick auf Nichtarier *genau* kennen. Offenbar haben Sie diese Bestimmungen vergessen, als Sie mit jener Schwester in den Anstalten ein Verhältnis begonnen haben. Das ist in höchstem Maße verantwortungslos diesem anderen Menschen gegenüber. Sie können gewiß nichts dazu, daß Ihr Vater ein Jude ist. In dieser Tatsache liegt ein Schicksal auf Ihnen, daß unendlich schwer ist. Aber der lebendige Gott ist größer und mächtiger als das Schicksal. Er kann und will Sie und alle Ihre Schicksalsgenossen auf diesem Wege des Schmerzes und der Dunkelheit irgendwie besonders segnen. Dieser Glaube an Gottes Treue gibt uns aber auf keinen Fall ein Recht, die bestehenden Gesetze zu unterschätzen und verantwortungslos zu handeln . . .

Sie wissen, wie schwierig diese Sache auch für unser Brüderhaus ist. Die meisten Brüderhäuser wagen es nicht mehr, solche Aufnahmen zuzulassen. Um so mehr sollten diejenigen Brüder, die wir als Nichtarier aufgenommen haben, sich bewußt sein, daß sie in dieser schwierigen Lage unserem Brüderhaus größte Rücksicht schuldig sind. Stellen Sie sich einmal vor, wenn Ihr Verhältnis zu jener Schwester in die Öffentlichkeit (Stürmerkasten) käme! Was würde dann für eine Hetze gegen unser Brüderhaus beginnen? Sie haben gegen unser Haus in höchstem Maße undankbar, töricht und verantwortungslos gehandelt.«[180]

Schwester Klara, die dem Geächteten und Verstoßenen nicht auch mit Verachtung begegnen wollte, die den »Aussätzigen« nicht mied, die sich seiner besonders angenommen hatte, war verzweifelt. Sie fühlte sich schuldig an der Mißhandlung des »halbjüdischen« Christenbruders. Im Februar 1936 reiste sie nach Köln. Dort klagte sie dem Vater des Freundes, Moritz Weißenstein, ihren Kummer. Dem selber von Verfolgung bedrohten ehemaligen Judenmissionar gelang es jedoch nicht, die Verzweifelte dauerhaft aufzurichten. Nach ihrem Stellenwechsel nahm sie sich im Mai 1936 in St. Annaberg das Leben.[181]

24. Die Zeit des Holocaust

Auf diesem Hintergrund nimmt sich die Aktion des Berliner Pfarrers Heinrich Grüber geradezu wie ein Wunder aus. Ihn jammerte das Elend der rassisch verfolgten Christenschwestern und -brüder. Er sammelte gleichgesinnte Frauen und Männer, die den Verfolgten beistanden. Das »Büro Grüber« organisierte von seiner Berliner Zentrale »An der Stechbahn 3–4« aus, im Rahmen des Auswanderungsplanes der Gestapo[182], bis weit in den Krieg hinein die Ausreise zahlreicher »Judenchristen« ins Ausland. Die Gestapo genehmigte noch im Januar 1940 ausdrücklich die Arbeit von »Vertrauensstellen des Büros Pfarrer Grüber« in den evangelischen Landes- und Provinzialkirchen.

Denn das leuchtete selbst der Gestapo ein, daß den *getauften* Juden nicht zuzumuten war, daß sie von den eingerichteten Büros der jüdischen Gemeinden betreut werden sollten, für die sie ja verachtete Abtrünnige waren.

Damit die örtlichen Gestapostellen im Reich ebenso wie jene Landes- und Provinzialkirchen, deren Kirchenführer jegliche Zuständigkeit für getaufte Juden ablehnten, von der staatlichen Genehmigung dieser Vertrauensstellen unterrichtet wurden, veranlaßte das »Büro Grüber« am 2. Februar 1940, daß die Landeskirchenbehörden den örtlichen Gestapoämtern diese »Rundverfügung« zustellten, um die evangelischen Hilfsstellen vor dem Verdacht subversiver Tätigkeit zu schützen. In dem Dokument hieß es:

»Da wir des öfteren Anfragen bekommen haben wegen evangelischer Gemeindeglieder, die nach den Nürnberger Gesetzen als Juden anzusprechen sind, teilen wir mit, daß das Büro Grüber . . . im Rahmen der Reichsvereinigung von dem Geheimen Staatspolizeiamt zur Betreuung dieser Menschen berechtigt ist. Alle Fragen der Wanderung, Wohlfahrt und Beschulung der Juden, die der evangelischen Kirche angehören, werden von diesem Büro durchgeführt. Das Büro hat in allen Provinzen Vertrauensstellen . . .«[183]

So teilte dann z. B. der für Judenfragen zuständige Referent im Düsseldorfer Konsistorium, Konsistorialrat Rößler, der Kölner Gestapo am 1. Juli 1940 mit, daß da auch in Köln eine Vertrauensstelle arbeitete. Verantwortliche Mitarbeiter waren der Leiter der Kölner Bekennenden Kirche und das Mitglied des rheinischen Provinzialbruderrates, Pfarrer Hans Encke, und – der inzwischen 65jährige ehemalige Judenmissionar der Westprovinzen: Moritz Weißenstein.[184]

Die Hilfsstelle in Köln-Riehl ermöglichte ebenfalls vielen »Judenchristen« die Ausreise, versuchte durch Leib- und Seelsorge den von den Rassegesetzen betroffenen Evangelischen zur Seite zu stehen. Keine leichte Aufgabe

- *in einer Stadt,* in der der Vorsitzende des Presbyteriums, Pfarrer Karl Köhler, in öffentlichen Vorträgen über die Rassegesetze die Auffassung propagierte, »daß derjenige, der die

Werte Blut und Ehre nicht achte, weder Christ noch Deutscher sein könne«;[185]

- *in einer Kirche,* in der Oberkonsistorialrat Oskar Söhngen in Berlin einfach nicht wahrhaben wollte, was da 1940 das von den NS-Kultur-Rassisten Dr. Herbert Gerigk und Dr. Theo Stengel herausgegebene »Lexikon der Juden in der Musik« von dem im Februar 1933 verstorbenen Darmstädter Kirchenmusikdirektor und theologischen Ehrendoktor D. Arnold Mendelssohn behauptete – der Wiederentdecker der Musik Heinrich Schützens und Erneuerer der deutschen evangelischen Kirchenmusik soll »Volljude« gewesen sein?[186]

Und während Millionen Juden vom Tode bedroht waren und die Mitarbeiter in den evangelischen Hilfsstellen selber in Lebensgefahr schwebten, ließ der Musikdezernent der DEK ermitteln, ob die Autoren des Lexikons recht hatten. Und zu seinem Entsetzen hatten sie recht. Das Darmstädter Landeskirchenamt hatte in Söhngens Auftrag recherchiert und am 7. März 1941 einen Brief nach Berlin geschickt. Darin gab der Schwager Arnold Mendelssohns, der Bildhauer Prof. Robert Cauer, dem Darmstädter Landeskirchenamt bekannt, daß KMD Arnold Mendelssohn »dreiviertel jüdischen Blutes, aber durchaus begeisterter Deutscher und Christ« – nach den Rassegesetzen also »Volljude« war.[187] Ein Schock für die kirchenmusikalische Erneuerungsbewegung. Hatte sie sich doch stets ihrer »Judenreinheit« gerühmt.

Da hatten die Mitarbeiter in den Hilfsstellen für »Judenchristen« weiß Gott andere Sorgen. In ihrem von der Gestapo genehmigten Auftrag hieß auch im Rheinland das Wort »Wanderung« nun nicht mehr Auswanderung, sondern Deportation gen Osten. Und auch die evangelische Kirche ließ ihre getauften »Nichtarier« ziehen. Pastor Ernst Flatow und seine anderen Leidensgenossen aus dem Betheler Asyl in den Lobetaler Anstalten ebenso, wie die Diakonissen-Geschwister Erna und Johanna Aufricht mitsamt den anderen »nichtarischen« Mitarbeitern aus Kaiserswerth.[188]

Kein Geringerer als der wohl bekannteste deutsche Neutestamentler Gerhard Kittel, der nach seinem Eintritt in die NSDAP sein theologisches Fachwissen vorbehaltlos dem barbarischen NS-»Reichsinstitut für Geschichte des neuen Deutschland« andiente, hatte bereits 1933 in seinem Buch »Die Judenfrage« von jeder Sentimentalität abgeraten:

»Nicht darum handelt es sich, ob einzelne Juden anständige oder unanständige Juden sind; auch nicht, ob einzelne Juden ungerechterweise zugrunde gehen oder ob einzelnen damit recht geschieht. Die Judenfrage ist überhaupt nicht die Frage der einzelnen Juden, sondern die Frage des Judentums, des jüdischen Volkes. Und darum darf, wer ihr auf den Grund gehen will, nicht zuerst fragen, was aus dem einzelnen Juden, sondern was aus dem Judentum wird.«[189]

Aber auch der Goerdeler und Bonhoeffer nahestehende Freiburger Jurist und Volkswirtschaftler Constantin von Dietze erweiterte 1942 die politische Denkschrift, die der »Freiburger Widerstandskreis«[190] dem Aufbau Deutschlands nach Hitlers eventueller Beseitigung gewidmet hatte, um einen die »Judenfrage« betreffenden »Anhang«. Darin glaubten der christliche Widerständler und sein Kreis, nach der Hitler-Diktatur auf weitere Sonderbestimmungen gegen die Juden großzügig verzichten zu können: ». . . und zwar deshalb, weil die Zahl der Überlebenden und nach Deutschland zurückkehrenden Juden nicht so groß sein wird, daß sie noch als Gefahr für das deutsche Volkstum angesehen werden können«.[191]

Als von Dietze diese Begründung 1942 niederschrieb, spielte sich in der Kölner Hilfsstelle ein Drama ab, über das der spätere Mitbegründer der rheinischen CDU und Kölner Stadtsuperintendent Hans Encke erst wenige Wochen vor seinem Tode im Jahr 1976 dies in seiner damaligen Wirkungsstätte, in der Kreuzkapelle zu Köln-Riehl, zu Protokoll ab:

». . . christliche Juden, die damals ja alle evakuiert worden sind, die haben wir gesammelt und die haben dann hier, an dieser Stelle, wo wir uns jetzt befinden, haben wir einen Schlußgottesdienst gehalten für sie. Haben noch Kinder getauft, die noch nicht getauft waren, haben Älteste eingesetzt . . . Und wir haben natürlich sehr ergreifende Szenen hier dabei erlebt, wenn die Leute Abschied nahmen und ins Ungewisse zogen . . . Da stand (ich) immer wieder vor der Frage des Selbstmordes. Ich habe sehr viele jüdische Menschen beraten, die dann zu mir kamen, ob es eine Sünde sei, wenn sie jetzt Selbstmord begingen. Ich habe das verneint. Ich habe gesagt: Tut, was euer Gewissen euch vorschreibt und nahelegt. Gott ist barmherzig und der Mensch ist unbarmherzig.«[192]

Der letzte christliche Liebesdienst.

25. »Der Tag ist nicht mehr fern«

Schon am 30. Juli 1935 war Dietrich Bonhoeffer einer Einladung Martin Niemöllers gefolgt, um einem ausgewählten Kreis von Notbund-Pfarrern nicht nur eine bekenntniskirchliche Antwort auf die »Judenfrage« abzuverlangen, sondern um ihnen auch das dauernde Bekenntnis zum »positiven Christentum« der NSDAP auszutreiben, um ihnen anhand von Tatsachen zu beweisen, »daß der Paragraph 24 des Parteiprogramms Lüge ist«.[193]

Aber selbst diese 49 Brüder blieben mit sich selbst beschäftigt. Ein Flugblatt stand am Ende ihrer weltfernen Beratungen: »Das Schwergewicht aller unserer Arbeit, vorab der theologischen Besinnung und der damit verbundenen Reinigung der Kirche, liegt in unserer Arbeit. Die Entscheidung fällt da, wo durch Wort und Geist Gottes Buße und Glaube gewirkt wird. – Das Wort schließt uns zusammen; es bewahrt uns davor, einander im Stich zu lassen, es treibt uns, unseren Dienst miteinander und füreinander zu tun; denn es stellt uns in die Bruderschaft Christi. Das ist Erneuerung, die unseren Pfarrbruderschaften und Gemeinden nottut, die wir erbitten, und die wir dem Wort zutrauen. *Christus ist der eine Trost, der uns bleiben wird!*«[194]

In seiner Meditation über Psalm 57 Vers 2 – »Gott sei mir gnädig! denn auf dich traut meine Seele, und unter dem Schatten deiner Flügel habe ich Zuflucht, bis daß das Unglück vorüber gehe« – fand Jochen Klepper wenig später nur Kritik an seiner Pastorenkirche:

»Die Kirche trostlos. Ist denn nahezu der ganze Pastorenstand verdammt? Hat die ganze Besinnung darin bestanden, daß sie sich angesichts der veränderten politischen Lage dazu entschlossen, endlich wieder einmal ein paar neue Predigten auszuarbeiten? Gab es nicht aber im Anfang dieses neuen Kirchenkampfes wirklich etwas wie Märtyrer? Und alles schon wieder Pose und Doktrin? Wären die Pastoren nicht Beamte, lebten sie in der Unsicherheit der Existenz – es wäre vieles besser! –«[195]

Aber auch Jochen Klepper blickte auf *seinen* Weg. Blind von Preußens Gloria sah er die faschistische Gefahr nicht, die seiner jüdischen Frau und deren jüdischen Kindern aus erster Ehe drohte: »Er, der mehr und besser als viele andere über den Ernst der Lage unterrichtet war . . .«[196]

Erst als die Synagogen brannten begriff er und begriff er auch wieder nicht die Zeichen der Zeit. Wenige Wochen nach der Reichspogromnacht konnte er endlich seine Frau Hanni zur Taufe führen – in den vulgär-faschistischen Monumentalbau der Martin-Luther-Gedächtniskirche in Berlin-Mariendorf, in der die herrliche Reichsparteitagsorgel ihre angemessene Umgebung gefunden hat:

Gleich in der Eingangshalle des Turmes die Plastiken Paul von Hindenburgs, rechter Hand, und Adolf Hitlers, zur Linken; der Reichspräsident von zwei Eisernen Kreuzen, der Reichskanzler von zwei NS-Hoheitszeichen flankiert, und der zu einem gewaltigen Eisernen Kreuz geschmiedete Deckenleuchter läßt die gotischen Lettern des Schriftbandes ringsum an den Wänden golden aufglänzen:

Ein feste Burg ist unser Gott,
ein gute Wehr und Waffen.
Er hilft uns frei aus aller Not,
die uns jetzt hat betroffen.
Der altböse Feind
mit Ernst ers jetzt meint;

groß Macht und viel List
sein grausam Rüstung ist,
auf Erd ist nicht seinsgleichen.[197]

Auch den Altarraum hatte Curt Steinberg, der Baumeister der Kirchenprovinz Brandenburg, zu einem Prunkstück faschistischer »Kunst am Bau« ausgestattet, um die innige Verbundenheit zwischen der christlichen Kirche und dem »positiven Christentum« der Nationalsozialistischen Deutschen Arbeiterpartei auszudrücken:

In der Mitte hinter dem Altar ein heldisch-arischer Christus – kämpferisch noch am Kreuz. Rechts die wuchtige Kanzel, die auf ihrem umlaufenden Relief im Vordergrund einen Soldaten mit Stahlhelm als den ersten Nachfolger des Heilandes zeigt. Links die meterhohen Figuren unter dem Taufbecken: die gebärfreudige deutsche Frau und Mutter mit Nackenknoten, der Herr Jesus zwischen zwei artigen Kindern und – auf Altar und Kanzel blickend – ein betender SA-Mann mit dem Gewehr samt aufgepflanztem Seitengewehr im Arm. Und über allem schließlich der bis ins Tonnengewölbe des beginnenden Kirschenschiffes reichende »Triumphbogen«. Zwei Viererreihen rotbrauner Kacheln, Hunderte von Tonplastiken, Mutter Erde zu den Symbolen des »positiven Christentums« geformt. Darin immer wiederkehrend, zwischen Kreuz, Kelch, Königs- und Dornenkrone[198], das Hakenkreuz – mal im Zentrum der Sonne, mal unter den Krallen des deutschen Aars.

Der Pfarrerssohn und Chronist eines puritanisch-protestantischen Preußentums, der Kirchenliederdichter Jochen Klepper, führte am 18. Dezember, am 3. Advent 1938, seine jüdische Frau Hanni in dieses steingewordene Symbol einer dem Militarismus und Hitler-Faschismus verpflichteten Kirche, um sie über dem betenden SA-Mann von Gemeindepfarrer Kurzreiter taufen zu lassen, um sich anschließend, nach siebenjähriger Ehe, unter dem furchterregenden Christus mit der Christin Johanna Klepper endlich auch *kirchlich* trauen zu lassen. Es war das Jahr, in dem Jochen Klepper das Adventslied dichtete:

Die Nacht ist vorgedrungen,
der Tag ist nicht mehr fern.
So sei nun Lob gesungen,
dem hellen Morgenstern!
Auch wer zur Nacht geweinet,
der stimme froh mit ein.
Der Morgenstern bescheinet
auch deine Angst und Pein . . .

Noch manche Nacht wird fallen
auf Menschenleid und -schuld.
Doch wandert nun mit allen
der Stern der Gotteshuld.
Beglänzt von seinem Lichte,
hält euch kein Dunkel mehr,
von Gottes Angesichte
kam euch die Rettung her . . .[199]

Aber die Taufe rettete auch die berühmten Kleppers nicht mehr. Als am 10. Dezember 1942 die Verhandlungen mit dem Linzer Presbytersohn Adolf Eichmann über die Ausreisegenehmigung endgültig scheiterten, machten Jochen und Johanna Klepper – zusammen mit deren 20jähriger Tochter Renate Stein – am 11. Dezember 1942 ihrem Leben ein Ende: »Er, der mehr und besser als viele andere über den Ernst der Lage unterrichtet war, hat sich dennoch ins Schweigen und Dulden geschickt. Er hat sich immer wieder ›angepaßt‹, bis kein Anpassen mehr möglich war.«[200]

Die Nachricht von dieser »Tragödie« verbreitete sich in Kirche und Offizierskreisen wie ein Lauffeuer. Kleppers Adventslied indes wurde noch nicht in den Gottesdiensten gesungen. Statt dessen hatte das gefällige Lied von Hans Baumann nicht nur zum neuheidnischen Julfest reichsweite Verbreitung gefunden, es gewann auch die weihnachtsfestlich gestimmten Herzen vieler bekennender Christenmenschen:

Hohe Nacht der klaren Sterne,
die wie weite Brücken stehn
über einer tiefen Ferne,
drüber unsre Herzen gehn!

Hohe Nacht mit großen Feuern,
die auf allen Bergen sind,
heut' muß sich die Welt erneuern
wie ein junggeboren Kind!

Mütter, euch sind alle Feuer,
alle Sterne aufgestellt;
Mütter, tief in eurem Herzen
schlägt das Herz der weiten Welt![201]

Seit dem »Sommer 1942«[202] war der altpreußische Rat der Bekennenden Kirche über alle Details der Judenvernichtung in den Lagern des Ostens unterrichtet – von SS-Sturmführer Kurt Gerstein, dem Leiter der Abteilung Gesundheitstechnik im Reichssicherheitshauptamt, einem dort subversiv tätigen Mitglied der Bekennenden Kirche.[203] Dennoch dauerte es noch bis zum 17. Oktober 1943, bis die Preußensynode darauf reagierte:

- *mit einem Wort für die Hand der Pfarrer*[204], darin die Sätze: »Begriffe wie ›Ausmerzen‹, ›Liquidieren‹ und ›unwertes Leben‹ kennt die göttliche Ordnung nicht. Vernichtung von Menschen, lediglich weil sie Angehörige eines Verbrechers, alt oder geisteskrank sind, oder einer fremden Rasse angehören, ist keine Führung des Schwertes, das der Obrigkeit von Gott gegeben ist.« An gleicher Stelle aber auch diese Verurteilung: »Selbstmord ist in aller Verzweiflung Hochmut vor Gott« – [205], und
- *mit einem Wort an die Gemeinden*[206], in dem es hieß: »Wehe uns und unserem Volk, wenn das von Gott gegebene Leben für gering geachtet und der Mensch, nach dem Ebenbilde Gottes geschaffen, nur nach seinem Nutzen bewertet wird; wenn es für berechtigt gilt, Menschen zu töten, weil sie für lebensunwert gelten oder einer anderen Rasse angehören . . .«

Der Beschluß der schlecht besuchten Preußensynode, das

»Wort an die Gemeinden« am Buß- und Bettag 1943 von den Kanzeln abzukündigen, fand allerdings wenig Beachtung: es wurde leider nur »an manchen Stellen von den Kanzeln verlesen«.[207]

So behielt dann Constantin von Dietze recht mit seiner Vermutung im Anhang der Freiburger Widerstands-Denkschrift: seit 1945 konnte auf Sonderbestimmungen gegen die Juden getrost verzichtet werden; denn tatsächlich war »die Zahl der Überlebenden und nach Deutschland zurückkehrenden Juden nicht so groß . . ., daß sie noch als Gefahr für das deutsche Volkstum angesehen« wurden.

Eröffnungsfeier

am Sonnabend, den 6. Mai 1939, 16,30 Uhr

auf der Wartburg

+

Institut zur Erforschung
und Beseitigung
des jüdischen Einflusses
auf das deutsche kirchliche
Leben.

1. **Lied: Ans Werk, ihr Kameraden**

Ans Werk, ihr Kameraden!
Zum Kampf zu frohen Taten!
Nun gleichen Tritt gefaßt!
Die heil'gen Ströme fluten,
die heilgen Feuer gluten,
ins Herz, das liebt und haßt.

Das Herz, das liebt die Treue,
die uralt ewig neue
und haßt den falschen Tod.
Wir wollen kämpfen, bauen
und in die Sterne schauen
und lieben Volk und Gott.

Nicht klagen, nicht verzagen,
das Schicksal wird getragen!
Das ist Befehl von Gott!
Kein Mund soll feige fragen,
die Fackeln sollen ragen
in wilder Nacht und Not.

Die Nacht, die muß hingehen,
das Licht muß auferstehen
in heller Morgenpracht.

All' Falschheit muß verwehen,
aufrechte Männer stehen
vor Gott und halten Wacht.

2. **Begrüßung**

3. **Quartett: Adagio von Mozart**

4. **Prolog [H. Ohland]**

5. **Lied: Über uns Gottes Befehle**

Über uns Gottes Befehle,
unter uns Gottes Gebot.
In uns die gläubige Seele,
um uns versinkende Not.
Ziehn wir in den Morgen
neuer Gotteszeit,
gläubig und tapfer!
Wir sind bereit!

Über uns blinkende Sterne,
hinter uns Nebel und Not!
Vor uns die leuchtende Ferne,
mit uns der ewige Gott.
Ziehn wir in den Morgen
neuer Gotteszeit,
gläubig und tapfer!
Wir sind bereit!

Über uns Führer und Meister,
unter uns treu Kamerad.
Gegen uns Welten und Geister,
wir nur des Führers Soldat.
Ziehn wir in den Morgen
neuer Gotteszeit,
gläubig und tapfer!
Wir sind bereit!

6. **Es spricht: Siegfried Leffler**

7. **Lied: Wir glauben das Neue**

Wir glauben das Neue!
Wir hüten die Saat!
Wir halten die Treue!
Wir leben die Tat!
Arbeiter, Bauern, Soldaten,
Schaffer und Kämpfer zugleich,
Arbeiter, Bauern, Soldaten
bauen das heilige Reich.

Wir glauben das Neue!
Wir hüten die Saat!
Wir halten die Treue!
Wir leben die Tat!
Wir roden, wir graben, wir mauern
den Grund, den heiligen Grund.
Deutschland soll ewiglich dauern,
Wir schwörn's mit Herz u. Mund.

Wir glauben das Neue!
Wir hüten die Saat!
Wir halten die Treue!
Wir leben die Tat!
Wir schaffen, wir schaffen, vererben
die Kraft, das deutsche Blut.
Wir schaffen, wir schaffen u. sterben
für unser heiligstes Gut.

8. **Es spricht: Dr. Grundmann-Jena**

9. **Quartett: Andante von Schubert**

10. **Schlußwort**

11. **Lied: Es gibt nur eine Parole**

Es gibt nur eine Parole,
die allen im Herzen brennt.
Es gibt nur eine Parole,
zu der sich jeder bekennt:

Gehorsam und Treue, Gehorsam und Treu'.
Es gibt nur eine Parole:
Gehorsam und Treu'.

Mitarbeiter

Leiter des Institutes: Oberregierungsrat Leffler, Weimar

Verwaltungsrat: Vorsitzender: Oberkirchenrat Sievers, Lübeck

Wissenschaftlicher Beirat: Vorsitzender: Prof. Dr. Grundmann, zugleich Stellvertreter des Leiters des Institutes

Kassenverwalter: Kirchenregierungsrat Dr. Brauer, Eisenach

Finanzausschuß: Der Vorsitzende des Verwaltungsrates; der Kassenverwalter; Oberlandeskirchenrat Kretzschmar, Dresden

Geschäftsführer: Pfarrer Dr. Hunger, Eisenach, Bornstraße 11

An Mitarbeitern des Instituts sind zur Zeit gewonnen unter anderen:

Landesbischof Balzer, Lübeck
Prof. Dr. Bartels, Weimar
Kirchenrat Dr. Bauer, Eisenach
Pastor Dr. Bauke, Köben (Oder)
Prof. Dr. Beer, Heidelberg
Prof. D. Dr. E. Beker, Darmstadt
Oberbibliothekar Dr. Berenbach, Heidelberg
Prof. Dr. Bertram, Gießen
Prof. Dr. Birnbaum, Göttingen
Studienassessor van der Bleek, Berlin
Kirchenregierungsrat Dr. Brauer, Eisenach
Kirchenrat Braunschweig, Dresden
Pfarrer Büchner, Jena
Pfarrer Dr. Busch, Dresden
Oberkirchenrat Buschtöns, Berlin
Pfarrer Eck, Hrottowitz
Studienrat Dr. Chillian, Leipzig

38

9. Neue Mitarbeiter des Institutes:

Prof. Dr. Anton, Mannheim
Prof. Dr. Barth, Jena
Stud.-Rat Dr. Dannenberg, Ruhla (Thür.)
Pfarrer Karl Dungs, Essen
Schriftsteller Emil Engelhardt, Allensbach a. Bodensee
Reichsvikar D. Engelke, Schwerin i. M.
Pfarrer Ermisch, Eisenach
Prof. D. Fiebig, Leipzig
Oberstudiendirektor Prof. Dr. Gronau, Braunschweig
Pfarrer Dr. Hennig, Hamburg
Pfarrer Lic. Hermenau, Potsdam
Pfarrer Hosenthien, Magdeburg
Pfarrer Lic. Kersten-Thiele, Köthen
Pfarrer Kilger, Seiferodau
Pfarrer Klinger, Leer
Schriftsteller Wilh. Kotzde-Kottenrodt, Ebnet i. Br.
Prof. Dr. Krieck, Heidelberg
Pfarrer Lic. Dr. Kuhl, Berlin
Pfarrer Dr. Dr. Lehmann, Friedland (Isergeb.)
Prof. Dr. Liebe, Freiberg (Sa.)
Pfarrer Lic. Lotz, Bochum
Pfarrer Müller, Schweina
Pfarrer Nümann, Wieda (Harz)
Landesbischof Paulsen, Kiel
Pfarrer Lic. Petzinna, Berlin
Pfarrer Lic. Pribnow, Lauenburg (Pommern)
Pfarrer Lic. Schulz, Rakwitz (Posen)
Bischof Staedel, Hermannstadt-Sibiu
Pfarrer Tecklenburg, Buxtehude
Pfarrer Thieme, Farnroda
Prof. Dr. Timpe, Göttingen

B. Neue Mitarbeiter:

Pfarrer Bichtemann, Milow
Pfarrer Buch, Graupa
Prof. Dr. Entz, Wien
Pfarrer Erdmann, Groß-Walditz
Landessuperintendent Fölsch, Neustrelitz
Oberkirchenrat Fröhlich, Leipzig
Pfarrer Gerdts, Hamburg
Pfarrer Dr. Giesecke, Weferlingen
Pfarrer Lic. Göbel, Neustadt im Schwarzwald
Propst Grell, Schneidemühl
Pfarrer Hanske, Hannover
Studienrat Dr. Jakobi, Sangerhausen
Landessuperintendent Kentmann, Güstrow
Staatsanwaltschaftsrat Dr. Klann, Wernigerode
Pfarrer Krause, Jecha
Pfarrer Lange, Beichlingen
Dr. Lauterbach, Heidelberg
Pfarrer Lies, Berlin
Pfarrer Mayer, Krems
Pfarrer Mercker, Lindenhayn
Pfarrer Minzlaff, Zehdenick
Rektor Ramm, Spandau
Pfarrer Dr. Roth, Diersheim
Pfarrer Seilkopf, Lohm
Pfarrer Schmidt, Camin in Mecklenburg
Prof. Dr. Schmidt-Japing, Bonn
Pfarrer Schulze, Burg
Pfarrer Schwär, Dresden
Lic. Stroothenke, Berlin
Studienrat Dr. Strothotte, Gevelsberg
Oberpfarrer D. Ungern von Sternberg, Ronneburg
Pfarrer Wernicke, Rambin
Dompfarrer Dr. Ziehen, Merseburg.

Dozent Dr. Cloß, Graz
Pfarrer Lic. Delling, Leipzig
Rechtsanwalt Drafehn, Mücheln
Pastor Heinz Dungs, Weimar
Prof. Lic. Dr. Eisenhuth, Jena
Oberkonsistorialrat Lic. Ellwein, Berlin
Dozent Lic. Dr. Euler, Gießen
Pfarrer Färber, Grottau (Sudetenland)
Oberpfarrer Feiz, Eisenach
Kirchenrat Franz, Eisenach
Oberpfarrer Fromm, Altenburg
Landesjugendpfarrer Gartenschläger, Potsdam
Oberlehrer Gimpel, Eisenach
Pfarrer Lic. Gödan, Leipzig
Pfarrer Grabs, Eisenach
Pfarrer Griesinger, Ulm
Prof. Dr. Grundmann, Jena
Dr. Gunkel, Jena
Pfarrer Dr. Hafner, Treuen (Vgtl.)
Vizepräsident Hahn, Berlin-Charlottenburg
Pfarrer Dr. Hauck, Mannheim
Amtsgerichtsrat Dr. Heeß, Wolfsberg
Pfarrer Heinig, Friedrichsgrün
Prof. D. Dr. Hempel, Berlin
Dr. von Hintzenstern, Eisenach
Prof. D. Dr. Hoffmann, Wien
Oberkonsistorialrat Lic. Dr. Hohlwein, Eisenach
Pfarrer Holleuffer, Dresden
Pfarrer Dr. Hunger, Eisenach
Pfarrer D. Dr. Jäger, Freiburg
Pfarrer Kapferer, Eisenach
Pfarrer Lic. Dr. Kars, Dessau
Pfarrer Lic. Kersten-Thiele, Köthen
Frau Assessor Kiefer, Mannheim
Prof. Dr. Kiefer, Heidelberg
Präsident Dr. Kinder, Kiel
Prof. Dr. Knevels, Rostock
Prof. D. Koepp, Greifswald
Pfarrer Kohl, Heyda (Thür.)

cand. theol. Kraft, Jena
Oberlandeskirchenrat Kretzschmar, Dresden
Superintendent Krüger, Sagan
Prof. D. Dr. Leipoldt, Leipzig
Oberpfarrer Le Seur, Stuttgart
Fräulein Studienassessor Liebsch, Leipzig
cand. theol. Löser, Eisenach
Pfarrer Lünkemann, Pößneck
Pfarrer Mämel, Weimar
Pfarrer Marg, Danzig
Kirchenrat Mauersberger, Eisenach
Lic. habil. Meyer, Leipzig
Prof. Dr. Meyer-Erlach, Jena
Pfarrer Mielsch, Dresden
cand. phil. Morenz, Leipzig
Dekan Mulot, Wiesbaden
Pfarrer Lic. Nagel, Halle
Oberpfarrer Natho, Bernburg (Saale)
Pfarrer Nordhausen, Hannover
Bischof Dr. Oberheid, Bad Godesberg
Prof. D. Dr. Odenwald, Heidelberg
Pfarrer Ohland, Unkeroda (Thür.)
Prof. Lic. Opitz, Wien
Pfarrer Dr. Ott, Wiesbaden
Prof. Dr. Paret, Bonn
Bischof Peter, Berlin
Pfarrer Dr. Petersmann, Breslau
Superintendent Pich, Eisenach
Pfarrer Pleßke, Halle (Saale)
Konsistorialrat Lic. Pohlmann, Schneidemühl
Prof. D. Dr. Preisker, Breslau
Prof. D. Dr. Redeker, Kiel
Lic. Reffke, Berlin
Pfarrer Reißinger, Würzburg
Prof. Riedel, Klosterneuburg
Pfarrer Riege, Lübeck
Dr. Sandvoß, Braunschweig
Landesbischof Sasse, Eisenach
Pastor Scharf, Dresden
Pfarrer Lic. Schenke, Weimar

Prof. Dr. H. W. Schmidt, Wien
Pfarrer Lic. Schmidt, Lübeck
Pfarrer Schmidt-Clausing, Potsdam-Babelsberg
Prof. D. Dr. Schneider, Königsberg
Pfarrer Schöffel, Falkenau
Oberkonsistorialrat Schönrock, Schwerin (Mecklenb.)
Generalsuperintendent D. Schöttler, Buchschlag
Landesbischof Schultz, Schwerin
Oberkonsistorialrat Schultz, Schwerin
Dozent Lic. Dr. Schulze, Leipzig
cand. jur. Schwingenstein, Nürnberg
Oberlandeskirchenrat Seck, Dresden
Oberkirchenrat Sievers, Lübeck
Superintendent Spangenberg, Altenweddingen
Dr. Stapel, Hamburg
Pastor Starke, Marzahna
Pfarrverweser Stelzner, Eisenach
Prof. Lic. Sturm, Heidelberg
Pfarrer Tausch, Berlin
Pfarrer Teuber, Oberhof
Superintendent Thieme, Solingen
Pastor Dr. Thilo, Pirna
Pfarrer Truckenbrodt, Gotha
Dr. Wagenführer, Jena
Pfarrer Walesch, Frankfurt (Main)
Prof. Dr. Weidel, Magdeburg
Pfarrer Weinmann, Koblenz-Pfaffendorf
Lic. habil. Weiß, Berlin
Pfarrer Lic. Weiß, Lauenförde-Beverungen
Prof. D. Dr. Werdermann, Dortmund
Präsident Dr. Werner, Berlin-Charlottenburg
Prof. D. Dr. Wilke, Wien
Pfarrer Wilken, Magdeburg
Prof. D. Dr. Wobbermin, Berlin
Pfarrer Lic. Dr. Zimmermann, Schmollen

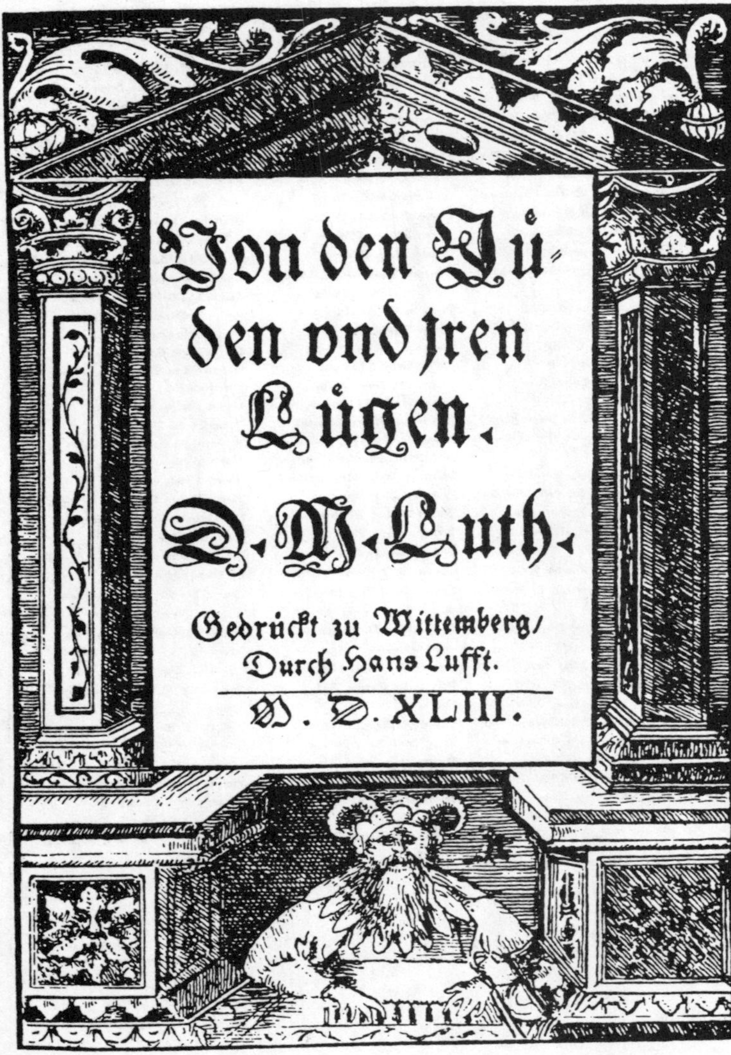

Von den Jü-
den vnd jren
Lügen.

D. M. Luth.

Gedrückt zu Wittemberg/
Durch Hans Lufft.

M. D. XLIII.

BÜRO PFARRER GRÜBER

Fernsprecher: 51 46 22
Bankkonto: Jacquier & Securius, Berlin C 2
Postscheckkonto: 157906

BERLIN C 2, den 2. Februar 1940
An der Stechbahn 3 – 4
Sprechstunden: Montag bis Freitag 10–13 Uhr

Bei Beantwortung angeben:
Diktatzeichen: Gr./Jac.
Geschäftszeichen: B 1. Nr.

Evang. Oberkirchenrat
Eing.: 16. FEB. 1940

An den
Evang. Oberkirchenrat
z.Hd. Herrn Oberkonsistorialrat Scheller

Berlin-Charl. 2
Jebensstr. 3

Sehr geehrter Oberkonsistorialrat!

Bezugnehmend auf die Besprechung erlaube ich mir, als Text für eine Rundverfügung an die Konsistorien folgendes vorzuschlagen:

> "Da wir des öfteren Anfragen bekommen haben wegen evangelischer Gemeindeglieder, die nach den Nürnberger Gesetzen als Juden anzusprechen sind, teilen wir mit, dass das Büro des Pfarrer Grüber, Berlin C 2 An der Stechbahn 3/4 im Rahmen der Reichsvereinigung von dem Geheimen Staatspolizeiamt zur Betreuung dieser Menschen berechtigt worden ist. Alle Fragen der Wanderung, Wohlfahrt und Beschulung der Juden, die der evangelischen Kirche angehören, werden von diesem Büro durchgeführt. Das Büro hat in allen Provinzen Vertrauensstellen. Für die dortige Provinz ist es ,,,,,,,,".

Wir fügen eine Liste unserer Vertrauensstellen bei und bitten, die Interessenten und Pfarrer gegebenenfalls hiervon in Kenntnis zu setzen.

Heil Hitler!

Wiedervorgelegt
28. 3

Im ...
durch ...

LEXIKON DER JUDEN IN DER MUSIK

Mit einem Titelverzeichnis jüdischer Werke

Zusammengestellt im Auftrag der Reichsleitung der NSDAP. auf Grund behördlicher, parteiamtlich geprüfter Unterlagen

bearbeitet von

Dr. Theo Stengel
Referent in der Reichsmusikkammer

in Verbindung mit

Dr. habil. Herbert Gerigk
Leiter der Hauptstelle Musik beim Beauftragten des Führers für die Überwachung der gesamten geistigen und weltanschaulichen Schulung und Erziehung der NSDAP.

Mehlich, Ernst (Ps. Gagnier, Claude), * Berlin 9. 2. 1888, KM, GMD, Komp — Baden-Baden.

Mehnert, Amalie (H), * Hamburg 5. 3. 1896, MLn (K) — Dortmund.

Meier, Max, * Frankfurt/M. 10. 2. 1883, KM, ML — Frankfurt/M.

Meier, Max, Ps. für Meier, Moritz.

Meier, Moritz (Ps. Meier Max), * Frankfurt/M. 10. 2. 1883, ML (K,

Mendelson, Werner, * Berlin 16. 8. 1911, UntM (Schl) — Berlin.

Mendelssohn, Arnold Ludwig, * Ratibor 26. 12. 1855, † Darmstadt 19. 2. 1933, Prof, D.Dr, KMD, Komp.

Mendelssohn, Erna (verh. Neumann), * Berlin 13. 6. 1885, Pian, Kompn, Sgrn.

Mendelssohn-Bartholdy, Felix Jakob Ludwig, * Hamburg 3. 2. 1809,

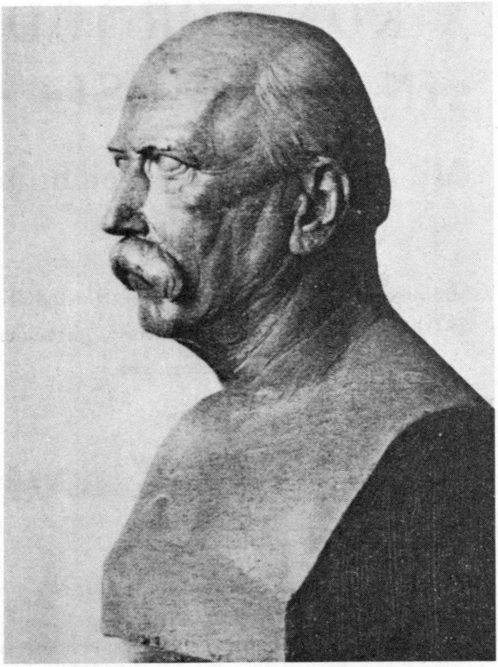

Fraglich ist mir, ob die Angabe des Lexikons richtig ist wonach der bekannte Komponist und Kirchenmusikdirektor Arno Mendelssohn in Darmstadt Volljude ist. M.W. war Mendelssohn ~~gleichfalls~~ Halbjude. Er ist der Onkel des bekannten HJ-Komponisten Heinrich Spitta. In diesem Falle dürfte es sich empfehlen, beim Landeskirchenamt in Darmstadt Erkundigungen einzuziehen.

Im ganzen ist das Ergebnis hoch erfreulich, beweist es doch eindeutig, wie judenrein sich die Kirchenmusik gehalten hat. Hätten sich die anderen Gebiete der Musikpflege auch nur annähernd *(in ähnlichem Maße)* von jüdischen Einflüssen freigehalten, wäre es niemals zu einem solchen Niedergang unseres öffentlichen Musiklebens gekommen !

Söhngen 15/1.
2.1

9. Darum ist auch Selbstmord untersagt. Selbstmord ist in aller Verzweiflung Hochmut vor Gott. Der Selbstmörder fällt über sein eigenes Leben ein Urteil, das ihm nicht zusteht. Gott allein hat das Recht, über das Leben des Menschen zu urteilen. Der Herr allein ist Richter. Gott allein gibt und nimmt das Leben.

10. Gott wacht über sein Gebot. Gott hat ~~Menschen den Auftrag~~ gegeben, den Mörder, den Übertreter seines Gebotes zu töten. Er hat die Obrigkeit zu diesem Zweck als Dienerin der Gerechtigkeit eingesetzt. Er hat ihr die Vollmacht gegeben, zum Schutze des Lebens die Tötung von Menschen zu befehlen, nämlich die Hinrichtung des Verbrechers, der Menschenblut vergossen hat, und die Tötung des Feindes im Kriege. Daß solche Befehle zur Erhaltung des Lebens in der Gemeinschaft der Menschen und Völker notwendig sind, offenbart den Fluch der Sünde, unter dem die gefallene Schöpfung steht, und die Gemeinschaft der Schuld, in der Befehlende und Gehorchende, Richtende und Gerichtete sich miteinander befinden.

11. Der Verbrecher muß in einem geordneten Rechtsverfahren schuldig befunden ~~sein. Ist der Verbrecher des Todes für schuldig~~ erklärt, so muß der Kirche Gelegenheit gegeben werden, ihm Gottes Gericht und Gnade im Angesicht des Todes zu bezeugen.

12. Die Obrigkeit ist dem dreieinigen Gott auch, was den Krieg betrifft, dafür verantwortlich, daß sie das Schwert nur zur Eindämmung des Bösen gebraucht. Friedfertig Wehrlose dürfen nicht getötet werden.

13. Im Rahmen der ihr von Gott verliehenen Vollmacht hat die Obrigkeit das Recht, von allen Untertanen Gehorsam in der Vollstreckung ihrer Befehle zu fordern. Solche Befehle soll der Christ in Liebe zu seinem Nächsten und seinem Volke befolgen, ohne Haß gegenüber dem Verbrecher und Kriegsgegner, ohne Freude am Blutvergießen, ohne Rachedurst und Beutegier. Johannes der Täufer sagt den Soldaten: "Tut niemand Gewalt noch Unrecht, und lasset euch genügen an eurem Solde." (Luk. 3,14) Der Christ wird bei solchem Gehorsam der gemeinsamen Schuld und des gemeinsamen Leidens der Menschheit eingedenk sein. Er weiß um die Vorläufigkeit aller irdischen Gerechtigkeit und hofft auf das Kommen der Herrschaft Gottes.

B e s c h l u ß

1. Tagung der 16. evangelisch-lutherischen Landessynode
vom 17./18. April 1948

Erklärung

Wir empfinden es als tief beschämend, daß der umfassendste und grausamste Versuch zur gewaltsamen Ausrottung des Judentums, den die Weltgeschichte kennt, im Namen des deutschen Volkes unternommen worden ist. Millionen Juden, Männer, Frauen und Kinder, ein Drittel des gesamten Volksbestandes, wurden von uns vernichtet. Es bedarf keines Wortes darüber, daß dies den christlichen Grundsätzen der Gerechtigkeit, Duldung und Nächstenliebe im tiefsten widerspricht. Es wäre aber zu billig, die Verantwortung dafür auf die damaligen Machthaber, an denen Gottes Gericht sich erfüllt hat, abzuschieben, Sofern der Rassenhaß unter uns gehegt oder doch ohne ernstlichen Widerstand geduldet worden ist, sind wir mitschuldig geworden.

Auch unsere sächsische Kirche hat zur Verfolgung der Juden, selbst der christlichen, beigetragen. Seit 1933 wurde durch die damalige Kirchenführung planmäßig der Weg beschritten, die Judenchristen aus der kirchlichen Gemeinschaft auszuschließen. Viele Pfarrer und Gemeinden haben dazu geschwiegen, ja manche haben sich an dieser Haltung sogar persönlich beteiligt. Wenn es auch an bewußt christlicher Gegenwirkung nicht gefehlt hat, so ist es doch durch den Bruch kirchlicher Gemeinschaft mit den Juden zur Verleugnung des Wesens der Kirche gekommen.

Indem wir uns unter diese Schuld beugen, bitten wir Gott um Vergebung der begangenen oder geduldeten Sünde am jüdischen Volk. Mögen auch unsere jüdischen Mitbürger und Mitchristen uns verzeihen!

Für die Zukunft schulden wir dem jüdischen Volk:
G e r e c h t i g k e i t , zu der wir unbedingt verpflichtet sind,

B a r m h e r z i g k e i t , besonders den von der Hilfeleistung des Weltjudentums ausgeschlossenen Judenchristen gegenüber,

d i e f r o h e B o t s c h a f t von Jesus, der der Christus auch des jüdischen Volkes ist. Wir sind gewiß, daß, wo das Evangelium bußfertig und gläubig bezeugt wird, es seine Kraft auch jüdischen Herzen offenbaren wird.

Wir müssen diesen Aufgaben auch um u n s e r e s Volkes willen mehr Aufmerksamkeit und Treue zuwenden als bisher. Wir bitten Gott um Weisheit, Kraft und Liebe, sie zu erfüllen.

Zu den Abbildungen der Seiten 148 bis 159

148: Hitler hatte kurzfristig die Aufstellung einer Großorgel auf der Führertribüne der Nürnberger Luitpoldhalle angeordnet, weil der »Reichsparteitag der Freiheit« 1935 besonders feierlich eröffnet werden sollte. Eine lieferfertige *Kirchenorgel* von 50 Registern fand Platz hinter dem vorgezogenen Hakenkreuz-Transparent. Während sie den Eröffnungshymnus »Wir treten zum Beten vor Gott, den Gerechten . . . « intonierte, erhob sich Hitler samt Gefolge. **149:** Programm zur feierlichen Eröffnung des kirchlichen »Entjudungsinstituts«. **150–151:** Dreimal veröffentlichte das »Entjudungsinstitut« in seinen »Mitteilungen« (S. 38–39, 103 und 133) die Namen seiner »Mitarbeiter«. **152:** Dieses antijudaistische Pamphlet Martin Luthers, »Von den Jüden und ihren Lügen«, erlebte seit 1933 eine große Nachfrage und wurde immer wieder von NS-Blättern zitiert. **153:** Christel Goslar (oben Mitte), die nichtjüdische Frau des Kölner Kirchenmusikers Julio Goslar (oben rechts), stritt vergeblich für eine kirchliche Stellungnahme zugunsten ihres »volljüdischen« Mannes und »nichtarischen« Sohnes Hans-Günter (oben links). Während die Familie Goslar überlebte, wurden Pastor Ernst Flatow (unten links) und Diakon Moritz Weißenstein (unten rechts) in Warschau und Köln Opfer des Rassismus. **154:** Das »Büro Grüber« war vom Geheimen Staatspolizeiamt »berechtigt«, alle »Fragen der Wanderung, Wohlfahrt und Beschulung der Juden, die der evangelischen Kirche angehören«, mit zwanzig Nebenstellen im Reichsgebiet »durchzuführen«, weil die getauften ev. »Juden« sich sonst in die Obhut der jüdischen »Reichsvereinigung« hätten begeben müssen, für die sie ja Abtrünnige waren. **155:** Durch das rassistische »Lexikon der Juden in der Musik« wurde 1940 publik, daß A. Mendelssohn, Kirchenmusikdirektor, Komponist und Wiederentdecker der Musik von Heinrich Schütz, »Volljude« war. **156:** Der Musikdezernent der DEK, Oberkonsistorialrat Oskar Söhngen, wollte nicht glauben, was das »Lexikon der Juden in der Musik« über den 1933 verstorbenen »Erneuerer der Evangelischen Kirchenmusik«, A. Mendelssohn, schrieb und setzte eine Untersuchung in Gang (oben: Plastik Arnold Mendelssohns, unten: der von Söhngen korrigierte und gezeichnete Vermerk vom 25. 2. 1941). **157:** Seit 1942 war auch Otto Dibelius über die Vernichtung der Juden in den Lagern des Ostens unterrichtet – von einem guten Bekannten: Kurt Gerstein, den er am 2. 11. 1937 in Bad Saarow bei Berlin kirchlich getraut hatte (Dibelius rechts hinter Kurt Gerstein). Unten: Trotz des Wissens um den sicheren Tod im Osten untersagte die Bekennende Kirche den Verzweifelten in einer »Handreichung für die Pfarrer« jede Form der Selbsttötung. **158:** Nur zögernd erkennt die Kirche ihre große Schuld an den Juden, wie hier die sächsische Landessynode mit ihrem Beschluß vom 18. 4. 1948. **159:** Hans Prolingheuer 1985 während des Fernsehinterviews mit Dr. Wilhelm Dittmann, Berliner Propst i. R., der einst selber von den Rassegesetzen betroffen war, in der Martin-Luther-Gedächtniskirche Berlin-Mariendorf, wo gerade der 50. Geburtstag jener Orgel (unten) gefeiert wurde, die im September 1935 ihr Gastspiel auf dem Nürnberger Reichsparteitag der Rassegesetze gegeben hatte.

IV. Der politische Auftrag der Kirche – eine Zumutung für »Kirchenkämpfer«

5. Wir sind in die Irre gegangen, als wir übersahen, daß der ökonomische Materialismus der marxistischen Lehre die Kirche an den Auftrag und die Verheißung der Gemeinde für das Leben und Zusammenleben der Menschen im Diesseits hätte gemahnen müssen. Wir haben es unterlassen, die Sache der Armen und Entrechteten gemäß dem Evangelium von Gottes kommendem Reich zur Sache der Christenheit zu machen.
6. Indem wir das erkennen und bekennen, wissen wir uns als Gemeinde Jesu Christi freigesprochen zu einem neuen, besseren Dienst zur Ehre Gottes und zum ewigen und zeitlichen Heil der Menschen. Nicht die Parole: Christentum und abendländische Kultur, sondern Umkehr zu Gott und Hinkehr zum Nächsten in der Kraft des Todes und der Auferstehung Jesu Christi ist das, was unserem Volk und inmitten unseres Volkes vor allem uns Christen selbst not tut.

Das »Darmstädter Wort« hebt die Bindung des Barmer Bekenntnisses an die Auslegung des Asmussen-Vortrages auf, die es auch Faschisten und Militaristen in ihrem Linkenhaß und Rüstungswahn ermöglicht, sich auf die Barmer Erklärung zu berufen. Eine Provokation, wo doch auch die katholische Bischofskonferenz 1936 die Diözesanen in den antikommunistischen Kampf rief und aufforderte, »das Oberhaupt des Deutschen Reiches in diesem Abwehrkampf mit allen Mitteln zu unterstützen«. So wird das »Darmstädter Wort«, da es Marx' Lehre nicht verwirft, zum »Sozialistenbeschluß« – geächtet und Jahrzehnte unterdrückt.

26. Kirchliche »Selbstreinigung«

Während der Rat der Evangelischen Kirche in Deutschland mit Schreiben vom 26. April 1946 bei der amerikanischen Militärregierung in Deutschland gegen das deutsche Gesetz zur Befreiung von Nationalsozialismus und Militarismus mit dem aberwitzigen Argument Einspruch erhebt, *ein Gesetz dürfe nicht »Handlungen und Gesinnungen bestrafen, welche lange vor dem Erlaß des Gesetzes liegen«*[208], zieht der Stellvertretende Ratsvorsitzende und befreite KZ-Häftling Martin Niemöller durch das besetzte Deutschland, um auf seine unverwechselbare Art die Schuldfrage zu beantworten. Und dabei klammert er weder sich selber noch die beharrlich verschwiegene »Judenfrage« aus:

- »Wie mancher Mensch mag sich darauf berufen: ›Ich habe dich predigen hören: du hast mich 1933 und 1934 vor nichts gewarnt, und so bin ich in die Partei gegangen, so bin ich SS-Mann geworden; du hast mich nicht gewarnt.‹«[209]
- »Die 6 Millionen Juden werden uns nicht geschenkt, sondern nach jener alttestamentlichen Regel des Lamech oder des Kain – ›Kain soll siebenmal gerächt werden, aber Lamech sieben und siebzigmal‹[210] –, und mit 6 Millionen Toten bezahlen wir die 6 Millionen Judenmorde auf höheren Befehl nicht. Wir alle müssen dran bezahlen. Es wird sich keiner drücken können, und ein Pfui über den, der es versucht!«[211]

Doch sogar Niemöllers Rats-Kollegen drücken sich um ihr Schuldbekenntnis, wo und mit welch verwerflichen Mitteln auch immer. Dem alten und neuen bayerischen Landesbischof Hans Meiser beispielsweise gelingt es im Zusammenwirken mit den amerikanischen Besatzungsbehörden, die von ihm, dem Förderer und Stabilisator des Hitler-Faschismus und -Militarismus, mitgeleitete »Bekennende Kirche« als antifaschistische »Widerstandsbewegung« anerkennen zu lassen. Der Begriff »nationalsozialistische Weltanschauung«, der vor dem 8. Mai 1945 das politisch-religiöse Ziel der vom »positiv-christlichen« Parteiprogramm abweichenden »Gottgläubigen« war, bietet nach dem 8. Mai 1945 den Schlüssel, der den Parteigenossen vom »positiv-christlichen« Flügel der NSDAP das Tor öffnet zum Ausweg aus den Peinlichkeiten der Entnazifizierungsverfahren.

Bischof Meiser, der dank der prophetischen Warnungen und Mahnungen seines Exponierten Vikars Karl Steinbauer[212] genau wußte, daß sein Wort und Weg die Christen seit 1933 in die Irre führen mußten, formuliert den *bekenntniskirchlichen Generalpersilschein* für die zahllosen Mitglieder der NS-Parteiorganisationen und SS-Männer in der Bekennenden Kirche (BK) folgendermaßen:

»Wer der BK als Mitglied angehörte und sich aktiv für sie einsetzte, war damit in einer Kampf- und Widerstandsbewegung tätig, stand im Gegensatz zum Nationalsozialismus und seiner Weltanschauung und mußte gewärtigen, dadurch Nachteile zu erleiden. *Wenn Parteigenossen sich der BK anschlossen, so bezeigten sie damit, daß sie innerlich der NS-Weltanschauung und dem DC-Geist fernestanden und daß sie die Treue zu ihrer Kirche, die Liebe zu ihrem Volk und den Gehorsam gegen die göttlichen Gebote von Recht und Wahrheit höher stellten als die Zugehörigkeit zur Partei.*«[213]

Angesichts dieser kaltschnäuzigen Verkehrung der Tatsachen, wo doch Meiser und seine bekenntniskirchlichen Amtskollegen nicht nur die Mitglieder der Bekennenden Kirche, sondern alle »Glieder« der Evangelischen Kirche noch am 31. Mai 1939 »angewiesen« hatten, »sich in das völkisch-politische Aufbauwerk des Führers mit voller Hingabe einzufügen«, spricht die Württembergische Sozietät die begründete Befürchtung aus, *»der Rat der EKiD könnte vergessen haben, daß es sich* (bei dem umstrittenen Gesetz zur Befreiung von Nationalsozialismus und Militarismus, H. P.) *um ein Gesetz zur Befreiung vom Nationalsozialismus und Militarismus und nicht um eine Gesetz zur Reinigung des Nationalsozialismus und Militarismus oder gar um ein Gesetz zu gemäßigter Rechtfertigung des Nationalsozialismus und Militarismus handelt.*«[214]

Doch das »Kirchliche Einigungswerk« ist längst im Einklang mit den politischen Interessen vornehmlich der amerikanischen

Besatzungsmacht. Und schon am 10. Oktober 1946 macht sich der Kassationshof im Bayerischen Staatsministerium für Sonderaufgaben Meisers Generalpersilschein zu eigen, indem es in letzter Instanz beschließt, daß die Bekennende Kirche von allen Entnazifizierungsspruchkammern und -kommissionen »als *Widerstandsbewegung* im Sinne des Artikels 39/II/2 *anerkannt* werden muß«.[215]

Die Evangelische Kirche zieht Nutzen aus dem beginnenden Zerfall des Bündnisses der Anti-Hitler-Allianz. Die Entnazifizierung wird zur Farce, von der »Selbstreinigung« der Kirche ganz zu schweigen. Gereinigt werden auch in der evangelischen Kirche eigentlich nur die Fassaden.

Dank der NS-Gesetze von 1933 und 1937 müssen nicht erst 1945 die Bremer »Horst-Wessel-Kirche« in »Dankeskirche« umgetauft oder die weit ins Land leuchtenden Hakenkreuze von evangelischen Kirchturmspitzen entfernt werden.[216] Trotzdem bleibt den Steinmetzen, Schweißern, Anstreichern und Stukkateuren auch in der evangelischen Kirche noch eine Menge zu tun.

War die Martin-Luther-Gedächtniskirche zu Berlin-Mariendorf *vor* dem Mai 1945 das kirchenkünstlerische Symbol Deutschlands für die innige Verbundenheit der evangelischen Landeskirchen mit der Nazi-Partei des »positiven Christentums«, wird sie im Mai 1945 zum bleibenden Zeitdokument[217] der evangelisch-kirchlichen »Selbstreinigung« von Hitler-Faschismus und Militarismus:

Von dem »Triumphbogen« mit seinen wiederkehrenden faschistisch-militaristischen Bildern und Symbolen – den SA-Mann- und Soldatenköpfen, dem Kreuz mit der Sichel, als dem Zeichen für Blut und Boden etwa – werden lediglich die Hakenkreuze aus den Sonnen und Adlerkrallen entfernt, vom Signet NSV (Nationalsozialistische Volkswohlfahrt) nur die Buchstaben N und V (sollte in der Not gar ein »gottloser« Sozialist als Handwerker verpflichtet worden sein?). – Das Taufbecken mit den meterhohen Figuren erfährt eine Drehung um 90 Grad. Seither

- steht die germanisch-deutsche Frau und Mutter mit dem Nackenknoten im Vordergrund – die gebärfreudige,

- blickt der Herr Jesus mit den artigen Kinderchen auf Altar und Kanzel, welche weiterhin in ihrem Relief den Soldaten mit Stahlhelm als den ersten Nachfolger des Heilandes zeigt,
- betet der SA-Mann auf der abgewandten Rückseite des Taufbeckens, als flehe er um Bestrafung der Ängstlichen, die ihm das Gewehr mit dem aufgepflanzten Seitengewehr aus dem Arm genommen und durch eine Art Hirtenstab ersetzt haben.

Die Hitler-Plastik in der Turmhalle bekommt eine Wolldecke über den Kopf, und über alles breitet der heldisch-arische Christus am Altarkreuz auch fürderhin die segnenden Hände, als sei das martialische Nachkriegs-Gedicht im »Messiasboten«[218] ihm gewidmet:

Ein blitzendes Auge, eine Denkerstirn,
eine Welt von Gedanken in Herz und Hirn.
Unbeugsam der Wille, der Weg vor ihm klar.
Kein falsches Verschleiern, unerbittlich wahr.
Das Kinn wie Eisen. Geschlossen der Mund.
Nur Wahrheit, Wahrheit tut er kund.
Ein Mann voll Feuer, gestählt im Streit,
unbesiegt, unbezwingbar, ungebeugt im Leid.
So steht er vor mir, Christus, der göttliche,
der gewaltige, der unergründliche,
das Ebenbild Gottes, der Menschensohn.
An diesem Christus richte dich auf,
gebeugte Menschheit!

Todesangst hat Pastor Kurzreiter erst, als die US-Army ausgerechnet diese Kirche zur Berliner US-Garnisonkirche erwählt, als der inspizierende Offizier, von der Kirchenbesichtigung sehr angetan, am Ende doch noch in der Turmhalle unter die Wolldecke sieht: »wie er die Decke lüftete, da hätte er mich beinahe umgebracht«![219] Aber als die US-Soldaten zum ersten Gottesdienst anrücken, hat Hindenburg in der Turmhalle ein neues Gegenüber: statt der Adolf-Hitler- eine Martin-Luther-Plastik. Und zum Lobgesang der Sieger zieht der Organist – wie vor 10 Jahren in Nürnberg – alle Register der herrlichen Reichsparteitagskirchenorgel.

27. Evangelische Selbstprüfung

Zwei Tage nach dem Urteil des Bayrischen Kassationshofes, durch das die »Bekennende Kirche als Widerstandsbewegung anerkannt« und somit die kirchliche »Schuldfrage« endlich höchstrichterlich erledigt wird, versammeln sich am 12. Oktober 1946 Mitglieder der Kirchlich-theologischen Sozietät Württemberg und Angehörige der Gesellschaft für evangelische Theologie aus der US-Besatzungszone für fünf Tage zu einer ersten gemeinsamen Arbeitstagung nach dem Kriege im Kurhaus von Bad Boll. Anderthalb Jahre nach Kriegsende sollen die Tage »der Wiederaufnahme der persönlichen Gemeinschaft und der Klärung des gemeinsamen Blickfeldes dienen«: deshalb hat diese Konferenz auch »weder ein bestimmtes Problem zum beherrschenden Mittelpunkt noch ein bestimmtes Ziel in Richtung auf eine konkrete Zusammenfassung von Ergebnissen«.[220]

An die 80 Teilnehmer, überwiegend Theologen, sind der Einladung Hermann Diems gefolgt. Er war noch in Kriegsgefangenschaft, als sein Freund Paul Schempp im Mai 1945 mit seiner Denkschrift gegen die Mai-Erklärungen Theophil Wurms signalisierte, daß die Württembergische Sozietät nicht daran denkt, die kritische Würdigung des Redens und Handelns der Kirchenführer und ihrer Behörden einzustellen. Tatsächlich hatte sich Diems damalige Befürchtung – »Wenn wir heimkommen, werden unsere Brüder von der ›Bekennenden Kirche‹ in den Konsistorien sitzen und sich mit dieser ›halben Machtergreifung‹ zufrieden geben«[221] – im Oktober 1946 weitgehend bestätigt: »Nach schweren Auseinandersetzungen hatte sich Bischof Wurm mit seinem ›Einigungswerk‹ durchgesetzt.«[222]

So charakterisiert Paul Schempp die Teilnehmer der Bad Boller Tagung allesamt als »Glieder . . . des Teils der Bekennenden Kirche, der den Gang der kirchlichen Entwicklung in Deutschland schon seit 1935 und erneut seit Ende des Dritten Reiches mit mehr oder weniger Kritik als warnende Minderheit begleitet hat«.[223] Jene Minderheit also, die Karl Barth seit 1935 als die *»wirkliche Bekenntnisfront«* in der evangelischen Kirche Deutschlands bezeichnet.[224]

Überall in der Kirche ist im Oktober 1946 ja auch die »strotzende Restauration«[225] manifest geworden. Hatte noch der Rat der Evangelischen Kirche in Deutschland vor Jahresfrist in Stuttgart den Dibelius-Entwurf der »Schulderklärung« entscheidend korrigieren können, indem er dessen *Feststellung*, »Nun *ist* in unserer Kirche ein neuer Anfang gemacht worden«, abänderte in den *Auftrag*: »Nun *soll* in unserer Kirche ein neuer Anfang gemacht werden«, stellt Dibelius den kirchlich-politischen Rückmarsch nunmehr unter die Parole: »Wir knüpfen da wieder an, wo wir vorher gestanden haben.«[226] *Vorher*, das kann doch nur bedeuten: *nach der »Harzburger Front« und vor der »Bekenntnisfront«*.[227]

Und so heißt es dann auch in einer Analyse des US-Geheimdienstes vom 11. Januar 1946, über »das erste nach-nationalsozialistische Programm der (politischen) Rechten«, das bereits »abgeschwächt wurde und alle Forderungen aus ihm gestrichen wurden, die im Widerspruch zu den Bedingungen der Militärregierung stehen könnten«:

»1. Schutz des Privateigentums als Grundlage des gesellschaftlichen Systems;
2. Verlangsamung bzw. Verhinderung einer ›übertriebenen‹ Entnazifizierung, vor allem in der Wirtschaft,
3. Hervorhebung der Stärke des sowjetischen Einflusses,
4. Widerstand gegen die Erweiterung des politischen Einflusses der Arbeiterbewegung,
5. eine verschleierte Betonung von ›Unzulänglichkeiten‹ der Demokratie, wie vor allem des Viel-Parteien-Systems und der Schwächung der Staatsgewalt.

Derzeit wird die Rechte hauptsächlich unterstützt von:
1. der früheren konservativen Beamtenschaft,
2. der Wirtschaft,
3. der Mehrheit der Geistlichkeit beider Konfessionen.«[228]

Was der US-Geheimdienst da ausgekundschaftet hat, ist für die in Bad Boll versammelten Tagungsteilnehmer nun wahrlich kein Geheimnis. Die allermeisten von ihnen haben doch erst

Monate, manche erst über ein Jahr später, als sie aus den Lagern heimkehrten, von der fixen Idee der Treysaer Kirchenkonferenz gehört, die – als sei die Bindung an die Partei des »positiven Christentums« kein Irrweg gewesen! – in ihrer »Botschaft« zum Ausdruck kommt: *»daß die Kirche die Bildung einer politischen Partei, die sich selbst auf christliche Grundsätze verpflichtet, mit Wohlwollen aufnimmt«.*[229]

Jede Organisation, jede Politik kann mit dem Wohlwollen der evangelischen Kirche rechnen, wenn sie ein erklärter Feind des neuheidnischen »Gottlosentums«, des altbösen »Religionsbolschewismus« und des freidenkerischen Sozialismus ist – wie in ihrer jüngsten Vergangenheit:

»So entstand als angebliches Ergebnis des Kirchenkampfes die ›Christlich-Demokratische Union‹. Wie man das *theologisch* legitimieren könnte, hat man in Treysa offenbar überhaupt nicht gefragt. Mit dieser *Flucht* aus der Wahrnehmung der öffentlichen Verantwortung durch die *Verkündigung* in die ›christlichen Grundsätze‹ einer Partei ist der im ›Stuttgarter Schuldbekenntnis‹ versprochene ›Neuanfang‹ bereits illusorisch geworden. Die Kirche ist vielmehr genau auf dem Weg geblieben, den sie nach 1918 mit Hilfe der politischen Rechtsparteien gegangen ist und der sie zu ihrem Versagen gegen das ›Dritte Reich‹ geführt hatte. Der Unterschied war nur der, daß es jene Rechtsparteien noch nicht wieder gab, und die Kirche offen eine ›christliche‹ Partei inaugurierte, bei der nun umgekehrt die Anhänger jener Parteien unterstehen konnten.«[230]

Mit dieser Auffassung stehen die Tagungsteilnehmer bei ihrem ersten Meinungsaustausch nach dem Kriege nicht allein. In seiner soeben erschienenen Schrift »Über die Problematik christlicher Parteien« gelangt der Jesuit und Soziologe Oswald von Nell-Breuning zu demselben Ergebnis:

»Die Parteibildung vom Boden der christlichen Weltanschauung – wenn christlich nicht gleichbedeutend mit ›katholisch‹, sondern als weiterer pseudogenetischer Begriff verstanden wird, ist in Wahrheit gar keine Parteibildung vom Boden einer vorgegebenen Weltanschauung her. Sie ist nichts anderes als der Versuch, einen Machtfaktor gegen die antichristlichen Machtfaktoren zu schaffen und politisch zu aktivieren. Das Weltanschauliche bei diesem Versuch beschränkt sich strenggenommen auf ein Anti-Anti, eine doppelte Negation.«[231]

Sei es in den Vorträgen von Hermann Diem[232], Hans Joachim Iwand[233], Herbert Wehrhahn[234] und Ernst Wolf[235], sei es in der Eröffnungspredigt von Paul Schempp[236] oder in den anschließenden und bis tief in die Nächte reichenden Diskussionen, bei denen Rudolf Bultmann, Ernst Fuchs und Martin Niemöller so hervorragenden Anteil hatten: der Bad Boller Meinungs- und Erfahrungsaustausch der alten und neuen »wirklichen Bekenntnisfront« hat »*die Bereicherung an theologischer Erkenntnis, die nüchterne und vertiefte Einsicht in unsere kirchliche Verschuldung und die Ermunterung zu Glauben und Wirken als Kirche der gerechtfertigten Sünder gebracht. Es konnte kein Lamentieren in Verzagtheit oder Trotz aufkommen, und wenn auch die Linien meist nicht ausgezogen wurden, so geschah doch ›evangelische Selbstprüfung‹ und das heißt von der frohen Botschaft bestimmte Klärung der menschlichen Wirklichkeit, gerade der menschlichen Wirklichkeit der Kirche* ...«[237]

28. Einladung zur Opposition

Die Arbeitstagung in Bad Boll, die durch die Teilnahme von Markus Barth, Pfarrer im schweizerischen Bubendorf[238], Georges Casalis, französischer Militärpfarrer in Berlin[239], und Martin Niemöller, Stellvertretender Rats-Vorsitzender und Leiter des Kirchlichen Außenamtes[240], immer auch die kirchliche Entwicklung jenseits der US-Zonengrenze im Blick hatte, kann aber noch ein bedeutsames konkret-praktisches Ergebnis aufweisen, den Beschluß nämlich zur Sammlung der Gleichgesinnten über die US-Zone hinaus:

»*Zusammenschluß von kirchlichen und theologischen Arbeitsgemeinschaften zunächst in den drei westlichen Zonen unter dem Vorsitz von Hermann Diem ... Geschäftsführer ist Pfarrer Kurt Müller, Stuttgart-Degerloch«.*[241]

Martin Niemöller hatte den entsprechenden Antrag gestellt, und so ist es vor allem Wurms Stellvertreter, der unmittelbar nach Beendigung der Tagung in Bad Boll überall im besetzten und durch Zonengrenzen und landeskirchliche und neue konfessionelle Grenzen zerteilten Trümmerdeutschland unter seinen Freunden zur Gründung einer gemeinsamen kirchlichen Opposition im Sinne des Bad Boller Beschlusses ermuntert. Eine Aktivität, die Niemöller einmal mehr in einer nach Ruhe und Ordnung strebenden EKiD als unverbesserlichen Störenfried in Verruf bringt.

In den Entnazifizierungs- oder »Selbstreinigungs«-Verfahren ist der zur antifaschistischen Widerstandsbewegung umfunktionierte Begriff »Bekennende Kirche« für zahllose Christen, kirchliche Mitarbeiter und Kirchenführer zwar unverzichtbar, innerhalb der evangelischen Kirche indes wird die »Bekennende Kirche« längst als kirchenhistorische Episode gehandelt. Sie stehe zur neuen Institution Evangelische Kirche in Deutschland allenfalls in einem Verhältnis wie die NSDAP zum Totalen Staat Hitlers, unter dem die Partei lediglich als Bewegung eine staatsstabilisierende Funktion ausgeübt habe. Eine Diskussion, die so in aller Öffentlichkeit gegen die Männer und Frauen der »Bekenntnisfront« geführt wird. Und wie selbst bei denen das ungebrochene Denken in Bildern des Hitler-Faschismus gelegentlich fortlebt, zeigt die Antwort Wilhelm Niesels:

»Es ist also verkehrt – wie es gelegentlich geschieht –, das Verhältnis von offizieller Kirche und BK zu vergleichen mit dem Verhältnis von Staat und Partei in den vergangenen Jahren und daran die Forderung zu knüpfen, daß die Organe der BK baldigst verstummen oder gar verschwinden müßten. Wenn wir bei diesen aus dem öffentlichen Leben genommenen Bilde bleiben, müßten wir sagen: die BK ist der Staat und die offizielle Kirche muß erst zeigen, ob sie diesen Platz ausfüllen kann. Ohne Bild gesprochen: die BK hat sich nie als Bewegung verstanden, sondern als Kirche, und die offiziellen Kirchen müssen erst beweisen, ob sie diesen Namen zurecht tragen.«[242]

Für die alten Landeskirchen und die neue Evangelische Kirche in Deutschland sind die Existenz von Ämtern und Behörden und die fortwährende, alle Systeme und Zusammenbrüche überdauernde »Rechtskontinuität« Beweis genug. Und Hermann Diem kann nur noch angesichts der permanenten kirchlichen Unbußfertigkeit und Selbstbehauptung an zwei in diesem Zusammenhang aufschlußreiche kirchliche Begebenheiten erinnern:

- »Von einem preußischen Konsistorialpräsidenten wird berichtet, er verstünde gar nicht, was die Brüder Gerlach[243] meinten, wenn sie von ›Sünde‹ der Kirche reden: *›Die Kirche ist eine Behörde und kann sowenig sündigen wie die Königliche Straßen- und Wasserbaudirektion‹*. Ein anderes Beispiel aus der Zeit des Kirchenkampfes:
- Ein Mitglied des Stuttgarter Oberkirchenrates sagte zu mir als dem Leiter der ›Kirchlich-theologischen Sozietät in Württemberg‹ in einer Streitfrage zwischen uns, wir sollten doch Buße tun, worauf ich fragte, ob nicht auch die Kirchenleitung einmal Buße tun könne? Er erwiderte: *›Ein Kollegium kann nicht Buße tun.‹«*[244]

Das eben ist trotz aller vollendeten kirchlichen Tatsachen das Ziel der seit Treysa ausgeschalteten sogenannten »radikalen« Barmenser und Dahlemiten: *weg von der alten, in der Deutschen Evangelischen Kirche des »dritten Reiches« abgewirtschafteten, bußunfähigen Behördenkirche, hin zur jungen, von den Bekenntnissynoden Barmen und Berlin-Dahlem bestimmten Bekennenden Kirche, die ihre kirchliche und politische Schuld bekennen und deshalb auch neu anfangen kann.*

Von diesen wie ehedem als »Radikale« verschrieenen Bekennern wird der Bad Boller Beschluß dankbar aufgegriffen. Die kirchlich-theologische Sozietät Württemberg, die Theologische Sozietät Baden[245], der Unterwegskreis Berlin[246], der Bereler Kreis in Braunschweig[247] und die Bruderschaft hannoverscher Pfarrer in Osnabrück[248] schließen sich spontan der neuen Kirchlich-Theologischen Arbeitsgemeinschaft für Deutschland (KTA) an.

Und wo in den Landeskirchen noch keine um das »Erbe von

Barmen und Berlin-Dahlem« kämpfenden Gemeinschaften oder Konvente existieren, sammeln sich spontan[249] Gleichgesinnte und treten der gesamtkirchlichen Opposition unter dem Kürzel KTA bei: der Bayerische Arbeitskreis der Gesellschaft für Evangelische Theologie[250], die Kirchlich-Theologische Arbeitsgemeinschaft der Pfalz[251], die Kirchlich-Theologische Arbeitsgemeinschaft in der Bekenntnisgemeinschaft Bremen[252], die Arbeitsgemeinschaft in der Gesellschaft für evangelische Theologie in Hamburg[253], die Bekenntniskirchliche Arbeitsgemeinschaft an der Ruhr[254] und die Kirchlich-Theologische Arbeitsgemeinschaft Siegen[255], beide Westfalen. Sie alle stehen nicht nur mit den alten und auch wieder neuen Kirchenbehörden, ihren wetterwendischen Konsistorialen, nicht nur mit ihren alten und wieder neuen niederen und oberen Kirchenführern in Konflikt; sie alle sind auch zutiefst enttäuscht von den saft- und kraftlosen Restorganen der alten Bekennenden Kirche, den Bruderräten, die einst für das Bekenntnis von Barmen stritten.

Als Hermann Diem damals im Gefangenenlager Kurt Scharf gegenüber die Befürchtung äußerte, »wir werden zu spät kommen. Unsere Brüder von der Bekennenden Kirche werden in den Konsistorien sitzen, und mit dieser ›halben Machtergreifung‹ wird alles beim alten bleiben«, hatte Kurt Scharf das noch für »unmöglich« gehalten. »Aber der erste Brief«, den Hermann Diem von ihm nach der Heimkehr erhielt, so erinnert er sich, »trug als Absender auf dem Umschlag den Stempel ›Konsistorium der Mark Brandenburg‹.«[256]

Die alten und wieder neuen Kirchenführer, vor allem der kluge Otto Dibelius in Berlin-Brandenburg[257], hatten die alte »Bekenntnisfront« geschickt auseinanderdividiert. Und am 20. März 1946 verkündete der Bruderrat der EKD, das ehemalige Leitungsorgan der alten »Bekenntnisfront«, in 13 Punkten eine Bilanz des »Evangelischen Kirchenkampfes«, in der sage und schreibe die »Bekennende Kirche« zur *»Bußbewegung«* schrumpfte – und immerhin steht neben den Unterschriften Hans Asmussens und Heinrich Helds auch der Name Martin Niemöller unter diesem Dokument des »siegreichen Rückzugs«, das mit diesen, den zentralen Anspruch der Botschaften von Barmen und Berlin-Dahlem preisgebenden Worten beginnt:

»Die Bekennende Kirche ist entstanden als eine Bußbewegung von Pfarrern, Ältesten und Gemeindegliedern, die sich durch den Herrn der Kirche haben rufen lassen zur Anerkennung seiner alleinigen Herrschaft in Verkündigung und Ordnung der Kirche. Diese Bußbewegung wurde stark im Kampf gegen die deutschchristliche und nationalsozialistische Bedrohung einer an Schrift und Bekenntnis gebundenen Kirche. Der Kirchenkampf in der Form der letzten zwölf Jahre geht seinem Ende entgegen . . .«[258]

29. Angst vor der eigenen Courage

Karl Barth sieht sich in seinem jahrzehntelangen Mißtrauen einmal mehr bestätigt: »Die zur sauersüßen Regierungs- bzw. Koalitionspartei gewordene BK ist nicht mehr mein Fall.«[259] Dennoch gelingt es ihm mit einem Vortrag vor dem Bruderrat der EKD, der vom 5. bis 6. Juli 1947 zu einer Sitzung in Darmstadt versammelt ist, die weiße Fahne der bekenntniskirchlichen Kapitulation einstweilen einzurollen. Denn wie in den allerersten Monaten der Bekennenden Kirche vor nunmehr 14 bis 13 Jahren kann Barth die versammelte deutschnationale Energie abermals umlenken in kirchlich-theologische Bahnen, in evangelisches Suchen und Fragen nach dem biblischen Auftrag der Kirche und Christen hier und jetzt. Und dieser Vortrag provoziert den alten »Reichsbruderrat« zudem, ein weiteres Mal nach der Mitschuld der Kirche an Hitlerei und Holocaust zu fragen.

Karl Barth beklagt, daß die Kirche schon wieder zum Unterschlupf der Nazis, der Unbußfertigen, zur Heimat der Reichen, der Industriellen, der Wirtschaftsleute, der Bankiers, des kopflosen »christlichen« Bürgertums zu werden droht und dadurch erneut die Arbeiterschaft, die soziale Frage und die gesellschaftlichen Minderheiten von der kirchlichen Ausgrenzung bedroht sind. Und weil Bruderratsmitglied Hans Joachim Iwand seinen Lehrer Karl Barth, wie die Diskussion zeigt[260], am besten verstanden hat und obendrein Vorsitzender des theologischen Bruderratsausschusses ist, schlägt Barth unter Zustimmung des Bruderrates vor, Iwand möge des Ergebnis der Diskussion über seinen Vortrag zusammenfassen zu einem Beschlußentwurf mit evangelisch-theologischen Grundsätzen »zu unserer politischen Situation«. Schon am 6. Juli 1947, dem letzten Sitzungstag des Bruderrates der EKD in Darmstadt, legt Iwand diese acht Grundsätze vor:

»1. Die Gemeinde Jesu Christi ist die Gemeinde derer, die das Wort von der Versöhnung der Welt mit Gott in Christus hören, annehmen und tun. Der Dienst der Versöhnung wird aber verleugnet und nicht ausgerichtet, wenn wir uns nicht freisprechen lassen von aller unserer Schuld, nicht nur der privaten, sondern auch der politischen, und uns von Jesus Christus, dem guten Hirten, heimrufen lassen von den falschen und bösen Wegen, auf denen wir als Deutsche in die Irre gegangen sind.

2. Wir sind in die Irre gegangen, als wir begonnen haben, den Traum einer besonderen deutschen Sendung zu träumen und damit den Glauben an den schrankenlosen Gebrauch der politischen Macht zu begründen. Wir haben damit den Beruf aufgegeben und verfehlt, im Dienst an den gemeinsamen Aufgaben der Völker mit den uns verliehenen Gaben mitzuarbeiten und der Stadt Bestes zu suchen.

3. Wir sind in die Irre gegangen, als wir begonnen haben, eine christliche Front gegenüber den notwendigen gesellschaftlichen Neuordnungen im modernen Leben der Menschen aufzurichten. Das Bündnis der Kirche Jesu Christi mit den konservativen Mächten hat furchtbare Folgen gezeitigt. Wir haben die christliche Freiheit preisgegeben, Lebensformen zu ändern, wenn das Leben der Menschen solche Wandlungen erfordert. Wir haben das Recht zur Revolution abgelehnt, aber die Entwicklung zur schrankenlosen Diktatur gerechtfertigt.

4. Wir sind in die Irre gegangen, als wir meinten, eine Front der Guten gegen die Bösen, des Lichtes gegen die Finsternis, der Gerechten gegen die Ungerechten auf politischem Wege bilden zu müssen. Damit haben wir das freie Angebot der Gnade Gottes an alle vertauscht mit der Selbstgerechtigkeit des Nationalismus.

5. Noch immer werden nationalistische und politische Parolen, die den Ausgangspunkt für die Katastrophe von 1933 bildeten, weiter gepflegt und zur Selbstrechtfertigung gebraucht. Die Gemeinde Gottes auf Erden sollte sich reinigen von allen bösen Gedanken und frei bleiben im Spiel der weltlichen Mächte. Sie wird aber diese Reinheit ihres Dienstes und die Freiheit ihres Zeugnisses verlieren, wenn sie sich noch einmal bestimmen läßt von der Parole: Christentum oder Marxismus. Diese Parole hat uns verführt zu schweigen, als wir zum Zeugnis für Recht und Freiheit gefordert waren, und denen politisch zu folgen, denen wir als Christen widerstehen mußten.

6. Die Gemeinde Gottes, freigesprochen durch das Evangelium, freigestellt zum Neuanfang des Lebens, ist der Weg der Hoffnung in der Hoffnungslosigkeit, der Weg der Freiheit in der Gebundenheit, der Realität der auf Versöhnung gegründeten Gemeinschaft in dem Richtgeist der Menschen. Der Verheißung ihres Herrn gemäß ist sie die Stadt, die auf dem Berge liegt. Es ist Unglaube, wenn sie ihr Pfund vergräbt und sich damit der Verheißung begibt, die Gott selbst der Kirche zum Heil der Menschen anvertraut hat.

7. Nicht Rückkehr zum Christentum, sondern Umkehr zu Gott durch das Evangelium ist uns geboten. Nicht die Rettung der Welt ist die Aufgabe der Christenheit, sondern die Reformation der Christenheit ist die Rettung der Welt. Darum rufen wir alle, die es zu glauben vermögen, auf: Bezeugt die wohltätige und befreiende Herrschaft Jesu Christi im Dienst an seiner ganzen Schöpfung. Erkennt, daß der Staat zu seinen Geschöpfen gehört, dazu bestimmt, zur Ehre Gottes und zur Wohltat, zum Glück und Frieden unter den Menschen zu dienen.

8. Wir sehen mit Sorge, daß uns bis heute die rettende und

befreiende Umkehr unseres Volkes zu neuem, freundlichem Dienst am Aufbau eines freien, seines Namens und seiner Gaben würdigen Deutschlands nicht geschenkt ist. Wir geraten in Gefahr, aus einer falschen, weil natürlichen und nicht aus Gott geborenen Liebe zu unserem Volk heraus, seine in der Welt zerbrochenen und zerschlagenen Hoffnungen und Träume religiös zu pflegen und wirksam zu erhalten. Wir verhelfen ihm dadurch zu einer Flucht vor der unabweisbaren diesseitigen Verantwortung in Staat und Gesellschaft ins Elendsland der Religion.«[261]

Und plötzlich wird »die zur sauersüßen Regierungs- bzw. Koalitionspartei gewordene Bekennende Kirche«[262], wie sie eben auch der Bruderrat der EKD repräsentiert, wieder sichtbar. Da hissen etliche Bruderratsmitglieder schon wieder vor dem kirchlich-politischen Zeitgeist die weiße Flagge, verstekken sich hinter Vertagungsanträgen, weil der Iwand-Text zu einseitig, insgesamt zu unausgewogen sei. Eine Fülle von Abänderungsvorschlägen bringt jene in Harnisch, die eine sofortige Abstimmung über den Iwandschen Textvorschlag fordern.

Schließlich folgen alle der Empfehlung Martin Niemöllers, bis zur nächsten Bruderrats-Sitzung am 7. und 8. August 1947 weitere Textvorschläge einzureichen, um dann noch einmal zu beraten und gegebenenfalls endgültig abzustimmen.

Niemöller selbst hält Iwands Thesen nicht nur redaktionell für korrekturbedürftig. In seinem Entwurf[263] tilgt er auch alle politischen Reizworte, mit denen Iwand direkt auf die Deutschnationalen zielt:

- aus Iwands »Bündnis der Kirche Jesu Christi *mit den konservativen Mächten«* (These 3, Satz 2) wird bei Niemöller: »Das Bündnis der Kirche *mit den das Alte und Herkömmliche konservierenden Mächten«* (These 4, Satz 2);
- beklagt Iwand, daß immer noch *»nationalistische und politische Parolen,* die den Ausgangspunkt für die Katastrophe von 1933 bildeten, weiter gepflegt« werden (These 5, Satz 1), spricht Niemöller von den *»gleichen Parolen, die schließlich* zu der Katastrophe von 1933 geführt haben« (These 6, Satz 1), und
- nennt Iwand das politische deutsche Übel, die »Selbstgerech-

tigkeit *des Nationalismus«*, beim Namen (These 4, Satz 2), betont Niemöller die menschliche Seite: *»die menschliche Selbstgerechtigkeit* in Nationalismus, Idealismus und Kapitalismus« (These 5, Satz 2).

30. Das Zeichen der marxistischen Lehre

Als sich am 21. Juli 1947 dann zum ersten Mal die in der Kirchlich-Theologischen Arbeitsgemeinschaft für Deutschland (KTA) vereinigte Opposition der EKD und BK in Bad Boll versammelt, berichtet Hermann Diem von dem Vorhaben des Bruderrates der EKD, noch einmal in einer Erklärung die Schuldfrage aufzugreifen. Und weil der Bruderrat in seiner letzten Sitzung ausdrücklich weitere Textentwürfe erbeten hatte, wollen auch die mehr als hundert Tagungsteilnehmer[264] ihren Beitrag leisten. Karl Barth hat einen vom Iwand- und Niemöller-Text erheblich abweichenden eigenen Entwurf für Bad Boll angefertigt: konkreter, politischer, kürzer und auf *sieben* Thesen reduziert.

Die Versammlung entscheidet auf Empfehlung des Vorsitzenden Diem, den Barth-Entwurf als Beratungsgrundlage zu benutzen. Am Ende der fünftägigen Zusammenkunft, in deren Mittelpunkt die im Programm angekündigten Vorträge stehen[265], haben Arbeitsgruppe und Plenum der KTA einen eigenen Entwurf erarbeitet, der im Vergleich mit der Barth-Vorlage sowohl die Harmonie mit den Barthschen Gedanken als auch die eigenen Akzente der kirchlich-theologischen Opposition in der EKD und im Bruderrat der EKD sichtbar macht[266]:

Barth 1: »Die Evangelische Kirche in Deutschland ist die Gemeinde der deutschen Menschen, die das Wort von der Versöhnung der Welt mit Gott in Christus hören, annehmen und tun möchten. Wir erkennen und bekennen: dazu gehört auch dies, daß wir uns heimrufen lassen und umkehren von den bösen und verderblichen Wegen, auf denen wir Deutsche in unserem politischen Denken, Reden und Handeln so lange gegangen sind.«

KTA 1: »Als die Gemeinde der Menschen, die das Wort von der Versöhnung der Welt mit Gott in Christus hören, annehmen und tun wollen, erkennen und bekennen wir, daß wir umkehren müssen von den Wegen, auf denen wir Deutsche in unserem politischen Denken, Reden und Handeln seit langem gehen.«

Barth 2: »Wir sind in die Irre gegangen, wir haben unseren deutschen Beruf inmitten der anderen Völker verfehlt, indem wir begannen, unseren Staat nach innen allein auf eine starke Regierung, nach außen allein auf militärische Machtentfaltung zu begründen.«

KTA 2: »Wir sind in die Irre gegangen, wir haben unsere Aufgabe inmitten der anderen Völker verfehlt, indem wir begannen, unseren Staat nach innen allein auf eine starke Regierung, nach außen allein auf militärische Machtentfaltung zu begründen.«

Barth 3: »Wir sind in die Irre gegangen, indem wir uns als Kirche mit den konservativen Mächten (Monarchie, Adel, Armee, Großgrundbesitz, Großindustrie) verbündeten, indem wir die christliche Freiheit preisgaben, Lebensformen zu ändern, wenn das Leben der Menschen sie zu ändern forderte, indem wir das Recht zur Revolution ablehnten, die Entwicklung zur nihilistischen Diktatur aber duldeten und guthießen.«

KTA 3: Wir sind in die Irre gegangen, indem wir uns als Kirche eigenmächtig mit den herrschenden Mächten und besitzenden Ständen verbündeten. Wir haben die christliche Freiheit preisgegeben, Lebensformen zu ändern, wenn das Leben der Menschen sie zu ändern forderte. Wir haben das Recht zur Revolution abgelehnt, die Entwicklung zur Diktatur aber geduldet und gutgeheißen.«

Barth 4: »Wir sind in die Irre gegangen, indem wir es übersahen, daß der ökonomische Materialismus der marxistischen Lehre ein von der Kirche weithin vergessenes wichtiges Element biblischer Wahrheit (Auferstehung des Fleisches!) neu ans Licht gestellt hat, indem wir ihm ein unbiblisch spiritualistisches Christentum gegenüberstellten und indem wir es in dieser falschen Kampffront unterließen, die Sache der Armen im überlegenen Licht des Evangeliums von Gottes kommendem Reich zur Sache der Kirche zu machen.«

KTA 4: »Wir sind in die Irre gegangen, indem wir es übersahen, wie der ökonomische Materialismus der marxistischen Lehre die Kirche hätte an ihren Diesseitigkeitsauftrag erinnern müssen, und haben es in der Kampffront eines falschen Jenseitschristentums unterlassen, die Sache der Armen und Entrechteten gemäß dem Evangelium von Gottes kommendem Reich zur Sache der Kirche zu machen.«

Barth 5: »Indem wir das erkennen und bekennen, wissen wir uns als Gemeinde Jesu Christi freigesprochen zu einem neuen, besseren Dienst zur Ehre Gottes und zum ewigen und zeitlichen Heil der Menschen.«

KTA 5: »Wir bekennen dies im Gehorsam des Glaubens und wissen uns durch die Kraft des Todes und der Auferstehung Jesu Christi freigemacht zu einem besseren Dienen: Umkehr zum Mitmenschen und nicht die Parole: Rückkehr zu Christentum und abendländischer Kultur ist das, was unserem Volk und inmitten unseres Volkes vor allem uns Christen selbst nottut.«

Barth 6: »Nicht Rückkehr zum Christentum, sondern Umkehr zu Gott und zum Bruder[267] in der Kraft des Todes und der Auferstehung Jesu Christi ist das, was unserem Volke und inmitten unseres Volkes vor allem uns Christen nottut.«

KTA 6: »Wir rufen die Christen und Nichtchristen in Deutschland auf: Gebt aller politischen Gleichgültigkeit den Abschied; laßt euch nicht verbittern durch die Not der Gegenwart; laßt euch nicht verführen durch die Träume von einer besseren Vergangenheit und die Spekulationen um einen kommenden Krieg; werdet euch in großer Nüchternheit der Verantwortung bewußt, die alle und jeder einzelne für den Aufbau eines besseren deutschen Staatswesens tragen, das dem Recht, der Wohlfahrt und dem inneren Frieden dient.«

Barth 7: »Wir bezeugen die Herrschaft Jesu Christi in seiner

Kirche und über alle Mächte und Gewalten dieser Welt, indem wir die Christen und die Nichtchristen in Deutschland aufrufen, aller politischen Apathie und allen politischen Spekulationen den Abschied zu geben, um sich in großer Nüchternheit der Verantwortlichkeit aller und jedes einzelnen für den Aufbau eines dem Recht, der Wohlfahrt und dem inneren und äußeren Frieden dienenden neuen deutschen Staatswesens bewußt zu werden.«

KTA 7: »Inmitten des politischen Ringens hat die Kirche innerhalb und außerhalb aller Parteien die Aufgabe, zu sachgemäßem Handeln in Lösung und Freiheit von ideologischer Bindung und totalitärem Anspruch zu helfen.«

So liegen dann zu Beginn der Darmstädter Bruderratssitzung am 7. August 1947 insgesamt vier Textentwürfe vor: von Hans Joachim Iwand, Martin Niemöller, Karl Barth und von der Kirchlich-Theologischen Arbeitsgemeinschaft für Deutschland (KTA), das erste den Kurs dokumentierende Lebenszeichen der von Karl Barth geförderten Opposition in EKD und BK.

Ganze zwölf Bruderratsmitglieder, weniger als ein Drittel der offiziell und korrekt Eingeladenen[268], machen sich an die geplante Arbeit. Unbekümmert von den vor allem in Berlin-Brandenburg gegen ein derartiges Bruderratswort bereits vorab geltend gemachten »Bedenken«[269] – die geschickte Personalpolitik des nationalkonservativen Berliner Bischofs Dibelius trägt erste Früchte! – vergleicht, analysiert und diskutiert die Bruderratsminderheit die Textvorlagen, äußert neue Gedanken. Und während der Rest der Versammlung unter Niemöllers Leitung einen »Brief des Bruderrates zur Lage« anfertigt, fügen die Brüder Hermann Diem, Theodor Dipper, Hans Joachim Iwand, Karl Lücking, Otto Thedens, Kurt Walter und Ernst Wolf – Leiter dieser Redaktionskommission ist Iwand – die unterschiedlichen Bausteine zu einer Endfassung zusammen. Diese neuen sieben Thesen werden dann am 8. August 1947 von der Zufallsmehrheit der zwölf Anwesenden als das *»Wort des Bruderrates der Evangelischen Kirche in Deutschland zum politischen Weg unseres Volkes«* beschlossen.

Martin Niemöller scheint nichts Gutes zu ahnen, als er der anwesenden Minderheit empfiehlt, das »Wort« zur weiteren Veranlassung dem Rat der EKD zuzuleiten. Doch die Brüder erinnern den Rats-Vize daran, wie es in Treysa 1945 dem »Wort an die Pfarrer« erging, das sie unter Niemöllers Vorsitz in Frankfurt am Main beschlossen hatten.[270] Daraufhin geht der Text sofort in die Druckerei und schon am 12. August 1947 als Nr. 8 der *»Flugblätter der Bekennenden Kirche«* hinaus in die Gemeinden, Kirchenbehörden und Landesbruderräte.[271] Das »Wort« ist in der Welt.

31. »Sozialistenbeschluß«

Karl Barth ist nach der Lektüre des Flugblattes erleichtert und zuversichtlich: »Da habe ich wirklich dankbar aufgeatmet angesichts der Tatsache, daß nun dieser Rubikon endlich überschritten ist. Der bereinigte Text hat meine volle Zustimmung, und ich werde dafür zu sorgen wissen, daß er auch im Ausland die ihm gebührende Beachtung findet. Was Niemöller in Amerika von der Stuttgarter Erklärung m. E. übertreibend gesagt hat, wird von diesen Sätzen in Wahrheit zu sagen sein: hier ist es zu einer Wendung gekommen, hinter die es kein Zurück mehr geben kann.«[272]

Daß Karl Barth bei der Lektüre dieses Darmstädter Schuldbekenntnisses gleich ans Ausland denkt, hat seinen ganz aktuellen Grund. Da war es den Bemühungen der evangelischen Kirchenführer im besetzten Deutschland und dem Leiter des Kirchlichen Außenamtes zwei Jahre nach Kriegsende gelungen, im Zusammenspiel mit der Ökumenischen Zentrale in Genf und den guten Verbindungen zum amerikanischen Geheimdienstchef in der Schweiz, Allan Dulles, die Bekennende Kirche als einen Hort des antifaschistischen Widerstandes und Martin Niemöller als hervorragenden Führer dieses »Evangelischen Kirchenkampfes« zu erkennen und anzuerkennen, da nimmt im

Frühjahr 1947 ausgerechnet an Martin Niemöller dieses antifaschistische Kirchenbild Schaden – ausgerechnet in Amerika.

Niemöller war seit Dezember 1946 mehrere Monate auf Einladung der amerikanischen Kirchenkonferenz durch die USA gereist und hatte »wie ein Bußprediger« den Irrweg des deutschen Volkes beklagt und Zeichen der Reue und Umkehr gesetzt. Dem »einzigen deutschen Exportartikel nach 1945«[273] wurde gar die Zunahme der Hilfeleistungen amerikanischer Bürger für die notleidenden Deutschen zugeschrieben, als sich die US-Medien plötzlich gegen ihn wandten. Auf unerforschlichen Wegen[274] hatten sie nicht nur von Niemöllers deutschnational-faschistischer und rassistischer Einstellung *vor* seiner KZ-Haft Kenntnis erlangt, sie besaßen auch Informationen über Niemöllers politische und militaristische Auffassung *während* seiner KZ-Zeit.

Sie wußten und publizierten auch, daß Martin Niemöller am 7. September 1939 aus dem KZ Sachsenhausen bei Großadmiral Raeder schriftlich »um irgendeine Verwendung im Kriegsdienst« nachgesucht und der Chef des Oberkommandos der Wehrmacht, der gerade als Kriegsverbrecher in Nürnberg hingerichtete Generaloberst Keitel, das Gesuch persönlich abgelehnt hatte mit den Worten: »bedaure ich Ihnen mitteilen zu müssen, daß die Heranziehung zum aktiven Wehrdienst nicht beabsichtigt ist«.[275]

Da erschien plötzlich vielen Amerikanern die Aussage des Stuttgarter »Schuldbekenntnisses«, die Niemöller immer und immer wieder in seinen Predigten und Ansprachen als »das hervorragendste Ereignis im Leben unseres Volkes und in unserer Kirche seit Kriegsende« rühmte, als eine Täuschung. Aus dem »deutschen Exportartikel« Niemöller wurde in der US-Presse über Nacht der häßliche Deutsche und unglaubwürdige Kirchenmann:

- *Der linke Publizist Viktor Bernstein:* »Die Toten Europas werden nicht von Männern gerächt, die sich freiwillig meldeten, um 1939 für Hitler in den Krieg zu ziehen!«
- *Der New Yorker Rabbiner Stephan S. Wise:* »Pastor Niemöller ist nach Amerika gekommen, um mitzuteilen, daß der

Antisemitismus in Deutschland tot sei. Wenn der Pastor etwas genauer hinsähe, würde er sehen, daß es die Juden sind, die tot sind!«

- *Die Präsidentenwitwe Mrs. Eleanor Roosevelt:* »Ich kann nicht einsehen, wieso wir dazu kommen sollen, uns von diesem Mann noch Vorträge anzuhören!«[276]

Und als die Zwölf in Darmstadt die sieben Thesen des Bruderratswortes »zum politischen Weg unseres Volkes« beschließen, prüft bereits die hessische VVN, der für Niemöller zuständige Landesverband der »Vereinigung der Verfolgten des Naziregimes«, die in den USA gegen Martin Niemöller erhobenen politischen Vorwürfe.[277] Als sie zutreffen, verstößt die VVN den KZ-Kameraden Niemöller aus ihren Reihen.

Damit ist im Sommer 1947 die Anti-Niemöller-Kampagne auch in Deutschland entfacht, und die anderen nicht minder belasteten Kirchenführer fürchten, mit in den Strudel gezogen zu werden. Deshalb müssen sie, anstatt den Mitautor des »Darmstädter Wortes« zur Rechenschaft zu ziehen, ihrem Intimfeind erst einmal öffentlich beistehen. Schließlich ist er Stellvertretender Ratsvorsitzender.

Und während bereits der sächsische Landesbruderrat in seinem Rundbrief, aber auch die Zeitschriften »Die Zeichen der Zeit« und »Unterwegs« das »Wort« veröffentlichen[278], ist die Kirchenpresse in den Westzonen damit beschäftigt, der gefährlichen Entwicklung, welche eine jahrelange Vertrauensarbeit der EKD zunichte machen könnte, entgegenzuwirken.

Ein Aufsatz, unter der Überschrift *»Niemöller ›schwer belastet‹«*, der im Rheinischen Kirchenblatt just an dem Tag erscheint, an dem Niemöller sich vor sechs Jahren aus dem KZ der Hitler-Wehrmacht als Kriegsfreiwilliger angedient hatte, sucht in seinen 160 Zeilen die Flucht nach vorn. Was soll auch so ein Mann wie Niemöller in der linkslastigen VVN:

»Hat man denn sein Schuldbekenntnis nicht gehört oder nicht ernstgenommen? Im Urteil der Christen hat Niemöller durch jenen ablehnenden Bescheid der VVN nicht verloren. Im Gegenteil, jener Bescheid kann uns zur Klärung unserer eigenen Stellung helfen. Wir wissen von Männern des Neuen

Testaments, die in ihrer Stellung zu ihrem Herrn auch alles andere als blütenweiße Westen hatten. Eine christliche ›VVN‹, eine ›Vereinigung der Verfolgten Neros‹, die sich um 65 n. Chr. gebildet hätte, hätte nach dem Vorbild der heutigen VVN auch Paulus und Petrus aus ihren Reihen ausschließen müssen.«[279]

So macht sich die Empörung in EKD und Bruderräten über das »Darmstädter Wort« vorwiegend hinter den kirchlichen Kulissen Luft. Vor allem diese Aussagen im »Darmstädter Wort«, welche die Brüder Albertz, Andler, Böhm, Harder und Scharf doch durch ihren frühzeitigen Einspruch hatten verhindern wollen[280], schaffen eine breite Front erbitterter Gegner:

- *»Wir haben das Recht zur Revolution verneint, aber die Entwicklung zur absoluten Diktatur geduldet und gutgeheißen.«* (These 3), und
- *»daß der ökonomische Materialismus der marxistischen Lehre die Kirche an den Auftrag und die Verheißung der Gemeinde für das Leben und Zusammenleben der Menschen im Diesseits hätte gemahnen müssen.«* (These 5).

Da spricht der Kirchenkämpfer seit 1918, der Berliner Bischof Dibelius, auch zahllosen Bruderrätlern in der EKD aus der Seele, die es mit ihm als »schwere Zumutung« empfinden: *»genau dasjenige als eigene Schuld bekennen (zu) sollen, wogegen wir ein Leben lang angekämpft haben«!*[281]

Hans Asmussen, der vor zehn Jahren mit seinem Kommentar zur Barmer Erklärung auch den Nazis unter den Synodalen das von Barth verfaßte Bekenntnis annehmbar zu machen verstand[282], warnt vor einem neuen Einbruch des »Religionsbolschewismus« in die Kirche: mit dem Darmstädter »Sozialistenbeschluß«[283] habe der Marxismus in der Kirche Fuß gefaßt, und der sei »nicht für einen Deut erträglicher . . . als die Lehre Rosenbergs.«[284] Sodann probt Otto Perels am 10. September 1947 vor dem Generalkonvent der Bekennenden Kirche Brandenburgs den Aufstand gegen den »Reichsbruderrat«, wie er immer noch den Bruderrat der EKD nennt:

»Ein Abrücken von dem irrigen Wort des Bruderrates ist nötig. Sonst bedeutet es die Selbstaufgabe der Bekennenden Kirche. Wie könnte sie bestehen vor ihren Bekennern und

Märtyrern, wenn sie ihren Namen zum Schanddeckel der Anpassung an den Zeitgeist werden ließe.«[285]

Doch das »Wort« ist in der Welt. Jede Distanzierung oder gar die Aufhebung des Darmstädter »Sozialistenbeschlusses« könnte dem verhaßten Dokument erst die gewünschte Publizität verschaffen. So obsiegen dann die alten bekenntniskirchlichen Taktiker und Kirchendiplomaten bei der nächsten Bruderratssitzung am 15. und 16. Oktober 1947 in Detmold: Der Bruderrat der EKD beauftragt die Brüder Beckmann, Diem, Niemöller und Wolf, die sieben Thesen je mit einer ausführlichen Kommentierung zu versehen. Derart zerlegt und eingesperrt in einer vom gesamten Bruderrat der EKD akzeptierten »Auslegung«, mit Vor- und Nachspann, vom bekannten Papiermangel ganz zu schweigen, zweifellos eine wirkungsvollere Unterdrückungsmaßnahme, als die mögliche Kassierung des „Darmstädter Wortes“ durch einen Detmolder Mehrheitsbeschluß seiner bruderrätlichen Gegner.

32. Verbündete statt Schuldige

Eigentlich sollen Beckmann, Niemöller und Ernst Wolf den Kommentar verfassen. Der Name Iwand, der mit seinem ersten Entwurf eben diesen beanstandeten Kurs des »Wortes« bestimmt hatte, kam in Detmold niemandem über die Zunge. Weil Kurt Scharf aber seinen kritischen Kameraden aus dem Kriegsgefangenenlager nicht auch noch von dem Vorhaben guten Gewissens ausschließen kann, kommt Hermann Diem durch Scharfs Zuruf als vierter Mann hinzu.[286] Und wie es gelegentlich schon einmal in der Geschichte vorkommt, wendet sich auch hier der »krumme Weg« zum halbwegs geraden:

Da Joachim Beckmann im Rheinland vollauf mit Kirchenleitung beschäftigt ist, der Kirchentag von Nassau, Hessen und Frankfurt am Main am 1. Oktober 1947 Martin Niemöller zum ersten Präsidenten der Hessen-Nassauischen Kirche gewählt hat und Ernst Wolf der Göttinger Lehrstuhl ganz in Anspruch nimmt, fällt die Arbeit der »Auslegung« des »Darmstädter Wortes« dem disponiblen Gemeindepastor im württembergischen Ebersbach zu – ausgerechnet ihm, dem Vorsitzenden der sich gerade in den »vereinigten Bizonen« sammelnden Kirchlich-Theologischen Arbeitsgemeinschaft für Deutschland (KTA), jener oppositionellen Minderheit in der BK-Minderheit der EKD.

Es dauert vier Monate, bis die »Auslegung«[287] als Nr. 9 der BK-Flugblätter veröffentlicht wird, und die darin eingeschlossenen sieben Thesen des »Darmstädter Wortes« endlich auch bruderratsoffiziellen Charakter tragen. Niemand ist glücklicher als Hermann Diem:

»Ich schrieb den Kommentar, Ernst Wolf, Niemöller und Beckmann waren damit einverstanden. So ging das Wort hinaus mitsamt dem Kommentar. Im Bruderrat gab es keinen Widerspruch mehr, obwohl wir nichts zurückgenommen, sondern das Ganze nur noch schärfer pointiert hatten. Als ich Karl Barth den Kommentar zu lesen gab, sagte er, jetzt sei das Ganze ja noch viel ›schlimmer‹ geworden.«[288]

Aber die Freude über den unverhofften Ausgang wird von zwei Entwicklungen im Handumdrehen verzehrt, welche für Jahrzehnte die Kräfte in Politik, Theologie und Kirche anderweitig binden:

In der Politik zerbricht die Anti-Hitler-Koalition zwischen den Westalliierten und der Sowjetunion vollends. Schritt für Schritt scheinen nun auch die USA den »Fehler« einzusehen, den Will Vesper mit zahllosen Nazis und deutschen Militärs seit 1945 den Besatzern der Westmächte vorwirft: daß sie die im antibolschewistischen Kampf erfahrenen Deutschen 1945 entwaffneten und in Gefangenenlager steckten, anstatt sofort »zusammen mit ihnen gegen den bolschewistischen Feind (zu) kämpfen«.[289] Eine politische Entwicklung, die Hermann Diem in seinem Kommentar zum ›Darmstädter Wort‹ bereits unter These 6 anspricht:

»Wir tun das in einem Augenblick, in dem durch die Auseinandersetzung zwischen Ost und West alle die hier behandelten

Fragen in neuer und überaus bedrängender Weise aktuell werden. Die politisch und wirtschaftlich allmählich unüberbrückbar erscheinende Kluft zwischen Rußland und Amerika, die drohende Auseinandersetzung zwischen beiden und die Hoffnung, daß wir dabei politisch und vielleicht auch militärisch wieder bündnisfähig werden könnten, geben heute dem Nationalismus in Deutschland den stärksten Auftrieb. Und dieser ist wieder dabei, ein Bündnis mit der Kirche einzugehen, indem eine neue antibolschewistische Front zur ›Rettung von Christentum und abendländischer Kultur‹ aufruft.«[290]

Seit der geplatzten deutschen Ministerpräsidenten-Konferenz aller vier Besatzungszonen am 6. und 7. Juni 1947 in München[291], über das Scheitern der Londoner Konferenz der Außenminister Bevin, Bidault, Marshal und Molotow Ende 1947[292], bis hin zur einseitigen Durchführung der Währungsreform in den drei Westzonen im Sommer 1948, einschließlich der Westsektoren Berlins, mit den ihr folgenden sowjetischen Gegenmaßnahmen durch Sperrung des Interzonenverkehrs von und nach Berlin, gehen die Rufe der sieben Thesen des »Darmstädter Wortes« auch in der Bekennenden Kirche rasch unter im hohe Wellen schlagenden neuen antikommunistischen Alltag in Deutschland.

Welche Chance auch für die an der Schuldfrage so zerstrittene Evangelische Kirche in Deutschland: *Die Westmächte suchen jetzt nur noch Verbündete und keine Schuldigen mehr!* Und als dann 1949 der einseitigen Gründung der BRD postwendend die Gründung der DDR folgt, je ein an den Westen und daraufhin auch ein an den Osten gebundener Staat auf deutschem Boden entsteht, hat auch die EKD-Leitung in ihrer überwiegenden Mehrheit längst für den Westen optiert. Die »*gesamt*deutsche evangelische Kirche« hat fortan andere Grundsätze im Blick, als jene des Darmstädter »Sozialistenbeschlusses«.

In Kirche und Theologie indes ist nicht nur die alte antikommunistische und antimarxistische Front der zwanziger Jahre wiedererstanden – damals wie heute unter demselben Koordinator: einst der Berliner Pastor, jetzt der Berliner Bischof Otto

Dibelius, seit 1949 gar Vorsitzender des Rates der EKD! –, auch die alte Glaubensfront der dreißiger Jahre gegen den neuheidnischen »Mythus«-Glauben beginnt, sich neu zu formieren. Und ihre alten Anführer sind auch wieder die neuen: Hans Asmussen ebenso wie der unermüdliche Apologet Walter Künneth.

Hatten vor 1945 Gestapospitzel unter Kanzel und Katheder des Marburger Theologen Rudolf Bultmann gesessen, um Abweichungen des weltbekannten Mitgliedes der Bekennenden Kirche vom Nationalsozialismus weiterzuleiten, horchen seit 1945 Glaubenswächter in seinen Gottesdiensten und Seminaren, um Abweichungen vom rechten orthodoxen Christenglauben bei den zuständigen Behörden anzuzeigen.[293]

Seit 1941 kursierte nämlich in Theologenkreisen ein Vortrag Rudolf Bultmanns, in dem der Wissenschaftler den ganzen hysterischen Rummel um den Rosenberg-»Mythus« zum ersten Mal nicht um eine weitere kirchenkämpferische Apologie anheizte, sondern dem kirchenfeindlichen Gehabe des neuheidnischen Flügelmanns Rosenberg mit einer *historisch-kritischen Analyse des biblischen Weltbildes* den »gottgläubigen« Wind aus den Segeln nahm: *»Neues Testament und Mythologie«*.[294]

Hatte Rosenberg in seinem Pamphlet »Protestantische Rompilger – Der Verrat an Luther und der Mythus des 20. Jahrhunderts« 1937 den gemeinsamen Aufstand von Bekennern, Neutralen und »Deutschen Christen« provoziert und Apologeten vom Schlage Walter Künneths abermals auf den Plan gerufen[295], als er darin etwa die Himmelfahrt und Auferstehung Jesu als historisches »Faktum« bestritt[296], zog Bultmann wissenschaftlich-nüchtern die *theologische* Bilanz:

- »Kann die christliche Verkündigung dem Menschen heute zumuten, *das mythische Weltbild als wahr anzuerkennen?* Das ist sinnlos . . .; denn das mythische Weltbild ist als solches gar nichts spezifisch Christliches, sondern es ist einfach das Weltbild einer vergangenen Zeit . . .
- Ein blindes Akzeptieren der neutestamentlichen Mythologie wäre Willkür; und solche Forderung als Glaubensforderung erheben, würde bedeuten, den Glauben zum Werk erniedrigen . . .

• Welchen Sinn hat es, heute zu bekennen: ›Niedergefahren zur Hölle‹ oder ›aufgefahren gen Himmel‹, wenn der Bekennende das diesen Formulierungen zugrunde liegende mythische Weltbild von den drei Stockwerken nicht teilt? Ehrlich bekannt werden können solche Sätze nur, wenn es möglich ist, ihre Wahrheit von der mythologischen Vorstellung, in die sie gefaßt ist, zu entkleiden – falls es eine solche Wahrheit gibt. Denn das eben ist theologisch zu fragen.«[297]

Während Asmussen Bultmanns derartige »Entmythologisierung des Neuen Testamentes« flugs »den Irrtümern der Deutschen Christen« zurechnete, und Hans Joachim Iwand das Unternehmen Bultmanns gar als eine »Erscheinung von Senilität« abwehrte, schalt Bonhoeffer die bekenntniskirchlichen Bultmann-Kritiker: »Diese Dünkelhaftigkeit, die hier floriert, . . . ist für die Bekennende Kirche eine wirkliche Schande.«[298] Dann erlosch die Kontroverse.

Doch als sieben Jahre später der Bruderrat der EKD gerade das »Darmstädter Wort« in der Detmolder »Auslegung« veröffentlicht hatte, als Alfred Rosenberg schon längst in Nürnberg – eine Millionenauflage seines »Mythus«-Buches hinterlassend – hingerichtet war[299], da erscheint ein Neudruck des Bultmann-Vortrages.[300] Seither ist in der Kirche die Hölle los.[301] Asmussen hat den Durchblick: »Was wir erleben, ist schlimmer als das, was wir 1933 erlebten.«[302] Künneth ruft zum »zweiten Bekenntniskampf«: »Weshalb dann eigentlich der erste Bekenntniskampf?« Sind die »Irrlehren« Bultmanns »nicht viel gefährlicher als die Attacken Rosenbergs«?[303]

33. Unfrieden durch »Friedenswort«

So helfen auch die politischen und die kirchlich-theologischen Zeitläufe mit, das ungeliebte »Darmstädter Wort« vergessen zu machen.[304] Daß Darmstadt dennoch fortan zum Synonym für innerkirchlichen und politischen Widerspruch wird, hat nichts mit dem »Wort« zu tun. Darmstadt wird zum Sitz der kirchlichen Minderheit der Bekennenden Kirche, nachdem sich diese – in der Grundordnung der EKD kommt sie nur noch als Marginalie vor[305] – neu organisiert[306] und mit einem eigens errichteten »Haus der Bekennenden Kirche« in Darmstadt ihre Zentrale einrichtet.[307] Zur Eröffnung dieser BK-Zentrale beschreibt Kirchenpräsident Niemöller die neue Aufgabe der BK in der EKD mit dem Satz: »Die Bekennende Kirche sieht ihren Auftrag darin, nicht die alten Zustände wiederherzustellen, sondern die Unruhe, die Gott uns geschenkt hat, wachzuhalten und immer wieder zu wecken und das Licht aufzustekken, wenn diese Unruhe im Dunkel zu versinken droht.«[308]

Die Unruhe, die das »Darmstädter Wort« ausgelöst hat, wird allerdings nur noch von der oppositionellen Minderheit *in* dieser neu verfaßten BK wachgehalten, von der Kirchlich-Theologischen Arbeitsgemeinschaft für Deutschland (KTA). Sie sieht auch beim heraufziehenden Ost-West-Konflikt in Korea ihren Auftrag vor allem darin, dem Rückfall in den blinden Antikommunismus mit seinem ideologischen Freund-Feind-Denken zu wehren, wie in den Thesen 3 und 5 des »Darmstädter Wortes« bezeugt. Diesen Auftrag erläutert der Vorsitzende Hermann Diem 1948 in seiner Studie, »Die Kirche zwischen Rußland und Amerika«, ohne auch hier auf die Erinnerung an die ursächliche Schuld der Kirchen in der Vergangenheit zu verzichten:

»Die deutsche Christenheit hat durch ihr auf dem Weg über die antibolschewistische Kreuzzugsstimmung erfolgtes Bündnis mit dem Nationalsozialismus selbst diese Nemesis (ausgleichende Gerechtigkeit) über sich gebracht, daß sie nun die Auseinandersetzung mit dem Bolschewismus auf eigenem Boden führen muß. Darum kann sie dieser Auseinandersetzung *jetzt* nicht mehr ausweichen. Sie versucht es freilich trotzdem auf die verschiedenste Weise.«[309]

Im Sinne dieser Konkretionen und Aktualisierung des »Darmstädter Wortes« strafft Hermann Diem Arbeit und Organisation der KTA-Opposition. Vom 17. bis 23. September 1948 versammeln sich unter dem Tagungsthema »Die Wirklichkeit der Gemeinde« mehr als 120 Mitglieder abermals in Bad Boll. Nach einer Kritik am Bruderrat der EKD, die ihren Niederschlag findet in einem Brief an das leisetreterische Gremium[310], kommt es nach den Vorträgen[311] zur Verabschiedung von zwei für einen kirchlichen Neuanfang grundlegenden Entschließungen:

- 7 Thesen der KTA »zur Frage des Evangelischen Hilfswerkes«[312] und
- das »Diskussionsergebnis über die Tauffrage«.[313]

Sodann wählen die anwesenden KTA-Mitglieder einen »Ausschuß«. Sie vermeiden bewußt das Wort Vorstand, um den *Arbeits*-Auftrag dieses KTA-Organs zu unterstreichen. Die Wahl nehmen an: *Rudolf Bultmann,* Marburg; *Karl Handrich,* Niederkirchen b. Kaiserslautern; *Götz Harbsmeier,* Reiffenhausen; *Karl Linke,* Wiesbaden; *Adolf Schmidt,* Dreis-Tiefenbach; *Karl Steinbauer,* Lehengütingen; *Rudolf Weckerling,* Berlin-Spandau; *Herbert Wehrhahn,* Tübingen, und *Ernst Wolf,* Göttingen. »Mit Rücksicht auf seine Gemeinde« muß Diem den Vorsitz niederlegen. Er schlägt erfolgreich *Paul Schempp* als seinen Nachfolger vor. Da auch Kurt Müller nur wieder Mitglied sein will, wird statt seiner der Dortmunder Diplomkaufmann *Otto Suppert* zum KTA-Geschäftsführer gewählt. Den Makel, daß dem Ausschuß nur Mitglieder aus den drei Westzonen angehören, beseitigt die KTA-Mitgliederversammlung ein Jahr später durch die Zuwahl von *Heinrich Benckert,* Erfurt, *Walter Feurich,* Dresden; *Werner Schmauch,* Görlitz, und *Johannes Schönfeld,* Dahme/Mark, 1950 folgt dann noch *Johannes Hamel,* Halle/Saale. 1950 endlich erreicht auch eine Frau den Kreis der inzwischen 17 KTA-*Brüder* im Ausschuß: *Marianne Timm,* Vikarin in Hamburg-Fuhlsbüttel.[314]

In den Landeskirchen stehen die Mitglieder für ein Programm, das der jeweiligen Kirchenleitung die Rückkehr zum »selbstherrlichen Kirchenregiment« wenn schon nicht unmöglich, so doch wenigstens auffällig macht. Und der KTA-Ausschuß selber nimmt auch kein Blatt vor den Mund.

KTA und Bekennende Kirche sind entsetzt, als die erste Synode der EKD den gerade im Amt des Bruderrats-Vorsitzenden bestätigten Martin Niemöller für sein unbotmäßiges Verhalten bestraft, als sie nach der Wahl von Bischof Dibelius zum neuen Rats-Vorsitzenden den bisherigen Stellvertreter Niemöller nicht im Amt bestätigt, sondern den Marahrens-Nachfolger Lilje als Rats-Vize bestellt.[315] Da beginnt Paul Schempp seinen ersten KTA-Rundbrief:

»Soweit ich sehe, haben die Kirchen in Deutschland, einzeln und gemeinsam, mit frommem Eifer und unter gelegentlichen Hemmungen, ihre bisherige Unordnung wieder zur Ordnung erklärt und außer einer gewissen Biblifizierung des Vokabulars ist es, als ob es nie eine Bekennende Kirche gegeben hätte. Wer kann sich da wundern, daß auch das politische Leben . . . die Richtung der Reaktion einschlägt, ob es sich nun am christlichen Abendland, am Liberalismus der vergangenen Perioden der Wirtschaft oder des Humanismus oder am Sozialismus der Revisionszeit orientiert. Hätten wir nicht das Zeugnis der Apostel und Propheten und damit die große Verheißung, die uns in Dienst nimmt, so wäre Resignation oder lähmende Furcht vor dem, was kommen mag, die angemessene Haltung . . .«[316]

Einer restaurierten Kirche, die nicht erst seit 1933 derart in die Irre gegangen ist, mag Schempp nicht trauen. Da wird weder Landesbischof Wurm zum 80. Geburtstag der gedruckte Dokumentenband der Bad Boller KTA-Tagung gewidmet, noch kann Niemöller die Zusage erhalten, die KTA möge doch bitteschön Theologie treiben, quasi als Unterausschuß des Bruderrates der EKD.

Die KTA will von den Grundsätzen des »Darmstädter Wortes« nicht ablassen und *»glaubt sich berufen, den Kampf um den eigentlichen Sinn der BK zu führen, sowohl selbständig als auch in positiver und kritischer Auseinandersetzung mit den bestehenden Kreisen der BK.«*[317]

Sie schlottert nicht aus Kommunistenfurcht und hält ihre Jahrestagung 1949 in Dresden, bei den sächsischen Freunden um Walter Feurich. Dort muß Paul Schempp aufgeben. Der wegen des Taufkonfliktes angefochtene Rudolf Weckerling tritt an seine Stelle.[318] Und getreu dem »Darmstädter Wort«

beschließt der KTA-Ausschuß am 31. Januar 1950 in der »Frontstadt« Berlin dieses *»Friedenswort«*.[319]

»Wir sehen, daß die Mauer zwischen Ost und West, die mitten durch das deutsche Land und Volk geht, immer höher wird, daß diesseits und jenseits dieser Mauer die Mächte gegeneinander rüsten, und wir müssen damit rechnen, daß diese Maßnahmen die Katastrophe, der sie begegnen wollen, gerade auslösen werden. Wir sind dabei, aus Angst vor einem kommenden Krieg mitten in ihn hineinzutreiben.

Es steht nicht in unserer Macht, über Krieg oder Frieden zu entscheiden. Aber jeder ist gefragt, ob er einen Krieg für eine Lösung des weltpolitischen Konfliktes hält. Ein Krieg, wie er auch ausgeht, würde keine Lösung der umstrittenen Probleme bedeuten. Vernichtung und Opfer von unvorstellbarem Ausmaß werden in einem künftigen Krieg auch den Sieger um jeden Gewinn bringen. Wer aber damit rechnet, daß dieser Krieg früher oder später doch hereinbrechen müsse, arbeitet damit schon auf diesen hin. Gestern wurde die Lösung der Lebensfragen unseres Volkes in einem Krieg gesucht. So ist es zur heutigen Lage gekommen. Diesen Weg dürfen wir morgen nicht von neuem gehen.

Darum bitten wir die Regierungen und die Glieder unseres Volkes, mögen sie parteipolitisch, berufsständisch, gewerkschaftlich, kirchlich gebunden sein oder nicht: Tut das, was heute uns Deutschen möglich und geboten ist, um den Krieg zu verhindern!

Lehnt jede Aufforderung oder Erlaubnis zur Wiederaufrüstung Deutschlands ab! Widersteht jeder offenen oder geheimen Vorbereitung dazu! Verzichtet heute auf alles Soldatentum! Verweigert den Wehrdienst in jeder Form!«[320]

Aber am 31. August 1950 ist die Mitgliederversammlung der KTA in Berlin-Weißensee schon nicht mehr bereit, das »Friedenswort« des KTA-Ausschusses auf ihre Verantwortung zu nehmen.[321] Der Koreakrieg habe die Lage verändert.

Es ist der Tag, an dem in Bonn Gustav Heinemann, Präses der Synode der EKD, als Bundesinnenminister im Sinne dieses Friedenswortes zurücktritt[322]: er *»lehnt jede Aufforderung oder*

Erlaubnis zur Wiederaufrüstung Deutschlands ab (und) widersteht jeder offenen oder geheimen Vorbereitung dazu«. Ein Anlaß mehr zum Unfrieden in der Evangelischen Kirche in Deutschland.

34. ». . . daß Gott Gottlose gerecht macht«!

In einem Bereich, der im »Darmstädter Wort« leider gar nicht vorkommt, haben KTA-Mitglieder, besonders Gertrud Staewen und Wolf-Dieter Zimmermann aus dem Berliner Unterwegs-Kreis[323], weitgehende Übereinstimmung zwischen KTA, BK und EKD mitbewirkt: in der »Judenfrage«. Kaum ist das »Darmstädter Wort« beschlossen, arbeitet der Bruderrat der EKD an einem »Wort zur Judenfrage«.[324] Es wird auch schon aus politischen Gründen höchste Zeit. Schändungen jüdischer Friedhöfe nehmen zu, so daß sich Hans Lamm, Mitglied der American Jewish Conference, im Mai 1947 öffentlich beklagt:

»Ich habe eine lückenhafte und doch bedrückend lange Liste von Schändungen jüdischer Friedhöfe . . ., welche in jüngster Zeit begangen wurden. Ich hörte jedoch leider von keinem einzigen Einzelfall, der als Beweis dafür gewertet werden könnte, daß deutsche ›Arier‹ beklagen, was im Namen Deutschlands und durch Zehntausende von Deutschen den Juden und anderen Völkern zugefügt wurde. Sie leugnen – im Gegensatz zu Karl Japsers und Pastor Niemöller – nicht nur die moralische Schuld der Deutschen, sondern stellen ihre ›große politische Instinktlosigkeit‹ in ein rührendes Licht.«[325]

Und so befassen sich auch allmählich EKD-Gremien mit diesem Anteil kirchlicher Schuld, 1950 die EKD-Synode in Berlin-Weißensee.[326] Doch wie bußfertig auch alle Worte klingen, von der antijudaistischen Tradition, das erwählte Volk Gottes – wie zuletzt 1933! – durch Missionierung zu Christus zu bekehren, damit auch Israels Schuld von Golgatha getilgt werde, wollen nur wenige Christen ablassen. Allein die Darmstädter evangelischen Marienschwestern singen, was Sache ist:

O deutsches Volk, dich klaget an
dein Gott ob dem, was du getan
am Volk, das seine Liebe.
Dich klaget an ein großes Heer,
Millionen kommen zu dir her,
die in den Tod getrieben.

Israel klagt uns Christen an,
fragt uns: Was habt ihr uns getan,
da wir in Höllentiefen?
In ihnen Jesus zu uns spricht:
Was meinen Brüdern ihr tat' nicht,
das ließt ihr Mich entbehren.

Ankläger stehn an deiner Seit,
vergossnes Blut zum Himmel schreit
bis hin zum Richterthrone.
O deutsches Volk, drum wache auf,
in Reu zu Jesus nimm den Lauf
und kehre um zum Lieben.

Die Unbarmherzgen sind verflucht,
und ihre Tat die Hölle bucht,
der sie gedienet haben.
Drum laßt uns umkehrn diese Stund,
vor Gott und Menschen machen kund
die Schuld an unsern Brüdern.[327]

Im wirklichen Leben der Kirche erklingt in Behörden und Kirchenmusik nicht nur wieder das »alte Lied«; auch die alten Bekannten sind bald wieder in Amt und Würden, machen sogar Karriere. Nur drei Beispiele:

- *Oberkonsistorialrat Oskar Söhngen*, der einst die »judenreine« evangelische Kirchenmusik gerühmt hatte, bringt es zum

Vizepräsidenten jener Kirchenbehörde, die schon 1933 die Zwangspensionierung des im Warschauer Getto umgebrachten Pastors Ernst Flatow verfügte[328];

- *Professor Dr. Walter Grundmann,* der einst als »wissenschaftlicher Leiter« des Eisenacher »Entjudungsinstituts« den arischen Jesus propagiert hatte, wechselt zum Direktor des Eisenacher Katechetischen Seminars – zum Gewährsmann für die Ausbildung von evangelischen Religionslehrern und Katecheten in der DDR[329], und
- *Professor Dr. Constantin von Dietze,* einst Verfasser des Anhangs zu jener Denkschrift des Freiburger Widerstandskreises, der im Nachkriegsdeutschland allein wegen der zu erwartenden kleinen Zahl überlebender Juden auf weitere antijüdische Zwangsmaßnahmen glaubte verzichten zu können, wird 1955 zum Präses der Synode der EKD gewählt, weil Gustav Heinemann als Gegner Adenauers und der Wiederaufrüstung der EKD-Synode untragbar geworden ist.[330]

Professor Dr. Walter Künneth, für den Bultmanns »Irrlehren . . . viel gefährlicher sind als die Attacken Rosenbergs«, zieht immer mehr Gemeinden und evangelische Gemeinschaften in den »zweiten Bekenntniskampf«[331]. In einem Vortrag ruft er 1950 nach dem Ketzergericht: »Ist nicht das, was Bultmanns ›Theologie‹ bringt, ein ›anderes Evangelium‹?«[332]

Und das genervte KTA-Ausschuß-Mitglied Rudolf Bultmann sieht sich plötzlich auch von jenen angegriffen, mit denen er seit der ersten Zusammenkunft in Bad Boll 1946 der kirchlichen und theologischen Restauration widerstanden hat. Als Otto Suppert dem Frühjahrs-Rundbrief der KTA 1952 einen Aufruf der von Gustav Heinemann gegründeten »Notgemeinschaft für den Frieden Europas« beilegt, müssen die Freunde im KTA-Ausschuß aus einem wütenden Brief des jahrelangen Kampfgefährten feststellen, daß Bultmann unter dem Auftrag des »Darmstädter Wortes« etwas anderes versteht, denn er schreibt:

- »Ich protestiere dagegen, daß auf diese Weise die KThA für eine politische Propaganda mißbraucht wird . . .
- *grundsätzlich* muß ich dagegen Protest erheben, daß die KThA in politische Aktionen hineingezogen wird . . .

• die Beurteilung der Kirche durch den Nazi-Staat würde nachträglich gerechtfertigt sein, wenn sich jetzt die Kirche oder eine kirchliche Gemeinschaft wie die KThA politisch betätigt ...
• Sie wird damit gestraft werden, daß sie – sie mag es wollen oder nicht – in das Getriebe der politischen Parteien gerät ...
• Dagegen richtet sich mein Protest. Und selbst wenn Herr Iwand oder ein Engel vom Himmel anders redet: Anathema!
• Ich kann daher weiterhin nur ein Mitglied der KThA bleiben, wenn mir die bestimmte Versicherung gegeben wird, daß in Zukunft die KThA in keiner Weise an politischer Propaganda- oder anderen Aktionen beteiligt wird ... Mit freundlicher Begrüßung Ihr (gez.) R. Bultmann.«[333]

Briefe werden gewechselt. Danach eine Aussprache in Marburg.[334] Es kommt zwar nicht zum Bruch der KTA mit Bultmann, aber der erübrigt sich auch. Weder unter dem Vorsitz Götz Harbsmeiers noch unter dem des Organisators Otto Suppert[335] kann der Zerfall der überregionalen KTA für Deutschland gestoppt werden. Das Schwergewicht der Arbeit kehrt wieder voll zu den Landesvereinigungen zurück. Und dort entwickelt sich aus ihnen oder neben ihnen langsam eine neue Opposition in der kirchlichen BK-Oppostion: die Kirchlichen Bruderschaften. Als sie sich 1957 unter Heinz Kloppenburg zusammenschließen, ist die KTA für Deutschland nur noch eine Anschrift im Pfarrerkalender.[336]

Längst kämpfen Kirchen und Christen wieder mit falschen Verbündeten, für falsche Ziele, an den falschen Fronten. Gegen den »gottlosen« Marxismus und Kommunismus! Gegen die »glaubenslose« Entmythologisierung der Bibel! Es wird derart theologisch »richtig« und dogmatisch »sauber« gepredigt und gelehrt, daß nicht nur das »Darmstädter Wort«, sondern sogar das Pauluswort im Eifer des Gefechts völlig aus dem Blick gerät: »daß Gott *Gottlose* gerecht macht«, und: »daß Gott für *uns Gottlose* gestorben ist«.[337]

Und wie im *ersten* »Evangelischen Kirchenkampf« wird auch jetzt wieder gesungen: »Herr, wir stehen Hand in Hand ...«! Die alten Liederbücher, »Ein neues Lied« etwa, das Otto

Riethmüller 1933 herausgegeben hatte, müssen allerdings erst von den allzu faschistischen Texten gereinigt werden.[338] Faschistische Autoren indes – *soweit sie sich einst zum ›Positiven Christentum‹ bekannt hatten* – können, im Unterschied etwa zu Hans Baumann, bleiben. Sogar der NS-Dichterfürst Will Vesper! Er steht seit 1949 über sechs Auflagen hinweg neben Jochen Klepper, Otto Riethmüller, Heinrich Vogel, Walter Schäfer und Rudolf-Alexander Schröder im Liederbuch des Kasseler Eichenkreuz-Verlages, das Friedrich Samuel Rothenberg unter dem Titel »Das junge Lied« herausgibt. *»Kirchenkampf«-Lieder waren ja auch keine Widerstandslieder gegen Faschismus oder Militarismus!*[339]

Und das des Nazi-Dichters Will Vesper – unter der Nummer 44, zum vierstimmigen Chorsatz von Heinrich Schütz! – ist nicht einmal ein Kampflied. Nach Hitlerei und Holocaust, angesichts der Atombombe, die Hans Asmussen als »Strafrute in der Hand Gottes« verklärt[340], ein nicht zu überbietender Hohn[341]:

All Ding auf Erden, welche Pracht!
Wie schön sind sie formieret!
Gott selber hat sie sich gemacht,
sein Haus damit gezieret!
Nun glänzt es all und funkelt klar
und schmückt sich neu in jedem Jahr
und prangt und jubilieret!

Sieh auch das Tier! die Menschenwelt!
ein Kindlein, schau, wie zarte.
Die Gliederlein, wie fein gestellt,
ein Templein edler Arte(!),
vollkommen, herrlich überaus,
des Geistes zubereitet Haus
und Gottes liebster Garten.[342]

Und dann habe ich noch einen Zeugen. Ich möchte für die Art und Weise, wie Rosenberg seinen wissenschaftlichen Gegnern entgegengetreten ist, einen seiner wissenschaftlichen Gegner, ich denke an den Universitätsprofessor Dr. Künneth, der ein wichtiges Buch gegen den Mythus geschrieben hat, als Zeugen laden, der bekunden wird, daß die weltanschaulichen Gegner Rosenbergs die Gestapo nicht fürchteten und von der Gestapo nichts zu befürchten hatten.

VORSITZENDER: Ja! Sir David, wollten Sie über diese zwei letzten Zeugen sprechen?

SIR DAVID MAXWELL-FYFE: Euer Lordschaft! Ich unterstelle, daß die letzten beiden Zeugen für die von der Anklagevertretung gegen diesen Angeklagten vorgebrachten Anschuldigungen nicht wirklich erheblich sind. Sie sind allgemeine Zeugen und wenn ich, ohne daß mich der Gerichtshof der Keckheit zeiht, so sagen darf, sind Zeugen, die aussagen, daß der Angeklagte Rosenberg keiner Fliege etwas zuleide tun würde; wir haben ihn oft dabei ertappt, wie er keiner Fliege etwas zuleide tat. Das ist, kurz gesagt, die eigentliche Bedeutung dieser Art von Beweismaterial. Im Namen meiner Kollegen beantrage ich, daß dies nicht zum Gegenstand einer mündlichen Beweisaufnahme gemacht werden möge, daß es vielmehr entweder ganz abgelehnt oder, falls ein besonderer Punkt zur Sprache gebracht werden soll, mit einem Affidavit erledigt werden möge.

Die
UNION
Die Sammlung aller Christen
auf der politischen Ebene

Alle Wege des Marxismus
führen nach Moskau!
Darum CDU

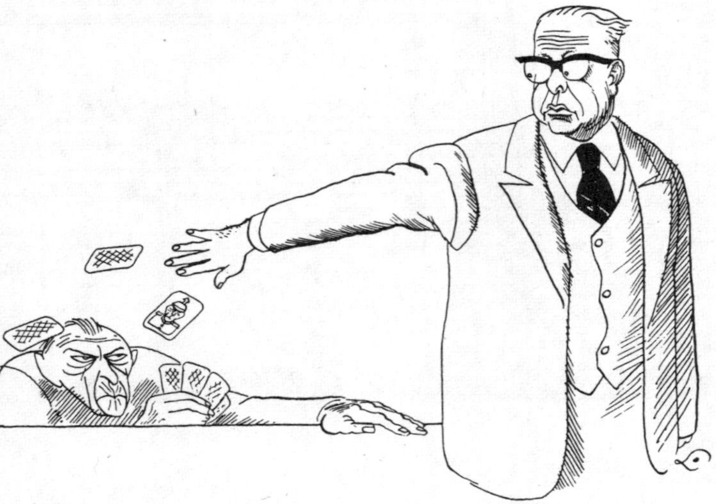

Was tust Du,

um die Aufrüstung zu verhindern?

Unterschreibe die Petition gegen die Aufrüstung!

Dr. Dr. Gustav Heinemann · **Helene Wessel**
Bundesminister a. D. — Bundestagsabgeordnete
NOTGEMEINSCHAFT FÜR DEN FRIEDEN EUROPAS

Auch Deine Stimme zählt!

An den
Herrn Präsidenten des Bundestags
BONN

Da uns die Mitbestimmung uber die geplante Wiederbewaffnung unseres Volkes versagt wird, bleibt uns als letzte legale Moglichkeit zur Bekundung unseres Willens nur eine Petition an den Bundestag. Wir sind der Überzeugung, daß eine westdeutsche Aufrustung nicht der Sicherung des Friedens dient, sondern die Kriegsgefahr erhoht. Ein Krieg würde unser Untergang sein. Deutschland wäre sein Schauplatz. Wir wollen aber nicht, daß es uns wie den Koreanern geht, wo man erst dann wieder Verhandlungen suchte, nachdem die Feuerwalze fremder Machte Volk und Land vernichtet hatte.
Wir glauben nicht daran, daß westdeutsche Aufrüstung zur friedlichen Befreiung der Sowjetzone und Wiederherstellung der deutschen Einheit fuhrt. Aufrustung wird vielmehr den Eisernen Vorhang dichter schließen und 18 Millionen Deutsche, vor allem die junge Generation, den Gegenmaßnahmen des Sowjetsystems preisgeben. Ohne eine Friedensregelung mit allen vier Besatzungsmachten kann es volkerrechtlich uberhaupt keine deutschen Soldaten geben. Wehrpflicht ware ein staatlicher Zwang zu volkerrechtswidrigem Verhalten.
Wir fordern den Bundestag deshalb auf, die geplante Aufrustung abzulehnen und die Bundesregierung zu veranlassen, eine Politik redlicher Verstandigung und glaubhafter Bemuhung um die Wiedervereinigung Deutschlands unter einer gesamtdeutschen Regierung zu fuhren.
Wir ubergeben diese Petition dem fruheren Bundesminister Dr. Heinemann und der Bundestagsabgeordneten Frau Helene Wessel mit der Ermachtigung, sie dem Prasidenten des Bundestags zu uberreichen und gegenuber anderen Personen zu vertreten.

Einzeichnungsstellen:

Anfang
1935
Ende
1945
Soll es wieder so werden?
NEIN!
Wir wählen GVP
die Partei der friedlichen Verständigung

Zu den Abbildungen der Seiten 199 bis 209

199: Die Martin-Luther-Gedächtniskirche in Berlin-Mariendorf 1985. Das Taufbecken mit dem betenden SA-Mann, über dem Jochen Klepper am 3. Advent 1938 seine jüdische Frau Johanna taufen ließ, hat 1945 lediglich eine Drehung um 90 Grad erfahren, so daß der SA-Mann zwar immer noch am Sockel des Taufbeckens betet, dem Anblick der Gemeinde jedoch entrückt ist. – Im Hintergrund die herrliche Reichsparteitagskirchenorgel. **200:** Im Nürnberger Kriegsverbrecherprozeß scheiterte Rosenbergs Verteidiger Dr. Alfred Thoma mit seinem Antrag, Walter Künneth als Rosenbergs (oben: erste Anklagebank, 5. von links) Entlastungszeugen zuzulassen. Unten: Ausschnitt aus dem Sitzungsprotokoll, amtliche deutsche Übersetzung, Bd. 8, S. 567. **201:** Vor allem diese drei Theologen, Paul Schempp (oben), Hermann Diem (links) und Hans Joachim Iwand, stritten seit 1945 gegen die Lebenslüge der Nachkriegskirche, die »Bekennende Kirche« sei die wahre antifaschistische Widerstandsbewegung gewesen. **202:** Martin Niemöller erlebte als erster deutscher Besucher der USA während seiner Vortragsreise im Winter 1946/47 heftige Angriffe wegen seiner faschistischen und militaristischen Haltung, sogar noch als KZ-Häftling, so daß er nach seiner Rückkehr aus der VVN ausgeschlossen wurde. **203:** Kaum war die Partei des »positiven Christentums« von den Alliierten verboten, da setzte die EKD im August 1945 schon wieder auf eine neue »christliche« Partei. **204:** Otto Dibelius, Antisozialist und Antikommunist seit 1919 und inzwischen Berliner Bischof, pflegte regelmäßigen Kontakt zu seinem Parteivorsitzenden Adenauer. Unten: Das Gespräch der beiden ehemaligen KZ-Häftlinge Niemöller und Kurt Schumacher blieb indes politisch bedeutungslos. **205:** Unter dem Antimarxismus und Antikommunismus der CDU fühlte sich die EKD bestens aufgehoben, eine Partei, die sie sich während ihres politischen Widerstandskampfes in den zwanziger Jahren gewünscht hätte, doch damals hatte das katholische Zentrum mit den Sozialdemokraten paktiert. In diesem Sinne galt auch für die neue EKD die Parole: »Bonn darf nicht Weimar werden!« **206:** Das Bündnis der EKD mit der CDU/CSU erhielt schwere Risse, als der EKD-Präses Gustav W. Heinemann im Sommer 1950 wegen Adenauers Aufrüstungspolitik als Bundesinnenminister zurücktrat, eine Entscheidung, die ihm nicht nur die überwiegende Mehrheit des Rates der EKD verübelte. **207:** Diese Petition führte 1952 zum Zerfall der ersten kirchlichen Opposition, der Kirchlich-Theologischen Arbeitsgemeinschaft für Deutschland, die ihre Mitglieder zur Unterschrift aufgefordert hatte. **208:** Als Heinemann die Gesamtdeutsche Volkspartei gründete, zählten vornehmlich Evangelische zu den Mitgliedern der Mini-Partei. **209:** Wie am Triumphbogen der Berliner Martin-Luther-Gedächtniskirche (siehe Titelfoto), war die »Entnazifizierung« auch in der EKD über die Reinigung der Fassade nicht hinausgekommen.

V. Nach 40 Jahren immer noch aktuell – die »Auslegung« der 7 Thesen

7. *Wir haben es bezeugt und bezeugen es heute aufs neue: »Durch Jesus Christus widerfährt uns frohe Befreiung aus den gottlosen Bindungen dieser Welt zu freiem, dankbarem Dienst an seinen Geschöpfen«. Darum bitten wir inständig: Laßt die Verzweiflung nicht Herr über euch werden, denn Christus ist der Herr. Gebt aller glaubenslosen Gleichgültigkeit den Abschied, laßt euch nicht verführen durch Träume von einer besseren Vergangenheit oder durch Spekulationen um einen kommenden Krieg, sondern werdet euch in dieser Freiheit und in großer Nüchternheit der Verantwortung bewußt, die alle und jeder einzelne von uns für den Aufbau eines besseren deutschen Staatswesens tragen, das dem Recht, der Wohlfahrt und dem inneren Frieden und der Versöhnung der Völker dient.*

Das Befreiende des »Darmstädter Wortes« ist für die Opposition in der um »Barmen« streitenden EKD-Minderheit der Bekennenden Kirche, daß es sich in politischen Dingen nicht auf die 5. These des Barmer Bekenntnisses, auf das Verhältnis von Staat und Kirche, sondern auf den politischen Spreng-Satz der 2. These beruft, der in der Ablehnung der Lehre von den »zwei Reichen« gipfelt: »als gebe es Bereiche unseres Lebens, in denen wir nicht Jesus Christus, sondern anderen Herren zu eigen wären«. Eine Provokation derer, die das Wesen der Demokratie, »Alle Gewalt geht vom Volke aus!«, auch nach 1945 weder politisch noch theologisch begreifen.

35. Zum zweiten Mal in der Welt

Die theologische Ächtung und kirchliche Unterdrückung des »Darmstädter Wortes«[343] gelingt schließlich derart total, daß selbst seinen Vätern beim Buchstabieren der sieben Thesen zuweilen der Atem stockt. Weder Hermann Diem im Tübinger Lehramt[344] noch Paul Schempp auf dem Wege zum Systematiker in Bonn[345], weder den alten Streitern der KTA noch der neuen kirchlichen Opposition der Kirchlichen Bruderschaften gelingt es in den fünfziger und sechziger Jahren, das ungeliebte »Wort zum politischen Weg unseres Volkes« dauerhaft aus der Versenkung hervorzuholen. Zu sehr sind die Herzen und Hirne durch den Kalten Krieg erneut in Antikommunismus und Linkenhaß erstarrt. So gesellt sich zur Ächtung und Unterdrückung des »Wortes« dann auch das Vergessen.[346]

Inzwischen ist der »Evangelische Kirchenkampf« selber zum Mythos geworden. Seit 1947 haben die Täter ihre Kirchengeschichten geschrieben[347] – mit unterschiedlichen Schwerpunkten und persönlichen Abrechnungen, nachsichtig mit dem Feind von einst, wenn aus gewichtigen Gründen Schonung angesagt ist.[348] Eine ganze Generation von Theologen und Historikern bezieht ihr Grundwissen über den »Evangelischen Kirchenkampf« aus *einem* »Kirchlichen Jahrbuch *1933–1944«*, das nicht die Authentizität der Kirchlichen Jahrbücher *vor* 1933 besitzt, sondern *im nachhinein* Fakten wertet, Dokumente auswählt und beides zu einem Gesamtbild moderiert[349], das bedauerlicherweise nicht mehr erklärt, weshalb sich die deutschen Evangelikalen, denen nicht einmal der Rassismus in Südafrika eine Anfechtung ist, mitsamt der nationalkonservativen »Notgemeinschaft evangelischer Deutscher«[350] so nachdrücklich und überwiegend korrekt auf den Kampf der Bekennenden Kirche vor 1945 berufen.

Nur wenige wagen – wie Hermann Diem schon 1949 – »Zur Entmythologisierung des Kirchenkampfes« beizutragen.[351] Die überwiegende Mehrheit der »Kirchenkämpfer« läßt sich die Verklärung zum politischen Widerstandskämpfer gefallen.

Hohe Zeit für Einschüchterungen durch erpresserisches Erinnern: als Heinz Kloppenburg und Martin Niemöller sich mit Atheisten, Gewerkschaftern, Sozialdemokraten und Kommunisten in der Aktionsgemeinschaft »Kampf dem Atomtod«[352] verbünden, schreibt ein Alttestamentler aus dem Erlanger Hinterhalt das denunzierende Pamphlet *»Wider die Kirchenkampflegenden«*.[353] Die politische Rechte ist selbstverständlich für jeden Tip dankbar.[354]

Während in der BRD die Funktion des »Darmstädter Wortes« beinahe nur noch darin besteht, einzelnen Mitgliedern der ehemaligen KTA für Deutschland und der neuen Kirchlichen Bruderschaften den Blick für die kirchenferne Arbeiterschaft und den Weg zur nicht minder antikommunistischen Sozialdemokratie zu öffnen, wird die innerkirchliche Opposition in der DDR von ihren Landeskirchen noch krasser im Stich gelassen. Die Landeskirchen im Sozialismus sehen in ihrem politischen Selbstmitleid Asmussens Verdikt *»Sozialistenbeschluß!«* im nachhinein durch die bruderschaftliche Praxis bestätigt, wenn sie lesen, was Carl Ordnung im »Evangelischen Pfarrerblatt« schreibt:

»Wer als Christ das Darmstädter Wort ernst nahm, dem mußte es um eine Änderung der gesellschaftlichen Verhältnisse gehen, aus denen Faschismus und Krieg geboren waren. Das taten im Osten Deutschlands zunächst fast ausschließlich christliche Gruppen außerhalb der Kirche.«[355]

Da grenzt es schon an ein Wunder, daß ein Jahr nach der Gründung des Bundes der Evangelischen Kirchen in der DDR, 23 Jahre nach dem Darmstädter Bruderratsbeschluß, der Vorsitzende der Konferenz der Evangelischen Kirchenleitungen, Bischof Albrecht Schönherr, am 26. Juni 1970 vor der Synode des Bundes der Evangelischen Kirchen in der DDR das »Darmstädter Wort« als theologische Wegweisung in den Mittelpunkt seines ersten Synodalberichtes stellt: *». . . das Darmstädter ›Wort des Bruderrates der EKD zum politischen Weg unseres Volkes‹, das konkret von den ›falschen und bösen Wegen‹ redete, ›auf welchen wir . . . in die Irre gegangen sind‹.[356] Seine Aussagen sind nach 23 Jahren noch erstaunlich aktuell«.*

Und dann verliest der Bonhoeffer-Schüler Albrecht Schönherr jene heiß umstrittenen vier Thesen, die mit dem Bekenntnis beginnen: *»Wir sind in die Irre gegangen . . .«*, um daraus diese Schlußfolgerungen zu ziehen:

- »Auf dem Hintergrund einer solchen Besinnung sehen wir den Auftrag der Kirchen in der DDR und unseres Bundes . . .
- Dieses nicht nur theoretisch zu erkennen, sondern in ihren Strukturen und im täglichen Umgang mit den Mitmenschen zu verwirklichen, fällt ihr (der Kirche, H. P.), die sich lange auf staatliche Macht stützen konnte, nicht leicht. Dietrich Bonhoeffer schrieb im Blick auf die Zeit nach der Wende, die er herankommen sah:
- ›Auf unsere Privilegien werden wir gelassen und in der Erkenntnis einer geschichtlichen Gerechtigkeit verzichten können. Es mögen Ereignisse und Verhältnisse eintreten, die über unsere Wünsche und Rechte hinweggehen. Dann werden wir uns nicht in verbittertem und unfruchtbarem Stolz, sondern in bewußter Beugung unter ein göttliches Gericht und in weitherziger und selbstloser Teilnahme am Ganzen und an den Leiden unserer Mitmenschen als lebensstark erweisen.‹[357]
- Möge unser Glaube sich so lebensstark erweisen, daß dies auch für unsere Kirche gelten kann!«[358]

Mit diesem unwidersprochenen Wort des Leitenden Bischofs der Evangelischen Kirchen in der DDR ist der über mehr als zwei Jahrzehnte währende Bann gebrochen. Frauen und Männer der kirchlichen Opposition – in der BRD ebenso wie in der DDR[359] – holen die sieben Thesen aus der dankbaren Vergessenheit hervor. Im Oktober 1970 stellt Hermann Diem in »Evangelische Kommentare« dem Stuttgarter »Schuldbekenntnis« das »Darmstädter Wort« gegenüber[360]. 1971 veröffentlicht ein Arbeitskreis der Christlichen Friedenskonferenz sein Beratungsergebnis im Pahl-Rugenstein Verlag: »Christen und Revolution – Konvergenz und Theologie«[361], in dem die Autoren Gerhard Bassarak, Heinrich Treblin, Arthur Schweizer, Ingo Roer, Karl-Jakob Jockers, Horst Stuckmann und Heinrich Werner ihrerseits der staunenden theologischen Jugend in der EKD das »Darmstädter Wort« abschließend präsentieren. Und zum 25. Geburtstag, im Sommer 1972, als Gerhard Bassarak seinen Gedenkaufsatz für »Die Zeichen der Zeit« abliefert[362], da ist das Darmstädter »Wort zum politischen Weg unseres Volkes« zum zweiten Mal in der Welt. Da melden sich bald viele »Väter des Wortes« – allzu viele; wer will jetzt nicht Vater sein!

Und jetzt, 1972 – nach 25 Jahren – würdigt auch »Die Stimme der Gemeinde«, das Organ der Bekennenden Kirche, den einst ungeliebten »Sozialistenbeschluß«. Dabei sollte das »Darmstädter Wort« bereits »in das erste Heft der geplanten Zeitschrift ›Die Stimme der Gemeinde‹« aufgenommen und dessen »ganze Breite der Fragestellung« entfaltet werden.[363] Doch als dann endlich im Januar 1949 die erste Nummer der »Monatsschrift der Bekennenden Kirche« erschien, fehlte in den 16 Seiten jede Spur des Bruderratsbeschlusses vom 8. August 1947. Statt dessen zog das Blatt kräftig gegen den »ökonomischen Materialismus der marxistischen Lehre« zu Felde – mit einem Totalverriß der Dreigroschenoper von Bertolt Brecht. In christlich-antikommunistischer Arroganz kanzelte der damalige »Stimme«-Mitarbeiter Herbert Werner den Dichter mit einem 210-Zeilen-Artikel ab:

»›Die Welt ist arm, der Mensch ist schlecht‹. Da hat der alte Peachum recht. Aber die Wurzeln des Übels liegen nicht im Ökonomischen (der Polizeichef ist nicht besser als der Bandit). Die Wurzel allen Übels ist der Mensch als Mensch. Er hat die Welt auf den Kopf gestellt, und zwar so auf den Kopf gestellt, daß er in dem Maße Ursache und Wirkung verwechselt, wie es der ökonomische Materialismus und als sein Prediger Bert Brecht tut. ›Und das ist eben schade, das ist das riesig Fade. Und darum ist es nichts damit, und darum ist das alles Kitt.‹ Der alte Peachum meint damit alles, was in der Schrift von einem anderen Leben als das, was er zu führen gewohnt ist, steht. Er meint damit das Leben überhaupt. Wir meinen damit das, was Bert Brecht predigt: den geistigen Gehalt der Dreigroschenoper.«[364]

Aber 1972 ist auch »Die Stimme der Gemeinde« nicht mehr das, was sie einmal war. Auch sie hat der Fortschritt erfaßt. Zehn Seiten nimmt sich Renate Riemeck in der August-Nummer heraus, um den Lesern die einstmals so peinlich empfundenen sieben Thesen vorzustellen, zu erläutern und nach ihrem Sitz im gegenwärtigen kirchlichen und politischen Leben zu suchen.[365] Es ist das Jahr 1972, in dem der Grundlagenvertrag zwischen der Bundesrepublik Deutschland und der Deutschen Demokratischen Republik unterzeichnet wird[366] und die Ostverträge der sozialliberalen Koalitionsregierung Brandt/Scheel schon zwei Jahre darauf warten, daß sie »mit Leben erfüllt« werden.[367]

Renate Riemeck veröffentlicht nach einer engagierten Einführung das »Darmstädter Wort« im Zusammenhang mit der im Oktober 1947 zur Entschärfung der sieben Bruderrats-Thesen gedachten »Auslegung«.[368] Und die Lektüre der dann von Hermann Diem »noch schärfer pointierten« Auslegung (hier nachfolgend lediglich mit Zwischenüberschriften versehen) gibt nicht nur ihrem Verfasser Hermann Diem, sondern auch Renate Riemeck recht, die 1972 diese ganz sicher noch für Jahrzehnte gültige Überschrift wählt:

36. »Das Darmstädter Wort – immer noch aktuell«

Das Wort des Reichsbruderrates ist zu verstehen im Zusammenhang dessen, was die Kirche in den zwei Jahren seit dem Zusammenbruch geredet und auch nicht geredet hat.

Es wäre nicht richtig zu sagen, die Kirche hätte in dieser Zeit geschwiegen. Im Oktober 1945 hat der Rat der Evangelischen Kirche in Deutschland in Stuttgart gegenüber den Vertretern der Kirchen der Welt die Schuld der deutschen Kirche bekannt. Die Kirche hat damit ihren priesterlichen Dienst an unserem Volk ausgeübt und hat ihr heiliges Vorrecht wahrgenommen, in der Kraft der göttlichen Vergebung, die sie verkündigt und an sich selbst erfährt, für unser Volk die Buße zu tun, zu der weder der Zusammenbruch allein, noch viel weniger die Forderungen und Anklagen der Sieger ein geschlagenes Volk führen können. Dieses Bekenntnis unserer Schuld, mit dem die Kirche in Deutschland für unser Volk vor der Welt eingetreten ist, hat zu der feindlichen Umwelt Brücken geschlagen und hat Türen geöffnet in einer Weise und in einem Maße, wie es nur dort möglich ist, wo man bei seinem Handeln nach dem Zweck und Erfolg nichts fragt, sondern nur das tut, was vor Gott recht ist.

Dieses Reden der Kirche ist innerhalb unseres Volkes weithin nicht verstanden worden und hat der Kirche mancherlei Feindschaft eingetragen. Wie zu allen Zeiten, so hat man auch dieses mal der Kirche das Recht zu ihrem Wächteramt bestritten, wo sie es darin betätigte, unserem Volk vor allen Dingen zu der inneren Befreiung von den Folgen seiner Taten zu verhelfen. Leider hat sich die Kirche durch diese Kritik da und dort irremachen lassen. Sie ließ sich verleiten, von dem Unrecht der Siegermächte in einer Weise zu reden, die den Anschein erwekken könnte, als hätte sie das Bekenntnis ihrer eigenen Schuld nur darum abgegeben, damit sie nun um so ungehinderter von der Schuld der anderen reden könne. Sie hat mit Recht ihr Wächteramt auch darin betätigt, daß sie sich gegen Unrecht und Gewalttat vor das deutsche Volk stellte. Aber dabei sind ihr, besonders wo sie sich an das Ausland wandte, viele falsche Töne mitunterlaufen. Sie konnte es darum nicht verhindern, daß sie immer mehr als Sprecher jener Deutschen angesehen wurde, welche sich durch alles, was geschieht, nur in ihrer nationalen Selbstrechtfertigung bestärken lassen.

Die Kirche hat aber in diesen zwei Jahren ihr Wächteramt nicht nur durch besondere Reden, Proklamationen und Erklärungen ausgeübt, sondern sie hat es vor allem dadurch wahrgenommen, daß sie jeden Sonntag gepredigt hat. Dabei ist die Einsicht im Wachsen, daß die Predigt sich nicht nur an den einzelnen in seinem privaten Dasein richten darf, sondern sich an diesen in seinen konkreten politischen und sozialen Beziehungen wenden muß. Die Verantwortung der Kirche für das öffentliche Leben ist zum allgemeinen Programm geworden. Es ist allerdings fraglich und im höchsten Grade umstritten, wie dieses Programm durchgeführt werden soll. Weithin herrscht die Neigung, in der Kirche »unpolitisch« zu predigen und statt dessen die Verantwortung für die politischen Dinge an eine christliche Front im öffentlichen Leben zu geben. Damit wird das öffentliche Leben der freimachenden Verkündigung des Evangeliums entzogen. Die Folge ist, daß das politische Leben heute wieder abseits von der Kirche seine eigenen Wege geht. Es ist der Kirche nicht gelungen, jene Mauer zu durchbrechen, welche sie seit 100 Jahren von der Arbeiterschaft als von dem politisch und sozial besonders bewegten und in Richtung auf eine soziale Neuordnung bewegenden Teil unseres Volkes trennt. Vielmehr ist durch die neue Errichtung weltanschaulich-politischer Fronten jene Mauer wieder stabilisiert worden. Dazu kommt auf der anderen Seite, daß die politische Unbußfertigkeit in unserem Volke sich der Kirche bedient, um die politischen Ideale der die Kirche bisher tragenden Gesellschaftskreise weiterhin zu pflegen. Die Kirche wird dadurch gegen den neu auflebenden Nationalismus machtlos. Unser Volk lebt mit seinen Klagen und Anklagen wie unter einem eisern verschlossenen Himmel dahin und kann keinen freien Schritt in die Zukunft tun, weil es mit seiner Vergangenheit nicht fertig wird. Die Kirche kann ihm dabei nicht helfen, solange ihre Verkündigung den politischen Dingen gegenüber selbst so eigentümlich gelähmt erscheint.

37. Die Thesen 1 und 2

1. **Uns ist das Wort von der Versöhnung der Welt mit Gott in Christus gesagt. Dies Wort sollen wir hören, annehmen, tun und ausrichten. Dies Wort wird nicht gehört, nicht angenommen, nicht getan und nicht ausgerichtet, wenn wir uns nicht freisprechen lassen von unserer gesamten Schuld, von der Schuld der Väter wie von unserer eigenen, und wenn wir uns nicht durch Jesus Christus, den guten Hirten, heimrufen lassen auch von**

allen falschen und bösen Wegen, auf welchen wir als Deutsche in unserem politischen Wollen und Handeln in die Irre gegangen sind.

Wer sind die »wir«, die hier reden? Zunächst wir Mitglieder des Bruderrates, die das Wort verfaßt haben. Wir reden von dem, was wir selbst mit der Gewißheit des Glaubens erkannt haben und darum auch in der Verantwortung unseres kirchlichen Amtes glauben bekennen zu dürfen und bekennen zu müssen. Wir schließen uns ein in die Solidarität der Schuld mit unserer Kirche und mit unserem Volk, so wie wir sie hier bekennen, und bitten diejenigen, die unser Wort hören, es ebenfalls zu tun. Zu wem reden wir? Wir wenden uns zunächst an alle Prediger und Predigthörer in Deutschland und bitten sie mitzuhelfen, daß in der Verkündigung der Kirche auch dieses Wort zur Geltung komme. Wir wenden uns darüber hinaus an die Politiker, daß sie auf diese Verkündigung hören und mithelfen, jene falschen Fronten abzubauen, die wir beseitigen wollen. Wir rechnen durchaus damit, daß dieses Wort in politischen Kreisen da und dort mißverstanden und daß das Schuldbekenntnis der Kirche von dem und jenem zur Selbstrechtfertigung seines eigenen politischen Wollens mißbraucht wird. Wir sind darauf gefaßt, daß man uns vorwerfen wird, wir hätten uns bemüht, dem Zeitgeist entgegenzukommen und manchen Leuten nach dem Munde zu reden. Das kann uns aber nicht hindern, dieses Wort zu sprechen. In unserer heutigen Lage und in einer innerhalb der Christenheit selbst so umstrittenen Sache muß man den Mut haben, auch einmal »ungesichert« zu reden, wenn man überhaupt etwas sagen will.

Die freimachende Kraft des Evangeliums, das wir verkündigen, will sich über unser privates Leben hinaus auf alle Gebiete unseres Daseins erstrecken, also auch unser politisches Wollen und Handeln umfassen. Auch hier läßt sich so wenig wie im Einzelleben die eigene persönliche Schuld von derjenigen unserer Vorfahren trennen. Auch hier gilt, daß »die Sünden der Väter heimgesucht werden an den Kindern bis ins dritte und vierte Glied«. Und wo wir um Vergebung dieser Sünden bitten, da müssen wir auch völlig die Verantwortung für die Sünden unserer Väter auf uns nehmen und sie als unsere eigene Sünde tragen. Dazu sind wir bereit, indem wir bekennen:

2. Wir sind in die Irre gegangen, als wir begannen, den Traum einer besonderen deutschen Sendung zu träumen, als ob am deutschen Wesen die Welt genesen könne. Dadurch haben wir dem schrankenlosen Gebrauch der politischen Macht den Weg bereitet und unsere Nation auf den Thron Gottes gesetzt. – Es war verhängnisvoll, daß wir begannen, unseren Staat nach innen allein auf eine starke Regierung, nach außen allein auf militärische Machtentfaltung zu begründen. Damit haben wir unsere Berufung verleugnet, mit den uns Deutschen verliehenen Gaben mitzuarbeiten im Dienst an den gemeinsamen Aufgaben der Völker.

Es wäre nicht recht, wenn wir die Liebe zu unserem Vaterlande gerade jetzt verleugnen würden, wo alles darauf ankommt, daß wir in der Not zu unseren Brüdern stehen und auch ihre Schmach und Schande mit ihnen tragen. Eben diese Liebe gebietet uns aber, jener nationalen Überheblichkeit zu wehren, welche sich in der Geschichte unseres Volkes so unheilvoll ausgewirkt hat. Nicht das ist unsere Schuld, daß wir wie alle anderen Völker ein nationales Selbstbewußtsein und den Willen zu nationaler Selbsterhaltung hatten und haben, sondern daß wir darin maßlos geworden sind und uns durch den Glauben an eine besondere, gleichsam »messianische« Sendung des deutschen Volkes verblenden ließen. Dadurch wurde alles, was wir an guten Eigenschaften haben, ins Anspruchsvolle verzerrt und für unsere Umwelt unerträglich. Vor uns selbst verschafften wir uns dadurch das gute Gewissen, das, was wir »unser« Lebensrecht nannten, ohne Rücksicht auf andere Völker durchzusetzen. Wir haben es unter dem Nationalsozialismus erfahren, zu welchen furchtbaren Konsequenzen nach innen und außen der Grundsatz führt: »Recht ist, was dem Volke nützt.« Über diese Konsequenzen haben wir uns wohl alle entsetzt. Wir haben aber nicht in gleicher Weise den Anfängen widerstanden, welche uns notwendigerweise auf diesen Weg führten. Der schrankenlose Gebrauch der politischen Macht erschien uns immer wieder durch den Erfolg gerechtfertigt. Wir haben auch unter dem Nationalsozialismus immer wieder zwischen der Politik nach außen und nach innen zu unterscheiden versucht, und auch da, wo wir in der Innenpolitik die Methoden der Gewalt und des Rechtsbruchs ablehnten und bekämpften, haben wir sie in ihrer Anwendung auf die Außenpolitik weithin gutgeheißen. Von der einseitigen Außerkraftsetzung der Bestimmungen des Versailler Vertrages, die damals auch die Kirche aufs wärmste begrüßte, bis zu Hitlers Angriffskriegen führt ein gerader Weg. Es rächte sich, daß wir es nie gelernt hatten, unseren Staat nach innen auf die Souveränität des Rechts zu bauen. Wir erinnern uns nur daran, wie das deutsche Volk nach den Kriegen von 1866 und 1870 Bismarck seine sämtlichen Verfassungsbrüche und die ganze innenpolitische Gewaltherrschaft in dem Augenblick verzieh, als er außenpolitische Erfolge vorzuweisen hatte. Die Politik des »starken Mannes« und sein Argument von »Blut und Eisen« erschien uns nicht mehr bloß als die ultima ratio, die nur im äußersten Notfall als das letzte Mittel angewendet werden darf, sondern sie gehörte für uns zur politischen Umgangssprache und erschien uns als das normale Mittel der politischen Auseinandersetzung. Daß die Stärke einer Regierung in der Kraft liegt, mit der sie ohne Ansehen der Person und unbeugsam durch den Druck von außen und den Terror von innen das Recht handhabt, haben wir nie begriffen. Wir sind in allen Bemühungen um den Rechtsstaat in der Innen- und Außenpolitik immer vorzeitig abgesprungen und haben unsere Zuflucht zu der Gewalt genommen, weil wir der Macht des Rechts nichts zutrauten. So hat uns das grundsätzliche Mißtrauen gegen das Recht und das ebenso blinde Vertrauen auf die Gewalt zugrunde gerichtet, und wir sind der politische Unruheherd anstatt die tragende Mitte innerhalb der Völker Europas geworden.

38. Die Thesen 3 und 4

3. Wir sind in die Irre gegangen, als wir begannen, eine »christliche Front« aufzurichten gegenüber notwendig gewordenen Neuordnungen im gesellschaftlichen Leben der Menschen. Das Bündnis der Kirche mit den das Alte und Herkömmliche konservierenden Mächten hat sich schwer an uns gerächt. Wir haben die christliche Freiheit verraten, die uns erlaubt und gebietet, Lebensformen abzuändern, wo das Zusammenleben der Menschen solche Wandlung erfordert. Wir haben das Recht zur Revolution verneint, aber die Entwicklung zur absoluten Diktatur geduldet und gutgeheißen.

Wenn Paulus den entlaufenen Sklaven Onesimus zu seinem Herrn Philemon in Kolossä zurückschickt, so gestattet er ihm kein eigenmächtiges Entlaufen aus der ihn bedrückenden sozialen Ordnung. Er soll wissen, daß er in der Nachfolge Christi seinem Herrn zu gehorchen hat, und zwar »nicht nur dem gütigen und gelinden, sondern auch dem wunderlichen« (1. Petr. 2,18). Paulus hat aber damit keineswegs die bestehende soziale Ordnung sanktioniert und ihre Erhaltung als christliche Forderung ausgesprochen. Vielmehr hat er den Herrn Philemon ermahnt, diese Ordnung um der Liebe willen selbst zu durchbrechen und seinen Sklaven Onesimus jetzt wieder aufzunehmen, »nicht mehr als einen Knecht, sondern mehr denn einen Knecht, als einen lieben Bruder . . . beides nach dem Fleisch und in dem Herrn« (Philemon 16).

Wenn Luther im Bauernkrieg den revolutionären Bauern darin widerstand, daß sie die christliche Freiheit zum Programm der sozialen Befreiung machen und ihre politischen Forderungen als Christen erheben wollten, so tat er damit dasselbe wie der Apostel. Aber er hat zugleich den Fürsten gesagt, daß niemand anders als sie selbst schuldig seien an dem Aufruhr und daß sie nicht so weitermachen dürften mit ihren Gewaltmethoden zur Unterdrückung des Volkes, wenn nicht ganz Deutschland darüber zugrunde gehen sollte.

Man hat in der Geschichte der christlichen Kirche und insbesondere in Deutschland seit der Reformation fast immer nur das Gebot gehört: Man muß sich auch einer ungerechten politischen und sozialen Ordnung unterwerfen. Man hat aber die andere Seite außeracht gelassen, daß das den herrschenden Mächten keinen Freibrief gab, ihre Herrschaftsordnung zu verteidigen. Vielmehr hat man die Verteidigung des Bestehenden als solchen gegenüber der Bestreitung durch sozialrevolutionäre Bewegungen zum Kennzeichen einer christlichen Politik gemacht. Es könnte der Kirche nicht zum Vorwurf gemacht werden, wenn sie dem eigenmächtigen Fortlaufen aus den sozialen Ordnungen und Bindungen gewehrt hätte und der freien Willkür der Gesetzesverachtung damit entgegengetreten wäre, daß uns auch die Gesetze und Ordnungen der irdischen Obrigkeiten an die Zucht durch Gottes Gebot erinnern. Die Kirche konnte das aber nicht mehr glaubwürdig tun, nachdem sie es ohne Widerspruch geschehen ließ, daß die Herrschenden durch ihre eigene Verachtung von Gottes Gebot ihre Autorität verspielten, und sie ihnen trotzdem zu erhalten versuchte. Sie hat damit die Legalität als solche zum christlichen Prinzip gemacht. Das geschah in einer Welt, die durch eine radikale Umwälzung der wirtschaftlichen Lebensbedingungen in stärkster Weise auf eine soziale Neuordnung drängte und in der so viele durch diese Umwälzung Entrechteten auf eine solche Neuordnung angewiesen waren und sie billigerweise verlangen konnten. Durch ihr Bündnis mit den das Alte und Herkömmliche konservierenden Mächten hatte sich aber die Kirche der inneren und äußeren Freiheit begeben, offen zu sein für die Abänderung von überholten Lebensformen und so dem wahren Menschsein der Menschen zu dienen. Weil sie nicht den Weg zu dieser Freiheit im Glauben fand, mußte sie sich in gemeinsamer Front mit den konservativen politischen Mächten gegen die Entwicklung wehren und dieser Front auch noch den Charakter des »christlich« Geforderten geben. Dadurch wurde die Bildung einer antikirchlichen und antichristlichen Front auf der Gegenseite geradezu kräftig gefördert.

Die Kirche hat durch karitative Maßnahmen Härten in dieser

Entwicklung zu mildern und im Einzelfall den Betroffenen nach Kräften zu helfen versucht. Aber sie wurde äußerst empfindlich, wo die Entrechteten sich nicht mehr mit Almosen begnügen wollten, sondern das Recht auf bessere Lebensbedingungen als Forderung an die Gesellschaft erhoben. Auch hier zeigte sich wie auf dem politischen Gebiet im allgemeinen das Mißtrauen gegen die Möglichkeit einer auf die Autorität des Rechtes begründeten Ordnung. Die Kirche hat sich bis auf kleine Kreise, die von maßgeblichem Einfluß ausgeschaltet blieben, mit denen verbündet, welche in dem Interesse der Erhaltung ihrer eigenen sozialen Stellung das Interesse des Vaterlandes sahen. Auf der anderen Seite standen die »vaterlandslosen Gesellen« des besitzlosen Proletariats. Sie verkörperten das schlechthin Böse und Gefährliche, vom aktiven Politiker der Linksparteien bis hin zum Arbeiter, der sich zur Erreichung seiner sozialen Forderungen gewerkschaftlich organisierte. Wer sich diesen in der »christlichen Front« entgegenstellte, verkörperte dagegen das Gute, vom Vertreter des Dreiklassenwahlrechts in Preußen bis hin zu dem gewerblichen Mittelstand, der sich gegen die Konkurrenz der Konsumvereine wehrte.

Wenn der Bruderrat sagt: »Wir haben das Recht zur Revolution verneint, aber die Entwicklung zur absoluten Diktatur geduldet und gutgeheißen«, so will er damit keine grundsätzliche Entscheidung fällen über die Frage nach dem Recht zur Revolution. In dieser theologisch sehr umstrittenen Frage bedarf es gerade in der lutherischen Kirche Deutschlands noch sehr eingehender theologischer Besinnung, ehe hier ein verantwortliches theologisches Urteil gefällt werden kann, auch wenn manche deutsche Theologen, z. B. in ihrer Mitwirkung am 20. Juli 1944 und auch auf andere Weise sich praktisch in dieser Frage bereits entschieden haben. Der Bruderrat will hier lediglich die Tatsache festhalten, daß die deutsche Kirche zwar allen revolutionären Bestrebungen gegenüber äußerst kritisch war, andererseits aber gegenüber der Entwicklung zur schrankenlosen Diktatur auffallend wenig Hemmungen zeigte. Der Weimarer Republik haftete in den Augen vieler Christen der Makel an, daß sie ihr Dasein einer Revolution verdankte. Wie unsicher die Kirche dieser neuen Staatsform gegenüber war, zeigte sich besonders deutlich daran, daß sie, die doch sonst die absolute Unterordnung unter die bestehende Gewalt predigte, im Zweifel war, ob die Forderung des Untertanseins von Römer 13 auch gegenüber dieser Regierung zu gelten hatte. Sie vermißte in diesem Staat das ihr gewohnte Denken in den Kategorien von Obrigkeit und Untertanen. Sie tat nichts, um die Autorität der Staatsgewalt in dieser Regierungsform zu stützen; statt dessen begrüßte und förderte sie die sich anbahnende Diktatur der nationalsozialistischen Herrschaft als echte Autorität.

4. **Wir sind in die Irre gegangen, als wir meinten, eine Front der Guten gegen die Bösen, des Lichts gegen die Finsternis, der Gerechten gegen die Ungerechten im politischen Leben und mit politischen Mitteln bilden zu müssen. Damit haben wir das freie Angebot der Gnade Gottes an alle durch eine politische, soziale und weltanschauliche Frontenbildung verfälscht und die Welt ihrer Selbstrechtfertigung überlassen.**

Diese »christliche« Front der staatserhaltenden Kräfte gegen die revolutionären wurde zu einer Front der »Guten« gegen die »Bösen«. Der »gottlose« Revolutionär und Marxist war kein Christ und darum ein schlechter Mensch. Die Verteidigung gegen ihn wurde nicht nur als eine christliche Forderung angesehen, sondern als ein Gebot der Selbsterhaltung des anständigen Menschen. So wurde die politische Auseinandersetzung moralisch qualifiziert. Wer auf der politischen Rechten Stellung nahm, wo die Kirche fast ohne Ausnahme stand, der tat es nicht nur im Bewußtsein, für eine bessere politische und soziale Ordnung gegen eine schlechtere zu kämpfen, sondern er stand in einer Front, an der sich Gerechtigkeit und Ungerechtigkeit, Heil und Unheil, Licht und Finsternis schieden. Wer auf die andere Seite ging, der war nicht nur gesellschaftlich und moralisch, sondern auch als Christ geächtet.

Man kann dagegen einwenden, daß das alles auf Gegenseitigkeit beruhte. In der Klassenkampfpropaganda der marxistischen Parteien habe die moralische Verdächtigung des politischen Gegners eine erhebliche Rolle gespielt. Wenn aber das Programm des sozialistischen Zukunftsstaates alle Merkmale eines politischen Evangeliums habe, gehöre die Verketzerung des Andersdenkenden zu seinem Wesen.

Das ist wohl richtig. Man könnte nur fragen, was hier Ursache und Wirkung ist. In dem Sendungsbewußtsein der Fürsten und Staatsmänner im Zeitalter der »Heiligen Allianz«, in ihren Unterdrückungsmaßnahmen und ihrem Gesinnungszwang, in der christlichen Staatslehre der preußischen Konservativen – in all dem sah sich die junge Arbeiterbewegung der Gesamtkonzeption eines politischen Evangeliums gegenüber, dem sie nur auf der gleichen Ebene begegnen konnte. Aber ganz abgesehen davon, wie sich hier Ursache und Wirkung verteilen, ist es die Schuld der Kirche, daß sie sich überhaupt auf diese Ebene begab und in dem Kampf der politischen Evangelien sich von einem derselben in Beschlag nehmen ließ und diesem ihr Plazet gab. Sie hatte sich damit der Freiheit begeben, quer durch die politische Frontenbildung hindurch die Botschaft vom kommenden Gottesreich als die Krisis für *alle* politischen Ideologien zu verkündigen. Sie konnte das freie Angebot der Gnade Gottes an alle nicht mehr ausrichten, weil das Christliche in dem Kampf der politischen Programme, Ideologien und Weltanschauungen selbst Partei geworden war. Die Gemeinde mußte daher dem Irrtum verfallen, als könne man nur Christ sein, wenn man sich in dieser Frontenbildung für die eine Seite entschied. Es war nicht mehr das Evangelium von der Rechtfertigung des Sünders, das allen gleicherweise die Befreiung von ihren politischen Evangelien verkündigte, sondern das Christentum als eine Weltanschauung stand dem Marxismus oder dem Liberalismus als Weltanschauung gegenüber. Die Kirche war nicht mehr die Gemeinschaft der begnadeten Sünder, die Gott aus aller Welt und aus allen Kreisen und Schichten der Gesellschaft zusammenrief, sondern sie war die Repräsentantin einer bestimmten Gesellschaftsschicht. Die Verkündigung der Kirche mußte unter diesen Umständen verstanden werden als die Aufforderung, sich zu der politischen, sozialen und weltanschaulichen Front des Christentums zu bekehren.

Die Kirche stand damit der Erfüllung ihres eigenen Auftrages selbst im Wege. Sie zwang die Welt, welche die Kirche und ihr Evangelium nicht mehr in echter Weise zu sehen bekam, geradezu auf den Weg der Selbstrechtfertigung durch ihre eigenen Ideologien. Das geschah auf der »christlichen« Seite der Front in frommer, auf der anderen Seite in mehr oder weniger liberal gottloser Weise. Aber die Kirche hätte es mit dem Prediger Salomo beiden Seiten sagen müssen: »Sei nicht allzu gerecht und nicht allzu weise, daß du dich nicht selbst verderbest. Sei nicht allzu gottlos, daß du nicht sterbest zur Unzeit« (Prediger 7,16 und 17).

39. Die Thesen 5 und 6

5. Wir sind in die Irre gegangen, als wir übersahen, daß der ökonomische Materialismus der marxistischen Lehre die Kirche an den Auftrag und die Verheißung der Gemeinde für das Leben und Zusammenleben der Menschen im Diesseits hätte gemahnen müssen. Wir haben es unterlassen, die Sache der Armen und Entrechteten gemäß dem Evangelium von Gottes kommendem Reich zur Sache der Christenheit zu machen.

Die Kirche hat aus ihrer politischen, sozialen und weltanschaulichen Frontstellung heraus das stärkste Argument gegen den Marxismus in dessen ökonomischem Materialismus gesehen, d. h. in der Lehre, daß die wirtschaftlichen Verhältnisse nicht nur die Formen des Zusammenlebens der Menschen, sondern auch ihr Bewußtsein, ihre geistigen Anschauungen und Urteile bestimmen. In dieser Lehre sah man geradezu die Verkörperung der Gottlosigkeit, des ethischen Nihilismus und der politischen Anarchie. Die Kirche hätte aber über diesen ökonomischen Materialismus in ganz anderer Weise erschrecken müssen, als sie es tat. Sie hätte merken müssen, wie sich hier einfach die Verachtung der materiellen Bedürfnisse der Menschen rächte.

Die Kirche hatte ein Persönlichkeitsideal gepflegt und gepredigt, das sich an einen Menschen wandte, der jenseits aller politischen und sozialen Bindungen lebte. Nun bekam sie die Quittung durch diese Lehre, welche zeigte, daß es diesen Menschen in Wirklichkeit gar nicht gibt. Er kann sich eine solche Existenzmöglichkeit nur noch einbilden unter bestimmten, bereits überständig gewordenen wirtschaftlichen Verhältnissen, die es ihm selbst auf Kosten anderer noch erlauben, den Kampf der Menschen um die Befriedigung ihrer materiellen Bedürfnisse nicht zur Kenntnis zu nehmen. Die Kirche wehrte sich im Bund mit den hier angegriffenen Gesellschaftsschichten für diese Scheinexistenz der durch wirtschaftliche Verhältnisse nicht bedingten Persönlichkeit. Sie tat das, indem sie sich mit einem aus dem antiken Heidentum stammenden Idealismus als der ihrem Glauben allein gemäßen Philosophie verband und die Anerkennung der Bestimmung des Menschen durch materielle Vorgänge, Verhältnisse und Bedürfnisse in übergeistiger Weise als unwürdig und moralisch minderwertig verdächtigte. Anstatt sich durch den ökonomischen Materialismus daran erinnern zu lassen, daß es in der Bibel die Trennung von Leib und Seele nicht gibt, weil es hier immer um den ganzen Menschen nach Geist, Seele und Leib geht, zog sie sich in der Abwehr immer mehr auf das griechische Denken mit seiner Trennung von Leib und Seele zurück. Die Lehre von der Auferstehung des Leibes, welche für die Kirche das stärkste Hindernis auf diesem Weg der Spiritualisierung ihrer Botschaft hätte bilden sollen, wurde selbst spiritualisiert zur griechischen Lehre von der Unsterblichkeit der Seele. Das Christentum war, wie es eines jener bösen, aber unheimlich treffsicheren Worte von Nietzsche sagte, zum »Platonismus fürs Volk« geworden. Diese Spiritualisierung des christlichen Glaubens führte zu einer rein jenseitig verstandenen Zukunftshoffnung und damit zu einer völlig unbiblischen Abwertung des irdischen Lebens. Daß in der Bibel das Ziel und Ende der Wege Gottes die Aufrichtung seines Reiches in dieser Welt ist, daß das irdische Leben des Menschen in dieser Welt der Ort der Entscheidung ist, weil in Jesus Christus »das Reich Gottes nahe herbeigekommen ist« und daß es beim Kommen des Gottesreiches um das wahre Menschsein des Menschen geht – all das wußte man nicht mehr und ließ sich auch nicht daran erinnern, als Karl Marx sagte: »Es ist leicht, ein Heiliger zu sein, wenn man kein Mensch mehr sein muß.«

So mußte nun umgekehrt von seiten des Marxismus das Menschsein gegen das Christsein ausgespielt werden. Das geschah gewiß mitunter in sehr frivoler Weise, wenn etwa August Bebel angesichts dieser christlichen Zukunftshoffnung sagte: »Den Himmel überlassen wir den Engeln und den Spatzen.« Wem es um das wahre Menschsein des Menschen ging und wer es gemerkt hatte, daß dieser Mensch in dieser Welt und nicht als Heiliger im Himmel leben mußte, der konnte angesichts dieser souveränen Verachtung des menschlichen Daseins über diese himmlische Zukunftshoffnung kaum anders denken.

Diese Vertröstung des Menschen auf das Jenseits hatte ja ihre sehr reale Kehrseite im politischen und sozialen Leben. Mit ihr stand die Kirche auf seiten derjenigen, welche die Forderungen der Arbeiterschaft nach besseren Lebensbedingungen im Diesseits ablehnten und bekämpften. Und sie tat es nicht nur wie ihre Bundesgenossen auf der politischen Rechten mit dem Hinweis auf die revolutionierenden Folgen dieser Ansprüche für das gesellschaftliche Leben, sondern sie meinte darüber hinaus für die bestehende Gesellschaftsordnung im Namen der Religion eintreten zu müssen. Sie konnte hier nichts anderes am Werk sehen als die Empörung des Menschen gegen Gott und die von ihm gesetzte Ordnung, und jede von dieser Seite verlangte Änderung der bestehenden Lebensformen war von vornherein ein Entlaufen aus der Ordnung der Gebote Gottes. Nichts war selbstverständlicher, als daß Karl Marx angesichts dieser Religion wiederum nichts anderes sagen konnte, als daß er das ihm so sehr verübelte Wort: »Religion ist Opium für das Volk« aufgriff. (Das Wort selbst stammt von dem anglikanischen Pfarrer Ch. Kingsley!) Aber die Kirche hätte in ihrer bloßen Entrüstung über die ihr hier entgegentretende Feindseligkeit gegen alles religiöse Reden zum mindesten dadurch stutzig werden müssen, daß von der anderen Seite mit umgekehrten Vorzeichen dieselbe Parole ausgegeben wurde: »Dem Volk muß die Religion erhalten bleiben.« Sie merkte darum nichts, weil sie selbst der bestehenden Gesellschaft ihre Verkündigung zur Verfügung gestellt hatte als die sie bestätigende und rechtfertigende Religion. Und darüber unterließ sie es, die Sache der Armen und Entrechteten gemäß dem Evangelium von Gottes kommendem Reich zur Sache der Christenheit zu machen.

6. **Indem wir das erkennen und bekennen, wissen wir uns als Gemeinde Jesu Christi freigesprochen zu einem neuen besseren Dienst zur Ehre Gottes und zum ewigen und zeitlichen Heil der Menschen.**
   Nicht die Parole: Christentum und abendländische Kultur, sondern Umkehr zu Gott und Hinkehr zum Nächsten in der Kraft des Todes und der Auferstehung Jesu Christi ist das, was unserem Volk und inmitten unseres Volkes vor allem uns Christen selbst nottut.

Daß uns die Freiheit geschenkt wurde, das zu erkennen und offen zu bekennen, ist für uns selbst das hoffnungsvollste Zeichen dafür, daß Gott uns in seiner Kirche immer wieder einen neuen Anfang machen läßt. Wir sehen darin aber auch eine neue Hoffnung für unser Volk, dem unser Dienst gilt. Dabei wissen wir wohl, daß dieses Bekenntnis sowohl innerhalb der Kirche als auch in der politischen Welt zunächst sehr umstritten werden wird.

In der Kirche wird man die Sorge haben, ob wir nicht einfach eine bestimmte Deutung der geistigen und politischen Situation willkürlich in das Glaubensbekenntnis der Kirche einfügen und damit dem Glauben derer, welche die Dinge noch nicht so zu sehen vermögen, ein Gesetz auferlegen. In der politischen Welt wird man das Wort dahin mißverstehen, daß die einen es als ein Zeichen beginnender politischer Linksorientierung der Kirche bedauern und die anderen es als das Wort einer »fortschrittlichen« Richtung in der Kirche begrüßen werden.

Unseren Freunden in der politischen Welt, und zwar den über unser Reden Besorgten wir den Erfreuten, können wir zunächst nur raten, einmal abzuwarten und uns nicht schon wieder auf eine Front festlegen zu wollen, wo wir eine solche eben hinter uns gelassen haben. Unsere Brüder in der Kirche aber bitten wir herzlich und dringend, daß sie das Wort ihren Gemeinden vorlegen, es mit ihnen am Evangelium prüfen und, wo sie in aufrichtiger Selbstprüfung ihm nicht zustimmen können, das ohne Scheu offen sagen und ihre Ablehnung begründen. Wir haben selbst lange genug in dieser falschen Front gestanden, der wir mit diesem Wort absagen, und haben noch länger unsere Gemeinde dort stehenlassen, um nicht zu wissen, wie schwer es uns allen wird, diese Schuld zu erkennen und gegen unser eigenes Fleisch und Blut zu bekennen. Eben darum bezeugen wir aber, daß wir in diesem Bekenntnis die Freiheit gewonnen haben, nicht nur als einzelne Christen, sondern als Gemeinde Jesu Christi unseren Dienst zur Ehre des Gottes auszurichten, der um unsretwillen ein Mensch in dieser Welt wurde. Wo wir diesem Gott die Ehre geben, sind wir frei, nicht nur dem ewigen, sondern gerade damit auch dem zeitlichen Heil der Menschen zu dienen.

Zu dem gemeinsamen Dienst in derselben Freiheit rufen wir die ganze Kirche. Wir tun das in einem Augenblick, in dem durch die Auseinandersetzung zwischen Ost und West alle die hier behandelten Fragen in neuer und überaus bedrängender Weise aktuell werden. Die politisch und wirtschaftlich allmählich unüberbrückbar erscheinende Kluft zwischen Rußland und Amerika, die drohende Auseinandersetzung zwischen beiden und die Hoffnung, daß wir dabei politisch und vielleicht auch militärisch wieder bündnisfähig werden könnten, geben heute dem Nationalismus in Deutschland den stärksten Auftrieb. Und dieser ist wieder dabei, ein Bündnis mit der Kirche einzugehen, indem eine neue antibolschewistische Front zur »Rettung von Christentum und abendländischer Kultur« aufruft.

In dieser Situation kann der Bruderrat die Kirche im Westen wie im Osten Deutschlands nur dringend davor warnen, daß sie noch einmal den unheilvollen Weg einer neuen Aufrichtung der alten Front geht. Wir wissen, wie groß die Versuchung ist, das zu tun. In der heutigen Konfrontierung der Kirche mit dem Marxismus in seiner Ausprägung als bolschewistischer Staat treten alle Gründe, die seit 100 Jahren zu dieser Frontenbildung geführt haben, in massierter Weise auf; und es erscheint geradezu als Aufforderung zum Selbstmord, wenn man der Kirche zumutet, gerade jetzt diese Front abzubauen.

Es ist aber nur die Zumutung an die Kirche, in die Freiheit des Glaubens einzutreten, in der sie diese Front zur Erfüllung ihrer Aufgaben und zur Sicherung ihres Bestandes nicht braucht. Sie tritt ihrem weltlichen Partner, auch dem bolschewistischen Staat, nicht als die Vertreterin des »Christentums« als einer Weltanschauung gegenüber, um sich mit dessen Weltanschauung auseinanderzusetzen. Sie sieht ihn vielmehr von vornherein im überlegenen Licht des Evangeliums, der befreienden Botschaft, daß Jesus Christus über diese Menschen trotz ihrer Weltanschauungen der Herr geworden ist, ebenso wie über uns trotz unseres »Christentums«.

Nichts wäre schlimmer, als wenn wir in diesem Augenblick, wo Gott sein Gericht über uns ergehen ließ und uns so viele Bindungen und Sicherungen zerschlagen hat, wiederum in jener Frontstellung der »gottlosen« Welt gegenübertreten würden als die geistig, moralisch und religiös Besitzenden, die sich um diesen Besitz wehren und ihn retten wollen. Es wäre schlimm, vor allem für uns Christen selbst, wenn wir uns jetzt, nachdem uns so viel materieller Besitz zerschlagen worden ist, um so stärker an jenen geistigen und geistlichen Besitz klammern würden, weil uns das hindern würde, uns als die »geistlich Armen« an Gott selbst zu wenden, zuerst nach dem Reiche Gottes und nach seiner Gerechtigkeit zu trachten, um so von der Verheißung zu leben, daß uns das übrige alles zufallen wird. Es wäre aber auch schlimm für die Welt. Wir würden Mauern zwischen uns und unserem Nächsten errichten, anstatt uns in der Kraft des Todes nd der Auferstehung Jesu Christi mit ihm verbunden zu wissen im Wárten und Hoffen auf das Kommen des hereingebrochenen Gottesreiches.

40. Die 7. These

7. Wir haben es bezeugt und bezeugen es heute aufs neue: »Durch Jesus Christus widerfährt uns frohe Befreiung aus den gottlosen Bindungen dieser Welt zu freiem, dankbarem Dienst an seinen Geschöpfen.« Darum bitten wir inständig: Laßt die Verzweiflung nicht über Euch Herr werden, denn Christus ist der Herr. Gebt aller glaubenslosen Gleichgültigkeit den Abschied, laßt Euch nicht verführen durch Träume von einer besseren Vergangenheit oder durch Spekulationen um einen kommenden Krieg, sondern werdet Euch in dieser Freiheit und in großer Nüchternheit der Verantwortung bewußt, die alle und jeder einzelne von uns für den Aufbau eines besseren deutschen Staatswesens tragen, das dem Recht, der Wohlfahrt und dem inneren Frieden und der Versöhnung der Völker dient.

Wir haben in Barmen 1934 gegenüber dem nationalsozialistischen Gewalt- und Weltanschauungsstaat bekannt: »Durch Jesus Christus widerfährt uns frohe Befreiung aus den gottlosen Bindungen dieser Welt zu freiem, dankbarem Dienst an seinen Geschöpfen.« Vielleicht sind wir darum der Freiheit, zu der wir uns hier bekannt haben, in der nationalsozialistischen Zeit nicht recht froh geworden, weil wir uns verleiten ließen, jenen Staat in seiner sogenannten Weltanschauung in falscher Weise ernst zu nehmen. Wir haben zu lange gebraucht, bis wir merkten, daß wir uns mit den bestimmten politischen Taten jenes Staates befassen und ihnen entgegentreten mußten, weil hier Menschen um politischer Zielsetzung willen geistig und körperlich zugrunde gerichtet wurden. Wir haben dieses politische Handeln als solches beinahe unwidersprochen gelassen. In der Außenpolitik haben wir es sogar weithin gutgeheißen. In der Innenpolitik haben wir es nur insoweit bekämpft, als es die Freiheit der kirchlichen Verkündigung zu unterbinden suchte. Statt dessen haben wir uns auf die weltanschauliche Auseinandersetzung verlegt und haben in der Art, wie wir diese führten, das überlegene Wissen vermissen lassen, daß die Götter der Heiden – und dazu gehören auch ihre politischen Evangelien – Nichtse sind, die nur denen gefährlich werden, die sie zu Abgöttern machen und an sie glauben. Sie sind nicht als solche zu bekämpfen. Wo man sich mit ihnen in der Auseinandersetzung auf dieselbe Ebene begibt, wo man ihnen im »Geisteskampf« begegnet, wo man aus der Heilstatsache von Tod und Auferstehung Christi eine Heilslehre, aus dem Zeugnis des Evangeliums eine »christliche« Weltanschauung macht, da hat man sich von der Welt das Gesetz des Handelns vorschreiben lassen und bleibt ihr gegenüber in der Abwehr. Da wird jene Freiheit von den Bindungen fraglich und erst recht die überlegene Freiheit zum Dienst an den durch Christus von allem Götzendienst politischer Evangelien befreiten Menschen.

Aus diesen Fehlern haben wir zu lernen, um jetzt die rechte Freiheit gegenüber den »gottlosen Bindungen« auch und gerade der politischen Evangelien zu gewinnen, mit denen wir es heute zu tun haben. Das ist im Westen der *»demokratische«* Staat, dessen entscheidendes Merkmal es ist, daß er das Recht, die Freiheit und Würde des einzelnen, so mit dem Recht der Gemeinschaft in Einklang zu bringen sucht, daß der Staat die Aufgabe hat, dem einzelnen zu seinem Recht zu verhelfen, zugleich aber die Möglichkeit gibt, den einzelnen auch gegen die Macht des Staates in Schutz zu nehmen. Auch dieser Staat handelt nicht bloß nach bestimmten technischen Spielregeln, die sich aus der Erfahrung der politischen Praxis ergeben haben, sondern er gewinnt diese aus bestimmten philosophischen Voraussetzungen: einer Auffassung vom Wesen des Menschen und den Menschenrechten, wie sie von der Aufklärung, der französischen Revolution und dem deutschen Idealismus entwickelt wurden. Er hat also nicht bloß ein praktisches politisches Programm, sondern dahinter eine politische Heilslehre. Und er erweist sich auch darin als Träger eines politischen Evangeliums, daß er von einer bestimmten politischen Zukunftshoffnung lebt, wie sie etwa Kant in seinem »Reich des ewigen Friedens« gezeichnet hat.

Die Kirche kann dieses politische Evangelium nicht in ihr Glaubensbekenntnis aufnehmen und zum Gegenstand ihrer Verkündigung machen, weil sie vom Menschen, vom Wesen des Staates und seiner Zukunftshoffnung anders lehrt, als es hier geschieht. Sie hat zunächst aber auch keine Veranlassung, diesen Staat wegen seines politischen Evangeliums zu bekämpfen. Ihre erste Aufgabe ist vielmehr, ihm gegenüber als Kirche da zu sein, und das heißt: innerhalb des politischen Gemeinwesens die Christen zusammenzurufen, sie durch die Verkündigung des Evangeliums freizumachen von der Bindung an politische Ideologien wie der Furcht vor diesen, sie vor der letzten Hingabe an politische Zielsetzungen zu warnen und zugleich vor der Verzweiflung an der Möglichkeit politischen Handelns überhaupt angesichts menschlichen Versagens zu bewahren. Sie wird ihren Gliedern zu dieser Freiheit dadurch verhelfen, daß sie dieselben innerhalb der Gemeinde um Christi willen aneinander bindet, die Guten an die Bösen, die Reichen an die Armen und umgekehrt, »beides nach dem Fleisch und in dem Herrn«. Sie hat Platz für die Anhänger politischer Ideologien aller Schattierungen, ohne daß der eine wegen der »Christlichkeit« seiner Ideologie dem Reiche Gottes näher, der andere wegen deren »Gottlosigkeit« ihm ferner wäre. Sie werden alle gleicherweise ihre Ideologien dem Gericht durch das Evangelium unterwerfen müssen, da sie nicht zuerst nach diesen Ideologien, sondern nach ihrem bestimmten politischen Handeln fragt, insbesondere danach, ob sie es zulassen, daß auch nur ein einziger Mensch, für den Jesus Christus gestorben und auferstanden ist, der Erreichung politischer Ziele, Machtansprüche oder Zukunftshoffnungen geopfert wird. Weil Jesus Christus durch seine Menschwerdung sich um den Menschen angenommen hat, darum, und nicht aus irgendwelchen naturrechtlichen Theorien über Menschenrecht und Menschenwürde, bringt der Christ aus dem Zusammenleben in der Gemeinde bestimmte Maßstäbe für sein Handeln im politischen Gemeinwesen mit. Darum wird aber auch die Gemeinde als solche durch ihr Zusammenleben den steten Dienst des helfenden und warnenden Zeugnisses tun.

All das gilt in entsprechender Weise für den *»bolschewistischen«* Staat im Osten. Auch er lebt von einer politischen Heilslehre, einem bestimmten Verständnis des Marxismus. Diese unterscheidet sich von der des demokratischen Staates im wesentlichen darin, daß der einzelne Mensch von vornherein nur als Exponent wirtschaftlicher und sozialer Verhältnisse gesehen wird und nur auf dem Umweg über deren Veränderung im ganzen auch als einzelner zu seinem Recht kommen kann. Von daher ist auch die Zukunftshoffnung bestimmt: die klassenlose Gesellschaft, in der der Staat als Machtfaktor überflüssig geworden ist, weil die Interessen der einzelnen und der Gesellschaft nicht mehr im Gegensatz zueinander stehen.

Die Kirche kann auch dieses politische Evangelium nicht in ihr Glaubensbekenntnis aufnehmen und zum Gegenstand ihrer Verkündigung machen. Sie wird zunächst aber auch diesen Staat nicht wegen seines politischen Evangeliums bekämpfen, sondern wird auch ihm gegenüber ihre erste Aufgabe darin sehen, als Kirche da zu sein, um ihn nicht nach seiner Weltanschauung, sondern nach seiner politischen Praxis zu befragen.

Es geht in keinem Fall um die Konfrontierung des Evangeliums als einer »christlichen« Weltanschauung mit irgendeinem politischen Evangelium als solchem, der »demokratischen« oder der »bolschewistischen« Weltanschauung, sondern um die Konfrontierung der Kirche in ihrem jeweiligen Dasein als Gemeinde in einer bestimmten Zeit an einem bestimmten Ort mit einem bestimmten Staatswesen. Dabei kann freilich die politische Heilslehre des staatlichen Partners auch einmal direkte Bedeutung für die Verkündigung der Kirche bekommen. Das ist dort der Fall, wo die Gemeindeglieder in Versuchung gekommen sind, dieses politische Evangelium mit dem Evangelium von Jesus Christus gleichzusetzen, zu verwechseln oder zu vermischen. Das traf für die Weltanschauung des Nationalsozialismus zu, die für viele Glieder der Kirche nach deren ganzer politischer Vergangenheit eine Anfechtung bedeutete, der sie zum großen Teil auch erlegen sind. In diesem Fall mußte die Abwehr dieser Weltanschauung von der Kirche zum Gegenstand der Verkündigung und des Bekennens gemacht werden. Daß die politische Heilslehre der Demokratie oder des Bolschewismus für die heutige Christenheit in Deutschland eine echte Anfechtung bedeuten würde, kann man gewiß nicht sagen. Wenn darum die Kirche heute etwa gegen den Bolschewismus als solchen predigen oder bekennen würde, so würde sie damit genau das tun, was die »Deutschen Christen« ihr im Jahre 1933 zumuteten, als sie von ihr ein Bekenntnis gegen Pazifismus und Marxismus verlangten – in einer Situation, in der sie damit nur das ausgesprochen hätte, wonach allen die Ohren jückten.

Es kann ferner der Fall eintreten, daß eine politische Heilslehre darum zum Gegenstand des Bekennens der Kirche gemacht werden muß, weil sie als ein aktives Gegenevangelium gegen die Lehre der Kirche auftritt, wie das etwa beim Antisemitismus des Nationalsozialismus der Fall war. Dieses war nicht nur ein aktives Gegenunternehmen gegen die Kirche als einer Religionsgemeinschaft, sondern gegen sie als spezielle Trägerin der Offenbarung Gottes in dem Juden Jesus von Nazareth. Damit erwies sich diese Weltanschauung nicht nur als eine dezidierte Form des Unglaubens, wie man das etwa vom orthodoxen Marxismus sagen könnte, sondern als eine aus der Sphäre des bloßen politischen Pseudoevangeliums heraustretende Rebellion gegen das heilsgeschichtliche Handeln Gottes.

Antisemitisch sind heute weder der demokratische noch der bolschewistische Staat. Sollte aber einer von ihnen aus seiner Weltanschauung die Konsequenz ziehen, die Kirche an der freien Verkündigung ihres Evangeliums prinzipiell oder von Fall zu Fall zu hindern, so hätte die Kirche dem aktiv zu widerstehen.

Wenn wir in unserer letzten These zu positiver politischer Mitverantwortung aufrufen, so wird uns die Frage begegnen, ob das in den Verhältnissen des deutschen *Ostens* zur Zeit für den Christen überhaupt möglich erscheint. Zugleich wird der Staat des Westens versuchen, der Kirche sich selbst und sein politisches Evangelium dadurch zu empfehlen, daß hier nicht nur die Kirche jede Freiheit der Betätigung habe, sondern daß in der politischen Praxis des demokratischen Staates für die Kirche die Möglichkeit bestehe, sich des einzelnen auch gegen den Staat anzunehmen, während das im Osten nicht der Fall ist. Ist das nicht in der Tat für die Kirche ein Grund, heute für den Westen gegen den Osten zu optieren, was etwa bedeuten könnte, daß sie sich in einem vom Westen eröffneten Propagandafeldzug gegen den Osten auf der Seite des Westens beteiligen würde?

Die Kirche hat den Westmächten das Recht nicht bestritten, in dieser Weise ihre Interessen wahrzunehmen, sie wird aber jeder Aufforderung, sich an diesem Feldzug zu beteiligen, unbedingt widerstehen müssen. Sie darf sich aus ihrer unmittelbaren politischen Verantwortung für den Staat im Osten nicht dadurch lösen, daß sie sich in dieser Auseinandersetzung zum Bundesgenossen des Westens macht. Sie dürfte das sogar auch dann nicht tun, wenn hinter jener Empfehlung des Westens und einer von ihm verbreiteten Kreuzzugsstimmung gegen den Osten nicht genau so reale politische und wirtschaftliche Machtansprüche stünden wie auf der anderen Seite. Die Kirche hat sich dort für das Menschsein der Menschen einzusetzen, wo sie gerade steht, im Westen wie im Osten, je auf die dort geforderte Weise. Die Frage, wo die Erfolgsaussichten größer sind, kann dabei keine Rolle spielen, da die Kirche sich ihre Situation und ihren staatlichen Partner nicht nach Wunsch aussuchen kann.

Dabei verkennen wir durchaus nicht, daß das, was wir in dieser letzten These über das Wahrnehmen der politischen

Verantwortung der Christen in positiver Mitarbeit am Aufbau eines besseren deutschen Staatswesens sagen, im Osten nicht in gleicher Weise zu verwirklichen sein wird wie im Westen. Das ist nicht nur deshalb der Fall, weil der bolschewistische Staat dem freien Spiel der Kräfte nicht in derselben Weise Raum gibt wie der demokratische Staat des Westens. Von seiten der Kirche kommt aber erschwerend hinzu, daß der Abbau jener Front, die vielleicht überhaupt im Osten von jeher stärker in Erscheinung getreten ist als im Westen, in einer Situation erfolgen muß, die bereits wieder alle Anzeichen einer Kampfsituation hat. Eben deshalb müssen wir gerade die Brüder im Osten dringend bitten, bei der Prüfung unserer Sätze zu bedenken, ob der Widerspruch, der sich bei ihnen in besonderer Weise regen könnte, nicht daher kommt, daß sich bei ihnen jene Front schon wieder zu verfestigen beginnt. Ihr Widerspruch wäre dann gerade auch für sie selbst ein Zeichen dafür, wie notwendig es war, dieses Wort zu sprechen.

Die Brüder im Osten haben dabei der Kirche des Westens gegenüber eine besondere Aufgabe. Die Kirche im Osten ist in echterer Weise nach ihrem Dasein gefragt als im Westen, wo sie auch heute noch unangefochten von außen ihre Rolle als Hüterin der christlichen Kultur des Abendlandes weiterspielen kann. Die Kirche im Westen steht darüber in der großen Gefahr, ihre eigene politische Verantwortung in neuer und echter Konfrontation mit dem demokratischen Staat gar nicht wahrzunehmen, sondern statt dessen wie gelähmt nach der östlichen Grenze und der von dort befürchteten Bedrohung zu blicken. Findet die Kirche im Osten den Weg zu jener in Barmen bekannten Freiheit gegenüber ihrer staatlichen Umwelt, so hat die Kirche im Westen keinen Vorwand mehr, in jene Front einzuschwenken und kann dadurch auch für sich selbst den Weg zu jener Freiheit leichter finden.

•

Man kann bei diesem Bekenntnis zur Freiheit nicht umhin, daran zu denken, wie Jeremia in dem belagerten Jerusalem, dem er den Untergang voraussagen muß, auf Gottes Befehl einen Acker kauft als ein Zeichen für sein Volk: »Und sollen noch

Äcker gekauft werden in diesem Lande, davon ihr sagt, daß es werde wüst liegen, daß weder Leute noch Vieh darin bleiben, und es werde in der Chaldäer Hände gegeben« (Jer. 32,43).

Man kann aber all das nicht sagen, ohne gleich weiter daran zu denken, daß Christus, als er zu den Seinen von seiner Wiederkunft sprach, nicht jene Weltuntergangsstimmung bei ihnen verbreiten wollte, die uns so leicht angesichts des »Jüngsten Tages« zu befallen pflegt und die wir immer wieder als letzten Widerstand einsetzen, um uns vor der bösen Welt, zugleich aber auch vor der göttlichen Verheißung für diese Welt zu flüchten. Er hat ihnen vielmehr das andere zugerufen: »Wenn aber dies alles anfängt zu geschehen, so sehet auf und erhebt eure Häupter, darum daß sich eure Erlösung naht« (Luk. 21,28).

DIE STIMME DER GEMEINDE

Monatsschrift der Bekennenden Kirche

Nummer 1 Januar 1949

Inhalt

DOKUMENTE

zum Abwehrkampf der deutschen evangelischen Pfarrerschaft gegen Verfolgung und Bedrückung

1933 — 1945

Für den Verband der deutschen evang. Pfarrervereine e. V.
verantwortlich herausgegeben von seinem Vorsitzenden

Kirchenrat Fritz Klingler
Nürnberg

Verlag Jacob Mendelsohn, Nürnberg

Zur Einführung.

Was wir hier der Oeffentlichkeit vorlegen, sind Dokumente des Kampfes, den die evangelische Pfarrerschaft, weithin stellvertretend für die evangelische Kirche, ja für das deutsche Christentum schlechthin, in den letzten 12 Jahren zu bestehen hatte.

Auch die Geschichte dieser 12 Jahre wird einmal geschrieben werden müssen, besonders Art und Weise des weltanschaulichen Kampfes des Nationalsozialismus gegen die christlichen Kirchen. Am Tage von Potsdam hatte Hitler in feierlicher Form bekundet, daß die „nationale Regierung" in den beiden christlichen Konfessionen die wichtigsten Faktoren zur Erhaltung unseres Volkstums sähe, und noch war unbeachtet geblieben das Wort von Rosenberg, man müsse „die Kirchen organisatorisch verkümmern" lassen.

Unser Volk hörte nur Potsdam. Es hörte auch nur Reden wie auf dem Bückeberg 1933: „An unseren Herrgott richten wir in dieser Stunde in Demut die Bitte, uns auch in Zukunft seinen Segen zu geben zu unserem Werk und das tägliche Brot," — es hörte Dieses und Aehnliches und ahnte nichts von dem Kampfe um die „organisatorische Verkümmerung der Kirchen", der sich hinter der „frommen" Fassade abspielte und von dem diese Dokumente zeugen.

Wenn es nur bei diesem Kampfe geblieben wäre! Schließlich wären die Kräfte des Evangeliums und die unserer evangelischen Gemeinden stark genug gewesen, diesen Kampf zu bestehen. Aber gleichzeitig stand die evangelische Pfarrerschaft in einer Flut der Diffamierung, Ehrlosmachung, Verdächtigung und Kränkung wie nie zuvor.

Was haben wir dagegen getan? Die deutsche evangelische Pfarrerschaft legt in diesen Blättern eine Art Weißbuch vor. Die Oeffentlichkeit, auch unsere Gemeinden, sollen und müssen wissen, wie und wo wir standen und durch welche tiefe Not der evangelische Pfarrerstand hindurchgehen mußte. Das polizeiliche System des Nationalsozialismus hatte es ja vermocht, daß solche Stellungnahmen über den Kreis der Tragenden kaum hinauskamen und hinauskommen konnten.

Pfarrer sein und aus einem evangelischen Pfarrhaus stammen, das war so gut wie Volksgenosse zweiten Grades sein. Selbst im Kriege, ja selbst vor den Toten des Krieges machte diese Diffamierung nicht Halt. Bei akademischen Gedächtnisfeiern der Universitäten wurden die Namen gefallener evangelischer Theologen nicht genannt, und Hermann Göring fragte geringschätzig, wo denn über-

DER RAT DER EVANGELISCHEN KIRCHE IN DEUTSCHLAND

D. Dr. Otto Dibelius, Vorsitzender des Rates. Seine Wahl ist ein sinnfälliges Zeichen für den Willen der Kirche zur Einheit über alle Zonengrenzen hinweg.

Dr. Lothar Kreyssig. Präses der sächsischen Provinzialsynode. Während des Kirchenkampfes seines Amtes als Richter enthoben und in der Bekennenden Kirche tätig.

D. Martin Niemöller, Kirchenpräsident von Hessen und Nassau, Vorsitzender des Reichsbruderrats der BK. Repräsentant der EKD im Ökumenischen Rat, Leiter des Kirchlichen Außenamtes.

Dr. Dr. Gustav Heinemann, Oberbürgermeister der Stadt Essen. Mitglied des Rates als Präses der gesamtdeutschen Synode, die ihn in Bethel einstimmig in dieses Amt berief.

D. Dr. Hans Lilje, stellv. Vorsitzender des Rates, Landesbischof von Hannover, Präsident des Central-Ausschusses für Innere Mission, seit langem führend in der ökumenischen Bewegung.

D. Hans Meiser, Landesbischof von Bayern. Leitender Bischof der Vereinigten Evang.-Lutherischen Kirche Deutschlands. Deutscher Repräsentant im Lutherischen Weltbund.

D. Hugo Hahn, gebürtiger Balte, Landesbischof von Sachsen, Stellvertreter D. Meisers in der Leitung der Vereinigten Evangelisch-Lutherischen Kirche Deutschlands.

Lic. Volkmar Herntrich, Mitglied der Hamburgischen Kirchenleitung und der Leitung der Vereinigten Evangelisch-Lutherischen Kirche Deutschlands.

D. Wilhelm Niesel, Moderator des Reformierten Bundes. Pastor der ältesten reformierten Gemeinde des Rheinlandes, Schüler, Dozent an der Kirchlichen Hochschule Wuppertal.

D. Dr. Rudolf Smend, Universitätsprofessor in Göttingen und Leiter des dortigen Instituts für evangelisches Kirchenrecht. Er gehört dem Rat als Reformierter an.

Reimer Mager. Präsident der sächsischen Landessynode, Aus dem Ruhrgebiet gebürtig, begann er seine Laufbahn in der christlichen Gewerkschaftsbewegung.

D. Karl Hartenstein. Bis 1939 Direktor der Basler Mission, seit 1941 Prälat in Stuttgart. Führender Mann der Weltmission, deutsches Mitglied des Internationalen Missionsrates.

Der aus zwölf Mitgliedern bestehende Rat hat als oberstes Organ die Evangelische Kirche in Deutschland zu leiten und zu verwalten. Er vertritt die EKD nach außen. Er wird von der gesamtdeutschen Synode für sechs Jahre gewählt.

Das Urteil im Karl-Wolff-Prozeß

Mit dem Urteilsspruch gegen Karl Wolff, den persönlichen Adjutanten des Reichsführers-SS Heinrich Himmler, hat es eine eigentümliche Bewandtnis, beziehungsweise: Da stimmt etwas nicht. Karl Wolff ist zu fünfzehn Jahren Zuchthaus verurteilt worden und hat für zehn Jahre seine bürgerlichen Ehrenrechte – das ist das Recht, zu wählen und gewählt zu werden – verloren, wegen der Beihilfe am Mord von mindestens dreihunderttausend Menschen, genauer: Juden. Das Gericht war der Meinung, daß man Wolffs Beteiligung an der Ermordung dieser 300 000 auf keinen Fall unterschätzen dürfe, denn Wolff habe die Eisenbahnwaggons zum Abtransport der Juden aus dem Warschauer Ghetto in die Vernichtungslager Treblinka und Przemysl besorgt, und das Transportproblem habe bei der Massenvernichtung der Juden allergrößte Schwierigkeiten gemacht und habe also eine außerordentlich große Rolle gespielt. Außerdem habe Wolff das, was ihm heute vorgeworfen wird, mit vollem Wissen und eigenem Wollen getan. Kurzum: Das Gericht erklärte selber, es habe erwogen, die Höchststrafe zu verhängen, das wäre lebenslängliches Zuchthaus gewesen.

Aber nun beginnt das Eigentümliche an dem Urteilsspruch, der nur auf 15 Jahre Zuchthaus lautet, was freilich für einen 64jährigen auch schon auf lebenslänglich herauskommen kann. Wir kritisieren auch nicht das Strafmaß. Das Eigentümliche sind vielmehr die Faktoren, die in der Urteilsbegründung als strafmildernd angegeben werden. Erstens heißt es da, Karl Wolff habe, abgesehen von den zur Verhandlung stehenden Verfehlungen, ein einwandfreies Leben geführt. – Dies »einwandfreie« Leben aber bestand darin, daß er z. B. in Himmlers Gefolge sämtliche deutschen Konzentrationslager besichtigt hat, daß er Zuschauer war bei einer Prügelstrafe im Frauen-KZ Ravensbrück, daß er die Korrespondenz über die Unterkühlungsversuche mit Menschen im KZ Dachau geführt hat, daß er Himmler auf fast allen Auslandsreisen begleitete, die unternommen wurden, um die »Lösung der Judenfrage« – wie man das damals nannte – im befreundeten und besetzten Ausland, in Italien, Finnland, Polen und Rußland herbeizuführen. Ein Stück dieses »einwandfreien Lebens« war auch seine Tätigkeit als höchster SS- und Polizeiführer in Italien, als von dort 7000 Juden nach Deutschland abtransportiert wurden, von denen über 6000 in Auschwitz umgekommen sind. Wolff selbst hat einmal gegenüber zwei israelischen Journalisten gesagt: »Wenn ein Mensch wie ich jahrelang einen zentralen Posten innehatte, dann muß sich sein Name schon irgendwie in kriminelle Angelegenheiten verwickeln.« Was, um Gottes willen, verdient an einem solchen Leben dann noch »einwandfrei« genannt zu werden? – Zweitens wurde Wolff als strafmildernd angerechnet, daß er vielen verfolgten und bedrückten Personen geholfen habe. – Daß er es getan hat, ist erwiesen und aktenkundig. Aber selbst Heinrich Himmler hat vielen geholfen, die in die von ihm erfundene und aufgebaute Vernichtungsmaschinerie geraten waren. Alle Verbrecher der Welt machen Ausnahmen mit ihren persönlichen Freunden und Bekannten. – Schließlich wird Wolff zugute gehalten, daß er bei der vorzeitigen Kapitulation in Italien 1945 maßgeblich mitgewirkt und damit sinnlose Menschenopfer auf beiden Seiten verhindert habe. – Aber auch dem Gericht war bekannt, daß Wolff mit der Kapitulation gegenüber den Westmächten die Absicht verband, mit den Westmächten gegen den Osten weiterzumarschieren, daß es ihm also gerade nicht darum ging, sinnlose Menschenopfer zu verhindern, sondern darum, diesen sinnlosen Krieg weiterzuführen, in der Hoffnung auf einen für Deutschland günstigeren Ausgang. Ein zumindest sehr fragwürdiger Plan, der aus heutiger Sicht doch wohl eher gegen den Angeklagten spricht als für ihn. Oder?

Nicht das Urteil, aber diese Urteilsbegründung hat uns befremdet. War doch Karl Wolff mit Leib und Seele Nationalsozialist und SS-Mann, ein glühender Bewunderer Himmlers, Antisemit, Antikommunist, Rassist, Nazi. Wer diesem Mann aufgrund seiner äußerlich gepflegten Erscheinung ein einwandfreies Leben, Rechtssinn und politische Moral zubilligt, wofür nichts, wogegen alles spricht, der gerät in den Verdacht, den NS-Verbrecher immer noch für etwas Besseres zu halten als den einfachen Mörder. Cui bono? Wem nützt das?

Ulrike Marie Meinhof

Liebe Brüder und Schwestern!

Im Einvernehmen mit den am 1. 10. 1956 versammelten Vertrauensmännern der Bekennenden Kirche in Westfalen laden wir Sie hierdurch ein zu einer Tagung am

Donnerstag, dem 1. November, im Saal der Reinoldi-Gaststätten in Dortmund.

Die Tagung steht unter dem Gesamtthema:

„Gottes Acker ist die Welt"

Folgende Tagesordnung ist vorgesehen:

10.30 Uhr: Biblische Einleitung.

11.00 Uhr: Prof. D. Heinrich Vogel: Die permanente Reformation der Kirche.

15.00 Uhr: Prof. D. H. J. Iwand: Recht und Grenze der Konfessionen in der Evangelischen Kirche.

Gegen 17.00 Uhr soll die Tagung beendet sein.

Es liegt uns daran, auf dieser Tagung ein verantwortliches Gespräch zu führen über die innere Lage der Evangelischen Kirche in Deutschland und unsere Verantwortung für den weiteren Weg der EKiD. Wenn wir recht sehen, wird die Lage der Kirche heute u. a. durch folgende Fragestellungen bestimmt, in denen wir nicht zu ausreichenden Antworten gekommen sind:

1. Die Weitergabe und Verarbeitung der Ergebnisse der EKiD-Synoden in unseren Gemeinden. Welche Folgerungen haben wir z. B. aus den Erklärungen der Synode zur Ost-West-Frage, zur Aufrüstungsfrage, zur Frage der Atomwaffen gezogen?
2. Die nicht beendete Diskussion über die Verantwortung des Christen in politischen und wirtschaftlichen Entscheidungen.
3. Die nicht überwundene Isolierung der Gemeinden von der Welt, der gegenüber sie einen Auftrag haben.
4. Das Eintreten für die EKiD als für eine Kirche, in der Lutheraner, Reformierte und Unierte in Freiheit miteinander leben.
5. Die Frage der ökumenischen Kontakte.

Das war, was sich in der Bekennenden Kirche anbahnte und in Barmen, Stuttgart und in dem Darmstädter Wort von 1947 seinen Ausdruck fand, will heute unter veränderten Verhältnissen neu erfaßt werden und in der Verkündigung seinen Platz finden. Die damit gegebene Aufgabe kann nur gelöst werden durch gemeinsame Arbeit von Dienern am Wort und aktiven Gliedern der Gemeinde in Verbindung mit allen solchen, die für das lebendige Wort der Kirche offen sind. Es geht dabei auch darum, daß die Kirche sich vor falschen Bindungen bewahrt, wie sie sich in der letzten Zeit wiederholt bemerkbar gemacht haben. Es geht darum, daß die Arbeit der Synoden unserer Kirchen zu einem echten Durchbruch durch die geistige und geistliche Erstarrung führen, die uns so oft bedrückt. Wir rufen daher auf zu einem neuen Zusammenschluß von Pfarrern und Gemeindegliedern in einer Kirchlichen Bruderschaft der Evangelischen Kirche in Westfalen. Dieser Zusammenschluß gründet sich auf die Verantwortung, die uns vom Zeugnis der Bekennenden Kirche her überkommen ist. Wir meinen allerdings nicht, daß er unter Parolen erfolgen kann, die im Kirchenkampf ihre Bedeutung hatten, die aber für die jüngere Generation unter uns nicht mehr die konkrete Entscheidung umreißen, die heute gefordert ist. Die Fronten haben sich geändert.

Zwei Dinge erscheinen uns für die Aufnahme der Arbeit einer kirchlichen Bruderschaft, die ihren Dienst im Rahmen der Ordnung unserer Landeskirche tun will, wichtig. Einmal, daß wir mit Bruderschaften anderer Landeskirchen zusammenarbeiten, die in den letzten Jahren gewachsen sind, aber auch mit all den Kreisen und Einzelnen, die mit uns empfinden, daß Sammlung und gemeinsames verantwortliches Tun heute gefordert sind. Zum zweiten glauben wir, daß das Schwergewicht unserer Arbeit in der Umsetzung der Beschlüsse der Synoden in lebendigem Dienst zu einem wesentlichen Teil auf der Ebene kreissynodaler gemeinsamer Arbeit erfolgen sollte. Wir werden darüber in Dortmund sprechen müssen.

Wir bitten Sie herzlich, an der Dortmunder Tagung teilzunehmen. Auch bitten wir Sie, Freunde und Gemeindeglieder zu dieser Tagung mitzubringen, und mit uns in der Fürbitte dafür zu stehen, daß Gott unseren Versuch, die Verantwortung des Christen für die ganze Kirche zu stärken, freundlich ansehen möge.

Mit brüderlichem Gruß

im Auftrage des Bruderrates der Bekennenden Kirche in Westfalen

gez. *A. Schmidt* gez. *H. Kloppenburg* gez. *O. Suppert*

Fackelträger einer neuen Ze

Fackelträger einer neuen Zeit! Einer neuen Zeit in unserer Kirche! Das wollen sie doch sein, Kirchenpräsident Martin Niemöller und Oberkirchenrat Kloppenburg, die unser Bild zeigt bei der vom Winde verwehten und kaum beachteten politischen Demonstration vor den Toren Dortmunds! Die neue Zeit der Kirche, das ist für sie: Politisierung der Kirche, Unfehlbarkeitserklärung der eigenen politischen Meinung, Bannstrahl über jeden, der es noch wagt, eine andere Meinung zu haben!

Aber: Fackelträger einer neuen Zeit? Haben wir das nicht alles schon einmal erlebt? bei denselben Leuten?, bei den Martin und Wilhelm Niemöllers und Kloppenburg und Genossen?

Eine Gedächtnisauffrischung!

Lesen Sie in beiliegender Schrift bitte Seite 23 und 24, wie ein Mann wie Kloppenburg einst die „neue Zeit" heraufführen wollte, wie er sich bedenkenlos einsetzte für Hitlers antijüdische Rassenpolitik!

Lesen Sie auf Seite 33, mit welchem Wortüberschwang Martin Niemöller, — natürlich selbst von der Kanzel herab, — die damalige „neue Zeit", das Tausendjährige Reich seines Führers begrüßte!

Lesen Sie Seite 25, wie der gesuchte Festredner „Parteigenosse Pfarrer Wilhelm Niemöller" den Segen Gottes für die Fahnen der „neuen Zeit" erflehte, für SS- und SA-Fahnen! „Herr, laß mich wissen den Weg, den ich gehen soll!"

Nun sind wir die Letzten, die einem Menschen einen politischen Irrtum auf ewig nachtragen wollen. Obwohl man sich fragen muß, ob eine Propaganda für Hitlers anti[j] Rassenpolitik einem ernsten Christen überhaupt jema[ls] lich war. Aber wir wenden uns entschieden, mit allen und Nachdruck, dagegen, daß diese Männer, die i[n] Hitlerenthusiasmus gar keinen Blick mehr hatten, ihr politischer Horizont und wie groß ihre Scheuk waren, daß sie, die zur Kaschierung ihrer politisch zulänglichkeit dauernd „Gott" und das „Evangelium" ten, heute aufs Neue, mit denselben Methoden ihre stischen Zeit, mit derselben Lautstärke, mit derselbe tischen Unfehlbarkeit, mit derselben leichtfertige dammung ihrer Gegner, mit demselben Mißbrauch vo und Evangelium unser Kirchenvolk verwirren und m Schaden stiften.

Auf dem Kirchentag in Treysa hatte Martin Ni nach dem Ende des Hitlerspuks einst feierlich erklärt: heute jeder kleine Parteigenosse Amt und Brot verlier ist es unmöglich, daß Männer in den Kirchenleitung halten werden, die sich in Hirtenbriefen oder in ged Äußerungen oder sonst irgendwie so über den Nation lismus und seine Weltanschauung ausgesprochen hab der kleine Mann dadurch das gute christliche Gewis kam, sich der Partei anzuschließen. Von den Männe selbst Parteigenossen waren, oder denen, die dazu ge brauche ich nichts zu sagen. Wenn wir sie halten w würden wir ja damit die Kirche in unserem Volk vo herein wieder unglaubwürdig machen, und zwar dur Schuld."

Wir fragen, warum haben Martin Niemöller un Gesinnungsgenossen sich nie an diese ihre eigene Gru gehalten, sie, die durch viele Jahre, und gerade in d scheidenden Jahren, keine Gelegenheit vorübergehen ließen, daß „der kleine Mann das gute christliche Gewissen bekam“, Hitler nachzulaufen?! Wir haben diese „neue Schuld“ auf uns geladen, daß wir Männer in kirchliche Ämter von Verantwortung ließen, ohne zu bedenken, daß sie ihre Neigung zu politischen Verstiegenheiten nie verlieren werden!

Zu Hitlers Zeit: Begeisterter Vorkämpfer für dessen militärische Aufrüstung!

Und heute? Kriegsdienstverweigerung!

Zu Hitlers Zeit: Gott muß die SS- und SA-Fahnen segnen!

Und heute? Die Ausbildung zu Führerstellen in unserer Wehrmacht eine hohe Schule für Berufsverbrecher!

Zu Hitlers Zeit: Kampf für dessen Judenpolitik!

Und heute? Ein Kosmopolitismus und Pazifismus verschwommenster Art!

Sind das geeignete Fackelträger einer neuen Zeit in unserer Kirche?

Am 27. August 1935 übersteigerte sich Martin Niemöller auf dem Kirchentag in Hannover in eine wilde Begeisterung für Hitlers Wiederaufrüstung: „Das aber sind die Zeiten“, so rief er in die Menge, „in denen es heißt: *Die Christen an die Front!* Und es wird sich hier beweisen müssen, ob der Friede Gottes die Kraft ist, in der wir unserem Volk und Reich in echter Wehrhaftigkeit dienen: Gehorsam und tapfer, furchtlos und treu! Gott aber helfe uns dazu!“

Die Christen an die Front Hitler'scher Wiederaufrüstung?! Martin Niemöller und Genossen dürfen es jedem nachdenkenden evangelischen Mann nicht verübeln, wenn wir ihre Rolle als Fackelträger einer neuen Zeit mit ihren neuen politischen Parolen und Schlagworten in unserer Kirche ganz entschieden ablehnen! Wir wollen, daß unsere Kirche Kirche bleibt und nicht ein Schrebergarten wird, in dem Martin Niemöller und Genossen ihren Kohl züchten, Hitlerbegeisterung, Judengesetze, Aufrüstung, Kriegsdienstverweigerung, Pazifismus, — wie's gerade kommt.

Wer gegen diese Schwarmgeisterei in unserer Kirche ist, wer in unserer Kirche die Trösterin, Mahnerin und Erzieherin unseres Volke sieht und sie als solche erhalten will, der werde Mitträger der Verantwortung für eine kirchliche Erneuerung! Helfen Sie uns, unseren Dienst notwendiger Aufklärung zu tun! Weisen Sie in Ihrem Bekanntenkreis auf beiliegende Schrift hin, die in überlegener Objektivität Legenden über den Kirchenkampf endlich ein Ende macht!

Daß eine theologische Fakultät die fatale Geschichtsschreibung eines Wilhelm Niemöller, gegen die sich beiliegende Schrift wendet, noch obendrein mit dem Ehrendoktortitel „auszeichnet“, gehört zum Kapitel der inneren Entwertung dieses Titels in unserer Zeit als bloße Freundschaftsgabe für Gleichgesinnte.

Gaben erbitten wir auf das Postscheckkonto Essen, Nr. 129 442 Sprenger, Sonderkonto. Wir danken Ihnen!

Essen,
Hüskenbörde 15

Der Arbeitskreis
für kirchliche Erneuerung

ERKLÄRUNG
wider politische Demonstrationen im Kirchentag

Kirchliche Gruppen der »Friedensbewegung« haben mit Flugblättern im ganzen Bundesgebiet dazu aufgerufen, den Deutschen Evangelischen Kirchentag zu einer »fünftägigen Dauerdemonstration« für ihre politische Auffassung zu machen. Mit violetten Tüchern soll auch im Fernsehen der Eindruck entstehen, als ob die Mehrheit der evangelischen Christenheit für einen einseitigen Verzicht auf die Waffen eintrete, über deren Beseitigung oder allseitige Verminderung zur Zeit in Genf verhandelt wird. Wörtlich wird in den Flugblättern erklärt: »Wir rufen dazu auf, diese vermutete Mehrheit auf dem Kirchentag in Hannover deutlich zu machen.« »Abschluß und Höhepunkt dieser Kampagne soll die Schlußveranstaltung des Kirchentags sein.« Viele Gruppen aus dem Bundesgebiet fahren vor allem für diese »Kampagne« nach Hannover. Viele evangelische Christen fahren aus Protest gegen den Versuch, den Kirchentag zu einer einseitigen politischen Kampagne zu machen, nicht zum Kirchentag.

Wir stellen dazu fest:

1. Der Anschein eines angeblichen Mehrheitsvotums der evangelischen Christen für eine einseitige Abrüstung trügt.
2. Weithin besteht unter Christen die Überzeugung, daß die Propagierung solch einseitiger Abrüstung die internationalen Verhandlungen für Abrüstung, und damit letztlich Frieden und Freiheit gefährden.
3. Die Verwendung des Kirchentags zur Plakatierung einer einseitigen politischen Meinung untergräbt die Gemeinschaft der Christenheit.

Günter Brakelmann, Eberhard Müller, Friedrich Vogel

Zustimmung zu dieser »Erklärung« bitte auf Resolutionsformulare des Kirchentags bei unseren Unterschriftensammlern oder in »Markt der Möglichkeiten«, Halle 21 im Stand 423, 424, 425, 426 ferner Stand 315, 316, 427, 509 und anderen.

Zu den Abbildungen der Seiten 240 bis 251

240: Als die Martin-Luther-Gedächtniskirche Berlin-Mariendorf 1945 zur Berliner US-Garnisonkirche wurde, mußte in der Eingangshalle die Adolf-Hitler-Plastik in ein tönernes Martin-Luther-Bildnis umgetauscht werden, die flankierenden NS-Hoheitszeichen in kirchliche Symbole. **241:** Die erste Ausgabe der »Stimme der Gemeinde« erschien nicht, wie der kirchlich-theologischen Opposition zugesagt, mit einer ausführlichen Würdigung des Darmstädter »Wortes zum politischen Weg unseres Volkes«, sondern mit einer Attacke gegen den im »Darmstädter Wort« nicht verworfenen »ökonomischen Materialismus der marxistischen Lehre« – mit einem Totalverriß der Dreigroschenoper von Bert Brecht: »Erst kommt das Fressen, dann kommt die Moral.« **241:** Bischof Wurm gibt 1949 den Vorsitz des Rates der EKD zu treuen Händen weiter an seinen deutschnationalen Kampfgefährten von einst, an Bischof Otto Dibelius. **242–243:** Zu den übelsten Fälschungen der jüngsten evangelischen Kirchengeschichte zählt dieses Werk des Vorsitzenden der deutschen ev. Pfarrervereine (siehe dazu S. 127ff.) aus dem Jahr 1946. **244:** Bei der Wahl zum Rat der EKD 1949 verlor der kirchliche Querdenker Martin Niemöller die Vizepräsidentschaft, Bischof Lilje gewann statt seiner die Mehrheit der Synode für dieses Amt. **245:** Die 1937 von Goebbels eingeweihte und von den Kirchen so heftig bekämpfte neugermanische Thingstätte am Kalkberg von Bad Segeberg darf bald wieder das Portal mit den Strahlen der nie untergehenden Sonne öffnen: Rosenbergs »Politische Kirche des Nationalsozialismus« wird zum Sommertheater der Bad Segeberger Karl-May-Festspiele.– **246:** Ulrike Meinhof zählt zu den ersten und wenigen, welche die unverschämte Gerichtspraxis in den Verfahren gegen Kriegsverbrecher und NS-Massenmörder anprangern, hier die Begründung des Urteils gegen Himmlers Adjutanten Karl Wolff (Faksimile aus »Die Stimme der Gemeinde« 21/1964). **247:** Nach dem sang- und klanglosen Niedergang der Kirchlich-Theologischen Arbeitsgemeinschaft für Deutschland entsteht in den ev. Landeskirchen, wie hier in Westfalen, eine neue Opposition: die Kirchlichen Bruderschaften, die Heinz Kloppenburg und Helmut Simon 1957 zu einer gesamtdeutschen Arbeitsgemeinschaft zusammenschließen. Das umstrittene »Darmstädter Wort« zählt zu ihren theologisch-politischen Grundlagen. **248–249:** Ein anonymer »Arbeitskreis für kirchliche Erneuerung« versendet in erpresserischer Absicht das Baumgärtel-Pamphlet: »Wider die Kirchenkampflegenden», um die beiden kirchlichen Repräsentanten der Friedensbewegung, Martin Niemöller und Heinz Kloppenburg, unmöglich zu machen. Unten: Harmlos dagegen die »Erklärung« des politischen Dreimännerkollegiums Brakelmann/Müller/Vogel zur Friedensbewegung beim Hannover-Kirchentag 1983. **250–251:** Die Berlin-Mariendorfer Kanzel, die einen Soldaten als den ersten Nachfolger des Heilandes zeigt, und das Taufbecken mit dem für den Gottesdienstbesucher unsichtbaren betenden SA-Mann, Fotos von 1985.

Anmerkungen

1 Vertraulicher Umdruck, Sammlung Prolingheuer.

2 Vgl. H. Prolingheuer, Kleine politische Kirchengeschichte – 50 Jahre evangelischer Kirchenkampf von 1919 bis 1969, Köln, 2. Aufl. 1985. Dazu das noch unveröffentlichte Teil-Manuskript von Hanfried Müller: »Quo vadis, ecclesia? Eine Studie zur Analyse der deutschen protestantischen Kirchengeschichte in der Zeit der allgemeinen Krise des Kapitalismus und des Überganges zum Sozialismus 1919 bis 1969«, das der Berliner (DDR) Autor dem Verf. nach der Lektüre der »Kleinen politischen Kirchengeschichte« als Zeichen der Zustimmung zuschickte.

3 Ebd., S. 18f.

4 Kirchliches Jahrbuch 1919, S. 308. Siehe dazu S. 17 und 18.

5 O. Dibelius, Die Verantwortung der Kirche – Eine Antwort an Karl Barth, 1931, S. 12.

6 Licht und Leben 43/1932.

7 Vgl. H. Prolingheuers Vortrag vom 14. 10. 1986 in Korschenbroich (wo der dortige CDU-Bürgermeister kurz zuvor gesagt hatte, zum Ausgleich des Korschenbroicher Gemeindehaushaltes müsse man schon »einige reiche Juden erschlagen«), Die Schuld der evangelischen Kirche an den Juden, in: NEUE STIMME 1 und 2/1987.

8 Zitiert nach: R. Thalmann, Jochen Klepper – Ein Leben zwischen Idyllen und Katastrophen, 1978, S. 209.

9 K. Scholder irrt, wenn er dem Dortmunder »Rheinisch-Westfälischen Gemeindetag ›Unter dem Wort‹«, vom 18. 3. 1934, die Entdeckung des Oser-Liedes zuschreibt und auch noch dazu anmerkt: »Das Lied ist erst nach dem Krieg ins Gesangbuch aufgenommen worden«, so (auch von den Herausgebern G. Besier, D. Kleinmann und J. Thierfelder akzeptiert) in K. Scholders nachgelassenem 2. Bd., Die Kirchen und das Dritte Reich – Das Jahr der Ernüchterung 1934, Barmen und Rom, 1985, S. 100 und 386. Bei der Scholderschen Kirchengeschichtsschreibung aus der württembergischen Wurm-Perspektive mit den permanenten altpreußischen Defiziten kein Wunder!

10 Zitiert nach dem von Otto Riethmüller und Alfred Stier 1933 herausgegebenen »Liederbuch für die deutsche evangelische Jugend«, »Ein neues Lied«, 5. Auflage 1938, »126.–150. Tausend«, Lied Nr. 492. Im Geleitwort schrieb Otto Riethmüller u. a.: »Der Quell der echten Gemeindelieder und der guten Volkslieder war lange versiegt. Erst jetzt scheint er (Riethmüller datiert sein Geleitwort »Berlin-Dahlem, Sommer 1933«!, H. P.) wieder aufzubrechen, *besonders unter dem Eindruck der großen Wende, die im Volk und Reich uns geschenkt worden ist.* Der Name (»Ein neues Lied«, H. P.) ist darum die Verheißung einer neuen Erfüllung ... Darum bringt dies Buch reine und edle Lieder aus allen Gebieten des Lebens zu Trutz und Schutz wider die ›Buhllieder und fleischlichen Gesänge‹, wider das seichte, leere, undeutsche Getue, *gegen das nun zu unserem Heil der Kampf im ganzen Volk begonnen hat* ... Im Feuer der Trübsal wird das Gold der edelsten Lieder geläutert. Auch in unserem Volk hat Gott die Feuer der Trübsal angezündet. *Wir haben es nun aber auch mit Dank gegen Gott erlebt, daß die Feuer, die das Erwachen Deutschlands und die Erhebung unseres Volkes verkündigen, im ganzen Reich brennen.«* Im Zuge der allgemeinen Kirchengeschichtsfälschung sind in den Auflagen nach 1945 die hervorgehobenen faschistischen Textpassagen – selbstverständlich ohne jede Kennzeichnung – weggelassen. Daß nicht auch die Zeile mit dem »undeutschen Getue« nach 1945 getilgt wurde, hatte im besetzten Deutschland nicht minder rassistischen Sinn: z. B. die US-»Negermusik«. –

11 Ebd., Lied 496. Siehe S. 25.

12 Ebd., Lied 495. Selbstverständlich verschwand auch dieses faschistische Riethmüller-Lied sang- und klanglos aus den Nachkriegsauflagen, so daß die Empörung 1986 groß war, als der Verf. dieses Riethmüller-Lied in seinem Fernsehfilm »Kirchenmusik unterm Hakenkreuz« im Faksimile vorstellte und in seinem Hörbild »Kirchenmusik im ›dritten Reich‹« (SDR) zitierte. Die Fülle der Proteste gipfelte in einem unqualifizierten Einspruch beim Vorsitzenden der ARD, dem Intendanten Hilf, Baden-Baden, gegen die Sendung: »Sie war schlechthin eine Hetze gegen die evangelische Kirche.« Zuschriften an die Rundfunkanstalten der ARD, sowie Korrespondenz des Verf. mit einigen der kirchenoberen Protestanten, Sammlung Prolingheuer. Siehe auch S. 27.

13 Zitiert aus: A. Müller und A. Stier (Hg.), Deutsche Kirchenlieder zur Erneuerung des Gemeindegesangs, 8. Aufl., »8. Hunderttausend«, 1937, Lied 55.

14 Zitiert aus: H. Prolingheuer, Kleine politische Kirchengeschichte, S. 55 f. Das Humburg-Lied war nach der Melodie des »Horst-Wessel-Liedes« zu singen. Humburg wurde 1934 Präses der rheinischen Bekenntnissynode und Mitglied der (1.) Vorläufigen Leitung der Bekennenden Kirche Deutschlands.

15 Vgl. H. Prolingheuer, Der »rote Pfarrer« von Köln – Georg Fritze (1874–1939) Christ, Sozialist, Antifaschist, 1981. Siehe dazu S. 22 bis 23.

16 Kirchliches Jahrbuch 1932.

17 A. Hitler, Mein Kampf, S. 397.

18 A. Rosenberg, Der Mythus des 20. Jahrhunderts, S. 2.

19 Vgl. Faksimile in: H. Prolingheuer, Kleine politische Kirchengeschichte, S. 93.

20 Vgl. P. Malowski, »Gotteslästerung«, 1930. Dazu auch K. Hiller, Gotteslästerung, in: Die Weltbühne vom 4. 11. 1930, S. 680 ff. Siehe auch S. 21.

21 Zitate aus Künneths und Schreiners Vorwort von »Pfingsten 1933«.

22 Flugblatt der BK-Ostpreußen, erster Abschnitt, wo auch Riethmüllers »Hitlerland«-Lied zitiert wird: »Wir sagen ›Ja‹ zum Hakenkreuz, dem Siegeszeichen Adolf Hitlers, dem Siegeszeichen des Nationalsozialismus, dem Zeichen der Hoffnung unsres geeinten Deutschen Reiches. Gern und freudig flaggen wir unsre Häuser und Kirchen mit der Hakenkreuzfahne und bezeugen damit vor aller Welt: Wir folgen dem Führer! Wir gehorchen dem Führer als unsrer gottgegebenen Obrigkeit! Römer 13 zeigt jedem evangelischen Christen klar den Weg. ›Arbeit und Freiheit für jeglichen Stand. / Kämpferland, Hitlerland / schirm dich Gottes Hand.‹« Siehe S. 64 und 27.

23 Junge Kirche, 10. 8. 1933, S. 87. Vgl. dazu vor allem W. Hauer, Was will die Deutsche Glaubensbewegung?, 1934; M. Ludendorff, Deutscher Gottesglaube, 1930, Erlösung von Jesu Christo, 1929, und Schöpfungsgeschichte, 1930; sowie E. Reventlow, Wo ist Gott?, 1934.

24 Junge Kirche, 14. 9. 1933, S. 144. Schon in der Ausgabe vom 20. 7. 1933 hatte die JK auf S. 62 dieses Hitler-Zitat als Insert veröffentlicht: »Wer über den Umweg einer politischen Organisation zu einer religiösen Reformation kommen zu können glaubt, zeigt nur, daß ihm auch jeder Schimmer vom Werden religiöser Vorstellungen oder gar Glaubenslehren und deren kirchlichen Auswirkung abgeht. Adolf Hitler, Mein Kampf.«

25 J. Gauger, Chronik der Kirchenwirren 1934, S. 104. Hierzu auch die Auseinandersetzungen in: Junge Kirche 1933, Nr. 19 und 20.

26 Vgl. dazu die erste biographische Skizze Krauses: H. Prolingheuer, Genannt »Sportpalast-Krause« – Der Lebensgang des Reinhold Krause vor und nach dem 13. November 1933, in: Junge Kirche 2/1985, S. 80 ff.

27 J. Gauger, Chronik der Kirchenwirren 1933, S. 113.

28 Heß-Verfügung: »Kein Nationalsozialist darf irgendwie benachteiligt werden, weil er sich nicht zu einer bestimmten Glaubensrichtung oder Konfession oder weil er sich zu überhaupt keiner Konfession bekennt. Der Glaube ist eines jeden eigenste Angelegenheit, die er nur vor seinem Gewissen zu verantworten hat. Gewissenszwang darf nicht ausgeübt

werden. München, 13. Oktober 1933. gez. Rudolf Heß.« Veröffentlicht im Völkischen Beobachter vom 17. 10. 1933.

29 Flugblatt-Sammlung Prolingheuer.

30 Licht und Leben vom 7. 1. 1934.

31 A. Burgsmüller/R. Weth, Die Barmer Theologische Erklärung – Einführung und Dokumentation, 1983, Beschluß 1, S. 58. Vgl. dazu W. Hubers treffende Interpretation der 2. Barmer These in: Folgen christlicher Freiheit, S. 53–70. Siehe auch S. 63 unten.

32 Ebd., Zitate S. 54 f.

33 Vgl. H. Prolingheuer, Der »rote Pfarrer« von Köln, S. 116 und 122.

34 Vgl. H. Prolingheuer, Der Fall Karl Barth 1934–1935. Chronographie einer Vertreibung, 2. Aufl. 1984.

35 Junge Kirche, 20. 10. 1934, S. 834–847. Der grundlegende Artikel erschien während der Bekenntnissynode Berlin-Dahlem und wurde von der Schriftleitung mit dem Vorspann versehen: »Die folgenden Ausführungen stammen von einem ›alten Kämpfer‹ (Mitglied der NSDAP seit 1923). Der Verfasser entwickelte dieselben Gedankengänge vor kurzem öffentlich auf der *Kundgebung der Bekenntnisgemeinschaft in Hannover* (siehe ›J. K.‹ 19; S. 824).«

36 Brief OKR A. Müller vom 14. 3. 1934 »An die Reichskirchenregierung«, Kopie: Sammlung Prolingheuer.

37 Sammlung Prolingheuer.

38 Vgl. H. Prolingheuer, Kleine politische Kirchengeschichte, S. 85 und S. 89.

39 Das bekannte Kirchenkampf-Lied gegen Weimar wurde nicht nur wieder auf dem »Rheinisch-Westfälischen Gemeindetag ›Unter dem Wort‹« gesungen (siehe Anmerkung 9), seine Anfangszeilen standen auch als Motto des Gemeindetages auf der Eintrittskarte (Sammlung Prolingheuer).

40 Zitiert nach: Das junge Lied, 1949, Lied 59.

41 So während der Rheinischen Bekenntnissynode in Barmen-Gemarke (28. bis 30. 4. 1935), auf der J. Beckmann das Ansinnen der Deutschen Christen und Neutralen, im Kampf gegen den gemeinsamen Feind des Neuheidentums »endlich eine Einheitsfront zu bilden«, noch barsch zurückwies mit den Worten: »Die Deutschen Christen sind sozusagen die Zugbrücke, auf der das Neuheidentum der Deutschen Glaubensbewegung in die Kirche einrückt.« Vgl. J. Beckmann (Hg.), Rheinische Bekenntnissynode im Kirchenkampf, 1975, S. 157 und 181 f.

42 Zitiert aus: Schöne Musika, Blatt 50, 3. Aufl., Burckhardthaus-Verlag Berlin-Dahlem, 1938. Beim Nachdruck in »Ein neues Lied« (1952) fehlt bemerkenswerterweise die 3. Strophe.

43 Flugblatt-Sammlung Prolingheuer.

44 Vgl. H. Prolingheuer, Kleine politische Kirchengeschichte, S. 85 f. Zu Goebbels' Antrag vgl. J. Beckmann (Hg.), Briefe zur Lage, S. 308.

45 Vgl. H. Prolingheuer, Die Schuld der evangelischen Kirche an den Juden a. a. O., NEUE STIMME 2/1987, S. 23, Faksimile S. 24.

46 Immer wieder wird diese Denkschrift fälschlich als antifaschistisches Dokument ausgegeben. Sie richtet sich aber nicht gegen den Hitler-Faschismus, sondern detailliert gegen den Rosenberg-»Mythus«. Leider folgt der Aufsatz von M. Greschat und R. Lächele, Das Ringen der Bekennenden Kirche um eine gemeinsame Front 1936, in: Zeitschrift für Kirchengeschichte, 3/1986, noch der Denkschrift-Legende.

47 Zitiert nach: »Die Enzyklika«, 12seitige Flugschrift der »Deutschen Freiheitspartei«, S. 2. Flugblatt-Sammlung Prolingheuer. Auch die »brennende Sorge« des Papstes galt nicht dem Hitler-Faschismus, sondern dem »Götzenkult« der deutschen »Neuheiden«.

48 Junge Kirche, 1. 5. 1937, S. 357.

49 Vgl. »Das Reich« vom 15. 6. 1941: Kirchen und Bekenntnisse. In der Hochburg

Berlin waren 10,2 % der Einwohner, im gesamten Reichsgebiet gar 9,9 % aller Lehrer »gottgläubig«. Dazu auch: H. Prolingheuer, Die Schuld der evang. Kirche an den Juden, in: NEUE STIMME 1/1987, Anm. 4. Und in dieser Zahl sind die Anhänger Ludendorffs nicht einmal berücksichtigt, weil sich diese als kirchliche Weltanschauungsgemeinschaft »Gotteserkenntnis (L)« betrachteten. Ihre Zahl beträgt noch einmal ca. 1 Million.

50 Flugblatt-Sammlung Prolingheuer. Siehe auch S. 68–71 und S. 67 und 245.

51 W. Künneth, Evangelische Wahrheit! Ein Wort zu Alfred Rosenbergs Schrift »Protestantische Rompilger«, 1937, S. 31. Vgl. dazu W. Meyer-Erlachs rassistischen Vortrag auf der 2. Tagung des Instituts zur Erforschung des jüdischen Einflusses auf das deutsche kirchliche Leben: Nordisches Christentum und das Reich, 1942.

52 Faksimile in: H. Prolingheuer, Kleine politische Kirchengeschichte, S. 94. Hervorhebung vom Verf.

53 E. Klügel, Die lutherische Landeskirche Hannovers und ihr Bischof 1933–1945, Dokumentenband S. 154 f.

54 Hektographierter Umdruck Sammlung Prolingheuer.

55 Auch im »Quellennachweis« von Riethmüllers Liederbuch »Ein neues Lied« (siehe Anmerkung 10) ist vermerkt: »Der ›Deutsche Psalter‹ von *Prof. Will Vesper* hat uns im Einverständnis mit dem Verlag H. Haessel, Leipzig, für die Textfassung wertvolle Dienste geleistet. Es sei auf dieses Buch nachdrücklich hingewiesen.« Eine wichtige Mitteilung, die in den Nachkriegsausgaben selbstverständlich fehlt.

56 Bekenntnis von Will Vesper, in: Kölnische Zeitung vom 4. 11. 1934.

57 Die »Siegeszuversicht« in den zum Ökumenischen Rat gehörenden Kirchen des Westens begann bereits im Oktober 1942 mit dem Sieg der Engländer über das deutsche Afrikakorps bei El Alamein. Seit dieser Kriegswende löste sich Wurm nicht nur zusehends von den NS-Obrigkeiten, er knüpfte auch Verbindungen zur Ökumenischen Zentrale in der Schweiz. Siehe auch S. 85. Visser't Hooft, der nicht nur mit der BK seit langem sympathisierte, sondern auch – wie bei der Evangelischen Woche Hannover 1935 – als deren Redner auftrat, bot sich als Mittler sowohl zu den Kirchen als auch zu den Regierungen der westl. Feindmächte an, er wirkte als Kontaktmann zu Allen Dulles, der seit November 1942 Leiter des OSS (Office of Strategic Services) der USA in der Schweiz war. Vgl. dazu: A. Boyens, Kirchenkampf und Ökumente 1939–1945, 1973.

58 Vgl. J. Thierfelder, Das Kirchliche Einigungswerk des württembergischen Landesbischofs Theophil Wurm, 1975. Ein Buch, das allerdings vornehmlich aus der Wurm-Perspektive geschrieben ist.

59 Ebd., S. 183: siehe dazu obige Anmerkung 41. Siehe auch S. 73.

60 Ebd., S. 262: Sitzungsprotokoll H. Diems vom 16. 12. 1943.

61 A. Boyens, Kirchenkampf und Ökumene, a. a. O., Zitat S. 239, Anm. 24.

62 R. Bultmann hatte in der 1940 gegründeten bekenntniskirchlichen »Gesellschaft für Evangelische Theologie« mit seinem Vortrag »Neues Testament und Mythologie« die theologische Entmythologisierungsdebatte eröffnet, die ihm seitdem die unversöhnliche Feindschaft des Apologeten W. Künneth und zahlreicher »Kirchenkämpfer« einbrachte. Sie beschuldigten Bultmann, das Werk der »Neuheiden« zu betreiben.

63 Brief Hornig vom 18. 3. 1935 in: Briefe zur Lage vom 27. 3. 1935, S. 4.

64 K. Immer am 11. 7. 1937 in seinem Coetus-Brief, in: K. Immer, Die Briefe des Coetus Reformierter Prediger 1933–1937, herausgegeben 1976 von J. Beckmann, S. 290 ff.

65 H. Vogel (Hg.), Der Prediger von Buchenwald, 1953, S. 59 ff.

66 M. Niemöller, Herr ist Jesus Christus – Die letzten 28 Predigten, gehalten in den Jahren 1936 und 1937 in Berlin-Dahlem, 1946, S. 240 f.

67 Beitrittserklärung zum Pfarrernotbund, Sammlung Prolingheuer.

68 Vgl. E. Bethge, Dietrich Bonhoeffer. Theologe, Christ, Zeitgenosse, 1970, S. 924.

69 Dazu: E. Röhm, Sterben für den Frieden. Spurensicherung. Hermann Stöhr und die

ökumenische Friedensbewegung, 1985.

70 Vgl. dazu in: R. Köbler, Schattenarbeit. Charlotte von Kirschbaum – Die Theologin an der Seite Karl Barths, 1987; darin Barths und v. Kirschbaums Zusammenarbeit mit Sozialdemokraten und Kommunisten im Schweizerischen Nationalkomitee »Freies Deutschland«, S. 55–58 und 77–89. Vgl. dazu: H. Fink, Karl Barth und die Bewegung ›Freies Deutschland‹«, in: Beilage zu ›Standpunkt‹ 5/1975, S. 28 ff.

71 In der Kanzelabkündigung der Bekennenden Kirche zum 3. Advent 1934 hieß es u. a.: »Nunmehr ist sogar von verantwortlicher Stelle öffentlich der Vorwurf erhoben worden, daß sich unter dem Deckmantel kirchlicher Belange alle möglichen staatsfeindlichen und landesverräterischen Elemente zusammenfinden, um Politik gegen das Dritte Reich zu machen. Wir legen vor Gott und Menschen dagegen in feierlicher Form Verwahrung ein. Wir haben in unserem Kampf ein gutes Gewissen und sind bereit zur Rechenschaft. Wir stehen zu unserem Wort: Wir wollen keine Zufluchtsstätte politisch unzufriedener Elemente sein ...«, in: H. Prolingheuer, Der Fall Karl Barth 1934–1935. Chronographie einer Vertreibung, 2. Aufl., 1984, S. 86.

72 »und folget ihrem Glauben nach – Gedenkbuch für die Blutzeugen der Bekennenden Kirche im Auftrage des Bruderrates der Evangelischen Kirche in Deutschland verfaßt und herausgegeben von Bernhard Heinrich Forck«, 1949, S. 7. Daß darin auch von Bonhoeffer die Rede ist, während alle anderen politischen Widerstandskämpfer der Kirche fehlen (vgl. H. Prolingheuer, Kleine politische Kirchengeschichte, S. 190 f.), ist dem Umstand zu verdanken, daß das Martyrium Bonhoeffers, wegen dessen internationalen Bekanntheitsgrades, nicht verschwiegen werden *konnte*. Bald wurde dann Bonhoeffers Widerstand als für die BK repräsentativ ausgegeben – eine Verfälschung des »Kirchenkampfes«.

73 Dazu: H. Prolingheuer, Der Fall Karl Barth, a. a. O.

74 Ebd., S. 185.

75 B. Vesper, Die Reise. Romanessay – Ausgabe letzter Hand, Rowohlt 1983, S. 142 ff. und 146.

76 Th. Wurm, Erinnerungen aus meinem Leben, 1953, S. 174. Bald sind in der Kirche solche Berichte über derartige Untaten der *west*alliierten Besatzungstruppen tabu.

77 Ebd.

78 Zit. nach epd-Dokumentation 9/85, S. 1 f. Diese Erklärung beginnt: »Im Namen unserer Württembergischen Evangelischen Landeskirche und als Sprecher der ganzen bekennenden Kirche in Deutschland richte ich ein Wort an unser Volk ...«

79 So zuletzt zu lesen in: Der Spiegel vom 12. 3. 1984, S. 136, ausgerechnet im Nachruf zum Tode Martin Niemöllers, der seit 1945 wider diese Legende gestritten hat.

80 Hitler, dem die katholische Kirche ihr heute noch gültiges Reichskonkordat verdankt, ist weder zu Lebzeiten noch posthum exkommuniziert worden.

81 Sammlung Prolingheuer. Bis heute wird diese ohne Datum kursierende Wurm-Erklärung nicht nur sehr unterschiedlich, sondern auch zu spät datiert: epd-Dokumentation 9/85, von A. Boyens, S. 5: »19. Oktober 1945«; A. Boyens, Kirchenkampf und Ökumene 1939–45, 1973, S. 263: »Juli 1945«; M. Greschat (Hg.), Im Zeichen der Schuld – 40 Jahre Stuttgarter Schuldbekenntnis, 1985, S. 17: »Im Frühsommer (1945)«; M. Greschat (Hg.), Die Schuld der Kirche, 1982, S. 62: er verweist auf Boyens (siehe oben!) und führt auf S. 55 diese Erklärung mit der zusätzlichen Spekulation ein: »... der von Bischof Wurm für die Kirchenversammlung in Treysa (28.–31. 8. 1945, H. P.) vorbereitete, dort jedoch nicht zur Verhandlung gekommene Text ...«. Auch diese Erklärung gehört lt. Schempp-Denkschrift vom 29. 5. 1945 (siehe Anm. 83), die auf diese Erklärung Bezug nimmt, in den Mai 1945 datiert – mit Sicherheit vor den 29., vermutlich auch auf den 10. 5. 1945. Es ist schon bemerkenswert, daß A. Boyens – inzwischen Militärdekan und Referatsleiter in dem Bundesverteidigungsministerium »unmittelbar nachgeordneten« Bonner Evangelischen Kirchenamt für die Bundeswehr – ausgerechnet diese beiden Mai-Erklärungen Wurms

(zwei von insgesamt drei Erklärungen der evangelischen Kirche, neben einer ev./kath. und zwei der katholischen Kirche) in seiner epd-Dokumentation 9/85 der Stuttgarter »Schulderklärung« an die Seite stellt. Aber auch J. Beckmann irrt, wenn er im Kirchlichen Jahrbuch diese 2. Mai-Erklärung Th. Wurms auf den Oktober 1945 datiert. Vgl. Kirchliches Jahrbuch 1945–1948, 1950, S. 27 ff., siehe auch S. 106 f.

82 Vgl. dazu die erschütternde Dokumentation: E. Bizer, Ein Kampf um die Kirche – Der Fall Schempp nach den Akten erzählt, 1965.

83 Vgl. die erste auszugsweise Veröffentlichung: H. Prolingheuer, Der erstickte Bußruf des Paul Schempp, in: NEUE STIMME 4/1985, S. 7–11, und H. Prolingheuer, Das »Stuttgarter Schuldbekenntnis«, in: Junge Kirche 8–10/1985 (2teilige Vorlesung des Verf. zum 8. Mai 1985, dem »Tag der Befreiung«, an den theol. Sektionen der DDR-Universitäten Berlin, Leipzig und Rostock, die auch diesem Buchkapitel zugrunde liegt). Im Oktober 1985 haben dann Aktion Sühnezeichen/Friedensdienste, Kirchliche Bruderschaft in Württemberg, Offene Kirche – Ev. Vereinigung in Württemberg und Pro Ökumene-Initiative in Württemberg das gesamte Dokument veröffentlicht mit einer Einführung von S. Widmann und dem Nachtrag »Paul Schempp und die Sozietät« von M. Widmann: P. Schempp, Der Weg der Kirche – Dokumentation über einen unerledigten Streit.

84 Vgl. E. Bethge, Dietrich Bonhoeffer, a. a. O., S. 893 und 924.

85 Leider ist in dem von M. und S. Widmann besorgten Nachdruck der Schempp-Denkschrift (siehe Anm. 83) sinnentstellend statt »Christlichkeit« (der NSDAP) »Christenheit« gedruckt worden!

86 Die lutherischen Landeskirchen Bayerns, Hannovers und Württembergs, die sich 1934 mit Hitler arrangiert hatten, galten – im Unterschied zu den von deutsch-christlichen Kirchenleitungen und -behörden »zerstörten« Landeskirchen – als »intakt«.

87 Zu den Kritikern gehörte auch W. Künneth, der die Barmer Erklärung im Herbst 1934 »als völlig unzureichend« abgelehnt hatte (vgl. sein »Memorandum zur kirchlichen Lage« in: W. Niemöller, Aus dem Leben eines Bekenntnispfarrers, 1961, S. 161 f.), so daß von daher seine reaktionäre »neue Barmer Erklärung«, die 1985 von den deutschen Evangelikalen in der Elberfelder Stadthalle verkündet worden ist, ihren Sinn erhält. Künneth verwirft in der »neuen Barmer Erklärung« als »zersetzende« Elemente der Kirche: »Kritizismus«, »Liberalismus«, »Modernismus«, »Christomarxismus«, »Feminismus«, »Atheismus« und »Welthumanismus«. An *dieser* Barmer Erklärung hätten sich vor 50 Jahren nicht nur die NS-Faschisten, sondern sogar die »Deutschen Christen« erfreuen können. – So erhielten 1945 dann auch die Alliierten als Dokument der »Bekennenden Kirche« nicht etwa die Barmer Erklärung, sondern die 13 Wurm-Sätze des »Kirchlichen Einigungswerkes«; vgl. J. Thierfelder, Das Kirchliche Einigungswerk a. a. O.

88 Vgl. die aufschlußreiche Dokumentation von K. Zehrer, Evangelische Freikirche und das Dritte Reich, 1986.

89 P. Schempp, Der Weg der Kirche a. a. O., S. 38 f.

90 Th. Wurm, Erinnerungen a. a. O., S. 175. Die Schempp-Denkschrift war bereits von der Tübinger Druckerei H. Laupp gesetzt, die Korrekturfahnen schon in der Hand des Herausgebers, des Schempp-Freundes und gerade befreiten KZ-Häftlings R. Gölz, als diesem die Druckerlaubnis höhernorts entzogen wurde. Der Theologe und Hymnologe R. Gölz (lange Jahre Herausgeber der »Monatsschrift für Gottesdienst und kirchliche Kunst«) hatte auch schon das Nachwort geschrieben, in dem es heißt: »Die Freunde von der Kirchlich-theologischen Sozietät in Württemberg und die ›Alpirsbacher‹ Mitarbeiter bitte und ermahne ich, daß wir uns nicht gleichfalls selbst zu rechtfertigen versuchen, indem wir unser Verhalten in den letzten Jahren vergleichen mit dem der Kirchengebilde, in deren Namen Männer wie Wurm und Asmussen gesprochen haben. Der Herr der Kirche wolle vielmehr geben, daß wir, in der Solidarität der Schuld mit allen stehend und mit der ganzen Christenheit an die Vergebung der Sünden glaubend, ›ein Neues pflü-

gen‹ . . .« Der durch seine KZ-Haft (Welzheim) erkrankte Gölz (Herausgeber des weltbekannten Chorgesangbuches, auch »Der Gölz« genannt) wurde 1946 pensioniert, trat 1951 zur Russisch-Orthodoxen Kirche über und war bis zu seinem Tode 1975 orthodoxer Priester in Milwaukee/USA.

91 O-Ton M. Niemöller in: H. Prolingheuer, »Wir sind in die Irre gegangen«, einstündiges Hörbild zum Stuttgarter »Schuldbekenntnis«, Sendung am 27. 5. 1985 (2. Pfingsttag), 15–16 Uhr, im 2. Hörfunkprogramm des SDR Stuttgart.

92 Aus: Kröhnert-Protokoll. Diese bisher unbekannten und vom offiziellen (Asmussen-) Protokoll der ersten Konferenz der Landesbruderräte (Kodlab) abweichenden umfangreichen stenographischen Aufzeichnungen Otto Kröhnerts, hat der Verf. mit Hilfe des Kölner Parlamentsstenographen Josef Brandenburg vollständig in Klartext übertragen und – von O. Kröhnert autorisiert – 1985 dem Evangelischen Zentralarchiv in Berlin zur Aufbewahrung und wissenschaftlichen Auswertung übergeben.

93 Kopie: Sammlung Prolingheuer.

94 Vgl. dazu: H. Prolingheuer, Kleine politische Kirchengeschichte, S. 115.

95 2. Entwurf und die zitierte Endfassung, Kopie: Sammlung Prolingheuer.

96 O-Ton M. Niemöller a. a. O.

97 Vgl. E. Klee, »Euthanasie« im NS-Staat, 1983, Zit. S. 33. Zu den »Euthanasie«-Transporten aus Treysa (diese Anstalt wurde von Fritz Happich geleitet, er war auch als Mitglied des »Kirchlichen Einigungswerkes« 1945 Gastgeber der Treysaer Kirchenkonferenz) und Bethel ebd. Darin auch der Freigabe-Brief Fr. v. Bodelschwinghs (S. 281) mit dem Satz: »Einem ohne unser Zutun erfolgenden Eingriff des Staates werden wir uns selbstverständlich fügen . . .« Dazu 1984 v. Bodelschwinghs Nachfolger A. Funke: » . . . solch ein den Mord freigebender Satz darf nicht geschrieben werden«, in: Der Weg vom 16. 1. 1984. Dieser Satz v. Bodelschwinghs weist aber auch den seit 1945 kolportierten Ausspruch als Legende aus, mit welchem v. Bodelschwingh den Häschern der Kranken begegnet sein soll: »Nur über meine Leiche!«

98 O-Ton M. Niemöller a. a. O.

99 Unter III/1 seines Briefes vom 26. 4. 1946 an die US-Militärregierung stellt der Rat der EKD fest: »daß der Nationalsozialismus ein Verbrechen war«!

100 Vgl. L. Berthold/E. Diehl (Hg.), Revolutionäre deutsche Parteiprogramme, 1964, S. 194.

101 O-Ton M. Niemöller a. a. O.: »Spontan war bloß das Datum der Zusammenkunft. Aber geplant war bereits von Asmussen und mir zusammen mit Visser't Hooft, daß wir uns mit namhaften Vertretern des Ökumenischen Rates treffen wollten, um eine Erklärung abzugeben . . .« Dazu O. Dibelius (ebd.): » . . . ohne daß ich vorher etwas davon gewußt hätte«.

102 Zit. nach: M. Greschat (Hg.), Die Schuld der Kirche, a. a. O., S. 100 f.

103 Vgl. dazu: Chr. Stappenbeck, Die Kirche Berlin-Brandenburgs vor der Aufgabe der Neuordnung, in: Herbergen der Christenheit, Kirchliches Jahrbuch DDR 1983/84.

104 Zit. nach: M. Greschat (Hg.), Die Schuld der Kirche, a. a. O., S. 100.

105 O-Ton M. Niemöller, a. a. O.

106 Von Greschats Feststellung (»Die Schuld der Kirche«, S. 94): »Den wohl gewichtigsten sachlichen Beitrag leistete Martin Niemöller, der die Übernahme des Satzes über das Leid, das Deutsche über viele Völker und Länder gebracht haben, aus dem Entwurf Asmussens in den endgültigen Text veranlaßte«, treffen nur die ersten acht Worte zu; denn während Asmussen die Schuld – *kollektiv!* – »unseren Volksgenossen« zuteilt und dann großzügig hinzufügt: »Und unsres Volkes Schuld tragen wir mit«, fordert und erhält Niemöller den von jedweden »Kollektivschuld«-Anklängen der Asmussen-Vorlage freien Bekenntnissatz: *»Durch uns* . . .«! Das heißt: durch uns Kirchenführer, durch uns »Bekennende Kirche«, durch uns Christen! Daß Niemöller schließlich eine nicht minder wichtige

Änderung des Dibelius-Textes bewirkte, wird allzuoft übersehen: aus dem »Nun *ist* in unseren Kirchen *ein neuer Anfang gemacht worden*...«, wie Dibelius die kirchliche Zeitlage im Oktober 1945 gern beschrieben hätte, wird: »Nun *soll* in unseren Kirchen *ein neuer Anfang gemacht werden.*« Ein kleiner, aber gewaltiger Unterschied, der die fundamentalen Differenzen in der Auffassung von Kirche sichtbar macht und die Kontroverse der späten vierziger Jahre bestimmt. Siehe die Endfassung S. 109.

107 D. Bonhoeffer, Ethik. Zusammengestellt und herausgegeben von E. Bethge, 3. Aufl. 1956, S. 50.

108 Zit. nach: H. Prolingheuer, Der »rote Pfarrer« von Köln, a. a. O., S. 92.

109 Rundbrief der Vorläufigen Rheinischen Kirchenleitung (gez. Beckmann/Held) an die rheinischen Pfarrer, KL Nr. 6148, nebst Anlagen, S. 5, Sammlung Prolingheuer.

110 Ebd.

111 Ebd.

112 Lilje-Flugblatt S. 2, Sammlung Prolingheuer. Siehe S. 112 und S. 113ff.

113 Zit. nach: H. Prolingheuer, Kleine politische Kirchengeschichte, S. 92.

114 Lilje-Flugblatt S. 1, siehe S. 113.

115 Ebd., S. 2.

116 Zit. nach M. Greschat, Im Zeichen der Schuld, a. a. O., S. 51.

117 Vertraulicher Umdruck: Sammlung Prolingheuer.

118 Rundbrief Beckmann/Held, a. a. O., S. 6.

119 Ebd., Anlage 2. Siehe S. 106f.

120 Zit. nach: O-Ton M. Niemöller, a. a. O. Die gesprochene Rede, wie sie Niemöller am 3. 6. 1946 im Stuttgarter Landestheater gehalten hat, die anderntags dann im Rundfunk übertragen wurde, weicht an etlichen Stellen vom Manuskript ab. Die Niemöller-Rede trägt den Titel eines damals bekannten Zarah-Leander-Films: »Der Weg ins Freie«. Manuskript-Text in: Martin Niemöller. Ein Lesebuch, herausgegeben von H.J. Oeffler, H. Prolingheuer, M. Schuck, H. Werner (Redaktion) und R. Wischnath, Pahl-Rugenstein Verlag (Kleine Bibliothek, Bd. 452), Köln 1987.

121 Dazu: H. Prolingheuer, Kleine politische Kirchengeschichte, die Kapitel 10 bis 15.

122 Ebd., die Quellen S. 66f., 84ff. und 89f.

123 Ebd., Kapitel 15: »Lügen und Legenden«.

124 Dazu: M. Balfour, Vier-Mächte-Kontrolle in Deutschland 1945–1946, 1959.

125 Leider bleibt G. Besier die Beweise schuldig für die auf seiner kirchenhistorischen Linie liegende Erkenntnis: »wie erfolgreich der radikale Flügel der Bekennenden Kirche (BK) auch im Ausland Ressentiments gegen das konservative Luthertum in Deutschland gepflegt hatte« (G. Besier, »Selbstreinigung« unter britischer Besatzungsherrschaft, 1986, S. 26). Gerade der Fall Marahrens, um den es ja schließlich in dieser Dokumentation Besiers geht, belegt das Gegenteil, wie der Barth-Brief (368ff.) an den britischen »Kirchenreiniger« John N. Gwynne zeigt: »Man hat sich für das, was seit 1933 in der ev. Kirche in Deutschland geschehen war entweder nicht interessiert oder man hat die Vorgänge nicht verstanden. Man hat sich jedenfalls praktisch auf den Standpunkt gestellt, es handle sich bei den in der Kirche bestehenden Gegensätzen um Fragen, denen man von britischer Seite her gut und gerne *neutral* gegenüberstehen könne. *Weder* bekam die (»radikale«!, H. P.) bekennende Kirche irgendeine Ermutigung *noch* wurde auf die im Besitz der kirchlichen Macht und Majorität befindlichen Kreise und Personen ein merklicher Druck ausgeübt... Man hat damit geradezu das britische Siegel darunter gesetzt, daß die kirchlichen Dinge in Deutschland 1933–45 in bester Ordnung gewesen seien, daß die bekennende Kirche von Barmen und Dahlem im Grunde im Unrecht war und daß sie ihren Widerstand nun möglichst rasch liquidieren sollte...« (Datum: 18. 11. 1947).

126 Da saßen dann auch in der Kommission, die Marahrens zu überprüfen hatte, Nazis bzw. Stahlhelmer – selbstverständlich vom »positiv-christlichen« Flügel; vgl. G. Besier,

»Selbstreinigung«, a. a. O., S. 98 und 107 f.

127 Zit. nach: H. Diehm (Hg.), Kirche und Entnazifizierung, 1946, S. 74 f.

128 Vgl. H. Prolingheuer, Die königliche Mitarbeiterin des Reichsparteitages – zum 50. Geburtstag einer Kirchenorgel, in: NEUE STIMME 9/1985; nachgedruckt in: Zeitschrift für Musikpädagogik 1/1986 (Bosse-Verlag Regensburg) und: Der Bläserkreis 7 und 8/1985 und 1/1986, Basel (Laudinella-Verlag, CH Pratteln); dazu: der Leserbriefwechsel (zu den Presseberichten im: epd-Landesdienst Berlin vom 6. 9., Westberliner »Tagesspiegel« vom 7. 9. und Berliner Sonntagsblatt vom 15. 9. 1985) zwischen dem »Geschäftsführenden Pfarrer der Ev. Kirchengemeinde Berlin-Mariendorf« und dem Verf. vom 29. 9. und 13. 10. 1985 im Berliner Sonntagsblatt. Die NS-Vergangenheit der Orgel und der Mariendorfer Martin-Luther-Gedächtniskirche ist auch im Fernsehfilm des Verf., Kirchenmusik unterm Hakenkreuz, eine WDR-Produktion, dargestellt. Siehe dazu auch Foto vom Interview des Verf. mit dem ehem. Berliner Propst Dr. W. Dittmann auf S. 159.

129 Völkischer Beobachter vom 7. 9. 1935.

130 Fränkische Tageszeitung vom 6. 9. 1935.

131 In: Jugend 43/1930. Karikatur siehe S. 116.

132 Zitiert aus: Schlesisches Provinzialgesangbuch, Ausgabe 1939, Lied 598. Die drei Strophen wurden lediglich intoniert, nicht gesungen. Seit dieser Verordnung der deutschchristlichen Kirchenregierung Sachsens herrschte nämlich hinsichtlich des Textdichters Unsicherheit: »Der Wortlaut des Niederländischen Dankgebets, der schon seit langem durch den *unchristlichen Geist,* den er atmet, Anstoß erregt hat, wird immer untragbarer als das *Geistesprodukt eines jüdischen Verfassers.* Die Ersatztexte, die hier und da aufgetaucht sind, befriedigen jedoch nicht voll und ganz. Es ist deshalb wünschenswert, daß ein *neuer Text* gefunden werde, der sich zur allgemeinen Einführung eignet. Nachrichten über etwa vorhandene bessere Texte oder Einsendungen neuer Vorschläge werden an das Evangelisch-lutherische Landeskirchenamt erbeten.« Zitiert nach der Bekanntmachung in der Königsberger Allgemeinen Zeitung vom 22. 12. 1933. Es ist bisher nicht bekannt, ob die Kirchenmusikbeauftragten A. Müller und A. Stier einen ihnen genehmen Text erhalten haben.

133 Vgl. dazu den Kommentar von Staatssekretär W. Stuckart und Oberregierungsrat (am 17. 5. 1938 mit dem Einverständnis der Reichsleitung der NSDAP zum Ministerialrat ernannt) H. Globke, den K. Adenauer 1953 zum Chef des Bundeskanzleramtes berief.

134 Veröffentlicht in: Unser Liederbuch — Lieder der Hitlerjugend, herausgegeben von der Reichsjugendführung, 3. Aufl. 1939, S. 41. Mit insges. 3 Liedtexten war R. A. Schröder in diesem Liederbuch vertreten, z. B.: »Der Führer, der Führer hat gerufen ...« Siehe S. 107.

135 Ebd., S. 62. Der nach 1945 in Lüneburg wirkende Kirchenmusiker H. Spitta steuerte allein für dieses amtliche HJ-Liederbuch 18 Melodien, davon zwei mit eigenem Text und zwei Kanons, z. B. den »Kugel-Kanon«, bei.

136 Vgl. H. Prolingheuer, Die judenreine deutsche evangelische Kirchenmusik, in: Junge Kirche: Beiheft zu 11/1981; 3/1982, S. 139–151; 5–6/1983, S. 262–268; 6/1986, S. 352–361. H. Prolingheuer, Ausgetan aus dem Land der Lebendigen – Leidensgeschichten unter Kreuz und Hakenkreuz, 1983: Berufsverbot für einen Kirchenmusiker. H. Prolingheuer, Wenn der Glaube blind macht, Hörbild des SDR, in: Die Zeichen der Zeit – Evangelische Monatsschrift für Mitarbeiter der Kirche, DDR, 2/1986.

137 Vgl. E. Bethge, Dietrich Bonhoeffer, a. a. O., S. 514.

138 Ebd., S. 557. Als H. Vogel im Sinne D. Bonhoeffers in seinem Referat die Solidarität der BK mit den Juden bezeugen wollte, drohte K. Koch, der deutschnationale Präses der deutschen Bekenntnissynode, mit seinem Rücktritt, so daß Vogel von seinem Vorhaben abließ; vgl. E. Bethge, Dietrich Bonhoeffer und die Juden, in: H. Kremers (Hg.), Die Juden und Martin Luther – Martin Luther und die Juden, 1985, S. 234, Anm. 20. Der lehrreiche

Band über die Wirkungsgeschichte von Luthers Antijudaismus sei nur ja nicht zu verwechseln mit W. Bienerts »Martin Luther und die Juden«, 1982, in dem B. sich z. B. im Vorwort auch noch ausdrücklich auf seine Arbeiten der dreißiger Jahre beruft. In seiner Habil. Schrift (Der älteste nichtchristliche Jesusbericht. Josephus über Jesus, Akademischer Verlag, Halle 1936), die man im heutigen Verzeichnis der Bienert-Veröffentlichungen selbstverständlich nicht findet, heißt es aber einleitend (S. 7): »Es steht der Gottesglaube Jesu gegen den Weltherrschaftsglauben des Judentums. Darum gibt es keinen größeren Glaubensfeind Jesu als das Judentum und seine Religion! Darum aber auch gibt es keinen tiefer verwurzelten Glaubensgegner des Judentums als Jesus Christus und sein Evangelium!« Auf diesem Hintergrund ist die Darstellung des nachchristlichen Judentums in der Sicht Luthers bei B. 1982 nicht nur »völlig abwegig« (J. Brosseder), sondern streckenweise von unerträglicher Doppelbödigkeit.

139 Reichsgesetzblatt Teil 1, Nr. 125, vom 14. 11. 1935, S. 1333–1336.

140 »Glauben wir nicht, so bleibt er treu; er kann sich selbst nicht verleugnen.«

141 »Wer mir dienen will, der folge mir nach; und wo ich bin, da soll mein Diener auch sein. Und wer mir dienen wird, den wird mein Vater ehren.«

142 Darin die Antwort Jesu: »Was nun Gott zusammengefügt hat, das soll der Mensch nicht scheiden.«

143 Die Kirchen waren offensichtlich durch § 4, Abs. 3, der Verordnung zufriedengestellt: »Die Angelegenheiten der Religionsgesellschaften werden nicht berührt.«

144 »Da die Jünger versammelt und die Türen verschlossen waren aus Furcht vor den Juden, kam Jesus und trat mitten ein und spricht zu ihnen: Friede sei mit euch!«

145 »Grüßet euch untereinander mit dem Kuß der Liebe. Friede sei mit allen, die in Christo Jesu sind! Amen.«

146 Kopie des Briefes: Sammlung Prolingheuer.

147 Der Stürmer Nr. 41, erschienen am 7. 10. 1936. Siehe auch S. 152.

148 Vgl. R. Thalmann, Jochen Klepper, a. a. O.; J. Klepper, Unter dem Schatten deiner Flügel – Aus den Tagebüchern 1932–1942, 1956, z. B. S. 468, unter dem 20. 7. 1937: »In der Mariendorfer Kirche wurde heute der Organist durch einen jungen Soldaten vertreten. Das war ein wahrhaft preußischer Anblick: der junge Soldat im Gottesdienst an der Orgel« – und dazu noch an *dieser* Orgel!

149 So Tochter Eva Kopp-Maschke im Gespräch mit dem Verf.

150 Vgl. H. Prolingheuer, Die Judenreine deutsche evangelische Kirchenmusik, a. a. O., Junge Kirche 5–6/1983, S. 265.

151 Ebd., nicht minder empörend, wie die Kirchenkanzlei der EKU 1985/1986 mit ihren Beschlußvorlagen für den Rat der EKU mehr am Schutz der konsistorialen Täter als an der klaren Rehabilitierung der beleidigten Opfer zu liegen scheint, vgl. dazu: H. Prolingheuer, Die Judenreine deutsche evangelische Kirchenmusik, a. a. O., Junge Kirche 6/1986.

152 Klingler-Rede, Sammlung Prolingheuer. Siehe dazu S. 242f.

153 Deutsches Pfarrerblatt 44/1934, S. 607ff.

154 Vgl. H. Prolingheuer, Kleine politische Kirchengeschichte, S. 14f.

155 Der Stürmer August 1935.

156 Der Stürmer, Oktober 1936.

157 W. Künneth/H. Schreiner, Die Nation vor Gott – Zur Botschaft der Kirche im Dritten Reich, 1933, darin Künneths Beitrag: Das Judentum und die Kirche, S. 90–105, Zitat S. 100f.

158 Vgl. Lebensbild von M. Weißenstein in ›Der Weg‹ 44/1984: H. Prolingheuer, Zum Schluß mochten ihn Zweifel an seinem Lebenswerk bedrängt haben – Vor 40 Jahren starb der letzte Judenmissionar. Nachdruck in: Der Zeuge, Organ der Internationalen Judenchristlichen Allianz, Mai 1985, S. 9–13: Moriz Weißenstein – eine Erinnerung.

159 H. Prolingheuer, Der Fall Karl Barth, a. a. O., S. 239.

160 K. Barth, Gottes Wille und unsere Wünsche, in: Theologische Existenz heute, 7/1934. Barth schickte dieses Heft, darin die »Erklärung« der deutschen Reformierten vom 4. 1. 1934, an Hitler und schrieb in seinem Begleitbrief: »Viele ... beklagen es tief, daß Sie, hochgeehrter Herr Reichskanzler, offenbar noch nie Gelegenheit hatten, eine authentische Darlegung darüber, was evangelische Kirche ist und soll, zur Kenntnis zu nehmen. Vielleicht kann Ihnen dazu die von dem beiliegenden Heft 7 abgedruckte ›Erklärung‹ ... dienlich sein.«

161 Auf Druck des Pfarrernotbundes hatte Reichsbischof Müller das umstrittene »Gesetz betr. die Rechtsverhältnisse der Geistlichen und Beamten« vom September 1933 mit dem *kirchlichen Arierparagraphen* durch Gesetze vom 16. 11. und 8. 12. 1933 aussetzen und ganz aufheben lassen, wenig später aber auf deutsch-christlichen Einspruch hin mit Verordnung vom 4. 1. 1934 die beiden Gesetze vom 16. 11. und 8. 12. 1933 eigenmächtig wieder »außer Kraft gesetzt«, so daß auch der kirchliche Arierparagraph wieder in Geltung war. Proteste des Pfarrernotbundes und eine Klage des deutsch-christlichen (!) Präsidenten des Evangelischen Oberkirchenrates führten zu einem Urteil des Berliner Landgerichts I vom 27. 3. 1934, das alle Verordnungen des Reichsbischofs im Sinne des Rechtsgutachtens von Reichsgerichtsrat Flor (vgl. Junge Kirche 1934, S. 150 ff.) für »verfassungsmäßig unzulässig und deshalb ungültig« erklärte – auch die des 4. 1. 1934 (vgl. Urteil und seine Folgen in: J. Beckmann (Hg.), Briefe zur Lage der Evangelischen Bekenntnissynode im Rheinland, 1977, S. 36–40), so daß mit der neuen Gültigkeit des Gesetzes vom 8. 12. 1934 auch der kirchliche Arierparagraph wieder aufgehoben war. Keine Notwendigkeit für die Barmer Bekenntnissynode also, im Mai 1934 die durch den kirchl. Arierparagraphen akut gewordene »Judenfrage« wieder aufzugreifen.

162 Zitat aus: E. Busch, Juden und Christen im Schatten des Dritten Reiches – Ansätze zu einer Kritik des Antisemitismus in der Zeit der Bekennenden Kirche, 1979, S. 17.

163 Zitat aus: E. Bethge, Dietrich Bonhoeffer, a. a. O., S. 557 f.

164 Abschrift (1936) und Flugblatt: Sammlung Prolingheuer. M. Greschat und R. Lächele sind zwar »in der glücklichen Lage«, im Zusammenhang mit der *Kanzelabkündigung* vom 23. 8. 36 anhand neuer Details einmal mehr die »Zerrissenheit in der Bekenntnisfront« aufzuzeigen, bei der *Denkschrift* folgen sie jedoch weiter politischen Legenden, in: Zeitschrift für Kirchengeschichte 3/1986, S. 373–390, a. a. O.

165 Monatsschrift für Gottesdienst und kirchliche Kunst 7/1933, S. 169 ff.

166 Der hymnologische Lasterkatalog reicht von Abraham bis Zion.

167 Stier gehörte neben Straube, Mahrenholz, Söhngen, W. Jannasch, Distler u. v. a. zu den Unterzeichnern des kirchenmusikalischen »Bekenntnisses« vom 18. 5. 1933. Vgl. H. Prolingheuer, Die judenreine deutsche evangelische Kirchenmusik, Beiheft zu: Junge Kirche 11/1981, S. 3.

168 Zitate der Lieder Nr. 1, 14, 16 u. 41 aus der 8. Auflage von 1937, für die nicht nur OKR a. D. Adolf Müller und LKMD Alfred Stier als Herausgeber zeichnen, sondern eingangs zu der Liedauswahl vermerkt ist: » ... zusammengestellt von Landeskirchenmusikdirektor Stier, Dresden«.

169 Titel: »Die Botschaft Gottes«; dieses Instituts-Opus geht zurück auf eine Vorarbeit, die Lic. Dr. Erich Eisenhuth, Jena, unter dem Titel »Die Bedeutung der Bibel für den Glauben«, »In Verbindung mit Johannes Hempel, Georg Bertram, Karl Friedrich Euler, Walter Grundmann, Karl Schneider, Walter Birnbaum, Paul Jaeger, Fritz Schulze, Friedrich Peter herausgegeben« und in den Institutsmitteilungen 2–3/1940, S. 49 ff., vorgestellt hatte. Bilanz: »Wenn das gesamte Alte Testament als vorchristliche Religionsstufe und die judenchristlichen Aussagen im Neuen Testament in ihrer zeitlichen Bedingtheit erkannt werden, können die unvergänglichen Schätze des Neuen Testamentes um so klarer zu einer gemeinsamen Grundlage einer das gesamte Volk im Christentum umschließenden

Gemeinde werden.« Eisenhuth verfaßte wenig später das infame Gutachten »Zur Frage der Beteiligung der Judenchristen am christlichen Gottesdienst«.

170 Mitarbeiter Max-Adolf Wagenführer zum Titel dieses faschistischen religionspädagogischen Machwerks: »Wir geben unserem Buch daher den Namen ›Deutsche mit Gott‹: wir wollen darin aufzeigen, wie deutsche Männer und Frauen zu Gott finden und von ihm erfaßt werden, wie sie in ein rechtes Verhältnis zu dem Anfänger und Vollender unsres Glaubens kommen können. Denn ›mit Gott‹ geht es im Lebenskampf des Einzelnen und des Volkes aufwärts zu lichten Höhen.« Siehe hierzu die vom Eisenacher »Entjudungsinstitut« veröffentlichten Listen seiner Mitarbeiter auf den Seiten 150 und 151.

171 W. Grundmann, Wer ist Jesus von Nazareth?, Weimar 1940, S. 45.

172 W. Grundmann, Jesus der Galiläer und das Judentum, Leipzig 1940, S. 200. Hatte Gerhard Kittel noch 1926 in »Jesus und die Juden« zur Abstammung Jesu geschrieben: »Es ist denkbar, daß Jesus, wenn er Galiläer war, ein paar Tropfen nichtjüdischen Blutes in seinen Adern hatte«, so gelangte E. Hirsch bereits 1939 im Anhang seines Buches »Das Wesen des Christentums« über »Die Abstammung Jesu« zu der Erkenntnis: »Es müßte ein merkwürdiger Zufall sein, wenn Jesus nicht galiläischer Herkunft wäre.«

173 Siehe z. B. Brief Wurm an den Reichsjustizminister (Zitat auf S. 33) vom 6. 12. 1938. Siehe ferner die »Grundsätze« (Zitat auch S. 55), die von den bekenntniskirchlichen Bischöfen Marahrens, Hannover; Hollweg, reformiert Hannover; Happich, Hessen-Kassel; Drechsler, Hamburg; Meiser, Bayern; Kühlewein, Baden; Ewerbeck, Lippe; Henke, Schaumburg-Lippe, wo es im 4. Grundsatz hieß: *»Im Bereich des völkischen Lebens ist eine ernste und verantwortungsbewußte Rassenpolitik zur Reinhaltung unseres Volkes erforderlich.«*

174 W. Künneth, Antwort auf den Mythus – Die Enscheidung zwischen dem nordischen Mythus und dem biblischen Christus, 4. Aufl. 1936, S. 67 ff. Vgl. dazu die Auseinandersetzung Künneth/Prolingheuer in: Junge Kirche 10/1985, S. 538 f.

175 Bis heute gibt es keine Gesamtübersicht über Anzahl und Biographien der sogenannten »nichtarischen« kirchlichen Mitarbeiter, von Einzeldarstellungen und dem Schicksal der Kirchenmusiker mal abgesehen: So z. B. »Die judenreine deutsche evangelische Kirchenmusik«, 4 Folgen in: Junge Kirche 11/1981 (Beiheft), 3/1982, 5–6/1983 und 6/1986; H. Prolingheuer, Ausgetan aus dem Land der Lebendigen – Leidensgeschichten unter Kreuz und Hakenkreuz, 1983: Berufsverbot für einen Kirchenmusiker; Bernhard Heinrich Forck, ... und folget ihrem Glauben nach, 1949, darin zu F. Weißler (11 ff.), Werner Sylten (78 ff.) und Hildegard Jacoby; W. Oehme, DDR, Märtyrer der evangelischen Christenheit 1933–1945, 3. überarbeitete Aufl. 1985, darin neben Weißler, Sylten, Hildegard Jacoby auch Inge Jacobsen; zu Hans Ehrenberg: G. Brakelmann, Kirche in Konflikten ihrer Zeit, 1981; zu Moritz Weißenstein siehe Anm. 158.

176 H. Prolingheuer, Ausgetan aus dem Land der Lebendigen, a. a. O.

177 Nachdem das Buch mit dem Lebensbild Ernst Flatows erschienen war, meldete sich Flatows Verlobte Inge Breslauer, die als »Volljüdin« in der württembergischen Landeskirche 1934 ihre Stelle als MBK-Landessekretärin verloren hatte und noch nach England fliehen konnte. Vgl. H. Prolingheuer, Kleine politische Kirchengeschichte, S. 182, Anm. 104.

178 Deutsche Juristenzeitung vom 1. 1. 1934, Spalte 5.

179 H. Prolingheuer, Wenn der Glaube blind macht, in: Die Zeichen der Zeit 2/1986, S. 45.

180 Kopie des Briefes: Sammlung Prolingheuer. Nach Erscheinen des Gedenkartikels über Moritz Weißenstein (siehe Anm. 10) regte sich in Bethel Unwille gegen diesen Halbsatz: »Nachdem auch das letzte seiner sechs Kinder, der aus dem Betheler Brüderhaus Nazareth als jüdischer ›Mischling‹ verstoßene Sohn Hans, im Sommer 1944 mit dem Segen seiner Eltern aus Köln hatte fliehen können ...«. Brüderpfarrer E. Warns sah sich im

Schreiben vom 28. 5. 1985 an den Verf. zu der Korrektur veranlaßt: J. Weißenstein »wurde zwar nicht deshalb ausgeschlossen, weil er Halbjude war, sondern wegen einer anderen Angelegenheit . . .« Die »andere Angelegenheit« war aber eine in Hephata bei Mönchengladbach hinterhältig angezettelte Verleumdung unmittelbar nach Verkündung der Rassegesetze, so daß der Verf. am 17. 6. 1985 nach nochmaliger Prüfung der Dokumente Warns antwortete: »die Kirche und ihre Einrichtungen pflegten sich damals ganz überwiegend von ihren ›nichtarischen‹ Mitarbeitern natürlich nicht aus rassischen, sondern aus – tatsächlichen oder frei erfundenen – ›anderen‹ Gründen zu entledigen. Und wer da suchte, der fand auch; und wer da nicht fand, der *er*fand. So kommt es, daß heute vielfach die Opfer die Schuldigen sind! –«

181 So J. Weißenstein im Gespräch vom 18. 3. 1986, das der Verf. der Betheler Diakonenschülerin K. Bielefeld vermittelt hatte. Tonbandabschrift: Sammlung Prolingheuer.

182 Vgl. G. Reitlinger, Die Endlösung, 4. Aufl. 1961, S. 33 ff.

183 Das Dokument nebst anliegender Liste der Vertrauensstellen im Reich ist auch auf Tafel 42 der EKD-Ausstellung »Evangelische Kirche zwischen Kreuz und Hakenkreuz« dargestellt. Es fehlt jedoch jegliche Erklärung des Sachverhaltes, daß das »Büro Grüber« »im Rahmen der Reichsvereinigung von dem Geheimen Staatspolizeiamt berechtigt« war und damit die Aufgaben der »Wanderung, Wohlfahrt und Beschulung« der ev. »Judenchristen« wahrzunehmen hatte. Die vom Staat verfügte »Reichsvereinigung« der deutschen Juden repräsentierten u. a. die Herren Dr. Baeck, Eppstein und Dr. O. Hirsch. Mit diesen vom Staat anerkannten Sprechern der deutschen Juden erschien dann auch der nichtjüdische Heinrich Grüber, als Sprecher der getauften Juden, bei Adolf Eichmann in der Berliner Kurfürstenstraße 116, um neue Weisungen entgegenzunehmen bzw. Bitten vorzutragen. Dabei bot der Presbytersohn Eichmann gelegentlich dem evangelischen Pastor an, Platz zu nehmen (Grüber verzichtete indes auf das Privileg). Vgl. hierzu: G. Reitlinger, Die Endlösung a. a. O., S. 26 ff., und die Zeugenvernehmung Grübers im Eichmann-Prozeß, Protokoll in: D. B. Schmorak, Der Prozeß Eichmann, 1964, S. 389–396. Siehe S. 154.

184 Weißenstein und seine nichtjüdische Frau kamen 1944 dann selber in das Sammellager Köln-Müngersdorf. Dort starb er am 7. 10. 1944. Vgl. hierzu die von E. Hamer und H. Prolingheuer redigierte Illustrierte ›Leidensgeschichten unter Kreuz und Hakenkreuz – Stationen eines evangelischen Kreuzweges in Köln‹, 1987. Dort auch das in Anm. 186 genannte Dokument.

185 Über Köhlers Vortrag »Kirche und Ariergesetzgebung« berichtete der »Kirchliche Anzeiger« in seiner Aprilausgabe 1938.

186 Vgl. den Nachruf des neben Hans Baumann bedeutendsten HJ-Komponisten, des Kirchenmusikers Heinrich Spitta, zum Tode A. Mendelssohns in »Musik und Kirche« 1933, S. 105 f.

187 Mit diesem Vermerk vom 5. 2. 1941 hatte Söhngen die Recherchen in Darmstadt in Gang gesetzt: »Fraglich ist mir, ob die Angabe des Lexikons richtig ist, wonach der bekannte Komponist und Kirchenmusikdirektor Arnold Mendelssohn in Darmstadt Volljude ist. M. W. war Mendelssohn Halbjude. Er ist der Onkel des bekannten HJ-Komponisten Heinrich Spitta. In diesem Falle dürfte es sich empfehlen, beim Landeskirchenamt in Darmstadt Erkundigungen einzuziehen. Im ganzen ist das Ergebnis hoch erfreulich, beweist es doch eindeutig, wie judenrein sich die Kirchenmusik gehalten hat. Hätten sich die anderen Gebiete der Musikpflege auch nur annähernd in demselben Maße von jüdischen Einflüssen freigehalten, wäre es niemals zu einem solchen Niedergang unseres öffentlichen Musiklebens gekommen! (gez.) Söhngen«. Siehe Faksimiles S. 155 und 156. Dieser vom LKA in Darmstadt übermittelte Brief Cauers enthielt den kompletten Stammbaum Mendelssohns: »Arnold Mendelssohns Urgroßvater väterlicherseits war der bekannte Moses Mendelssohn. Dessen jüngster Sohn Nathan war verheiratet mit Henriette Itzig. Beide rein jüdischen Ursprungs. Er war Mechaniker. Er ließ seine Kinder konfirmie-

ren: sie sind also zum Christentum übergetreten. Deren zweiter Sohn Wilhelm, Maschinenbaumeister bei Borsig, war verheiratet mit Luise Cauer. Sie stammt aus einer Seitenlinie meines Urgroßvaters, ihr Vater hatte eine Jüdin geheiratet. Der war selbstverständlich rein arisch, so gut wie ich. Der Sohn dieser Luise, geborenen Cauer, Arnold Mendelssohn, war also ¾ jüdischen Bluts ...« Alle Kopien: Sammlung Prolingheuer. Nur sogenannte »Halbjuden« galten noch nach der Ersten Verordnung zum Rassegesetz unter bestimmten Voraussetzungen als »Reichsdeutsche«. So war auch diese seit Verkündung der Rassegesetze morsche Brücke der Deutschen Evangelischen Kirchenmusik zu Person und Werk des KMD A. Mendelssohn (seit 1935 bereits wurden seine Kompositionen von der Kirchenmusik gemieden) gänzlich zerstört. Auch Söhngens Behauptung, Mendelssohn sei der Onkel des berühmten Kirchenmusikers und NS-Barden Heinrich Spitta, erwies sich als falsch. Der »bekannte HJ-Komponist«, Sohn des 1924 verstorbenen Neutestamentlers, Musikwissenschaftlers und Mendelssohn-Freundes Friedrich Spitta, hatte lediglich A. Mendelssohn zum Paten. Vgl. auch: H. Prolingheuer, Die Schuld der ev. Kirche an den Juden, a.a.O., besonders die Anm. 47.

188 Vgl. B. Wiebel, Der doppelte 20. Juli 1942 – oder ein Stück Theologie von Kaiserswerth, in: Kaiserswerther Mitteilungen 4/1981.

189 G. Kittel, Die Judenfrage, 1933, S. 8; vgl. dazu auch die längst fällige Untersuchung der verhängnisvollen theologischen Dreifaltigkeit Paul Althaus, Emanuel Hirsch und Gerhard Kittel des amerikanischen Historikers R. P. Ericksen, Theologians under Hitler, 1985, die der Carl Hanser Verlag 1986 in einer vorzüglichen Übersetzung (von Annegret Lösch) herausgebracht hat: R. P. Erickson, Theologen unter Hitler – Das Bündnis zwischen evangelischer Dogmatik und Nationalsozialismus.

190 Zu dem »Freiburger Widerstandskreis« (G. Ritter, Carl Goerdeler und die deutsche Widerstandsbewegung, 1954, S. 523 f.) gehörten u. a. C. v. Dietze, W. Eucken, W. Lampe, G. Ritter, H. Thielicke und Erik Wolf.

191 Zitat aus E. Bethges Vortrag während der »Kirchlichen Woche Barmen 1934–1984«, am 1. 6. 1984: »Christen und Juden« – Eine ungeschriebene Barmer These, Manuskriptseite 12; Kopie (Sammlung Prolingheuer) des Manuskriptes erhielt der Verf. von E. Bethge. Bethge zitierte die von H. Thielicke eingeleitete Dokumentation »In der Stunde Null – Die Denkschrift des ›Freiburger Widerstandskreises‹«, 1979.

192 Zitat aus: Widerstand und Verfolgung in Köln 1933–1945. Ein Dokumentarfilm von Dietrich Schubert. Produktion der VVN Köln, 1978.

193 H. Prolingheuer, Der Fall Karl Barth, a. a. O., S. 218.

194 Ebd., S. 219.

195 J. Klepper, Tagebuch, a. a. O., S. 319.

196 R. Thalmann, Jochen Klepper, a. a. O., S. 381.

197 Lied von M. Luther aus dem Jahr 1529.

198 Siehe Foto der Titelseite.

199 Zitiert aus: Das junge Lied, a. a. O., Lied Nr. 1.

200 R. Thalmann, Tagebuch, a. a. O., S. 381.

201 Zitat aus: Unser Liederbuch – Lieder der Hitler-Jugend, a. a. O., S. 123.

202 Vgl. W. Niesel, Kirche unter dem Wort – Kampf der Bekennenden Kirche der altpreußischen Union 1933–1945, 1978, S. 258.

203 Ebd., vgl. dazu auch: S. Friedländer, Kurt Gerstein – oder die Zwiespältigkeit des Guten, 1967; R. Hochhuth, Der Stellvertreter, 1963, F. J. Raddatz (Hg.), Summa iniuria oder – Durfte der Papst schweigen? Hochhuths ›Stellvertreter‹ in der öffentlichen Kritik, 1963.

204 Auslegung des 5. Gebotes, Kopie des hektographierten Textes: Sammlung Prolingheuer; Zitate Blatt 3, II/14, und Blatt 2, II/9. Siehe auch S. 157.

205 Es ist schon bemerkenswert, daß sowohl W. Niesel, Kirche unter dem Wort,

a. a. O., S. 276, als auch W. Niemöller, Kampf und Zeugnis der Bekennenden Kirche, 1948, S. 519 f., in ihren Zitaten dieser »Auslegung des 5. Gebotes« die doktrinäre Wertung der Selbsttötung weglassen. Der Absatz II/9 heißt: »Darum ist auch Selbstmord untersagt. Selbstmord ist in aller Verzweiflung Hochmut vor Gott. Der Selbstmörder fällt über sein eignes Leben ein Urteil, das ihm nicht zusteht. Gott allein hat das Recht, über das Leben des Menschen zu urteilen. Der Herr allein ist Richter. Gott allein gibt und nimmt das Leben.« Siehe S. 157.

206 Zitat aus: W. Niemöller, Kampf und Zeugnis der Bekennenden Kirche, a. a. O., S. 521.

207 Ebd., S. 522. Dazu auch: G. Harder, Die Bekennende Kirche und der Staat, in: Tutzinger Texte. Sonderband I Kirche und Nationalsozialismus. Zur Geschichte des Kirchenkampfes, 1969, S. 180 f.

208 H. Diem, Kirche und Entnazifizierung, a. a. O., S. 75.

209 Zitat aus: M. Greschat (Hg.), Die Schuld der Kirche, a. a. O., S. 202.

210 1. Mose 4,24.

211 Zitat nach der Tonbandaufzeichnung der Niemöller-Rede vom 3. 7. 1946, im Stuttgarter Landestheater, die an etlichen Stellen von dem bekannten Manuskript abweicht, aus: H. Prolingheuer, »Wir sind in die Irre gegangen«, Hörbild a. a. O.

212 Vgl. die inzwischen 4bändige Dokumentation, die Karl Steinbauer im Eigenverlag (Erlangen-Buckenhof, An den Hornwiesen) über sein Bekennerleben und -leiden unter seinem Labi Hans Meiser herausgegeben hat: K. Steinbauer, Einander das Zeugnis gönnen, Bde. I und II, 1983, Bd. III, 1985, Bd. IV 1987. Es ist bezeichnend, daß Meiser bei seiner peniblen Auflistung aller *bayerischen* »BK-Pfarrer«, die »als Feinde des Dritten Reiches von Staat und Partei bedroht, bedrückt, verfolgt und gemaßregelt« wurden, ausgerechnet den einzigen bayerischen Bekenner, der im KZ war, Karl Steinbauer nämlich, einfach übergeht, indem Meiser diese einzige bayerische KZ-Haft unerwähnt läßt; vgl. Amtsblatt der Evangelischen Kirche in Deutschland, 7/1947, vom 15. 3. 1947, Sp. 44.

213 Zitat ebd.

214 H. Diem, Kirche und Entnazifizierung, a. a. O., S. 33.

215 Az. Kass.-Reg. Nr. 377/46, Zitat aus: Amtsblatt der EKiD, a. a. O., Sp. 44.

216 Gem. Gesetzen zum Schutze der nationalen Symbole (19. 5. 1933) und zum Schutze von Bezeichnungen der NSDAP (7. 4. 1937), mußte in Bremen-Sebaldsbrück die »Horst-Wessel-Kirche« 1937 in »Dankeskirche« umbenannt (vgl. R. E. Heinonen, Anpassung und Identität, 1978, S. 124 ff.) und in Holstaleben, Westerengel, Gera-Thieschitz, Gera-Pforten und Gerstungen die Hakenkreuze 1937 von den Kirchtürmen (mit z. T. erheblichen Kosten) wieder entfernt werden.

217 Die NS-Kunst ist auch in dem Fernsehfilm des Verf., »Kirchenmusik unterm Hakenkreuz«, 1985, festgehalten. Siehe Titelseite, S. 159, 199, 209, und 250.

218 Messiasbote 4/1949; zu dem Gedicht merkt die Junge Kirche, 1949, Sp. 651, an: »Es ist wirklich kein Irrtum. Wir haben es noch einmal genau nachgeprüft, das ... Gedicht (von) Karl Röhrig über den *im Streit gestählten Christus mit der Denkerstirn und dem eisernen Kinn* erschien tatsächlich im ›Messiasboten‹ des Jahres 1949 ..., nicht des Jahres 1939«.

219 So Max Kurzreiter, seit dem Bau der Martin-Luther-Gedächtniskirche Gemeindepfarrer der Ev. Kirchengemeinde Berlin-Mariendorf, in seiner Rede zum 25. Jahrestag der Kirchweihe; Zitat nach Tonbandaufzeichnung: Sammlung Prolingheuer. Max Kurzreiter hat auch am 18. 12. 1938 Johanna Klepper getauft und anschließend das Ehepaar Klepper kirchlich getraut. Siehe S. 199 und 251.

220 P. Schempp (Hg.), Evangelische Selbstprüfung – Beiträge und Berichte von der gemeinsamen Arbeitstagung der Kirchlich-theologischen Sozietät in Württemberg und der Gesellschaft für Evangelische Theologie, Sektion Süddeutschland, im Kurhaus Bad Boll

vom 12. bis 16. Oktober 1946, S. 7.

221 H. Diem, Ja oder Nein – 50 Jahre Theologie in Kirche und Staat, 1974, S. 148. Dazu auch: E. Hein-Janke, Protestantismus und Faschismus nach der Katastrophe (1945–1949), 1982, und: A. Boyens/M. Greschat/R. von Thadden/P. Pombeni, Kirchen in der Nachkriegszeit, 1979, S. 7–99.

222 Ebd., S. 148.

223 P. Schempp, Evangelische Selbstprüfung, a. a. O., S. 7.

224 Siehe S. XX29XX.

225 Briefwechsel Niemöller/Barth Juni 1946, vgl. H. Prolingheuer, Kleine politische Kirchengeschichte, S. 117.

226 O-Ton, O. Dibelius, in: H. Prolingheuer, Hörbild: Das Ende, das kein Anfang war – Stuttgarter Schuldbekenntnis vor 40 Jahren, DLF-Produktion und -Sendung am 18. 10. 1985.

227 Vgl. dazu: Chr. Stappenbeck, Die Kirche Berlin-Brandenburgs vor der Aufgabe der Neuordnung, a. a. O., S. 137, wo Stappenbeck das von K. Kupisch festgehaltene Dibelius-Zitat an den Anfang stellt: »Was heißt Neubau? Wir haben 1945 da wieder angefangen, wo wir 1933 aufhören mußten.«

228 Zitiert aus: R. Scheerer, Evangelische Kirche und Politik 1945 bis 1949, 1981, S. 56f.

229 Fr. Söhlmann (Hg.), Treysa 1945, 1946, S. 102ff., Zitat S. 103.

230 H. Diem, Kann die Kirche Buße tun? – 25 Jahre nach dem Stuttgarter Schuldbekenntnis, in: Evangelische Kommentare 10/1970, »Problemartikel« S. 580ff., Zitat S. 582.

231 Zitiert aus: H. Diem, Ja oder Nein?, a. a. O., S. 150.

232 Alle in Bad Boll gehaltenen Vorträge samt Eröffnungspredigt im »von den Verfassern nachträglich etwas redigierten Wortlaut« in: P. Schempp (Hg.), Evangelische Selbstprüfung, a. a. O. Der Vorsitzende H. Diem hielt 2 Vorträge: 1. Die Problematik der Konvention von Treysa, S. 21–33, 2. Karl Barths Kritik am deutschen Luthertum, S. 69–112.

233 H. J. Iwand, Die Neuordnung der Kirche und die konfessionelle Frage, ebd., S. 34–68.

234 H. Wehrhahn, Kirchenrechtliche Vorfragen zur Erneuerung des evangelischen Kirchenwesens in Deutschland, ebd., S. 155–169.

235 E. Wolf, »Erneuerung der Kirche« im Licht der Reformation, ebd., S. 136–154.

236 P. Schempp, Predigt über Epheser 4, 1–6, ebd., S. 9–20.

237 P. Schempp, Nachwort und Bericht über die Diskussion, ebd., Zitat S. 181f.

238 M. Barth, der mit Hilfe seines Vaters Karl Barth und des von diesem 1938 mitbegründeten Schweizerischen Evangelischen Hilfswerkes für die Bekennende Kirche in Deutschland durch eine Nahrungsmittel-Spende (»die Kalorienzahl ... ist in diesen fünf Tagen für alle ziemlich sprunghaft in die Höhe gegangen«, ebd., S. 8) die Tagung überhaupt möglich gemacht hatte, gab über »die kirchlichen Nöte und Fragen in der Oase der Schweiz« einen beeindruckenden Bericht.

239 G. Casalis, Schüler und Freund Karl Barths, »gab einen sehr interessanten Bericht über die kirchlichen Verhältnisse in Berlin«, aus der Sicht eines ehemaligen Kämpfers in der französischen Résistance: vgl. zur Biographie und Bedeutung G. Casalis' den Nachruf von Fr.-W. Marquardt, Georges Casalis – 4. Januar 1917–16. Januar 1987, in: Junge Kirche 2/1987, sowie einen der letzten, wichtigen Briefe von G. Casalis (aus Nicaragua, wo er auch verstarb und beigesetzt wurde), in: R. Köbler, Schattenarbeit, a. a. O., S. 128–132.

240 M. Niemöller informierte »über die brandenburgische Synode«, von der Dibelius sich im Juli 1945 seinen sich selbst verliehenen Bischofstitel ohne große Schwierigkeiten hatte bestätigen lassen.

241 P. Schempp, Evangelische Selbstprüfung, a. a. O., S. 8.

242 W. Niesel, Was soll aus der Bekennenden Kirche werden?, in: Amtsblatt der EKiD vom 15. 3. 1947, Sp. 37f.

243 Die Brüder Leopold (General und Politiker Preußens) und Ernst Ludwig v. Gerlach (General der Infanterie), seit 1848 Wortführer der antirevolutionär-ständisch ausgerichteten »Kamarilla«, Gegner Bismarcks und Kritiker des preußischen Landeskirchenregimentes.

244 H. Diem, Kann die Kirche Buße tun?, a. a. O., S. 580.

245 Leitung Pfarrer Egon Th. Güss, Stein, Kreis Pforzheim, später Karlsruhe, ca. 30 Mitglieder.

246 Leitung Pfarrer Rudolf Weckerling, Mitbegründer Georges Casalis, der in »Unterwegs« anfänglich seine Beiträge mit *»J. Herding«* zeichnet.

247 Sprecher Johann Heinrich Wicke, Braunschweig, 12 Mitglieder; der Kreis ist nach dem Ort Berel, Kreis Wolfenbüttel, benannt, wo er sich zum ersten Mal vom 30. 4. bis 4. 5. 1946 anl. eines Vortrages von Ernst Wolf versammelte.

248 Die Weiterführung des seit den dreißiger Jahren bekannten Osnabrücker Kreises unter dem Vorsitz von Richard Karwehl, der sich 1946 mit der Göttinger KTA zur KTA für Niedersachsen vereinigt, ca. 30 Mitglieder.

249 Erst später, Ende 1948 bis 1949, entstanden die KTA Hannover (reformiert), 12 persönliche Mitglieder und als Mitglied die Ev.-ref. Kirche Nordwestdeutschlands, Sprecher H. Steen, Holthusen üb. Leer, und U. Kruse, Oldersum; die KTA für Hessen und Nassau, Geschäftsführendes Vorstandsmitglied: Karl Linke, Wiesbaden, ca. 25 Mitglieder; die KTA Kurhessen-Waldeck, ca. 5 Mitglieder, die sich um R. Bultmann, Marburg, scharten; KTA-Mitglieder im Pfarrbruderschafts-Konvent auf dem Hunsrück, die Udo Röhrig, Thalfang, betreute, während die Kirchliche Bruderschaft im Rheinland unter Wolfgang Scherffig darauf Wert legte zu betonen, daß die Rhein. Bruderschaft sich der KTA nicht »angeschlossen« habe, sondern sich *»als der KTA ›nahestehend‹«* betrachtete; schließlich die KTA-Sektion Sachsen, über die Walter Feurich in seinem »Lebensbericht eines Dresdner Pfarrers« (S. 173ff.) berichtet, ca. 12 ständige Mitglieder.

250 38 Mitglieder unter dem Triumvirat K. H. Becker, Etzelheim, Walter Fürst, Lauben üb. Memmingen, und K. G. Steck, Sulzbach.

251 Von anfänglich 100 Mitgliedern, »davon 40–50 Theologen«, ca. 20 aktive, unter der Leitung von Karl Handrich, Niederkirchen b. Kaiserslautern.

252 Sie entstand auf Anregung der KTA für Niedersachsen unter dem ebenfalls von der niedersächsischen KTA »beauftragten« Gustav Greiffenhagen, Bremen, mit 4 ständigen Mitgliedern.

253 4 Mitglieder, die Vikarin Marianne Timm, Hbg.-Fuhlsbüttel, gewinnen konnte.

254 Unter dem ehemaligen Geschäftsführer der westfälischen BK, Otto Suppert, ca. 15 Mitglieder.

255 Leiter war Adolf Schmidt, Dreis-Tiefenbach, mit 20 Mitgliedern.

256 H. Diem, Ja oder Nein, a. a. O., S. 176.

257 Im Unterschied zu seinem Kollegen Lilje hat O. Dibelius zu keiner Zeit die Flügelmänner der »Radikalen« öffentlich angegriffen. Kein böses Wort gegen Martin Niemöller, und selbst Ludwig Müller fand, nachdem er sich am Tage nach der Berlin-Brandenburgischen Synode das Leben genommen hatte, die Nachsicht des Berliner Bischofs. Der bescheinigte Müller noch 1961, da es keine Eintragung auf dessen Totenschein gibt, daß er »eines natürlichen Todes« gestorben sei (O. Dibelius, Ein Christ ist immer im Dienst, S. 257). Die Taktik zahlte sich aus. Noch heute schwärmen berlin-brandenburgische »Dahlemiten« von ihrem Bischof, von einem »Mann mit Format«. Er verstand es in der Tat meisterhaft, die Stellen in Kirche und Theologie »ausgewogen« zu besetzen – so daß er bis weit in die fünfziger Jahre keine ernsthaften Gegner, geschweige denn Konkurrenten hatte. Sein späterer Stellvertreter im Ratsvorsitz, Hanns Lilje, machte

indes weder gegenüber Niemöller noch gegenüber L. Müller einen Hehl aus seiner Gegnerschaft und Verachtung, vgl. dazu: H. Lilje, Memorabilia, 1973. Lilje stellte sich nicht nur 1948 erfolgreich für die Abwahl Niemöllers als Stellv. Ratsvorsitzender zur Verfügung, er ruft in seinen »Mirabilia« (W. Niemöller) Ludwig Müller auch noch 1973 nach: »Die Vermutung ist begründet, daß er an einer Überdosis Schlaftabletten gestorben ist« (S. 159). – Siehe auch Anm. 353.

258 Zitiert nach: Kirchliches Jahrbuch 1945–1948, 1950, S. 69.

259 Brief K. Barth an W. Niesel vom 1. 4. 1947.

260 Über »Die Entstehung des Darmstädter Wortes« hat H. Ludwig (DDR) im Beiheft zu Junge Kirche 8–9/1977 zum ersten Mal anhand der ihm zugänglichen Quellen grundlegend publiziert, so daß auf diese 32seitige kirchenhistorische Pionierarbeit auch an dieser Stelle ausdrücklich hingewiesen sei.

261 Zitat: ebd. S. 28 f. Statt »Elendsland der Religion« in den meisten Abschriften, heißt es in der Abschrift, die im Karl-Barth-Archiv in Basel aufbewahrt ist: »Niemandsland der Religion.«

262 Siehe Anm. 259.

263 Niemöller stellt Iwands Punkt 8, bevor er an die textliche Überarbeitung geht, an den Anfang seines Entwurfs, so daß sich zum Vergleich die Sätze verschieben: Satz 1 ist Satz 8, Satz 2 ist Satz 1 im Iwand-Text usw. Dies ist der *Wortlaut des Niemöller-Entwurfs* (zitiert aus H. Ludwig, Die Entstehung des Darmstädter Wortes, a. a. O., S. 29 f.):

»1. Mit Sorgen müssen wir sehen, daß uns bis heute eine wahre Umkehr unseres Volkes zu rechtem Dienst an der eigenen und der übrigen Völker Zukunft nicht geschenkt ist. Statt dessen sehen wir uns in der Gefahr, unsere zerronnenen Träume und unsere zerbrochenen Hoffnungen aufs Neue zu pflegen, sie religiös zu verklären und wieder wirksam werden zu lassen. – Hierin tut sich eine falsche, nämlich nur natürliche und selbstsüchtige Liebe zu unserem Volke kund, während wir ihm so in Wirklichkeit nur zur Flucht verhelfen vor der unabweisbaren Verantwortung, die Gott uns zuweist in Gesellschaft, Staat und Völkerleben.

2. Als der Gemeinde Jesu Christi ist uns das Wort von der Versöhnung der Welt mit Gott in Christus gesagt; das sollen wir hören, annehmen, tun und ausrichten. Dies Wort wird aber nicht gehört, nicht angenommen, nicht getan und nicht ausgerichtet, wenn wir uns dadurch nicht freisprechen lassen von unserer gesamten Schuld, von der ›politischen‹ ebensogut wie von der privaten; und wenn wir uns nicht durch Jesus Christus, den guten Hirten, heimrufen lassen von allen falschen und bösen Wegen, auch von denen, auf welchen wir als Deutsche miteinander in die Irre gegangen sind.

3. Wir sind in die Irre gegangen, als wir begannen, den Traum einer besonderen deutschen Sendung zu träumen, als ob am deutschen Wesen die Welt genesen könne; damit haben wir dem schrankenlosen Gebrauch der politischen Macht den Weg bereitet und unsere Nation auf den Thron Gottes gesetzt. Wir haben damit unsere Berufung verleugnet, mit den uns verliehenen Gaben mitzuarbeiten im Dienst an den gemeinsamen Aufgaben der Völker.

4. Wir sind in die Irre gegangen, als wir begannen, eine ›christliche Front‹ aufzurichten gegenüber notwendig gewordenen Neuordnungen im gesellschaftlichen Leben der Menschen. Das Bündnis der Kirche mit den das Alte und Herkömmliche konservierenden Mächten hat sich schwer an uns gerächt. Wir haben die christliche Freiheit verraten, Lebensformen abzuändern, wo das Zusammenleben der Menschen solche Wandlungen erfordert. Wir haben das Recht zur Revolution verneint, aber den Weg zur schrankenlosen Diktatur geebnet.

5. Wir sind in die Irre gegangen, als wir begannen, im politischen Leben und auf politischem Wege eine Sammlung der Guten gegen die Bösen, der Gerechten gegen die Ungerechten, der Kinder des Lichts gegen die Kinder der Finsternis durchführen zu sollen und zu können. Damit haben wir das freie Angebot der Gnade Gottes an alle unglaubwürdig gemacht und die menschliche Selbstgerechtigkeit in Nationalismus, Idealismus und Kapitalismus heilig gesprochen gegenüber dem Internationalismus, Materialismus und Sozialismus.

6. Noch immer werden die gleichen Parolen, die schließlich zu der Katastrophe von 1933 geführt haben, weiter gepflegt und zur Selbstrechtfertigung gebraucht. Die Gemeinde Gottes auf Erden aber sollte sich reinigen von allen bösen Gedanken und ihre Freiheit bewahren im Spiel der weltlichen Mächte. Sie wird aber die Reinheit ihres Dienstes und die Freiheit ihres Zeugnisses einbüßen, wenn sie sich nochmals einfangen läßt für die Parole: ›Christentum oder Marxismus‹. Diese Parole hat uns verführt zu schweigen, als wir zum Zeugnis für Freiheit und Recht gefordert waren, und denen politisch zu folgen, denen wir als Christen widerstehen mußten.

7. Als Gemeinde Gottes haben wir es bezeugt: ›Durch Jesus Christus widerfährt uns frohe Befreiung aus den gottlosen Bindungen dieser Welt zu freiem, dankbarem Dienst an seinen Geschöpfen.‹ Freigesprochen durch das Evangelium und damit freigestellt zum Anfang eines neuen Lebens, ist diese Gemeinde Zeichen und Weg der Hoffnung inmitten aller Hoffnungslosigkeit, Zeichen und Weg der Freiheit inmitten aller Gebundenheit, Verwirklichung der auf Gottes Versöhnung gegründeten Gemeinschaft inmitten einer vom Richtgeist zerrissenen Menschenwelt. Der Verheißung ihres Herrn gemäß ist sie die Stadt, die auf dem Berge liegt. – Es ist Unglaube, wenn sie sich ihrer Freiheit begibt und sich ihres Dienstes weigert, damit gibt sie die Verheißung preis, die Gott selber ihr zum Heil der Menschen anvertraut hat.

8. Was uns geboten ist, ist nicht Rückkehr zu irgendwelchem Christentum, sondern Umkehr zu Gott durch das Evangelium. Nicht die Rettung der Welt ist die Aufgabe der Christenheit, sondern die Erneuerung der Christenheit aus dem Evangelium ist die Rettung der Welt. Darum rufen wir alle, die es zu glauben vermögen, auf: Bezeugt die befreiende und heilschaffende Herrschaft Jesu Christi im Dienst an seiner ganzen Schöpfung, suchet der Stadt Bestes und wisset, daß all unser menschliches Zusammenleben der Ehre Gottes und dem Wohl seiner Menschenkinder zu dienen bestimmt ist.«

264 Unter ihnen auch wieder, z. T. in Doppelmitgliedschaft, Angehörige der »Gesellschaft für Evangelische Theologie«.

265 Zum Tagungsthema »Probleme um das Verhältnis von Christengemeinde und Bürgergemeinde« waren es Vorträge von K. Barth (Die lebendige Gemeinde und die freie Gnade, verlesen von Kurt Müller), R. Bultmann (Der Stand der neutestamentlichen Diskussion um den Kirchenbegriff), de Quervain (Der Mensch in Kirche und Staat bei Calvin), P. Schempp (Das Evangelium als politische Weisheit), E. Schweizer (Die neutestamentliche Gemeindeordnung), K. G. Steck (Politischer Gottesdienst im Katholizismus der Gegenwart) und Ernst Wolf (Das Problem der Sozialethik im Luthertum), siehe auch Literaturverzeichnis S. 283 ff.

266 Zitate nach: H. Ludwig, Die Entstehung a. a. O., S. 30 f.

267 Eine ähnliche Formulierung Th. Wurms in seiner Mai-Erklärung vom 10. Mai 1945, dem »Wort an unser Volk«, hatte damals P. Schempp zu scharfer Kritik herausgefordert: ... und dann die allgemeine Mahnung: ›zurück zu Christus, zurück zum Bruder!‹ Man darf wohl fragen, was da das ›Zurück!‹ bedeuten soll ... War das ein Bekenntnis zu Christus oder war es vielleicht das Bekenntnis zu einer nicht existierenden Volkskirche und zu den christlichen Restwerten der schwarzweißroten Zeit?« (siehe S. 81) So ist denn auch diese theologisch steile Barth-Formulierung in KTA-These 5 gegen jede deutschnationale Mißdeutung formuliert.

268 Lt. Einladungsliste waren 43 Einladungen verschickt, lt. Anwesenheitsliste waren ein Dutzend erschienen, vgl.: H. Ludwig, Die Entstehung, a. a. O., S. 6. Gemäß Wahl der BK-Synode 1936 in Oeynhausen zählte der Bruderrat 31 Mitglieder (vgl. W. Niemöller,

Kampf und Zeugnis, S. 322); für die inzwischen verstorbenen Mitglieder Flor (1938), Fr. Müller (1942), Riethmüller (1938) und Humburg (1945) berief die Kodlab am 22. 8. 1945 in Frankfurt: Erik Wolf, Freiburg, O. Dibelius, Berlin, Johannes Busch, Witten, und Otto Fricke, Frankfurt/M., Beschlußprotokoll: Sammlung Prolingheuer.

269 Ebd., S. 8; der Protest der Provinzialbruderräte Berlin und Brandenburg hatte sich vor allem an der These 3 des ihnen vorliegenden Iwand-Entwurfes, aber auch an seiner These 5, entzündet. Die Bedenken hatten die berlin-brandenburgischen Mitglieder M. Albertz, E. Andler, H. Böhm, G. Harder und K. Scharf in einer Besprechung am 22. 7. 1947 artikuliert und dem Geschäftsführer des Bruderrates der EKD, H. Mochalski, im Schreiben vom 23. 7. mitgeteilt.

270 Siehe S. 92.

271 Siehe Faksimile S. 10–11.

272 Dieser Barth-Brief erreichte die Darmstädter Geschäftsstelle des Reichsbruderrates bereits am 19. 8. 1947; Zitat nach: H. Ludwig, Die Entstehung, a. a. O., S. 7.

273 D. Schmidt, Martin Niemöller, 1959, S. 189.

274 Seit den Vernehmungen Niemöllers nach seiner Befreiung durch den US-Geheimdienst stand Niemöller bei den Amerikanern in dem Ruf, ein unverbesserlicher Rechter zu sein; vgl. A. Boyens, Die Kirchenpolitik der amerikanischen Besatzungsmacht in Deutschland von 1944 bis 1946, in: Boyens/Greschat/v. Thadden/Pombeni, Kirchen in der Nachkriegszeit, 1979; H. Kloppenburg, der damals in der ökumenischen Zentrale in Genf arbeitete, äußerte einmal dem Verf. gegenüber den Verdacht, daß das eine aus Deutschland gesteuerte »Intrige gegen den Quälgeist Niemöller« gewesen sei. Wie z. B. Asmussen Bischof Marahrens bei den Alliierten denunzierte, das belegt G. Besier (in: »Selbstreinigung«, a. a. O.). Marahrens ist allerdings Asmussen auf die Schliche gekommen und hat den Denunzianten gestellt.

275 Die Briefzitate aus: Martin Niemöller, Ein Lesebuch, a. a. O.; vgl. auch: D. Schmidt, Martin Niemöller, a. a. O., S. 150 f., dort auch Reaktionen von C. G. Jung (»Rätsel«) und H. Gollwitzer, der Niemöllers Schritt der Gemeinde Dahlem zu erklären versuchte mit den Worten: »Wenn Ihr über seinen Schritt aburteilen hört, so könnt Ihr nicht genug betonen, daß niemand sich wirklich in seine Lage versetzen kann und daß er Gründe dafür hätte, die Euch unbekannt sind; war es auch ein Irrtum, so braucht deshalb doch niemand an ihm irre zu werden.«

276 Zitiert nach: D. Schmidt, Martin Niemöller, a. a. O., S. 189 ff.

277 Niemöller wohnte damals im hessischen Büdingen.

278 LBr.-Rundbrief vom 27. 8. 1947; »Die Zeichen der Zeit« zitierte das »Wort« in Heft 8–9/1947, unter »Umschau«, S. 316 f., ohne weitere Hinweise, Herausgeber Gerhard Brennecke empfahl es allerdings in den Bemerkungen zum Heft »der besonderen Beachtung unserer Leser« (252); der Berliner »Unterwegs-Kreis« veröffentlichte es in »Unterwegs«, Heft 4, 1947, S. 44. In den ersten 6 Wochen nach Erscheinen des Flugblattes berichten in den Westzonen nur die »Stuttgarter Nachrichten« am 6. 9. 1947 über die, so die Überschrift, »Gute Botschaft«. Der Bericht ist wohlwollend kritisch und sieht in dem »Wort« eine »in ihrer rücksichtslosen Offenheit wahrhaft erschütternde Beichte«.

279 Der Weg, Evangelisches Kirchenblatt der Nordprovinz, vom 7. 9. 1947.

280 Der Berlin-Neuköllner Religiöse Sozialist A. Rackwitz schreibt in »Neues Deutschland«, am 16. 11. 1947, über das »Wort« und die Berliner BK-Szene: »Schon vor 25 Jahren gab es eine Reihe sozialistischer Theologen, die dasselbe und noch einiges mehr sagten. Es blieb damals unbeachtet ... Wie zu erwarten stand, ist das Echo auf diese in der Kirche ungewohnten Töne kein einheitliches. Es fanden sich überall Geistliche und Gemeindeglieder, die sie mit Freuden aufnahmen und als eine befreiende Tat priesen. Daneben steht vorsichtig abwartende Zurückhaltung etwa des Berliner Bruderrates, der mit Betonung feststellte, daß kein Vertreter der Ostzone bei den Darmstädter Beschlüssen

zugegen war ...« Zitiert nach: G. Jankowski/K. Schmidt, Arthur Rackwitz – Christ und Sozialist zugleich, 1976, S. 115. Vgl. dazu: H. Prolingheuer, Der ›rote Pfarrer‹ von Köln, a.a.O., und F.-M. Balzer/K.U. Schnell, Der Fall Erwin Eckert – Zum Verhältnis von Protestantismus und Faschismus am Ende der Weimarer Republik, 1987.

281 Dibelius-Brief vom 9. 9. 1947 an H. Mochalski, vgl. H. Ludwig, Die Entstehung, a. a. O., S. 8.

282 Siehe S. 44f.

283 Asmussen-Brief an die Bruderratsmitglieder vom 30. 10. 1947; vgl. H. Ludwig, Die Entstehung, a. a. O., S. 9.

284 Asmussen-Brief vom 19. 8. 1947 an die Bruderratsmitglieder: diesen Brief übergab er der Evangelisch-lutherischen Kirchenzeitung, die ihn neben anderen Angriffen gegen die Verfasser und Beschließer des »Darmstädter Wortes« in 1/1947 dann veröffentlichte. Siehe Vorwort, S. 13.

285 Vgl. H. Ludwig, Die Entstehung, a. a. O., S. 8.

286 Vgl. H. Ludwig, Die Entstehung, a. a. O., S. 10.

287 Siehe S. 216–240: Die »Auslegung« des »Wortes«.

288 H. Diem, Ja oder Nein, a. a. O., S. 202.

289 Siehe S. 76.

290 Siehe S. 231f.

291 Diese leider viel zu oft vergessene gesamtdeutsche Ministerpräsidenten-Konferenz scheiterte schon an der Tagesordnung: die Ministerpräsidenten der drei Westzonen wollten vorrangig Wirtschaftsfragen, die der Ostzone vorrangig die Frage einer gesamtdeutschen Regierung erörtern.

292 Die Konferenz, auf der ein Friedensvertrag mit Deutschland vorbereitet werden sollte, scheiterte u. a. wegen der Eigenmächtigkeit der Briten und der USA, ihre Zonen durch das »Doppelzonenabkommen« vorab zu vereinigen, und wegen der Weigerung der Sowjets, das »schlesische Industriegebiet« der Gesamtwirtschaft Europas zu öffnen.

293 Vgl. dazu: B. Jaspert (Hg.), Karl Barth – Rudolf Bultmann. Briefwechsel 1922–1966, Bd. V/1 der Karl-Barth-Gesamtausgabe, 1971, S. 279–297.

294 R. Bultmann hatte diesen Vortrag am 21. 4. 1941 während einer Tagung der Gesellschaft für evangelische Theologie in Frankfurt am Main gehalten und am 4. 6. 1941 in Alpirsbach wiederholt.

295 Siehe S. 54.

296 Auf S. 48 schreibt Rosenberg: »Gerade dieses Pochen auf das ›Faktum‹ ist seinen Verkündern immer mehr zum Verhängnis geworden. Eine Religion, die ihr ganzes Dasein an dem Seidenfaden des Glaubens an ein überliefertes ›Faktum‹ hängt ..., gerät in ihren Grundfesten ins Wanken, wenn dieses ›Faktum‹ immer mehr als Legende erkannt bzw. aufgefaßt wird. Das ›Faktum‹ aber (Sühnetod – Himmelfahrt – Auferstehung), an das das 16. Jahrhundert noch kindlich und in innerer Wahrhaftigkeit glauben konnte, ist heute in seinem entscheidenden Teil nicht mehr als geschichtliche Tatsache lehrbar, ist also nicht mehr vorhanden.« W. Künneth, der ja mit den politisch-rassistischen Ansichten Rosenbergs Übereinstimmung in wesentlichen Punkten vor 1945 nicht verhehlte (siehe S. 135), während Bultmann auch an diesem Punkte eine saubere Klinge geführt hat, zitiert in seinen unsäglichen »Lebensführungen« (»Der Wahrheit verpflichtet«!) ebendiese Rosenberg-Sätze vom August 1937, um danach in diffamierender Weise fortzufahren: »Diese Sätze könnten auch von Bultmann oder im Umkreis der Bultmannschen Theologie geschrieben sein.« (S. 236)

297 Zitiert nach: E. Jüngel (Hg.), Rudolf Bultmann – Neues Testament und Mythologie. Das Problem der Entmythologisierung der neutestamentlichen Verkündigung. Nachdruck der 1941 erschienenen Fassung, in: Beiträge zur ev. Theologie, Bd. 96, 1985, S. 14f.

298 Zitate ebd., bzw. E. Bethge, Dietrich Bonhoeffer, a.a.O., S. 799; leider versäumt

auch Herausgeber E. Jüngel, in seiner Einleitung auf den historischen Sitz des Bultmann-Vortrages, die Rosenberg-Schriften und den gegen diese gefochtenen »Kirchenkampf« der »Bekenner« hinzuweisen. So erst werden doch die scharfen Reaktionen Asmussens und Iwands sowie deren Zurechtweisung durch Bonhoeffer verständlich. Die in der Abwehrfront gegen Rosenbergs religiöse Kirchenkritik standen (nach der Melodie des Nachkriegs-Bestsellers »Und die Bibel hat doch recht!«), mußten Bultmann entweder als Verräter oder als theologischen Trottel betrachten, weil er ihre faden Gegenargumente schwächte. Für die »wirkliche Bekenntnisfront« – siehe Bonhoeffer – war Rosenberg Faschist und Rassist, Repräsentant des zu bekämpfenden barbarischen NS-Staates. Da die »Bekenner« seit 1945 antifaschistische Widerstandskämpfer sein wollten, geriet der zentrale Kampf gegen den »Mythus«-Glauben der »Gottgläubigen« schnell aus dem Blick. Deshalb hat Künneth Schwierigkeiten, zwischen dem »ersten« u. »zweiten Bekenntniskampf« zu unterscheiden: »Wer den ersten Bekenntniskampf heute lediglich als eine Widerstandsaktion gegen den Hitlerstaat deutet, der kann auch kein Verständnis für den heutigen Bekenntniskampf aufbringen, bei dem ja das politische Gegenüber fehlt.« (W. Künneth, Lebensführungen, a. a. O., S. 223).

299 A. Rosenberg, geb. am 12. 1. 1893 in Reval, Sohn einer estnischen Mutter aus hugenottischer Familie und eines lettischen Vaters (beide Baltendeutsche), studierte in Riga Ingenieurwissenschaften und in Moskau Architektur. Er floh nach der Oktoberrevolution nach Paris, siedelte nach München über, verkehrte dort in weißrussischen Emigrantenkreisen und der nationalistischen »Thulegesellschaft« und trat 1919 der »Deutschen Arbeiterpartei« bei, die dann zur NSDAP wurde. Rosenberg wurde in Nürnberg am 1. 10. 1946 in allen Punkten der Anklage für schuldig befunden und »zum Tode durch den Strang« verurteilt. Die Hinrichtung erfolgte am 16. 10. 1945. Im Nürnberger Prozeß gegen Rosenberg hatte Rosenbergs Verteidiger, Dr. Alfred Thoma, Walter Künneth als Entlastungszeugen vorgeschlagen: »Ich möchte für die Art und Weise, wie Rosenberg seinen wissenschaftlichen Gegnern entgegengetreten ist, einen seiner wissenschaftlichen Gegner, ich denke an den Universitätsprofessor Dr. Künneth, der ein wichtiges Buch gegen den Mythus geschrieben hat, als Zeugen laden, *der bekunden wird, daß die weltanschaulichen Gegner Rosenbergs die Gestapo nicht fürchteten und von der Gestapo nichts zu befürchten hatten.«* (Hervorhebung vom Verf.) Sir David Maxwell-Fife, der Stellvertretende Hauptankläger für Großbritannien, reagierte auf den Künneth-Vorschlag der Verteidigung ironisch-ablehnend: ». . . wenn ich, ohne daß mich der Gerichtshof der Keckheit zeiht, so sagen darf, sind Zeugen, die aussagen, daß der Angeklagte Rosenberg keiner Fliege etwas zuleide tun würde – wir haben ihn oft dabei ertappt, wie er keiner Fliege etwas zuleide tat. Das ist, kurz gesagt, die eigentliche Bedeutung dieser Art von Beweismaterial . . .« Aus: Der Prozeß gegen die Hauptkriegsverbrecher vor dem Internationalen Militärgerichtshof Nürnberg, 14. Oktober 1945 – 1. Oktober 1946, Amtlicher Text der Verhandlungsniederschrift, Bd. VIII, S. 567. Siehe S. 200!

300 Erschienen in: H. W. Bartsch, Kerygma und Mythos, 1948, S. 15 ff.

301 Vgl. G. Bornkamm, Mythus und Evangelium – Zur Diskussion des Problems der Entmythologisierung der neutestamentlichen Verkündigung, in: Theologische Existenz heute, NF. Bd. 26: »Noch ist die Diskussion in vollem Gange: Karl Barth hat Nein, F. Gogarten hat Ja gesagt, H. W. Bartsch bereitet den zweiten Band von Kerygma und Mythos vor, Pfarrerverein und Pfarrerblatt haben sich E. Stauffer als kräftigsten Rufer im Streit verschrieben, die Entmythologisierung ist vielerorts Konventsthema, die Studenten bitten immer wieder um Behandlung der Frage in Vorlesungen und Seminaren, Proteste aus Gemeinden sind reichlich erhoben, Synoden rufen nach verbindlichen Äußerungen der Kirchenleitungen und einem Lehrzuchtverfahren, die Tagespresse hat das Problem schon vielfach erörtert. Das ist die äußere Lage.« (S. 10) Dazu: K. Barth, Rudolf Bultmann. Ein Versuch, ihn zu verstehen, 1952.

302 Zitiert nach: W. Künneth, Lebensführungen, a. a. O., S. 236 f.: »Was wir erleben, ist schlimmer als das, was wir 1933 erlebten, nämlich den Gang auf einem Weg, der notwendig bei einem Atheismus endet, der sich christlich schilt.«

303 Ebd.

304 Es wurde noch in »Evangelische Theologie« 7/1947, S. 189 ff., veröffentlicht, in »Die Kirche« (Berliner Sonntagsblatt), 29/1948, von W.-D. Zimmermann und E. F. v. Rabenau unterschiedlich gewogen, von G. Dehn in »Der Weg« 2/1948 angepriesen und von H. Asmussen und W. Künneth in der Ev.-luth. Kirchenzeitung 1–3/1947 verrissen. Unentdeckt blieben die Textdokumentationen im Kirchlichen Jahrbuch 1945–1948, S. 220–222, erschienen 1950, ebenso wie in G. Heidtmanns, Hat die Kirche geschwiegen? Das öffentliche Wort der Evangelischen Kirchen in den Jahren 1945–1964, S. 33 ff., erschienen 1964.

305 In Artikel I/2 heißt es nur noch: »Sie (die EKD, H. P.) weiß sich verpflichtet, als bekennende Kirche die Erkenntnisse des Kirchenkampfes über Wesen, Auftrag und Ordnung der Kirche zur Auswirkung zu bringen«, vgl. Kirchliches Jahrbuch 1945–1948, S. 96.

306 Vgl. Kirchliches Jahrbuch 1949, S. 77–80: Ordnung der Bekennenden Kirche, die am 6. und 7. Januar 1949, unmittelbar vor der ersten Synode der EKD in Bethel, verabschiedet wurde. Demnach entfiel jetzt das synodale Element der BK, wie es vor 1945 bestand. Statt dessen werden Landesbruderräte, »möglichst von den Gemeinden her, gebildet«. Die »wählen aus ihrer Mitte ein Mitglied des Bruderrates der EKD und dessen Stellvertreter. Die so gewählten Mitglieder des Bruderrates der EKD kooptieren 8–10 weitere Mitglieder, die möglichst Laien sein sollen. Der Bruderrat wählt aus seiner Mitte seinen Vorsitzenden ...« Keine Gefahr also für die Organe der EKD. Als Vorsitzender wurde M. Niemöller gewählt.

307 Darmstadt, Roquetteweg 15.

308 Vgl. Kirchliches Jahrbuch 1949, S. 82.

309 H. Diem, Die Kirche zwischen Rußland und Amerika, 1948, S. 4. Eine Studie, die bis heute ihre Aktualität behalten hat.

310 Zitiert nach: Bericht im Rundbrief der KTA für Niedersachsen, Braunschweig, Bremen, vom 1. 11. 1948, S. 4. (Sammlung Prolingheuer).

311 Vorträge: H. Diem, Die Geburt der Gemeinde in der Predigt; P. Schempp, Die Säkularisierung der Taufe und die Klerikalisierung des Abendmahls; Fr. Vorster, Tübingen, Die Unterweisung als Einübung der Predigt; O. Suppert, Die Versammlung der Gemeinde in ihrer Gesamtheit und in ihren Teilen; Chr. Berg (Generalsekretär des Hilfswerkes der EKD, Stuttgart), Selbstbezeugung der Gemeinde in Diakonie und Opfer.

312 Entschließung der Kirchlich-Theologischen Arbeitsgemeinschaft für Deutschland zur Frage des Evangelischen Hilfswerkes:

»1. Die Gemeinde ist zum Werk der Diakonie und zum Opfer, das zur Durchführung dieses Werkes gebracht wird, und damit zur Mitarbeit der Barmherzigkeit Gottes gegen alle Menschen berufen.

2. Die Verantwortung für Diakonie und Opfer kann nur die um die Predigt versammelte Gemeinde, also jeweils nur eine bestimmte Ortsgemeinde tragen.

3. Die einzelnen Gemeinden sind in der Bezirkssynode zu einem Gemeindeverband zusammengeschlossen, um sich gegenseitig in ihrem Stehen in der Einheit der Kirche Christi zu überwachen und übergemeindliche Aufgaben zu erfüllen. Diese Gemeinsamkeit gilt auch für das Werk der Diakonie.

4. Da das Opfer ein Werk des Glaubens ist, kann es nicht von der Verkündigung gelöst werden. Eine andere Werbung dafür als die Verkündigung der freimachenden Kraft des Evangeliums kann es nicht geben. Da es ein freies Opfer des Glaubens ist, muß dabei jeder direkte oder indirekte Zwang des Glaubens unterbleiben.

5. Es entspricht der Verkündigung des Evangeliums in der heutigen Situation, daß in jeder Gemeinde ein Werk der Diakonie (Hilfswerk der evangelischen Kirchengemeinde X) entsteht, das finanziell von der Kirchenpflege unabhängig ist und die benötigten Gelder auf evangelische Weise aufbringt.

6. Diese Werke haben ihre gemeinsame Vertretung, für die sie verantwortlich sind, in dem Hilfswerk des Bezirks und weiterhin der Landeskirche und der EKD. Zur Wahrnehmung dieser Verantwortung wird von der Bezirkssynode ein Ausschuß eingesetzt, der nicht nur beratende, sondern beschließende Funktion hat.

7. Dieser Bezirksausschuß setzt fest, welche übergemeindlichen Aufgaben von den Bezirksgemeinden übernommen werden können. Die übergemeindlichen Stellen dürfen nicht mehr ausgeben, als die Gemeinden im freien Opfer des Glaubens aufbringen. Direkte Sammlungen der übergemeindlichen Stellen in den einzelnen Gemeinden unterbleiben.

Wir empfehlen unseren Freunden in ihren Gemeinden und Kirchenbezirken, nach diesen Richtlinien zu handeln.

Bad Boll, den 22. September 1948.«

313 Das Thema hatte einen ganz akuten kirchlichen Hintergrund. R. Weckerling weigerte sich, sein Kind als Säugling taufen zu lassen. Daraufhin hat ihm seine Berliner Kirchenleitung den Rat gegeben, sein Pfarramt in der Landeskirche aufzugeben und einer Freikirche beizutreten. – Deshalb heißt es bei allen gravierenden Unterschieden der KTA-Mitglieder unter III. des »Diskussionsergebnisses«: *»Angesichts der Fragen, die durch akute Konflikte in Bezug auf die Kindertaufpraxis aufgebrochen sind, sind wir zu folgendem uneingeschränktem consensus gekommen:*

1. Auf Eltern, die aus ernsthaften Gründen die Taufe ihrer Kinder aufschieben, ist keinerlei Druck auszuüben. Dabei ist kein Unterschied zu machen zwischen Gemeindegliedern und Dienern am Wort. Unterläßt ein Pfarrer um seines in der Schrift gebundenen Gewissens willen die Taufe eines eigenen Kindes, so ist darin kein Verstoß gegen das Ordinationsgelübde zu sehen.

2. Trotz des unter II,2 und 3 festgestellten dissensus über Möglichkeit und Ratsamkeit der Kindertaufe besteht darin Einmütigkeit, daß dem Diener am Wort die Freiheit zugestanden werden muß, einen Taufaufschub nicht nur zu dulden, sondern, wenn sein in der Schrift gebundenes Gewissen es fordert, auch zum Taufaufschub zu raten. Allerdings soll das nicht geschehen ohne Mitwissen der Gemeinde. Umgekehrt sind wir darin einig, daß kein Pfarrer sich grundsätzlich weigern darf, die Kindertaufe zu vollziehen, es sei denn mit Zustimmung der Gemeinde. In jedem Fall jedoch darf diese oder jene Entscheidung nicht vollzogen werden ohne sorgfältigste theologische Prüfung und ohne Beratung mit den Brüdern.

3. In Bezug auf die an diesen Fragen entstandenen Konflikte zwischen der Kirchenleitung und einzelnen Gemeinden bzw. deren Pfarrern sind wir uns darin einig, daß die Kirchenleitung nicht das Recht hat, die Gemeinde bzw. den Pfarrer zu dieser oder jener Entscheidung zu zwingen oder den Pfarrer in der Ausübung seines Amtes zu hindern, daß aber die Gemeinde sich nicht entscheiden soll, ohne die Organe der betreffenden Landeskirche anzuhören.

Die Fülle der Punkte, über die ein consensus nicht zu erzielen war, macht die intensive weitere Beschäftigung mit den noch ungeklärten exegetischen, kirchenhistorischen und systematischen Problemen der Taufe zu einer vordringlichen theologischen Aufgabe.«

314 Hektographierte Protokolle: Sammlung Prolingheuer.

315 Synode der EKD in Bethel vom 9.–13. 1. 1949. Vgl. Kirchliches Jahrbuch 1949, S. 10ff.

316 Hektographierter Rundbrief »Kirchheim/Teck, im Januar 1949«: Sammlung Prolingheuer.

317 Bericht über das Gespräch des KTA-Ausschusses am Vormittag des 8. 6. 1949 im

Predigerseminar Herborn mit M. Niemöller. Teilnehmer: Bultmann, Handrich, Linke, Schempp, Schmidt, Suppert, Wehrhahn; als Gäste die dortigen Professoren Dell, Graffmann und Kreck. Kopie: Sammlung Prolingheuer.

318 Vgl. dazu: W. Feurich, Lebensbericht, a. a. O., S. 174 ff. Weshalb Schempp aufgibt, ist nicht mit Sicherheit zu sagen. Jedenfalls hatte er sich im hessischen »Fall Grießhammer« dermaßen mit der Hessischen Kirchenleitung angelegt, daß der KTA-Ausschuß am 30. 1. 1950 Schempp veranlaßte, »sich bei M. Niemöller zu entschuldigen«.

319 Bei dieser Sitzung waren anwesend: Diem, Feurich, Harbsmeier, Schmauch, Schmidt, Suppert, Weckerling. Als Gäste: Balacz (ungarische Gemeinde), Berg, Casalis (franz. Militärgemeinde), Fuchs (Görlsdorf/Luckau), Frau Pastorff (Görlitz), W. Koch, Maechler und W.-D. Zimmermann. Die Sitzung begann am 29. 1. und fand statt im Ev. Johannesstift Berlin-Spandau. Protokollabzug: Sammlung Prolingheuer.

320 Ebd.; der Entwurf stammt von H. Diem. Er hatte ihn bereits zuvor während einer Tagung der Sächsischen Akademie in Wittenberg als Eingabe an die Synode der EKD zur Abstimmung stellen lassen. Ein Gegenentwurf von Kreyssig führte dazu, daß beide Texte die gleiche Stimmenzahl erhielten und deshalb in Wittenberg kein Wort verabschiedet wurde. Dies ist der Wortlaut des Diemschen Textentwurfes:

»Wir sehen mit großer und täglich wachsender Sorge, daß die Mauer zwischen Ost und West, die mitten durch das deutsche Land und Volk geht, immer höher wird. Wir sehen, daß diesseits und jenseits dieser Mauer die Mächte gegeneinander rüsten, und wir müssen damit rechnen, daß diese Maßnahmen, mit denen man von beiden Seiten einer kommenden Katastrophe begegnen will, eben diese Katastrophe auslösen werden.

Wir haben keinen Einfluß auf das, was in Rußland und in Amerika geschieht. Aber Deutschland wird in einer Auseinandersetzung zwischen beiden Mächten das erste Schlachtfeld sein, und Deutsche werden gegen Deutsche kämpfen müssen.

Daß es zu dieser Lage gekommen ist, erkennen und bekennen wir als unsere Schuld. Im Bewußtsein dieser Schuld und der uns damit auferlegten besonderen Verantwortung bitten wir im Namen Gottes die Regierungen und die Völker im Osten und Westen: Tut alles, um einen neuen Krieg zu verhindern, sonst macht ihr unsere alte Schuld noch größer und ladet neue, eigene Schuld auf euch.

Im Namen Gottes ermahnen wir die Regierungen und die Glieder unseres Volkes: Tut das, was uns Deutschen heute möglich und geboten ist, um einen solchen Krieg zu verhindern, indem ihr jede Aufforderung oder Erlaubnis zur Wiederaufrüstung Deutschlands ablehnt und jede offene oder geheime Vorbereitung dazu verhindert und bekämpft!

Von der Christenheit in Deutschland erwarten wir, daß sie den Ausweg aus unserer Not nicht in einem neuen Kriege sucht und daß sie jeden Waffendienst verweigert und zum Frieden der Welt hilft, indem sie selbst Werke des Friedens tut.«

Vgl. dazu das Wort der EKD-Synode Berlin-Weißensee (23.–27. 4. 1950) in: Kirchliches Jahrbuch 1950, S. 7–10: »Was kann die Kirche für den Frieden tun?«

321 Hektographierter Bericht über die Jahrestagung vom 28. 8. bis 1. 9. 1950, S. 6, in: Sammlung Prolingheuer.

322 Vgl. dazu: H. Prolingheuer, Kleine politische Kirchengeschichte, S. 120–125. Während der Jahrestagung 1951, die wieder in Berlin-Weißensee stattfand, verabschiedeten die Teilnehmer einen von R. Weckerling und W. Feurich unterzeichneten Brief an den Deutschen Bundestag und die Volkskammer der DDR mit folgendem Wortlaut:

»Die in Berlin-Weißensee zur Jahrestagung der Kirchlich-theologischen Arbeitsgemeinschaft aus beiden Teilen Deutschlands, überwiegend aus dem Osten, Versammelten sehen die wachsende Gefahr eines dritten Weltkrieges. Es ist uns gewiß, daß nach Gottes Willen alles getan werden muß, was zur Befriedung beitragen kann. Dazu gehört, daß wir Deutschen in Ost und West zur Verständigung untereinander bereit sind und uns darin durch nichts und niemand beirren lassen. Das könnte unser entscheidender Beitrag zur

Verständigung der Weltmächte sein. Wir bitten inständig, alles zu tun, damit ein Gespräch zwischen Vertretern der Bundesrepublik und Vertretern der DDR so rasch wie möglich zustande kommt (vgl. H. Prolingheuer, Kleine politische Kirchengeschichte, S. 154f., H. P.). Wir wissen, daß wir Ihnen etwas zumuten, was vielleicht kaum eine Chance hat. Aber hier darf auch die geringste Chance nicht verachtet werden: es steht zu viel auf dem Spiel. Wagen Sie fröhlich diesen Schritt zur Verständigung. Denen, die Frieden stiften, gilt die Verheißung Gottes.«

Der Brieftext wurde veröffentlicht durch die Zentralausgabe des epd (Nr. 273 vom 26. 11. 1951, Blatt 5) und der B-Ausgabe (Nr. 36 vom 27. 11. 1951, Blatt 2). Im Februar 1987 hat U. Gierschner an der Universität Münster eine schriftliche Hausarbeit im Rahmen der ersten Staatsprüfung für das Lehramt für die Sekundarstufe II vorgelegt, in der er auf mehr als 800 Seiten unter dem Thema »Die Haltung der Evangelischen Kirche in Deutschland zur Wiederbewaffnung« diesen wichtigen Abschnitt jüngster evangelischer Zeitgeschichte in bisher ungekannter Dichte dokumentiert.

323 Vgl. dazu die ersten Jahrgänge von »Unterwegs«, ab 1947. G. Staewen gehörte zum Mitarbeiter-Kreis des ehem. »Büros Pfarrer Grüber«, vgl. dazu: H. Fink (Hg.), Stärker als die Angst, 1968, und: K. Drobisch/G. Fischer (Hg.), Ihr Gewissen gebot es – Christen im Widerstand gegen den Hitler-Faschismus, 1980. In diesen und anderen Berichten über die Arbeit des Büros Grüber, wird der ursprünglich staatsoffizielle Auftrag nicht aufgearbeitet. Wie der Verf. soeben von H. Ludwig erfährt, ist er hierüber an der Arbeit.

324 Vgl. Kirchliches Jahrbuch 1945–1948, S. 224–227.

325 Der Ruf 5/1947.

326 Vgl. Kirchliches Jahrbuch 1950, S. 5f. Siehe dazu das Faksimile des Beschlusses der evang.-luth. Landessynode Sachsens, S. 158.

327 Zitiert nach dem Programm der Gedenkfeier der Ev. Jugend aus dem Kirchenkreis Dinslaken im ehem. Vernichtungslager Bergen-Belsen, am Totensonntag 1961, wo auch das Wort der Synode der EKD zur Schuld an Israel (27. 4. 1950) verlesen wurde: Sammlung Prolingheuer. Diese Gedenkstunde wurde dann Gegenstand eines Untersuchungsausschusses der Kreissynode Dinslaken (Rheinland), weil auch diese Gedenkstunde zu antisemitischen Angriffen gegen das dortige Synodale Jugendpfarramt geführt hatte. In diesem Zusammenhang kam das Programm mitsamt dem Liedtext zur Veröffentlichung im gedruckten Synodalprotokoll: Verhandlungen der Kreissynode Dinslaken am 16./17. September 1962 in Hünxe, S. 57–60 (Lied-Melodie: »Kommt her zu mir«, spricht Gottes Sohn ..., EKG 245).

328 Siehe S. 136 und 156.

329 Siehe S. 134 und 149–151.

330 Siehe S. 142; dazu: H. Prolingheuer, Kleine politische Kirchengeschichte, S. 126f.

331 Siehe S. 189. Vgl. dazu: Kirchliches Jahrbuch 1951, S. 185–221; dort besonders die von K. Herbert mit einem Vorwort von M. Niemöller verfaßte Stellungnahme an die ev. Pfarrer in Hessen und Nassau aus dem Jahr 1950 (186–199).

332 Zitiert nach: W. Künneth, Lebensführungen, a. a. O., S. 235. 16 Jahre später sammeln sich die neuen Kirchenkämpfer in der Bewegung »Kein anderes Evangelium«.

333 Brief Bultmanns vom 23. 4. 1952 an den KTA-Geschäftsführer O. Suppert.

334 Brief Bultmanns vom 1. 5. 1952 an Erica Küppers. – Abschriften beider Briefe schickt Bultmann am 1. 5. 1952 an Ernst Wolf. Brief Supperts vom 8. 5. 1952 an Bultmann, Brief Bultmanns vom 15. 5. 1952 an Suppert, Brief Supperts vom 16. 5. 1952 an Bultmann, Brief Ernst Wolf vom 18. 5. 1952 an Bultmann, Brief Supperts vom 24. 5. 1952 an Bultmann, Brief Supperts vom 24. 5. 1952 an Ernst Wolf. Kopien: Sammlung Prolingheuer. Die Aussprache in Marburg mit Bultmann (Teilnehmer: Diem, Harbsmeier und Suppert) findet am 11. 6. 1952 statt.

335 Harbsmeier übernahm 1950 den Vorsitz, Suppert seit der Tagung 1951.

336 Im Deutschen Pfarrerkalender 1957 steht noch der Eintrag: »Kirchlich theologische Arbeitsgemeinschaft für Deutschland. Vors.: Dipl. Kfm. Otto Suppert, Dresdener Str. 15. Fernruf 23773.« Zu dieser Zeit zählten O. Suppert und A. Schmidt bereits zu den Gründern der Kirchlichen Bruderschaft Westfalens, deren Aufruf sich neben Barmen und Stuttgart auch noch auf Darmstadt bezieht. Siehe Faksimile S. 247.

337 Römer 4,5 und 5,6.

338 Siehe dazu die Anmerkungen 10, 12, 42 und 55!

339 Während meiner abschließenden Arbeit an diesem Manuskript erreicht mich das Rundschreiben des Ökumenischen Rates Berlin vom 2. 12. 1986, das R. Weckerling an 28 Adressaten richtete: »Martin Stöhr schrieb mir nach der ökumenischen Versammlung über ›Gerechtigkeit, Frieden und Bewahrung der Schöpfung‹ in Siegen im November 1986, es sei dort die Frage aufgetaucht: *›Gibt es Lieder des Protestes (alte, neue), des Widerspruchs, des Widerstands aus der Bekennenden Kirche, dem Kirchenkampf?‹* Mir scheint diese Frage so wichtig und bisher so wenig bedacht, behandelt und kompetent beantwortet, daß ich mir erlaube, sie an Euch weiterzugeben und mich bereitzuerklären, Eure Antworten und Hinweise und übersandten Texte entgegenzunehmen und dem Fragesteller zu übermitteln ...« Aber selbstverständlich gibt es – wie dargestellt – eine Fülle von Liedern »des Protestes (alte, neue), des Widerspruchs, des Widerstands aus der Bekennenden Kirche, dem Kirchenkampf«! Aber das »Darmstädter Wort« lehrt uns doch sehr drastisch, daß auch die schönen Kampflieder an der falschen Front, gegen den falschen Feind gesungen wurden. Die Friedensbewegung muß auch in ihrem ev.-kirchlichen Teil endlich zur Kenntnis nehmen, daß die »Bekennende Kirche« keine antifaschistische, geschweige denn eine antimilitaristische Widerstandsbewegung war, sondern gegen Linke, Marxisten, »Gottlose«, Kommunisten, Freimaurer, Sozialdemokraten, Pazifisten, das Judentum seit der Kreuzigung Jesu, Feministen, Homosexuelle, Humanisten, Demokraten usw. usw. gekämpft – und folglich auch mit ihren Kampfliedern gesungen hat. Lieder der BK im heutigen Friedenskampf? Nein Danke! Da singe ich lieber mit all den »Feinden« der besagten »Bekennenden Kirche« beim Ostermarsch »Lieder gegen die Bombe« – selbst den »Knüppel-Gottes«, Heft 4/1966, S. 25–27, mit dem wir damals – vor allem Riethmüller-Fan Heinz Kloppenburg – so unsere Schwierigkeiten hatten, in dem es heißt:

Wehrt ein Volk sich gegen Diktatur und Not,
schlägt der KNÜPPEL-GOTTES ihren Aufstand tot.
So wie damals in den Staaten
ihre Ahnen, jupijeh,
es mit den Indianern taten.
Halleluje!

In diesem Zusammenhang entbehrt es nicht einer makabren Komik, daß die unter dem schärfsten Widerspruch der BK ebenso wie der DC 1937 geweihte neuheidnische Kultstätte, der Thingplatz bzw. die Nordmark-Feierstätte von Bad Segeberg (siehe S. 67), in den fünfziger Jahren zum Sommertheater der Karl-May-Festspiele umgewidmet wurde (siehe S. 245). –

340 Vgl. H. Prolingheuer, Kleine politische Kirchengeschichte, S. 133.

341 Als D. Sölle beim Kölner Kirchentag 1965 sagte: »wie man nach Auschwitz den Gott loben soll, der alles so herrlich regieret, das weiß ich nicht« (DEKT Köln 1965, S. 295), erhob sich vor allem bei denen ein Sturm der Entrüstung, die sich unmittelbar nach dem Kölner Kirchentag zu neuem »Kirchenkampf« in der »Bekenntnisbewegung ›Kein anderes Evangelium‹« zusammenschlossen. Und der Dichter und Prediger M. Hausmann erhitzte noch am 17. Juli 1977 die Gemüter der im ev. Gemeindehaus Badenweiler versammelten Kurgäste, als er auf D. Sölle zu sprechen kam: » ... die Gott nach Auschwitz nicht mehr als den loben kann, ›der alles so herrlich regieret‹. Ja, hat denn diese Frau noch nie am Bett eines Krebskranken gestanden?« Briefwechsel Verf./Hausmann: Sammlung

Prolingheuer.

342 Während es ganz offensichtlich von der Nachkriegskirche nicht als Skandal empfunden wurde, den 1882 in Barmen geborenen Nazi-Dichter W. Vesper in die – wie F. S. Rothenberg 1949 im Geleitwort schreibt – »erste umfassende Sammlung« zeitgenössischer Kirchenlieder aufzunehmen, zerbrach der am 1. 8. 1938 geborene Sohn Bernward an der NS-Karriere seines Vaters. Der Schriftsteller B. Vesper, führendes Mitglied der Apo, in den sechziger Jahren befreundet mit Gudrun Ensslin, der Tochter eines württembergischen Bekenntispfarrers, nahm sich am 15. 5. 1971 in Hamburg das Leben. B. Vesper dokumentierte den für die Studentenrevolte grundlegenden »Kongreß«, der unmittelbar nach der Beerdigung Benno Ohnesorgs in Hannover stattfand: B. Vesper (Hg.), Bedingungen und Organisation des Widerstandes. Der Kongreß in Hannover, Frankfurt/M. 1967 (Edition Voltaire, Voltaire-Flugschrift 12). Sein erschütternder autobiographischer Romanessay »Die Reise« erschien 1977, als die Evangelischen Studentengemeinden Deutschlands in Darmstadt an die 30. Wiederkehr des Tages erinnerten, an dem dort das »Wort zum politischen Weg unseres Volkes« beschlossen wurde. Vgl. dazu: NEUE STIMME 9/1977, mit Beiträgen von: Kl. Geyer, Einladung nach Darmstadt; W. Kreck, Zur Aktualität des Darmstädter Wortes; J. Moltmann, Glaubwürdige Existenz; J. Reichel, Einige Assoziationen beim Lesen des Darmstädter Wortes; R. Wischnath, Anmerkungen zur Aktualität des Darmstädter Wortes; H.-W. Bartsch, Christen und die Berufsverbote; H. Symanowski, Müssen wir weiter in die Irre gehen?; H. Werner, Anmerkungen zum historischen Ort des Darmstädter Wortes, und G. W. Heinemann, Wollen wir heute noch, was wir 1945 wollten? (Nachdruck aus: »Stimme der Gemeinde« 11/1962).

343 Vgl. hierzu vor allem die quellenreiche Studie des Rostocker Kirchenhistorikers Gert Wendelborn, Charta der Neuorientierung – Die Rezeption des »Darmstädter Wortes« heute, 1977, der Reihe »Fakten Argumente« des Berliner Union-Verlages, auf die in diesem Zusammenhang ausdrücklich hingewiesen sei.

344 H. Diem war seit 1950 Lehrbeauftragter, 1955 ao. Prof. und seit 1957 o. Prof. für Systematische Theologie in Tübingen.

345 P. Schempp wurde nach seiner Zeit als Studienrat am Eberhard-Ludwig-Gymnasium in Stuttgart (seit 1949) 1958 Prof. für Systematische und Praktische Theologie in Bonn, wo er am 4. 6. 1959 im Alter von 59 Jahren verstarb.

346 Daran ändern auch nichts die Erinnerungen von Fr.-W. Marquardt 1960 in der »Unterwegs«-Zeitbuchreihe (Nr. 14, Kirche und Menschen), von Ulrich Heilmann, Mitglied des 1958 gegründeten Weißenseer Arbeitskreises, 1961 in der Schrift der CDU-Parteileitung der DDR (›Suchet der Stadt Bestes! Aus dem Leben der evangelischen Kirchen in der DDR‹), von Günter Wirth 1962 in seinem Referat vor dem Christlichen Arbeitskreis im Deutschen Friedensrat der DDR (Ev. Pfarrerblatt 17/1962, »Allianz in Aktion«, u. »Verantwortung und Erwartung der Deutschen«, in: Heft aus Burgscheidungen 146) oder von Generalsuperintendent Fritz Führ 1962 im Ev. Pfarrerblatt (17/1962), das schon in seinem 1. Jahrgang 1959 (Heft 3) die Erklärungen von Stuttgart *und* Darmstadt zum Vergleich veröffentlicht hatte.

347 Die ersten Bücher mit der »Dämonen«-Theorie, wie W. Künneth, Der große Abfall – eine geschichtstheologische Untersuchung der Begegnung zwischen Nationalsozialismus und Christentum(!), 1947, und H. Schmid, Apokalyptisches Wetterleuchten – ein Beitrag der Evangelischen Kirche zum Kampf im »Dritten Reich«, 1947. In dem von Bischof H. Meiser mit einem trutzigen Geleitwort versehenen Schmid-Opus kommt z. B. K. Barth lediglich in zwei nichtssagenden Summarien vor, immerhin ein Buch von 460 Seiten.

348 W. Niemöller, der 1948 (»Kampf und Zeugnis der Bekennenden Kirche«, 560 Seiten) begann, den Kirchenkampf aus der altpreußischen, bruderrätlichen Perspektive, kritisch gegenüber dem Luthertum, darzustellen, dokumentiert u. v. a. m. 1952 z. B. den evangelischen Kirchenkampf seiner westfälischen Heimatkirche, »Bekennende Kirche in

Westfalen«, ohne auch nur einmal den Namen des dort maßgebenden deutsch-christlichen Oberkonsistorialrates Friedrich Hagemann aus dem Konsistorium in Münster zu nennen. Es ist der Schwager von Joachim Beckmann – seit 1946 unterm Schiefen Turm in Kamen, danach in Düsseldorf wieder als Gemeindepastor tätig.

349 J. Beckmann, Kirchliches Jahrbuch 1933–1944, 1949 erschienen. Als Beckmann mich 1978 zum rheinischen Symposium über mein damals erschienenes Buch »Der Fall Karl Barth 1934–1935« einlud, machte er seinem Ärger über meine Untersuchung mit der Bemerkung Luft: »Nachträglich kann man gut schreiben.« Als ich ihn darauf hinwies, daß doch auch sein Kirchliches Jahrbuch 1933–1944 erst post festum entstanden sei, hat er diesen Vorwurf niemals mir gegenüber wiederholt. Wir haben 1981 sogar – *auf seinen Wunsch* – gemeinsam ein Buch herausgegeben: J. Beckmann/H. Prolingheuer, Zur Geschichte der Bekennenden Kirche im Rheinland.

350 Vgl. H. Prolingheuer, Kleine politische Kirchengeschichte, S. 169.

351 H. Diem, Zur Entmythologisierung des Kirchenkampfes, in: Junge Kirche 17–18/1949, Sp. 473 ff.

352 Vgl. dazu: H. Prolingheuer, Kleine politische Kirchengeschichte, a. a. O., S. 159–173.

353 Fr. Baumgärtel, Wider die Kirchenkampflegenden, 1958. Darin werden Heinz Kloppenburg, Martin Niemöller und sein Bruder Wilhelm (für die beiden ersten fälschlich!) als Nazis beschimpft. Umgekehrt zeigte man sich auch nicht zimperlich: als Lilje in seinen »Memorabilia« 1973 wieder einmal Martin Niemöller in ein schiefes Licht setzte, schrieb W. Niemöller Lilje am 8. 1. 1974 einen 7seitigen Brief, in dem er dem Bischof etliche historische Fakten und – Briefe vorhielt und hinzufügte: »Sie werden sich, wie ich hoffe, später noch einmal damit Ihre Erinnerung auffrischen können. Die Briefe behalte ich einstweilen in meiner Hand...« – W. Niemöller schickte dem Verf. am 12. 7. 1974 eine Kopie dieses Briefes mit dem Hinweis: »Was die Verwendung anlangt, so können Sie alles nehmen, wie es ist.« Vgl. dazu auch: Junge Kirche 4/1974, S. 208–212: W. Niemöller, Barmen 1934–1974.

354 Siehe Flugblatt-Faksimile S. 248–249.

355 C. Ordnung, Der deutsche Protestantismus und die sozialistische Revolution, in: Ev. Pfarrerblatt 3–4/1965.

356 Hier folgt der Quellenhinweis »vollständig abgedruckt in Zeichen der Zeit 1/1947, S. 316«, siehe Anm. 278.

357 D. Bonhoeffer, Widerstand und Ergebung, Briefe aus der Haft, herausgegeben von E. Bethge, 5. Aufl. 1955, S. 205 f.

358 Kirchliches Jahrbuch 1970, 1971, S. 235 f. Beim Empfang des Vorstandes des Bundes der Evangelischen Kirchen in der DDR durch den Staatssekretär für Kirchenfragen der DDR, Hans Seigewasse, am 24. 2. 1971, durch den die staatliche Anerkennung des Kirchenbundes der DDR ihren sichtbaren Ausdruck fand, kam Bischof Schönherr in seiner Rede auch auf das »Darmstädter Wort« zu sprechen: »Als Christen lassen wir uns daran erinnern, daß wir es nicht unterlassen dürfen, ›die Sache der Armen und Entrechteten gemäß dem Evangelium von Gottes kommendem Reich zur Sache der Christenheit zu machen‹ (aus dem Darmstädter Wort des Bruderrates). Die gemeinsame Arbeit an den konkreten Fragen der gesellschaftlichen Zusammenarbeit zu erlernen, ist nach der leidvollen Geschichte des Verhältnisses von christlicher Kirche und Sozialismus nicht leicht. Viel Unsicherheit ist zu überwinden, um so mehr gemeinsame Bemühung ist nötig.« Kirchliches Jahrbuch 1971, 1972, S. 219.

359 Gert Wendelborn nennt in seiner Studie »Charta der Neuorientierung«, a. a. O., eine Fülle von Namen, die sich allein in der DDR seit 1972 um die Konkretisierung der sieben Thesen in Lehre und Publizistik bemühen. Unter ihnen vor allem Gerhard Bassarak, Walter Bredendiek, Walter Feurich, Ilsegret Fink, Detlef Haupt, Erich Hertzsch, Hartmut

Ludwig, Werner Meinecke, Hanfried Müller, Rosemarie Müller-Streisand, Carl Ordnung und Günter Wirth, nicht zuletzt aber der Weißenseer Arbeitskreis und die unermüdliche Kirchliche Bruderschaft Sachsens, deren Mitglieder sich auch auf das »Darmstädter Wort« verpflichtet haben (vgl. dazu die geschichtliche Kurzdarstellung der KBS, »Unterwegs«, zu beziehen über Anneliese Feurich, DDR – 8019 Dresden, Hans-Grundig-Straße 20, Wg. 404). Da in der BRD 1972 bereits die Kirchlichen Bruderschaften (bis auf die Württembergische Sozietät bzw. Kirchliche Bruderschaft) ebenso sang- und klanglos in die Wirkungs- und Bedeutungslosigkeit versanken wie einst die KTA für Deutschland, sind es vor allem die Evangelischen Studentengemeinden in der EKD, die das »Darmstädter Wort« durch Wort und Tat konkretisieren.

360 H. Diem, Kann die Kirche Buße tun? – 25 Jahre nach dem Stuttgarter Schuldbekenntnis, in: Evangelische Kommentare 10/1970, S. 580 ff.

361 Heinrich Werner (Hg.), Christen und Revolution – Konvergenz und Theologie, 1971, Zitat des »Darmstädter Wortes« S. 152–154.

362 G. Bassarak, 25 Jahre Darmstädter Wort, in: Die Zeichen der Zeit, 1972, S. 255–260. In diesem Beitrag kommt Bassarak noch einmal auf die »zynische Haltung« Dibelius' während der Abfassung des »Stuttgarter Schuldbekenntnisses« im Oktober 1945 zu sprechen: »Im Stuttgarter Bekenntnis gibt es einen Satz, der ohne Einschränkungen gesprochen ist. Er heißt: ›Durch uns ist unendliches Leid über viele Völker und Länder gebracht worden.‹ Otto Dibelius berichtet in seiner Selbstbiographie, daß dieser Satz von Niemöller in den sonst von ihm formulierten Text eingefügt worden sei: ›Es war mir nicht ganz leicht geworden, dem Niemöllerschen Satz meine Zustimmung zu geben ... Uns auf das Schuldkonto der Deutschen zu beschränken, war nicht leicht.‹ Außerdem qualifiziert er das Schuldbekenntnis als eine ökumenische Pflichtübung ab, mit der einzigen Funktion, den deutschen Kirchen den Eintritt in die Ökumene wieder zu ermöglichen: ›Eine Reihe von Freunden aus der Ökumene ... wollten uns (erg.: in Stuttgart) begrüßen und mit uns bereden, wie der Wiedereintritt der deutschen Kirchen in die ökumenische Gemeinschaft möglich zu machen sei. *Es mußte eine Erklärung herausgebracht werden* ... Von den Kirchen des Auslandes wurde es so verstanden, wie es gemeint war. Die Türen sprangen auf. Die ökumenische Gemeinschaft war wiederhergestelt. Und der Strom von Hilfe, der sich nun ... nicht zuletzt über Deutschland ergoß, zeigte, daß diese Gemeinschaft kein leeres Wort war.‹ (kursiv Dibelius) Gegenüber dem Darmstädter Wort ist eine derart zynische Haltung nicht möglich. Es fordert zu ganzer Zustimmung oder zu ganzem Widerspruch heraus ...« (S. 257)

363 Als am 12. 8. 1947 das »Darmstädter Wort« mit dem Flugblatt der BK Nr. 8 herausging, hatte der Geschäftsführer des Bruderrates der EKD, Herbert Mochalski, gegenüber Hans Joachim Iwand noch angekündigt, in »das erste Heft der geplanten Zeitschrift ›Die Stimme der Gemeinde‹« einen »›in die ganze Breite der Fragestellung‹ einführenden Kommentar zu diesem Wort« aufzunehmen, weil er befürchtete, »daß ähnlich wie bei der Stuttgarter Erklärung dieses Wort schon in der Pfarrerschaft stecken bleibt und damit gar nicht erst zur Kenntnis und rechten Auswertung in den Gemeinden kommt«. Dies schrieb Mochalski allerdings noch vor dem Einspruch vor allem der berlin-brandenburgischen Brüder. – Vgl. H. Ludwig, Die Entstehung, a. a. O., S. 7. Ohne jede Würdigung und (daher auch wohl ohne jede) Resonanz (siehe Anmerkung 304) hatte die ›Stimme der Gemeinde‹ am 1. 1. 1954 die nackten sieben Thesen und am 1. 1. 1964 die mit 7 mageren Sätzen eingeleitete ›Auslegung‹ des »Darmstädter Wortes« abgedruckt.

364 Herbert Werner, Erst kommt das Fressen, dann kommt die Moral, in: Die Stimme der Gemeinde, Nr. 1, Januar 1949. Zitat S. 15.

365 R. Riemeck, Das Darmstädter Wort – immer noch aktuell, in: Stimme der Gemeinde 15–16/1972, S. 253–262. Zur Darmstädter Erinnerungsveranstaltung 1977, »Versammlung europäischer Christen«, vom 7. bis 9.10.1977, in Darmstadt, vgl. die

Dokumente jenes Gedenkens, die Voten der 6 Arbeitsgruppen und die Berichte (von T. Wilsdorf, E. Pohlmann, W. Wiedemann, D. Lauter, L. v. Zobeltitz und G. Wirth), in: Neue Stimme 10/1977, S. 16–23, sowie H. Symanowskis Bericht in: Junge Kirche 11/1977, wo auch D. Kochs halber Vortrag (vor dem Beienroder Konvent, am 28. 9. 1977) unter der Überschrift »Eine unerledigte Anfrage an das Darmstädter Wort«, veröffentlicht wurde. Kochs Kritik am »Darmstädter Wort«, die sich auch noch barthianischer als Barth erwies (siehe Barths uneingeschränkte Zustimmung S. 181), war dann nicht nur zuletzt durch B. Klapperts klare Sicht und treffende ökumenische Interpretation erledigt (B. Klappert, Die ökumenische Bedeutung des Darmstädter Wortes, 1979); die in Kochs JK-Publikation für »Anfang 1978« angekündigte Veröffentlichung des *vollständigen* Beienroder Vortrages in ›Evangelische Theologie‹ ist dann auch nie erfolgt. –

366 Die Vorgespräche zum Grundlagenvertrag zwischen der BRD und der DDR, die von Egon Bahr und Michael Kohl geführt wurden, begannen mit der Unterzeichnung des Verkehrsvertrages zwischen beiden deutschen Staaten am 26. 5. 1972. Der Grundlagenvertrag wurde am 21. 12. 1972 unterzeichnet und trat am 21. 6. 1973 in Kraft.

367 Der Vertrag der BRD mit der Union der Sozialistischen Sowjetrepubliken vom 12. 8. 1970 und der Vertrag der BRD mit der Volksrepublik Polen vom 7. 12. 1970.

368 Siehe S. 184f.

Zitierte Literatur

Arbeitskreis für amateurkunst (Hg.), Lieder gegen die Bombe, 4/1966.

Asmussen, Hans, Vortrag über die Theologische Erklärung zur gegenwärtigen Lage der Deutschen Evangelischen Kirche, in: A. Burgsmüller/R. Weth, Die Barmer Theologische Erklärung – Einführung und Dokumentation, 1983.

– An den Bruderrat der EKD, in: Ev.-luth. Kirchenzeitung 1/1947.

Balzer, Friedrich-Martin/K. Ulrich Schnell, Der Fall Erwin Eckert – Zum Verhältnis von Protestantismus und Faschismus am Ende der Weimarer Republik, 1987.

Barth, Karl, Theologische Existenz heute!, 1933.

– Gottes Wille und unsere Wünsche, 1934.

– Christengemeinde und Bürgergemeinde, 1946.

– Die Kirche – die lebendige Gemeinde des lebendigen Herrn Jesus Christus, 1947.

– Rudolf Bultmann, Ein Versuch, ihn zu verstehen, 1952.

Bartsch, Hans Werner, Kerygma und Mythos, 1948.

– Christen und die Berufsverbote, in: NEUE STIMME 9/1977.

Bassarak, Gerhard, Konvergenztheorie in der Theologie? Zur Einführung in die Aufgabe, in: Heinrich Werner (Hg.), Christen und Revolution – Konvergenz und Theologie, 1971.

– 25 Jahre Darmstädter Wort, in: Die Zeichen der Zeit, 1972, S. 255–260.

Baumann, Hans, Hohe Nacht der klaren Sterne, in: Unser Liederbuch – Lieder der Hitler-Jugend, 1939.

Baumgärtel, Friedrich, Wider die Kirchenkampflegenden, 1958.

Beckmann, Joachim, Rheinische Bekenntnissynoden im Kirchenkampf, 1975.

– (Hg.), Briefe zur Lage der Evangelischen Bekenntnissynode im Rheinland, 1977.

– (Hg.), Kirchliche Jahrbücher 1933–1944, 1949, und 1945–1948, 1950.

– /Hans Prolingheuer, Zur Geschichte der Bekennenden Kirche im Rheinland, 1981.
Berthold, Lothar/Ernst Diehl (Hg.), Revolutionäre deutsche Parteiprogramme, 1964.
Besier, Gerhard, »Selbstreinigung« unter britischer Besatzungsherrschaft – Die Ev.-lutherische Landeskirche Hannovers und ihr Landesbischof Marahrens 1945–1947, 1986.
– siehe auch Scholder.
Bethge, Eberhard, Dietrich Bonhoeffer, Theologie, Christ, Zeitgenosse, 1970.
– »Christen und Juden« – Eine ungeschriebene These, 1984.
– Siehe auch Bonhoeffer.
Bienert, Walter, Martin Luther und die Juden, 1982.
Bizer, Ernst, Ein Kampf um die Kirche – Der Fall Schempp nach den Akten erzählt, 1865.
Bonhoeffer, Dietrich, Ethik – Zusammengestellt und herausgegeben von E. Bethge, 1956.
– Widerstand und Ergebung – Briefe aus der Haft, herausgegeben von E. Bethge, 5. Aufl. 1955.
Bornkamm, Günther, Mythus und Evangelium – Zur Diskussion des Problems der Entmythologisierung der neutestamentlichen Verkündigung, in: Theol. Existenz heute, NF, 26, 1951.
Boyens, Armin, Kirchenkampf und Ökumene 1939–1945, 1973.
– /Greschat/v. Thadden/Pombeni, Kirchen in der Nachkriegszeit, 1979.
Brakelmann, Günter, Kirche in Konflikten ihrer Zeit, 1981.
Brecht, Bertolt, Die Dreigroschenoper, 1929.
Brosseder, Johannes, Luther und der Leidensweg der Juden, in: H. Kremers (Hg.), Die Juden und Martin Luther – Martin Luther und die Juden, 1985.
Bultmann, Rudolf, Neues Testament und Mythologie, 1941.
Burgsmüller, Alfred/Rudolf Weth, Die Barmer Theologische Erklärung – Einführung und Dokumentation, 1983.
Busch, Eberhard, Juden und Christen im Schatten des Dritten Reiches – Ansätze zu einer Kritik des Antisemitismus in der Zeit der Bekennenden Kirche, 1979.
Caspari, Wilhelm, Über alttestamentliche Bezugnahmen im evangelischen Gesangbuch und ihre Beseitigung, in: Monatsschrift für Gottesdienst und kirchliche Kunst, Juni 1933.
Dehn, Günter, Das Wort des Reichsbruderrates zum politischen Weg des deutschen Volkes, in: Der Weg 2/1948.
Der Prozeß gegen die Hauptkriegsverbrecher vor dem Internationalen Militärgerichtshof Nürnberg, 14. Oktober 1945 bis 1. Oktober 1946 – Amtlicher Text der Verhandlungsniederschrift, Bd. VIII.
Dibelius, Otto, Die Verantwortung der Kirche – Eine Antwort an Karl Barth, 1931.
– Ein Christ ist immer im Dienst – Erlebnisse und Erfahrungen in einer Zeitenwende, 1961.
Diehl, Ernst, siehe Berthold.
Diem, Hermann, Kirche und Entnazifizierung, Heft 5 der Schriftreihe ›Kirche für die Welt‹, 1946
– Kann die Kirche Buße tun? 25 Jahre nach dem Stuttgarter Schuldbekenntnis, in: Evangelische Kommentare 10/1970.
– Kirche zwischen Rußland und Amerika, 1948.
– Die Problematik der Konvention von Treysa, in: Evangelische Selbstprüfung, 1947.
– Barths Kritik am deutschen Luthertum, in: Evangelische Selbstprüfung, 1947.
– Ja oder Nein – 50 Jahre Theologie in Kirche und Staat, 1974.
Dietze, Constantin von, Anhang zur Denkschrift des »Freiburger Widerstandskreises«, 1942, in: In der Stunde Null – Die Denkschrift des Freiburger ›Bonhoefferkreises‹ ... eingeleitet von H. Thielicke, Tübingen 1979.

Drobisch, Klaus/Gerhard Fischer (Hg.), Ihr Gewissen gebot es – Christen im Widerstand gegen den Hitler-Faschismus, 1980.
Eisenhuth, Erich, »In Verbindung mit Johannes Hempel, Georg Bertram, Karl Friedrich Euler, Walter Grundmann, Karl Schneider, Walter Birnbaum, Paul Jaeger, Fritz Schulze, Friedrich Peter herausgegeben«, Die Bedeutung der Bibel für den Glauben, in: Verbandsmitteilungen des Instituts zur Erforschung des jüdischen Einflusses auf das deutsche kirchliche Leben, 2–3/1940.
– Germanische, jüdische und christliche Gottesidee, in: Germanentum, Christentum und Judentum – Studien zur Erforschung ihres gegenseitigen Verhältnisses, 1942, 2. Bd. der Sitzungsberichte des Instituts zur Erforschung des jüdischen Einflusses auf das deutsche kirchliche Leben, 1942.
Ericksen, Robert P., Theologen unter Hitler – Das Bündnis zwischen evangelischer dogmatik und Nationalsozialismus, 1986.
Euler, Karl Friedrich, siehe Eisenhuth.
Feurich, Walter, Lebensbericht eines Dresdner Gemeindepfarrers, 1982.
Fink, Heinrich (Hg.), Stärker als die Angst, 1968.
– Karl Barth und die Bewegung ›Freies Deutschland‹, in: Beilage zu Standpunkt 5/1974.
Fischer, Gerhard, siehe Drobisch.
Flor, Wilhelm, Rechtsgutachten – Ist die Verordnung zur Sicherung einheitlicher Führung der Evangelischen Kirche der altpreußischen Union vom 26. Januar 1934 verfassungsmäßig zulässig?, in: Junge Kirche, 4/1934.
Forck, Bernhard-Heinrich, ... und folget ihrem Glauben nach – Gedenkbuch für die Blutzeugen der Bekennenden Kirche, 1949.
Frick, Wilhelm, Die Rassenfrage in der deutschen Gesetzgebung, in: Deutsche Juristenzeitung vom 1. 1. 1934.
Friedländer, Saul, Kurt Gerstein – oder die Zwiespältigkeit des Guten, 1967.
Funke, Alex, Es stößt den Leser in eiskaltes Grauen – Anmerkungen zu Ernst Klees Buch über die Euthanasie im Dritten Reich, Die ›Aktion Gnadentod‹, in: Der Weg und Unsere Kirche vom 15. 1. 1984.
Gauger, Joseph, Chronik der Kirchenwirren, 1934.
Gerhardt, Paul, Du meine Seele singe ..., und
– Wie soll ich dich empfangen ..., in: A. Müller/A. Stier, Deutsche Kirchenlieder – Zur Erneuerung des Gemeindegesangs«, 1934.
Gerigk, Herbert/Theo Stengel, Lexikon der Juden in der Musik – Zusammengestellt im Auftrage der Reichsleitung der NSDAP, 2. Aufl. 1941.
Geyer, Klaus, Einladung nach Darmstadt, in: Neue Stimme 9/1977.
Gierschner, Ulrich, Die Haltung der Evangelischen Kirche in Deutschland zur Wiederbewaffnung (unveröffentlichte Examensarbeit zur Ersten Staatsprüfung für das Lehramt), Münster 1987.
Globke, Hans/Wilhelm Stuckart, Reichsbürgergesetzte vom 15. 9. 1935 – Gesetz zum Schutz des deutschen Blutes und der deutschen Ehre vom 15. 9. 1935 und Gesetz zum Schutze der Erbgesundheit des deutschen Volkes (Erbgesundheitsgesetz) vom 18. 10. 1935 nebst allen Ausführungsvorschriften und den einschlägigen Gesetzen und Verordnungen, 1936.
Gölz, Richard, Chorgesangbuch, 1935.
Greschat, Martin (Hg.), Die Schuld der Kirche, 1982. Das Ringen der Bekennenden Kirche um eine gemeinsame Front 1936, in: Zeitschrift für Kirchengeschichte 3/1986.
– (Hg.), Im Zeichen der Schuld – 40 Jahre Stuttgarter Schuldbekenntnis, 1985.
– /Rainer Lächele, Das Ringen der Bekennenden Kirche um eine gemeinsame Front 1936, in: Zeitschrift für Kirchengeschichte 3/1986.
– Siehe auch Boyens.

Grosz, Georges, Hintergrund – 17 Zeichnungen zur Aufführung des ›Schwejk‹ in der Piskator-Bühne, 1928.
Grundmann, Walter, Wer ist Jesus von Nazareth?, 1940.
– Jesus der Galiläer und das Judentum, 1940.
– siehe auch Eisenhuth.
Hamer, Eerke/Hans Prolingheuer (Redaktion), Leidensgeschichten unter Kreuz und Hakenkreuz – Stationen eines evangelischen Kreuzweges in Köln, Illustrierte Zeitung des Schulreferates im Evangelischen Stadtkirchenverband Köln, Kartäusergasse 9, 5 Köln 1, 1987.
Harder, Günter, Die Bekennende Kirche und der Staat, in: Tutzinger Texte. Sonderband I Kirche und Nationalsozialismus. Zur Geschichte des Kirchenkampfes, 1969.
Hauer, J. Wilhelm, Was will die Deutsche Glaubensbewegung?, 1934.
Heidtmann, Günter, Hat die Kirche geschwiegen? Das öffentliche Wort der evangelischen Kirche aus den Jahren 1945–1964, 3. Aufl. 1964.
Heilmann, Ulrich, Suchet der Stadt Bestes! Aus dem Leben der evangelischen Kirchen in der DDR, 1961.
Heinemann, Gustav W., Wollen wir heute noch, was wir 1945 wollten?, in: Stimme der Gemeinde 22/1962, Nachdruck in: Neue Stimme 9/1977.
Hein-Janke, Ewald, Protestantismus und Faschismus nach der Katastrophe (1945–1949), 1982.
Heinonen, Reijo E., Anpassung und Identität – Theologie und Kirchenpolitik der Bremer Deutschen Christen 1933–1945, 1978.
Hempel, Johannes, siehe Eisenhuth.
Herbert, Karl, An die evangelischen Pfarrer in Hessen und Nassau, in: Kirchliches Jahrbuch 1950.
Hiller, Kurt, Gotteslästerung, in: Die Weltbühne vom 4. 11. 1930.
Hirsch, Emanuel, Das Wesen des Christentums, 1939.
Hitler, Adolf, Mein Kampf, 9. Aufl.
Hochhuth, Rolf, Der Stellvertreter – Ein christliches Trauerspiel, 1963.
Hromadka, Joseph L., Unsere Verantwortung in der Nachkriegswelt, in: Ökumenischer Rat der Kirchen (Hg.), Die Unordnung der Welt und Gottes Heilsplan, 1948, Bd. 4.
Huber, Wolfgang, Folgen christlicher Freiheit – Ethik und Theorie der Kirche am Horizont der Barmer Theologischen Erklärung, 1983.
Humburg, Paul, Hitler-Lied, in: Der Ruf und Spielet dem Herrn, 1933.
Immer, Karl, Die Briefe des Coetus Reformierter Prediger 1933–1937, 1967.
Institut zur Erforschung des jüdischen Einflusses auf das deutsche kirchliche Leben (Hg.), Die Botschaft Gottes, 1940.
– Deutsche mit Gott – Ein deutsches Glaubensbuch, 1941.
Iwand, Hans Joachim, Die Neuordnung der Kirche und die konfessionelle Frage, in: Evangelische Selbstprüfung, 1947.
Jaeger, Paul, siehe Eisenhuth.
Jankowski, Gerhard/Klaus Schmidt, Arthur Rackwitz – Christ und Sozialist zugleich, 1976.
Jaspert, Bernd (Hg.), Karl Barth – Rudolf Bultmann. Briefwechsel 1922–1966, 1971.
Jockers, Karl-Jakob, Zum Dialog zwischen Christen und Marxisten, in: H. Werner (Hg.), Christen und Revolution – Konvergenz und Theologie, 1971.
Jüngel, Eberhard (Hg.), Rudolf Bultmann. Neues Testament und Mythologie – Das Problem der Entmythologisierung der neutestamentlichen Verkündigung, in: Beiträge zur Evangelischen Theologie, Bd. 96, 1985.
Kant, Immanuel, Zum ewigen Frieden, 1795.
Kirchliche Bruderschaft Sachsen (Hg.), Unterwegs, 1983.

Kittel, Gerhard, Jesus und die Juden, 1926.
– Die Judenfrage, 1933.
Klappert, Bertold, Die ökumenische Bedeutung des Darmstädter Wortes, in: Richte unsere Füße auf den Weg des Friedens – Helmut Gollwitzer zum 70. Geburtstag, 1979 herausgegeben von Andreas Baudis und anderen.
Klee, Ernst, ›Euthanasie‹ im NS-Staat – Die »Vernichtung lebensunwerten Lebens«, 1983.
Kleinmann, Dieter, siehe Scholder.
Klepper, Jochen, Der Vater, 1935.
– Die Nacht ist vorgedrungen, der Tag ist nicht mehr fern ..., in: EKG.
– Unter dem Schatten deiner Flügel – Aus den Tagebüchern 1932–1942, 1956.
Klingler, Friedrich, Tagung des Reichsbundes der deutschen evangelischen Pfarrervereine in Bautzen – Bericht des Reichsbundesführers Kirchenrat Klingler, Nürnberg, über die Arbeit des Reichsbundes in den Jahren 1936/37. Erstattet auf der Reichsführerratssitzung am 21. September 1937. Als Handschrift gedruckt.
– Dokumente zum Abwehrkampf der deutschen evangelischen Pfarrerschaft gegen Verfolgung und Bedrückung 1933–1945, 1946.
Klügel, Eberhard, Die lutherische Landeskirche Hannovers und ihr Bischof 1933–1945, Dokumente, 1965.
Köbler, Renate, Schattenarbeit. Charlotte von Kirschbaum – die Theologin an der Seite Karl Barths, 1987.
Koch, Diether, Eine unerledigte Anfrage an das Darmstädter Wort, in: Junge Kirche 11/1977.
Köhler, Karl, Kirche und Ariergesetzgebung, Bericht des Kirchlichen Anzeigers Köln 4/1938, in: E. Hamer/H. Prolingheuer, Leidensgeschichten unter Kreuz und Hakenkreuz – Stationen eines evangelischen Kreuzweges in Köln, Illustrierte Zeitung.
Kreck, Walter, Zur Aktualität des Darmstädter Wortes, in: Neue Stimme 9/1977.
Kremers, Heinz (Hg.), Die Juden und Martin Luther – Martin Luther und die Juden, 1985.
Künneth, Walter/Helmuth Schreiner, Die Nation vor Gott – Zur Botschaft der Kirche im Dritten Reich, 1933.
– Das Judenproblem und die Kirche, ebd.
– Antwort auf den Mythus – Die Entscheidung zwischen dem nordischen Mythus und dem biblischen Christus, 4. Aufl. 1936.
– Evangelische Wahrheit! Ein Wort zu Alfred Rosenbergs Schrift ›Protestantische Rompilger‹, 1937.
– Der große Abfall – Eine geschichtstheologische Untersuchung der Begegnung zwischen Nationalsozialismus und Christentum, 1947.
– Zum politischen Weg unseres Volkes – Eine theologische Antwort an der Bruderrat der EKiD, in: Evangelisch-lutherische Kirchen-Zeitung 2–3/1947.
– Lebensführungen, 1982.
Kupisch, Karl, Die deutschen Landeskirchen im 19. und 20. Jahrhundert, 1960.
Lächele, Rainer, siehe Greschat.
Lauter, Dietrich, Gewerkschaftsfrage rückt ins Blickfeld – Neue Tendenzen beim Kooperationstreffen linker kirchlicher Gruppen in Darmstadt, in: Neue Stimme 10/1977.
Lilje, Hanns, Theologische Existenz und kirchliches Handeln – Gedanken zu Karl Barths Schrift ›Theologische Existenz heute!‹, in: Junge Kirche 12/1933.
– Memorabilia – Schwerpunkte eines Lebens, 1973.
Ludendorff, Mathilde, Deutscher Gottesglaube, 1930.
– Erlösung von Jesu Christo, 1929.
– Schöpfungsgeschichte, 1930.
Ludwig, Hartmut, Die Entstehung des Darmstädter Wortes, Beiheft von: Junge Kirche 8–9/1977.

Luther, Martin, Von den Jüden und ihren Lügen, 1543.
Malowski, Peter, ›Gotteslästerung‹, 1930.
Marquardt, Friedrich-Wilhelm, Georges Casalis – 4. Januar 1917 – 16. Januar 1987, Nachruf in: Junge Kirche 2/1987.
– Kirche und Menschen, in: Zeitbuchreihe ›Unterwegs‹, 14/1960.
Meinhof, Ulrike Marie, Das Urteil im Karl-Wolff-Prozeß, in: Stimme der Gemeinde 21/1964.
Meiser, Hans, Was war die ›Bekennende Kirche‹ oder ›Bekenntnisfront‹ in den Jahren 1934–1945?, in: Amtsblatt der EKD 7/1947.
– Geleitwort, zu: H. Schmid, Apokalyptisches Wetterleuchten, 1947.
Meusel, Marga, Denkschrift 1935 ›Zur Lage der deutschen Nichtarier‹, in: E. Bethge, Dietrich Bonhoeffer.
Meyer-Erlach, Wolf, Nordisches Christentum und das Reich, in: Germanentum, Christentum und Judentum – Studien zur Erforschung ihres gegenseitigen Verhältnisses, 1942, 2. Bd. der Sitzungsberichte des Instituts zur Erforschung des jüdischen Einflusses auf das deutsche kirchliche Leben, 1942.
Moltmann, Jürgen, Glaubwürdige Existenz, in: Neue Stimme 9/1977.
Müller, Adolf/Alfred Stier (Hg.), Deutsche Kirchenlieder – Zur Erneuerung des Gemeindegesangs, 1934.
Müller, Hanfried, Quo vadis, ecclesia? Eine Studie zur Analyse der deutschen protestantischen Kirchengeschichte in der Zeit der allgemeinen Krise des Kapitalismus und des Überganges zum Sozialismus 1919 bis 1969, unveröffentlichter Manuskriptteil.
– Rosemarie Müller-Streisand, Stuttgart 1945 und 1975, in: Neue Stimmer 11/1975.
Nell-Breuning, Oswald von, Über die Problematik christlicher Parteien, 1946.
Niemöller, Martin, Sätze zur Arierfrage in der Kirche, in: Junge Kirche 17/1933.
– Vom U-Bott zur Kanzel, 1935.
– Der Weg ins Freie, in: Martin Niemöller – Ein Lesebuch, 1987.
– Herr ist Jesus Christus – Die letzten achtundzwanzig Predigten, gehalten in den Jahren 1936 und 1937 in Berlin Dahlem, 1946.
– Ein Lesebuch, herausgegeben von Hans Joachim Oeffler, Hans Prolingheuer, Martin Schuck, Heinrich Werner (Redaktion) und Rolf Wischnath, 1987.
Niemöller, Wilhelm, Kampf und Zeugnis der Bekennenden Kirche, 1948.
– Bekennende Kirche in Westfalen, 1952.
– Barmen 1934–1974, in: Junge Kirche 4/1974.
Niesel, Wilhelm, Was soll aus der Bekennenden Kirche werden?, in: Amtsblatt der EKD 7/1947.
– Kirche unter dem Wort – Kampf der Bekennenden Kirche der altpreußischen Union 1933–1945, 1978.
Oechler, Hans Joachim, siehe M. Niemöller.
Oehme, Werner, Märtyrer der evangelischen Christenheit 1933–1945, 3. überarbeitete Auflage 1985.
Ökumenischer Rat der Kirchen (Hg.), Die Unordnung der Welt und Gottes Heilsplan, 4. Bd.: Die Kirche und die internationale Unordnung, 1948.
Ordnung, Carl, Der deutsche Protestantismus und die sozialistische Revolution, in: Evangelisches Pfarrerblatt (DDR), 3–4/1965.
Oser, Friedrich, Zeuch an die Macht, du Arm des Herrn . . ., in: Evangelisches Gesangbuch für Rheinland und Westfalen, 1929.
Peter, Friedrich, siehe Eisenhuth.
Pius XI., Enzyklika ›Mit brennender Sorge‹, 1937.
Pohlmann, Ekkehard/Till Wilsdorf, Versammlung europäischer Christen zur Erinnerng an das »Darmstädter Wort« vor 30 Jahren, in: Neue Stimme 10/1977.

Pombini, Paolo, siehe Boyens.
Prolingheuer, Hans, Der Fall Karl Barth 1934–1935. Chronographie einer Vertreibung, 2. Aufl. 1984.
– Der ›rote Pfarrer‹ von Köln. Georg Fritze (1874–1939), Christ, Sozialist, Antifaschist, 1981.
– Siehe auch Beckmann.
– Die judenreine deutsche evangelische Kirchenmusik, (bisher 4 Folgen) in: Junge Kirche, 1.) 11/1981, Beiheft; 2.) 3/1982; 3.) 5–6/1983; 4.) 6/1986.
– Ausgetan aus dem Land der Lebendigen – Leidensgeschichten unter Kreuz und Hakenkreuz, 1983.
– Restauration statt Reformation, in: Neue Stimme 12/1983.
– Bonhoeffer und Fanö – vor 50 Jahren und heute, in: Standpunkt – Evangelische Monatsschrift (DDR), 7/1984.
– Zum Schluß mochten ihn Zweifel an seinem Lebenswerk bedrängt haben – Vor 40 Jahren starb der letzte Judenmissionar im Rheinland, in: Der Weg vom 28. 10. 1984.
– Genannt »Sportpalast-Krause« – Der Lebensgang des Reinhold Krause vor und nach dem 13. November 1933, in: Junge Kirche 2/1985.
– »Ich war bei Kriegsende 15 Jahre alt« – Eine Einladung an die ›Jungvolk‹-Generation, sich zu erinnern, in: Neue Stimme 3/1985.
– Der erstickte Bußruf des Paul Schempp, in: Neue Stimme 4/1985.
– Moritz Weißenstein – Eine Erinnerung, in: Der Zeuge, Organ der Internationalen Judenchristlichen Allianz, Mai 1985.
– Kleine politische Kirchengeschichte – 50 Jahre evangelischer Kirchenkampf von 1919 bis 1969, 2. Aufl. 1985.
– Wir sind in die Irre gegangen, Hörbild zur Erinnerung an das Stuttgarter Schuldbekenntnis vor 40 Jahren, Auftrag und Sendung (27. 5. 1985) des Süddeutschen Rundfunks (SDR).
– Die königliche Mitarbeiterin des Reichsparteitages – Zum 50. Geburtstag einer Kirchenorgel, in: Neue Stimme 9/1985, Nachdruck in: Zeitschrift für Musikpädagogik, Januar 1986, und: Der Bläserkreis, Basel/Pratteln, 10/1985–1/1986.
– Das Ende, das kein Anfang war – Das Stuttgarter Schuldbekenntnis vor 40 Jahren, Hörbild mit O-Ton Dibelius, Niemöller und Wurm, Auftrag und Sendung (18. 10. 1985) des Deutschlandfunks (DLF).
– Kirchenmusik unterm Hakenkreuz, Drehbuch zu dem gleichnamigen Fernsehfilm, Auftrag und Erstsendung (18. 11. 1985) des Westdeutschen Rundfunks (WDR).
– Das ›Stuttgarter Schuldbekenntnis‹ in: Junge Kirche 8–10/1985, Teilnachdruck in: epd-Dokumentation 46/1985.
– Wenn der Glaube blind macht – Die Deutsche Evangelische Kirche und das Schicksal ihrer zwei ›jüdischen‹ Kirchenmusiker in den Jahren 1933 bis 1945, Manuskript des Hörbildes der Sendung im SDR (16. 11. 1983) und DLF (20. 11. 1984), in: Die Zeichen der Zeit – Evangelische Monatsschrift für Mitarbeiter der Kirche (DDR), 2/1986.
– Die Schuld der evangelischen Kirche an den Juden – Vortrag zur Eröffnung der EKD-Wanderausstellung ›Evangelische Kirche zwischen Kreuz und Hakenkreuz‹ am 14. Oktober 1986 in Korschenbroich, in: Neue Stimme 1 und 2/1987.
– Siehe auch E. Hamer.
– Siehe auch M. Niemöller.
Putz, Eduard, Warum Bekenntnisgemeinschaft? – Der Kampf um die Erneuerung der Kirche, in: Junge Kirche 20/1934.
Raddatz, Fritz J. (Hg.), Summa iniuria oder – Durfte der Papst schweigen? Hochhuths ›Stellvertreter‹ in der öffentlichen Kritik, 1963.
Rackwitz, Arthur, Ein neuer Weg der Kirche, in: Neues Deutschland vom 16. 11. 1947.

Randenborgh, Elisabeth van, Sonne glänzt auf deinen Fluren ..., in: Evangelisches Gesangbuch für Rheinland und Westfalen, 1929.
Reichel, Jürgen, Einige Assoziationen beim Lesen des Darmstädter Wortes, in: Neue Stimme 9/1977.
Reitlinger, Gerald, Die Endlösung – Hitlers Versuch der Ausrottung der Juden Europas 1939–1945, 4. Aufl. 1961.
Reventlow, Ernst Graf zu, Wo ist Gott?, 1934.
Riemeck, Renate, Das Darmstädter Wort – immer noch aktuell, in: Stimme der Gemeinde 15–16/1972.
Riethmüller, Otto, Herr, wir stehen Hand in Hand ..., 1932, und
– Über den deutschen Strom ... (›Hitlerland‹-Lied 1933), in: Ein neues Lied, 5. Aufl. (126.–150. Tausend) 1938.
– Wie sollen wir die Schlachten schlagen ..., 1935, in: Schöne Musika, 1938.
Ritter, Gerhard, Carl Goerdeler und die deutsche Widerstandsbewegung, 1956.
Roer, Ingo, Konvergenztheoretische Elemente in der Theologie, in: H. Werner (Hg.), Christen und Revolution – Konvergenz und Theologie, 1971.
Röhm, Eberhard, Sterben für den Frieden. Spurensicherung. Hermann Stöhr und die ökumenische Friedensbewegung, 1985.
Röhrig, Karl, Christus, der göttliche ..., in: Messiasbote 4/1949.
Rosenberg, Alfred, Der Mythus des 20. Jahrhunderts – Eine Wertung der seelisch-geistigen Gestaltenkämpfe unserer Zeit, 1930.
– Protestantische Rompilger – Der Verrat an Luther und der Mythus des 20. Jahrhunderts, 1937.
Rothenberg, Friedrich Samuel, Das junge Lied – 80 neue Lieder der Christenheit, 1949.
Sasse, Hermann (Hg.), Kirchliches Jahrbuch 1932, 1933.
Söhlmann, Fritz (Hg.), Treysa 1945, 1946.
Sölle, Dorothee, Kirche ist auch außerhalb der Kirche, in: Deutscher Evangelischer Kirchentag Köln 1965 – Dokumente, 1965.
Spitta, Heinrich, Erde schafft das Neue, Erde nimmt das Alte ..., in: Unser Liederbuch – Lieder der Hitler-Jugend, 1939.
– Siehe auch Schröder.
Spitta, Philipp, O komm, du Geist der Wahrheit ..., in: Evangelisches Gesangbuch für Rheinland und Westfalen, 1929.
Symanowski, Horst, Müssen wir weiter in die Irre gehen?, in: Neue Stimme 9/1977.
– Darmstadt 1977 – Versammlung westeuropäischer Christen zur Erinnerung an das Darmstädter Wort nach dreißig Jahren, in: Junge Kirche 11/1977.
Schäfer, Walter, Die Kirche Gottes steht im Streit ..., in: A. Müller/A. Stier, Deutsche Kirchenlieder – Zur Erneuerung des Gemeindegesangs, 1934.
– Ein Kapitel Mythus, 1935.
Schempp, Paul, Denkschrift ›Der Weg der Kirche‹, 1945, herausgegeben im Oktober 1985 von: Aktion Sühnezeichen/Friedensdienste, Kirchliche Bruderschaft in Württemberg, Offene Kirche – Ev. Vereinigung in Württemberg, Pro Ökumene – Initiative in Württemberg.
– (Hg.), Evangelische Selbstprüfung, 1947.
– Predigt über Epheser 4,1–6, ebd.
– Verkirchlichung des Abendmahls, in: Unterwegs 5/1949.
Schmid, Heinrich, Apokalyptisches Wetterleuchten, 1947.
Schmidt, Dietmar, Martin Niemöller, 1959.
Schmidt, Klaus, siehe Jankowski.
Schmorak, Dov B., Der Prozeß Eichmann – Dargestellt an Hand der in Nürnberg und Jerusalem vorgelegten Dokumente sowie Gerichtsprotokolle, 1964.

Schneider, Karl, siehe Eisenhuth.
Schnell, K. Ulrich, siehe Balzer.
Scholder, Klaus, Die Kirchen und das Dritte Reich, Bd. 2, Das Jahr der Ernüchterung 1934 Barmen und Rom, herausgegeben von M. Greschat, D. Kleinmann und J. Thierfelder, 1986.
Schönherr, Albrecht, Bericht der Konferenz der Kirchenleitungen vor der Synode des Bundes der Evangelischen Kirchen in der DDR, am 26. Juni 1970 in Potsdam, in: Kirchliches Jahrbuch 1970, 1971.
– Rede anläßlich des Empfangs des Vorstandes des Bundes der Kirchen in der DDR durch den Staatssekretär für Kirchenfragen der DDR, Hans Seigewasser, am 24. Februar 1971, in: Kirchliches Jahrbuch 1971, 1972.
Schreiner, Helmuth, siehe Künneth.
Schröder, Rudolf Alexander/Heinrich Spitta, Der Führer hat gerufen...,
– Heilig Vaterland! In Gefahren..., und
– Herz der Völker, Vaterland..., in: Unser Liederbuch – Lieder der Hitler-Jugend, 1939.
– O Christenheit, sei hoch erfreut..., in: Das junge Lied.
Schubert, Dietrich, Drehbuch zum Film: Widerstand und Verfolgung in Köln 1933–1945,1977.
Schuck, Martin, siehe M. Niemöller.
Schweizer, Arthur, Die Konvergenztheorie in der Ökumene, in: H. Werner, Christen und Revolution, 1971.
Stappenbeck, Christian, Die Kirche Berlin-Brandenburgs vor der Aufgabe der Neuordnung, in: Herbergen der Christenheit (Kirchliches Jahrbuch DDR) 1983/84, Bd. XIV.
Steinbauer, Karl, Einander das Zeugnis gönnen, vier Bände im Eigenverlag Erlangen-Buckenhof, An den Hornwiesen, 1983–1987.
Stengel, Theo, siehe Gerigk.
Stier, Alfred, siehe A. Müller.
Stuckart, Wilhelm, siehe Globke.
Stuckmann, Horst, Konvergenztheorie in theologischen Informationstheorien, in: H. Werner (Hg.), Christen und Revolution, 1971.
Thadden, Rudolf von, siehe Boyens.
Thalmann, Rita, Jochen Klepper – Ein Leben zwischen Idyllen und Katastrophen, 1978.
Thielicke, Helmut, siehe Dietze.
Thierfelder, Jörg, Das Kirchliche Einigungswerk des württembergischen Landesbischofs Theophil Wurm, 1975.
– Siehe auch Scholder.
Treblin, Heinrich, Theologiegeschichtliche Voraussetzungen der Konvergenztheorie (von Wichern bis Dibelius), in: H. Werner (Hg.), Christen und Revolution, 1971.
Vesper, Bernward (Hg.), Bedingungen und Organisation des Widerstandes. Der Kongreß in Hannover, Voltaire-Flugschrift 12, 1967.
– Die Reise, 1977.
Vesper, Will, Deutscher Psalter, 1932.
– Bekenntnis, in: Kölnische Zeitung vom 4. 11. 1934.
– All Ding auf Erden, welche Pracht!..., in: Das junge Lied, 1949.
Wehrhahn, Herbert, Kirchenrechtliche Vorfragen zur Erneuerung des evangelischen Kirchenwesens in Deutschland, in: Evangelische Selbstprüfung, 1947.
Wendelborn, Gert, Charta der Neuorientierung – Die Rezeption des ›Darmstädter Wortes‹, 1977.
Werner, Heinrich (Hg.), Christen und Revolution – Konvergenz und Theologie, 1971.
– Zur Funktion der ›Theologie der Revolution‹, ebd.
– Versöhnung und Parteinahme, ebd.

– Anmerkungen zum historischen Ort des Darmstädter Wortes, in: Neue Stimme 9/1977.
– Siehe auch M. Niemöller.
Werner, Herbert, Erst kommt das Fressen, dann kommt die Moral, in: Die Stimme der Gemeinde 1/1949.
Weth, Rudolf, siehe Burgsmüller.
Wiebel, Bernhard, Der doppelte 20. Juli 1942 – oder ein Stück Theologie von Kaiserswerth, in: Kaiserswerther Mitteilungen 4/1981.
Wiedemann, Wolfgang, »Alte« und »Junge« in Darmstadt – Die Abendveranstaltung am 8. 10. im Saal der Andreasgemeinde, in: Neue Stimme 11/1977.
Wilsdorf, Till, siehe Pohlmann.
Wirth, Günter, Allianz in Aktion, in: Evangelisches Pfarrerblatt (DDR), 17/1962.
– Verantwortung und Erwartung der Deutschen, in: Heft aus Burgscheidungen 146/1966.
– Anmerkungen eines »Außenstehenden«, in: Neue Stimme 10/1977.
Wischnath, Rolf, Anmerkungen zur Aktualität des Darmstädter Wortes, in: Neue Stimme 9/1977.
– Siehe auch M. Niemöller.
Wolf, Ernst, Zur Selbstkritik des Luthertums, in: Evangelische Selbstprüfung, 1947.
– ›Erneuerung der Kirche‹ im Licht der Reformation, ebd.
Wurm, Theophil, Erinnerungen aus meinem Leben, 1953.
Zehrer, Karl, Evangelische Freikirchen und das ›Dritte Reich‹, 1986.
Zobeltitz, Louis von, Erstes Treffen der Initiativen »Christen für die Abrüstung«, in: Neue Stimme 10/1977.

Personenverzeichnis

Die in den Listen des Eisenacher »Entjudungsinstituts« genannten Namen (siehe S. 150–151) sind hier nicht aufgeführt.